U0805405

可持续旅游服务供应链管理：理论与建模

何 勇 著

科 学 出 版 社
北 京

内 容 简 介

本书从可持续和绿色视角对旅游服务供应链相关概念、前沿理论和建模方法进行全面和深入研究，根据旅游服务产品的特点，在不同竞争模式、供应链结构和成员偏好下，从旅游服务供应链运营管理、定价管理、质量管理、绿色策略、广告策略、契约管理及系统演化分析等方面对旅游服务供应链进行理论建模分析并提供可持续发展策略。本书的研究成果可为旅游服务供应链决策者提高市场竞争力和改善环境提供科学决策的理论工具，为各级政府推行可持续旅游发展提供政策制定参考。

本书可作为旅游、服务供应链、产业政策领域研究人员的工具书，也可以作为高等院校旅游管理、管理科学与工程、工商管理等专业的教师、学生的教科书和参考书。

图书在版编目（CIP）数据

可持续旅游服务供应链管理：理论与建模 / 何勇著. —北京：科学出版社，2023.1

ISBN 978-7-03-067347-3

Ⅰ. ①可… Ⅱ. ①何… Ⅲ. ①旅游服务-供应链-研究 Ⅳ. ①F590.63

中国版本图书馆 CIP 数据核字（2020）第 255798 号

责任编辑：王丹妮 / 责任校对：杜子昂

责任印制：张 伟 / 封面设计：有道设计

科学出版社出版

北京东黄城根北街 16 号

邮政编码：100717

http://www.sciencep.com

北京虎彩文化传播有限公司印刷

科学出版社发行 各地新华书店经销

*

2023 年 1 月第 一 版 开本：720 × 1000 1/16

2023 年 1 月第一次印刷 印张：17 1/4

字数：350 000

定价：189.00 元

（如有印装质量问题，我社负责调换）

前　　言

随着我国国民生活水平的逐步提高，旅游已经成为国民常态化消费，中国已进入大众旅游消费时代。旅游服务产品与传统实体有形产品相比，其供应相对缺乏弹性，具有不可储存性和易逝性等特点，因而在产品运营管理上更具挑战。旅游服务供应链成员间的关系错综复杂，使得旅游利益相关者间的竞合协作变得更加困难。近十几年来，为了促进经济的循环发展，提高资源和能源利用率，保护和改善生态环境，我国政府部门于2014年进一步颁布了可持续旅游发展政策《国务院关于促进旅游业改革发展的若干意见》，鼓励游客购买绿色旅游服务产品，编制全国绿色旅游发展规划，促使我国旅游企业逐步向可持续运营发展模式转型。面对严峻的环境污染和资源约束问题，绿色可持续供应链管理是综合考虑这两大问题的可持续发展战略在现代企业运营管理中的具体体现，建立并实践绿色可持续供应链运营已成为我国制造业、旅游服务业发展的一项战略性任务。本书从可持续和绿色角度研究旅游服务供应链的相关理论与模型，可为相关研究人员选择合适的理论模型提供借鉴，为旅游企业提高市场竞争力和营利能力提供科学的决策依据，为我国政府推行可持续旅游发展提供政策制定建议。

本书以可持续发展视角下的旅游服务供应链为对象，以节约资源、保护环境、安全健康为理念，以科学有效的管理、技术措施为手段，以实现旅游服务供应链更高效、更节能、更持续发展为目标，从产品运营管理、定价管理、渠道管理、服务改善管理、政府监管及契约管理等方面介绍了旅游服务供应链的可持续发展策略。本书共10章，具体内容安排如下：

第 1 章介绍了可持续旅游服务供应链概念，分析了可持续旅游服务供应链的外在表现形式，分别从旅游产品的服务定价、旅游服务供应链的定价和质量决策及旅游服务供应链协调等角度进行理论和方法的汇总，有助于读者更加清晰地理解可持续旅游服务供应链的内涵及管理方法。

第 2 章从纵向竞争的角度介绍了绿色酒店和在线旅游平台（online travel agency，OTA）之间在渠道竞争下的绿色服务水平决策与定价决策。分别考虑绿色酒店引入和不引入自有线上渠道两种情形，分析绿色旅游服务供应链结构下的相关决策，并给出绿色酒店引入线上渠道的参数条件及当达到竞争平衡时的绿色服务水平指标特征。该章为线下绿色旅游服务商决策绿色服务水平和产品价格，发展自有线上渠道提供了理论依据。

第 3 章从横向竞争的角度介绍了两个绿色酒店通过 OTA 进行价格和服务竞争的策略。讨论当绿色酒店同时面对绿色服务水平竞争问题和上游 OTA 佣金压力时，如何进行价格决策。对比分析不同主导力量下的两个酒店绿色服务水平和价格决策，并给出绿色服务水平变化对酒店价格决策和利润的影响。该章为绿色酒店转型及企业绿色酒店项目开展提供了产品价格决策依据。

第 4 章选取旅游供应商（tourism supplier，TS）和 OTA 作为研究主体，结合服务质量和品牌形象动态性的特点及 OTA 与 TS 合作长期性与多样性的特点，采用微分博弈研究旅游服务供应链的服务质量与广告宣传决策问题。该章研究结果可为 OTA 和 TS 在服务质量决策及合作方式选择上提供理论支撑，为推动在线旅游服务供应链的健康发展提供指导。

第 5 章考虑由绿色景区和旅行社组成的绿色旅游服务供应链，将绿色旅游企业的绿色技术投资、定价、广告决策和游客的绿色旅游体验纳入动态框架，分别建立集中情景、分散情景及收益共享情景下绿色景区与旅行社的微分博弈模型，探索不同情景下绿色旅游服务供应链成员的均衡绿色技术投资、广告及定价策略，并进一步分析游客绿色旅游体验关注水平、绿色景区门票价格及绿色旅行社收入占有比率对绿色旅游服务供应链均衡解的影响。该章为绿色旅游管理者的最优绿色技术投资、定价及技术补贴策略提供了管理见解。

第 6 章考虑了由一个绿色景区与两个绿色旅行社组成的绿色旅游产品开发微分博弈模型。通过刻画与旅游企业绿色技术投资相关的旅游产品绿色度水平的状态方程，推导非合作、单边合作与双边合作等三种不同情景下绿色景区与旅行社的均衡绿色技术投资策略。分析游客绿色旅游偏好及绿色旅行社竞争强度对旅游产品绿色度水平、绿色旅游服务供应链均衡技术投资策略与绩效的影响。该章通过设计一种新的双边合作机制来实现绿色旅游服务供应链的优化改进，为绿色旅游服务供应链的协调策略提供参考依据。

第 7 章从企业社会责任（corporate social responsibility，CSR）的角度介绍二级旅游服务供应链系统的绿色产品引入策略。假设旅游服务提供商可能具有三种不同强度的 CSR 偏好，即只关心绿色游客的利益、只关心普通游客的利益或者关注所有游客的利益，深入探讨旅游服务集成商的最优绿色旅游产品引入决策，分析不同强度的 CSR 偏好对旅游服务供应链产品定价及绿色旅游产品引入策略的影响。该章为二级旅游服务供应链成员的绿色旅游产品引入提供了决策依据。

第 8 章从低碳旅游的角度介绍了基于 CSR 的旅游服务供应链系统的最优服务

水平、碳减排、广告宣传努力及契约抉择，同时探讨了 CSR 意识对各成员最优决策的影响。通过构建和讨论分析旅游服务供应链成员间三种可能的成本分担契约决策模型，分别研究了各个旅游服务供应链成员的契约偏好及他们间的均衡契约。该章为低碳旅游服务供应链成员的成本分担契约决策提供了参考依据。

第 9 章从游客环境偏好的角度介绍基于政府监管的旅游服务系统演化稳定策略。在绿色旅游下，不同的游客具有不同的环境偏好，通过引入游客环境偏好，对政府的绿色监管策略、旅游企业的绿色创新策略及游客的购买策略进行演化稳定性分析。同时在考虑政府绿色旅游监管机制存在与否的情况下，分析不同的旅游企业和游客间的长期演化稳定策略。该章为制定促使我国绿色旅游发展的最优政府绿色旅游监管机制提供了决策依据。

第 10 章从旅游企业水平竞争行为的角度介绍基于游客环境偏好的旅游服务系统演化稳定策略。通过将游客的环境偏好纳入古典 Hotelling 模型，分析在有和没有政府绿色旅游补贴情形下，双寡头竞争型旅游企业间的绿色旅游运营策略抉择，并提出该竞争型旅游服务系统的绿色旅游演化稳定策略及其相应条件。该章为制定一种鼓励各类旅游企业实施绿色旅游策略的最优政府绿色旅游补贴机制提供了理论基础。

本书的主要内容源自整个研究团队多年研究成果的总结，大致可归纳为以下几个研究主题。一是可持续旅游服务系统演化分析与运营策略研究（主要研究人员：何勇、何鹏）；二是竞争环境下的绿色旅游服务供应链定价研究（主要研究人员：何勇、刘佳煜）；三是基于微分博弈的在线旅游服务供应链服务质量均衡策略研究（主要研究人员：何勇、王中原）；四是绿色旅游服务供应链动态决策与协同优化研究（主要研究人员：何勇、马世贵）。感谢研究生郭健、刘诗奇、周莉、石伟等在整理材料过程中的辛勤付出。

本书得到了国家自然科学基金项目（72171047、71771053 和 72101039）、江苏省社会科学基金项目重点项目（21GLA002）和 2020 年度江苏省文化和旅游科研课题重点项目（20ZD02）的资助。

尽管作者为项目研究和书稿撰写倾注了大量的精力与努力，但是面对可持续旅游管理研究领域的复杂性，还有许许多多无法准确感知的问题，需要持续不断地学习、探索和深入研究，书中难免存在不当之处，恳请读者批评指正。

何　勇

2022 年 4 月

目　　录

第1章 可持续旅游服务供应链概论

1.1 概述

随着人们经济收入的增加，其对生活质量的追求也随之提高，作为提高人们生活质量的有效途径，旅游及相关产业得到了迅速的发展。国家统计局官方数据显示，2018年中国境内旅游人数达55.4亿人次，收入约5.13万亿元，同比上年分别增长10.8%和12.3%；2019年中国境内旅游人数高达60.06亿人次，总收入达到6.63万亿元，同比分别增长8.4%和11%；受疫情影响，2020年中国境内旅游人数达28.79亿人次，总收入达到2.23万亿元。旅游经济继续保持高于GDP（gross domestic product，国内生产总值）增速的较快增长，对我国GDP的综合贡献整体呈现逐年递增趋势。可见，旅游已成为我国国民的常态化消费，成为拉动经济增长的强劲引擎。因此，为了推进旅游业的稳健发展，我国政府部门专门制定了《“十三五”时期文化旅游提升工程实施方案》《关于加快发展旅游业的意见》《关于促进全域旅游发展的指导意见》等政策性文件，从国家层面体现出对旅游经济发展的高度重视。

旅游产品是一种包含食、住、行、游、购、娱的综合性服务产品。满足消费者旅游的需求不单单是一个企业能够独立完成的，而是在横向将旅游中的食、住、行、游、购、娱进行合理的组合，在纵向实现旅游服务上下游节点企业的一体化协调，这种供需方式要求和实际管理需求在客观上决定了旅游服务供应链的存在。

传统意义上的供应链是指由供应商、制造商、分销商、物流服务商、批发商、零售商及最终消费者等共同组成的商品生产及供应网络。为了实现供应链的高效和稳定运转，在制造业、零售业的一些大型企业的管理实践中产生了供应链管理的理念和方法。供应链管理是指在满足客户需求和服务水平的前提下，为了提高供应链系统效率和降低系统成本而对供应商、制造商、仓库、配送中心等节点进行的组织、管理及协调。供应链管理具体表现在对供应链成员间的物流、资金流、信息流等进行管理，以实现协同发展的经营目标。随着经济的快速增长及人民生活水平的提高，我国居民消费模式已逐步从基本的物质型消费向个性化、多样化高品质服务型消费转移，如旅游、物流、文化、体育、健康、教育培训领域的服务消费需求增长迅速，潜力巨大，现代经济已从“产品经济”进入“服务经济”时代。服务不再是产品的附属，相反，产品正在成为传递服务的载体。伴随产品的无形服务的价值变得越来越重要，脱胎于产品供应链的服务供应链思想近年来得到广泛的关注。传统产品供应链的管理思想、学术理论、协调策略、建模方法、运营机制等都对服务供应链的理论研究和实际应用起到了重要的借鉴作用。

当前，世界旅游业呈现出以下新的竞争态势：①竞争主体升级，由单个旅游企业上升至旅游服务供应链整体；②竞争激烈程度升级，旅游服务贸易中掺杂了越来越多的政府行为；③竞争手段升级，资本、技术、价格、服务等常规竞争手段逐渐失效，团队精神成为业界竞争手段的主流，因此对旅游服务供应链整体的有效管理迫在眉睫。旅游服务供应链是以旅游产品或服务为中心，由旅游服务提供商、旅游集成商等中间环节构成的功能网链结构，具体如图 1.1 所示。它不同于传统供应链，不但主体构成非常广泛，涵盖了酒店、旅行社、景区、交通、购物、娱乐、政府、居民和游客等，具有系统性和动态性，而且具有很多特殊的性质，如无形性、不可存储性、异质性、生产与消费同时性，使得旅游服务供应链在运营管理上更具挑战、供应链成员间的关系也更加错综复杂、旅游利益相关者间的竞合协作也变得更加困难。因此，面对持续高涨的旅游消费和国家对旅游经济发展的高度重视，有必要从旅游服务供应链的视角，研究如何实现旅游服务系统运作过程中的高效性和稳健性，协调各企业之间的关系，提高对旅游产品质量和结构的控制力。

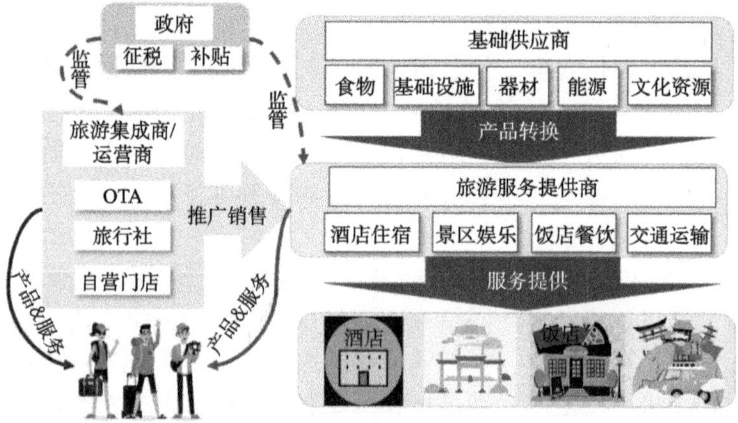

图 1.1　旅游服务供应链示意图

旅游业是一个关联性和带动性非常强的综合性经济产业，但它在提供就业岗位和推动经济发展的同时也会产生一些负面影响，如资源消耗大、环境破坏严重、文化异质等，因此，必须采取措施推动旅游业的可持续发展。可持续旅游也成为公众关注的热点词汇，2022 年 1 月 26 日在百度搜索输入“可持续旅游”，输出结果显示找到相关结果约 59 300 000 个。2008 年，国家旅游局颁布了《关于旅游业应对气候变化问题的若干意见》，鼓励旅游胜地创建绿色环保型企业，采用先进的节能环保技术，降低碳排放量，实现旅游地的生态化、绿色化、循环化、可持续化发展。2009 年我国正式施行《中华人民共和国循环经济促进法》，鼓励各行各业研发和推行绿色环保型产品或服务，从而实现我国资源能源的重复利用和经济的可持续发展。在市场发展的大趋势下，我国政府部门于 2014 年进一步颁布了可持续旅游发展政策《国务院关于促进旅游业改革发展的若干意见》，鼓励游客购买绿色旅游服务产品，编制全国绿色旅游发展规划，以促使我国旅游企业逐步向可持续运营发展模式转型。由此可见，加强旅游生态文明建设和可持续旅游服务供应链运营管理的研究至关重要。面对严峻的环境污染和资源约束问题，绿色可持续旅游服务供应链管理是综合考虑这两大问题的可持续发展战略在现代企业运营管理中的具体体现，建立并实践绿色旅游可持续供应链运营已成为旅游服务业发展的一项战略性任务。

可持续旅游服务供应链管理研究的目的在于掌握可持续旅游的形成机制、表现形式及旅游服务供应链中各企业间的竞合关系和合作机理，研究如何刺激传统旅游企业的绿色转型，促进旅游服务企业的绿色合作创新，并帮助政府制定合理有效的环境政策。因此，理解可持续旅游服务供应链并进行科学的管理，对促进旅游业向可持续发展方向转变以及旅游企业的长久稳定合作具有非常重要的意义。

1.2　可持续旅游概念与外在表现

20 世纪 70 年代早期，可持续旅游的思潮开始出现，1990 年全球可持续发展大会旅游组行动策划委员会提出“可持续旅游”的概念，1993 年 *Journal of Sustainable Tourism* 杂志问世，标志着可持续旅游真正成为旅游研究的热点。随着可持续发展观念在全球范围内不断深入，世界各国积极响应可持续发展号召，发展可持续旅游逐渐成为旅游界关注的焦点。

1.2.1 可持续旅游概念

可持续旅游是指不破坏当地自然环境，不损坏现有和潜在的旅游资源，并合理利用旅游资源，其本质是在环境、社会和经济三效合一的基础上持续发展的旅游经济开发行为。具体而言，就是要增进人们对旅游所产生的环境效应与经济效应的理解，强化生态环境保护意识；促进旅游业的公平发展，改善旅游接待地区的居民生活质量；向旅游者提供高质量的旅游产品，以及保护未来社会旅游资源及产业开发赖以存在的生态环境等（徐菲菲和何云梦，2016；钟林生等，2016；向宝惠和曾瑜皙，2017）。

当前，学术界对于可持续旅游有两种观点：一种是“可持续发展背景下的旅游”，另一种是“可持续旅游”。第一种是指旅游已经得到发展并可以在一个地区（社区、环境）以这种方式和同等规模发展下去，而且不会引起环境（人文和自然）的改变和退化；第二种是指一种能在无限时段中保持存在的特定旅游形式。前者追求一种基于社会、生态和经济复合系统保持相对稳定状态下的旅游开发模式，更强调综合性与系统性，将旅游作为整体系统的一部分，重点探索一种系统框架下的旅游发展标准、原则、规划和管理模式；而后者的观念在本质上是寻求一种可以适应所有情景的具体旅游形式，如“生态旅游”“自然旅游”等（胡北明和黄俊，2019；杨子江等，2020）。综合以上两种观点，针对可持续旅游概念，需要做以下几点说明。

第一，旅游对象是自然生态及与之共生的人文生态。因为人类文明历史悠久，且人地关系密切，因此可持续旅游不仅包括自然生态系统，还包括自然区域中具有地域特色的人文生态系统。

第二，生态环境的可持续性是可持续旅游的基础。可持续旅游的前提是不损坏现有和潜在的旅游资源，在此基础上合理利用旅游资源。

第三，既重视生态环境保护，也强调经济效益。可持续旅游既反对以牺牲环境换取短期发展的“先污染、后治理”模式，也反对消极保护环境、限制经济发展的“零增长”模式。

第四，可持续旅游要不断提高，甚至改变旅游服务消费者的环境保护资源观和旅游生活方式。

第五，可持续旅游要求旅游服务供应者从长远和全局的角度出发，全面认识旅游对于生态系统的干扰，在满足开发旅游业和发展旅游活动的同时，使其对现有和潜在的旅游资源、自然生态系统和社会人文系统的负面影响达到最小化。

第六，科技创新是实现可持续旅游的重要手段。随着 5G（5th generation mobile communication technology，第五代移动通信技术）、云计算、大数据、区块链、人工智能、物联网等新兴技术的发展，智慧旅游和数字化旅游发展迅速，新技术正日益成为实现可持续旅游的重要工具和手段。例如，通过新兴技术可以实现对旅游地旅游人群数量和当地环境的实时监测、动态预警和科学管理，达到经济、社会、文化和环境的可持续性发展。

1.2.2　可持续旅游外在表现

1995 年中国宣誓将可持续发展纳入经济发展指导以来，可持续发展已成为众多运营领域研究人员关注的焦点（Huang et al.，2008；Lu and Nepal，2009；袁国宏和郭强，2015）。作为中国经济发展的三大驱动力之一，旅游业在促进经济高速发展的同时也带来了严重的环境污染问题（Tang et al.，2011），可持续旅游的发展逐步引起了广泛的关注。可持续旅游的一种思路，是从资源和环境保护的角度出发，使政府、景区、社区及企业等利益相关者达到协调发展。另一种思路是将可持续发展理解为一种活动的方式：旅游会给环境生态造成负面影响，而旅游绿色发展是指各利益主体在旅游活动中执行绿色的理念，对旅游者不良行为进行监督，以达到长期保护和有效发展的目的。因此，绿色旅游发展属于发展可持续旅游的一方面，绿色旅游和可持续旅游有着密切的关系。

随着互联网的快速发展，互联网在人们的生活中发挥着越来越重要的作用。身处信息时代，人们的社交方式、购买习惯及获取信息的方式都发生了翻天覆地的变化，旅游业连接食、住、行、乐、购等多个行业，与人们的日常生活息息相关，对来自互联网和信息技术的冲击最为敏感。例如，刘俊等（2021）从生态旅游的资源功能、游客行为、环境承载力、空间管控、价值认知这 5 个方面论述了科技创新对可持续旅游发展的重要赋能作用。在这样的背景下，互联网与旅游业逐渐融合渗透，在线旅游以其超强的整合性、舒适个性的交互性、便捷性及低成本和高传播性等特点成为一个新的服务业态，并成为旅游消费者购买旅游服务产品的主要方式之一，也成为可持续旅游的一种重要手段和方式。

随着可持续发展理论体系的完善，在过去十年中，旅游企业在政府、经济、文化和社会的环保压力下面临着巨大的转型挑战（Chu and Chung，2016）。Roberts 和 Tribe（2008）指出小型旅游企业可以通过提供个性化的旅游服务，自发地为可持续旅游业发展做出贡献。一些学者表明政府规制是一种鼓励民营旅游企业从传统旅游转变为可持续旅游的有效措施（Saarinen，2014；Zhao et al.，2015）。许多研究表明，CSR 会影响旅游服务系统的运营绩效。Magno 和 Cassia（2021）提出了一个将 CSR 行为划分为五个维度的模型，并运用偏最小二乘结构方程模型对意大利 199 个农业旅游企业进行实证研究，最后得出 CSR 行为提高了当地农村旅游系统在新冠肺炎疫情下的复原力的结论。

1. 绿色旅游

绿色旅游是指亲近自然，具有环境保护特征的旅游产品及服务。大量研究调查了游客的绿色偏好行为、绿色消费动机及产品绿色属性对游客满意度的影响（Kasim，2004；Peattie，2010）。Jinsoo 等（2010）研究了游客是如何访问绿色酒店的，结果表明绿色酒店的整体印象可以为游客带来更多的感知价值。从“绿色革命”的角度，张杰（2013）通过将环保理念引入旅游服务供应链管理中，研究了具有消费行为偏好的游客、旅行社和旅游服务提供商间的关系。Kim 等（2016）指出酒店的绿色实践可以提高游客的满意度，但这只能通过感知服务的相对质量来实现。此外，以人为中心或以生态为中心的价值观可能会极大地影响人们对可持续旅游业发展的态度（Xu and Fox，2014）。环境心理学领域的一些研究证明，提高消费者的环保意识会很大程度上影响他们的购买行为（Bagozzi and Dholakia，2006；Miller et al.，2010；Chen and Tung，2014）。Vermeir 和 Verbeke（2006）深度研究了“态度与行为间的差距”这一主题，认为人们的积极态度并不意味着实际购买绿色产品或参与环保活动。对于旅行社而言，他们通常根据市场需求和运营成本制订营运计划。因此，在分析旅游企业的决策时考虑游客的消费行为偏好将更加贴近现实。

我国旅游人数的不断上升，造成的旅游污染也越来越严重，旅游业的发展对企业的管理和运营提出了更高的要求。吴普和田密（2014）对海口旅游业中酒店和交通所产生的二氧化碳以及需求的能源做出精确统计，提出考虑开征旅游环境税或生态补偿基金等。刘佳等（2017）对近十年来我国旅游业碳排放进行统计研究，发现旅游业碳排放总量呈现出逐年递增的趋势，而碳排放强度则逐年递减，交通、食宿和购物是旅游业碳排放的三个主要部门。由此可见酒店的资源消耗和碳排放量占据了旅游业碳排放的很大比例。目前在绿色酒店运营机制的研究方面，谢婷（2016）以北京市金叶级绿色酒店的消费者为研究对象，采用问卷调查的方法，基于计划行为理论模型，对消费者选择入住绿色酒店的决策机制进行了分析。何莉莎等（2019）统计了我国 357 栋不同星级、不同功能绿色公共建筑的技术选用情况，分析比对了不同功能绿色公共建筑各种技术措施的选用率，同时分析了不同气候区间对绿色技术选用的影响。Junaydulloevich 等（2020）认为消费的大幅增加在带来需求的同时，也产生了大量的污染物，通过绿色和可持续供应链管理有助于解决全球可持续发展问题。

此外，一些学者重点关注了旅游业发展与环境质量之间的关系（Katircioglu et al.，2014；de Vita et al.，2015）。Adriana（2009）研究了旅游服务供应链中的环境保护问题，结果表明公共压力可以促进绿色旅游服务供应链的实施，但是参与者的组织因素和战略短视行为会阻碍可持续旅游政策的实施。Chan 等（2014）通过对香港 438 名酒店员工的调查数据进行分析，考察了三个绿色触发因素（即环境知识、环保意识和环境关注）的影响作用，研究证明这三个绿色触发因素与游客的绿色消费行为呈正相关关系。Han 和 Yoon（2015）将几个基本变量（即环境意识、感知的效率和生态友好行为）整合到游客的环境偏好中，发现整合的结构在酒店访客的决策中起着至关重要的作用。Rahman 和 Reynolds（2016）建立了消费者行为决策的综合模型，探讨了消费者生态圈价值，以及消费者为环境做出牺牲的意愿与其行为意图之间的相互关系，研究表明生态圈价值将影响消费者为环境做出牺牲的意愿。Wang 等（2017）考虑游客对环保型产品的支付意愿，评估了环境属性的休闲承载力，并确定每个特定属性的承载力阈值。李祉佑等（2022）指出政府的补贴可以有效提升景区的绿色度水平与社会总福利，但实现旅游产业的绿色化仍需巩固消费者环保意识并创新环保技术。Chen 等（2021）发现实行绿色供应链是酒店提高竞争力的有效途径，有绿色行为的酒店均能获得更高利润。

还有一些文献对绿色旅游推进的相关因素（创新指标评价体系）做实证分析，研究绿色旅游服务系统内在的相互关系及作用。朱学同等（2020）研究了乡村旅游者环境保护责任感与地区留恋和感知价值的关系。覃方铭等（2019）从绿色旅游评价指标体系构建角度，综合评估了夹金山脉大熊猫栖息地遗产旅游绿色发展的驱动力、压力、状态、影响及反馈。武少腾等（2019）对四川省乡村旅游绿色发展水平进行研究，综合分析四川省生态环境、资源开发和经济社会之间的发展水平及影响因素，为四川省乡村旅游绿色发展提供相关建议。张俊和程励（2019）构建了绿色旅游和居民幸福因素的系统动力学模型，预测游客接待量、旅游总收入、环境污染变化指数、社会治安案件存量、旅游风险增长指数、居民幸福指数及旅游就业人数等变量的演化趋势，模拟四种不同情景下旅游发展与居民幸福外部因素之间的影响机制与演化趋势。Wondirad 等（2020）以非洲某地区为例探讨了生态旅游与各利益相关者之间的关系，以及生态旅游对绿色旅游的作用，发现生态旅游虽然加速了当地经济的发展，但是加速了资源退化，损害了当地居民的利益，长久来看，并不能实现当地旅游绿色发展的目标。Lee（2013）以中国台湾地区慈姑湿地居民为研究对象，利用社区依恋、社区参与、感知收益、感知成本、支持度等潜在变量及基本资料，评估社区居民对旅游绿色发展的支持度。Westerberg 等（2013）评估了海边风电场建设对沿海旅游业绿色发展的危害，并研究了是否可以通过风电场相关的珊瑚礁娱乐或采取一致的环境政策来补偿潜在的视觉伤害。

2. *在线旅游*

在线旅游是通过网络的形式在线提供旅游相关的服务，如在线出行、在线住宿、在线度假、在线查询、在线订购、在线咨询、在线支付等。随着我国旅游行业持续向年轻化、内容化、个性化、数字化方向发展，在线旅游在我国得到了快速发展。在线旅游经过多年发展，逐渐成为人们出游和购买旅游产品的主流方式，在线旅游市场交易规模连续增长并且保持着很高的增长率。2017 年全球在线旅游交易额达到6 130亿美元，较上年增长11.7%。其中以中国为主的亚太地区成为全球最大的在线旅游市场。OTA 作为第三方平台，是连接消费者和旅游服务提供者的重要桥梁。艾瑞咨询在《2021 年中国在线旅游行业研究报告》中把我国的 OTA 产业进行了总结，绘制了中国 OTA 产业链图谱。

人们在外出旅行时越来越依赖于OTA，然而OTA的市场占有量不断提升的同时，其投诉量也在不断增多。黑猫投诉平台 2019 年 1 月的数据报告显示，因春节长假临近，旅行类投诉迎来高峰。1 月投诉集中在智行火车票及几大购票平台，其中，飞猪、智行火车票、同城艺龙、去哪儿网、携程几个 OTA 平台的投诉量环比增长率分别为 100%、100%、56%、43%、33%。针对在线旅游投诉多发的问题，北京市文化和旅游局对旅游行业 10 家 OTA 巨头进行行政约谈。公开报道显示，去哪儿网、中青旅遨游网、携程旅行网、马蜂窝、途牛旅游网、同程艺龙、美团旅行、穷游网、驴妈妈旅游网、阿里巴巴飞猪等10家重点企业均在被约谈之列（蒋梦惟和武媛媛，2018）。疫情期间，旅游业受到史无前例的冲击，OTA 的投诉也呈现爆发式增长。北京阳光消费大数据研究院通过对 2020 年 1 月 20 日至 2 月 29 日之间相关数据的分析发现，其间，国内各大 OTA 需要应对的退改工作量保守估计在 1 亿人次左右，所有平台都迎来了规模空前的退改需求。投诉量也随之增加，2020 年 2 月的消费者投诉量环比增长 300%以上。这是因为旅游业的特殊性决定了游客在旅游过程中对于旅游体验的感受来自众多因素的影响，在主观上，如个性化需求、情绪等；在客观上，如服务态度、社会因素、文化因素等。在线旅游服务供应链和传统的线下旅游服务供应链有着非常明显的区别，由于旅游产品的无形性、生产与消费同步性等特点，与实物产品具有很大差别，用户无法通过产品参数来感知产品，游客在线上购买旅游产品时，无法全面直观地感受到旅游产品服务质量与品质。所以游客在线上购买旅游产品时更为注重其所感受到的服务质量。游客所感知到的服务质量是对整个旅游过程服务质量的感受，既包括 TS 提供的旅游产品的服务质量，也包括游客在 OTA 上购买旅游产品时所感受到的服务质量。因此，对在线旅游服务质量的有效管理也是实现可持续旅游的重要保证。

Kaynama 和 Black（2000）提出的 OTA 服务质量的七个测量维度，分别为内容、可进入性、导航、设计、响应性、背景信息、个性化；Mills 等（2003）提出了游客对 OTA 满意度评价模型的三个维度，分别是个性化、界面和感知价值；之后更是有学者在模型中加入了消费者心理学和社会学等相关因素来评价 OTA 的服务质量。张广宇和张梦（2012）在借鉴国外学者评价模型的基础上，提出了在线旅游的网站个性化、在线旅游的交付程序和体验结果三个维度来评价在线旅游网站的服务质量。丁娟（2014）针对旅游行业业务和在线旅游服务产品的特点将经典的 WebQual 模型拓展成 T-WebQual 模型，指出我国目前在线旅游服务产品的服务质量仍然存在着重要的问题。王玉洁等（2010）采用问卷调查的方式，对大学生群体关于在线旅游服务网站的服务质量满意度进行了研究，得出了交互及时性是大学生群体对于网站服务质量最为关心的因素。郑时（2011）通过抓取雅虎在线旅游网站用户数据，分析得出在线旅游质量感受受到个性主观情感的显著影响，在线旅游网站和在线 TS 的口碑相比传统的旅游服务供应链服务质量的感知评价占据了更大的比重。胡静等（2021）基于自我损耗视角，以在线旅游顾客为研究对象，构建了隐私关注–自我损耗–顾客价值共创行为的关系整合模型，为服务型企业规避在线顾客由于隐私关注产生的自我损耗及降低自我损耗对在线顾客价值共创行为的消极影响提供了一定的实践启示。Ma 等（2021a）在大数据的现实环境下，建立了由 TS 和 OTA 组成的低碳绿色旅游服务供应链微分博弈模型，分析了在 O2O（online to offline，线上到线下）模式下的旅游服务供应链可持续发展和协调问题，证明了采用 OTA 模式可以很好地促进旅游服务供应链的可持续发展。

3. CSR

CSR 指的是企业在运营过程中不仅关注自身的利益，同时也会关注社会公众利益，并往往以社会福利最大化为营运目标。目前，越来越多的实证研究表明 CSR 在企业市场拓展、品牌提升和实现可持续发展中起着至关重要的作用（Andersen and Skjoett-Larsen，2009；Eisingerich et al.，2011；Font et al.，2012；Luo et al.，2016；Lee and Tang，2017；Panda et al.，2017；Su et al.，2017；范建昌等，2019）。

在旅游产业，目前已有很多文献研究了 CSR 是如何影响旅游服务系统的运营绩效的（王彩萍等，2015；王晖，2015；Ahn，2019；Tseane-Gumbi，2019；Moneva et al.，2020；Uduji et al.，2020）。例如，Kang 等（2010）研究了酒店的 CSR 活动与财务绩效之间的相关关系，他们建议酒店、轮船、饭店和航空公司应该从长远角度制订 CSR 投资计划。苏志平和顾平（2010）研究了 CSR 意识对旅游服务供应链运营绩效的影响。Inoue 和 Lee（2011）考虑了 CSR 的五个维度，即员工关系、产品质量、社区关系、生态环境和产品多样性对旅游公司财务业绩的影响，发现 CSR 对旅游企业的财务具有积极的影响。Liu 等（2019）在考虑了 CSR 偏好下，研究了二级旅游服务供应链的协调问题，发现随着旅游运营商 CSR 偏好的增加，旅游服务供应链成员的利润也会增加。从应对风险能力的角度出发，李玲（2020）指出具有社会责任的企业具有更高的抗风险能力。李新军和廉吉全（2020）探讨了 CSR 缺失、景区 CSR、景区与旅行 CSR 等三种不同情境下旅游服务供应链的最优均衡策略，指出景区与旅行社的合作 CSR 可有效提升社会福利。

部分学者研究了如何实施 CSR 活动。Levy 和 Park（2011）对总部设在美国的酒店高管进行了调查，以探索实施 CSR 的利弊，研究发现鼓励企业从公司整体角度学习 CSR 知识可以帮助其实施 CSR 计划。Wen 等（2021）应用“工作嵌入”的管理概念，考察了小型旅游企业家的工作嵌入如何影响其 CSR 决策。CSR 战略的本地化可以使企业更有效地应对当地环境，包括每个市场的文化差异和偏好。特别是对于酒店业和旅游业来说，由于生产和消费的同时性，CSR 的本地化以适应当地的文化和环境可能比其他行业更加重要。Song 和 Kang（2019）在研究中纳入文化影响因素，为融合国家文化的酒店和旅游公司提出了一种基于文化的 CSR 实施模型。廉吉全（2021）从动态博弈的视角开展旅游服务供应链 CSR 的相关理论研究，开拓了旅游 CSR 的研究视角和新方法。

许多研究从消费者的角度探讨消费者对旅游 CSR 的感知及其影响因素。Han 和 Yoon（2015）结合环境意识、感知效率、声誉和环保行为，调查了其对游客在选择环保型酒店时的影响，研究表明更高的游客环境偏好和环保型公司的声誉可以增强游客购买环保型旅游产品的意愿。Fatma 等（2016）构建了新的评估模型并对 CSR 行为进行了定性分析，以衡量消费者对 CSR 活动的看法。Wells 等（2016）采用定性的研究方法，从员工和游客的角度分别研究了遗产旅游企业的环境社会责任是否反映了企业真实的社会责任发展路径情况。关于公众对 CSR 的态度方面，Hong（2016）通过实证研究，发现经济因素、社会文化因素及居民成本因素显著影响了居民对当地旅游度假村社会责任的认可程度。黎耀奇（2016）通过实证检验，对旅游企业停止慈善性社会责任的公众响应进行了研究。Su 和 Swanson（2017）研究了旅游目的地的社会责任意识对首次游客和重复游客消费行为的影响。陈悦悦等（2018）探索了居民社区归属感、地方认同、乡村旅游小企业社会责任感知三者之间的关系。也有学者归纳现有研究，探讨 CSR 在可持续旅游发展方面的未来研究方向。

1.3 可持续旅游服务供应链研究进展

随着服务业在 GDP 中的比重日益增加，许多企业开始注重将服务产品从有形的产品扩展到无形的增值服务，服务供应链得到广泛发展和研究。旅游服务供应链作为服务供应链的具体表现形式，在研究思路上与一般服务供应链相同，但在研究角度、研究方法和研究内容上与一般服务供应链不同。旅游服务供应链是复杂的动态网络结构，酒店、旅行社、景区、航空公司等单主体既是旅游服务供应链中为游客提供服务的供应商，也是旅游服务供应链中的利益主体。价格是旅游服务供应链成员的利润来源，旅游服务质量影响消费者体验，而实现旅游服务供应链的协调是实施供应链管理的重要目标。同时，大部分旅游服务产品都具有容量约束，如酒店客房数、景区容量、舱位和座位数等，这些都会大大影响旅游产品定价、顾客感知和服务质量决策。因此，本节分别从可持续旅游服务供应链中的定价、质量、协调等领域出发，介绍可持续旅游服务供应链研究的最新进展。

1.3.1　旅游服务供应链概述

旅游服务供应链是以服务为导向的一种服务供应链。其本质是整合 TS 的服务资源来满足消费者的需求，共同创造价值。目前国内外学者对旅游服务供应链的概念、构成界定不太一致，但对于旅游服务供应链的定义内涵的要素的认知是一致的，都是围绕旅游供应商、旅游集成商及旅游者三者进行区分界定的，都肯定旅游服务供应链是为满足旅游消费者的需求而形成的一个供需过程。

20 世纪 90 年代中期国内外学者开始对旅游服务供应链展开理论研究，而供应链管理实践其实在更早的时候就已存在于旅游企业实际运营当中，偏向于旅游企业横向和纵向之间的联合合作。关于旅游服务供应链方面的研究内容集中在旅游服务供应链概念、构成、模型框架研究上。Kaukal 等（2000）提出了旅游价值链的具体组成部分，即一个具有代表性的旅游价值链应当由旅游供应商、旅游经营者、旅行社和客户等四部分组成。Tapper 和 Font（2004）将旅游服务供应链定义为“包括向消费者提供旅游产品的所有商品和服务的供应商”。Yilmaz 和 Bititci（2006）开发了旅游价值链模型，建议将旅游产品作为端到端的无缝实体进行管理。从旅游企业角度出发，郭华（2007）提出旅游企业供应链概念，认为旅游服务供应链是围绕核心旅游企业的网链。吴春尚等（2009）认为旅游服务供应链是一条将旅游六要素（吃、住、行、游、玩、购）等相关旅游产品有效结合来共同创造顾客价值的链条。慕晓峰和赵洁（2011）提出旅游服务供应链是一种围绕旅游产品进行流动，能够连接供应商、旅行社、旅游者等利益主体形成的网链结构。滕达（2011）提出旅游服务供应链是将整个旅游过程结成一条有联系、相互影响的供应链，并通过信息流、物流、资金流来共享资源，减少成本，带动整个旅游产业的运作。

1.3.2 旅游企业服务产品定价策略

在航空公司机票定价方面，官振中和宋燕歌（2016）研究了航空公司在机票可召回机制下的定价问题，其中淡季可召回机票的目的是促销，旺季可召回机票的目的是规避由高舱位需求预测的不准确性导致的收益损失。谭美容（2018）研究了短视乘客在航空公司竞争环境下的机票选择问题，并针对航空公司的机票定价提出了价格展示和动态定价两种定价策略。张辰和田琼（2019）依据旅客的机票购买行为将旅客划分为“忠诚”旅客和“不忠诚”旅客，探究了旅客忠诚度对航空公司售票渠道选择及定价策略的影响。Koc 和 Arslan（2021）提出了 IMV-LSTM 模型，通过机器学习的方式进行机票定价决策，达到价格管理和利润增加的目的。

在旅游景点的定价策略上，尤阳等（2013）针对旅游景点当天不能拒绝游客及景点的最大承受度等特殊性，从票源控制的角度出发提出了预售期门票的定价策略。考虑不同时间段游客数量的波动情况，陈阁芝等（2017）研究了景区门票分时定价策略以实现客流量的平稳分配。考虑旅游电商平台的兼并重组机制以及平台之间的竞争情形，程贵孙（2017）基于双边市场理论研究了旅游电商平台兼并对其定价策略的影响。熊浩和鄢慧丽（2019）结合了旅客的价格敏感和需求跨时间段等特性，分析了各时间区间的旅客需求函数，构建了多预定区间折扣优化模型，并从多预定区间角度制定了旅游景区的票价决策。林强等（2020）考虑了景区主导和旅行社主导的两种旅游服务供应链，比较了在公平偏好信息对称与不对称等两种情景下旅游企业的最优定价策略。邹光勇等（2021）认为公共景区门票价格管理应该由供给曲线与社会需求曲线是否形成均衡点决定，且未来公共景区门票定价需要更多考虑成本和环境的补偿。

在酒店服务产品定价方面，Chung（2000）修改了囚徒困境博弈模型，研究了豪华酒店的最优定价策略，发现非高峰时期的酒店降价策略无法使酒店获得更大的市场份额。Lockyer（2005）分析了影响顾客酒店需求主要的主要因素，指出酒店的价格不应与其他影响顾客需求的属性一起考虑，应当被特别考虑。刘淑芹（2011）同时考虑了酒店的不可储存性、订单取消和订单预订但未到等事件发生的可能性，采用了超额预订随机优化决策模型，解决了顾客需求不定情形下酒店客房预订与定价的问题。Abrate 等（2012）研究了酒店的动态定价策略，指出客户构成是酒店定价的主要驱动力，而客户类型、酒店星级和拥有空房的供应商数量是影响酒店定价的驱动因子。陈武华等（2013）通过 Nested Logit 选择模型刻画了顾客在多房间多价位情形下的订房行为，建立了一个描述酒店管理者的动态价格决策过程的随机动态规划模型，设计了求解最优定价策略的优化算法，解决了酒店多个房间类型的综合定价问题。通过设计 2×2 的实验，Casaló 等（2015）研究了同行意见及在线酒店定价对旅客预订行为的影响。Barreda 等（2017）研究了大型体育赛事对酒店定价政策的影响，指出大型赛事的举办不一定给附近的酒店带来更高的收入。王欣等（2020）分析了消费者偏好对于酒店的最优定价和 OTA 最优销售努力的影响，以及酒店和 OTA 不同合作模式的选择。Kulözü-Uzunboy 和 Sipahi（2022）以帕兰多肯冬季旅游中心为例，揭示可持续性的兴趣及可持续性动机因素在酒店管理中的影响。

1.3.3　旅游服务供应链定价策略

本小节将把旅游服务定价问题放在旅游服务供应链环境中进行考虑。针对旅游服务供应链成员无冲突协调定价的情形，Piga（2003）研究了政府政策下旅游垄断企业关于旅游产品的动态定价问题。Ling 等（2011）研究了中小型旅行社与线上旅游平台合作情形下的最优问题，建立了旅行社与 OTA 平台间合作的斯塔克尔伯格博弈模式，给出了旅行社和 OTA 平台的最优定价策略。Yu（2013）研究了旅游组织与旅行社在完全信息下的合作定价及利润分配问题。Ling 等（2014）建立了由酒店和 OTA 平台构成的旅游服务供应链模型，研究了双方的最优定价策略和最优利润问题。Zheng 和 Guo（2016）考虑了存在第三方订餐网站的情形，并研究了餐厅双渠道供应下的产品定价策略。Guo 等（2016）针对由一个酒店和一个 OTA 服务平台组成的在线旅游服务供应链，研究了酒店的佣金策略和 OTA 平台的最优努力水平与返现策略。林雅琴等（2018）研究了旅游淡季背景下酒店与 OTA 平台的合作定价问题。考虑由 OTA 旅行社和旅游运营商通过佣金模式合作共创组成的旅游服务供应链，易文桃等（2020）研究了不同佣金谈判模式下 OTA 旅行社和旅游运营商的最优定价策略。Ma 等（2021b）考虑了由一个景区和一个旅行社组成的绿色旅游服务供应链，探索了绿色景区与旅行社最优均衡的旅游服务、广告和定价策略。林强（2021）考虑了由一个主题公园和一个旅行社组成的旅游服务供应链，给出了旅游企业的最优定价策略。谭春桥等（2021）基于纳什谈判，分析了 O2O 模式下线下旅行社与线上旅行商在采取促销手段时的定价策略。

考虑旅游服务供应链成员间存在竞争，Huang 等（2010）分析了不同定价策略下各供应链成员的理性反应，研究了竞争旅游服务供应链的定价策略。Yang 等（2016）考虑了由酒店和 OTA 旅行社组成的二级旅游服务供应链，并建立了线上线下酒店定价的价格竞争模型。以旅游运营商或旅游服务商作为博弈的领导者，Jena 和 Jog（2017）建立了竞争旅游服务供应链的斯塔克尔伯格博弈模式，研究了竞争旅游服务供应链的定价问题。基于公平偏好理论，林强和魏光兴（2018）考虑了由景区和旅行社组成的两级旅游服务供应链，分析了景区和旅行社的最优定价策略，并设计了实现旅游服务供应链协调的收益共享契约。鄢章华和刘蕾（2019）通过具有销量限制的双价格 NYOP（name your own price，逆向定价）模式解决了旅游服务供应商与旅游服务集成商之间的定价冲突，提出可以通过设置合理的阶梯价格提升旅游服务供应商的利润。He 等（2019a）将旅游运营商分为传统旅游战略和绿色旅游创新战略两类，运用演化博弈的方法探究了游客环境友好偏好程度对不同战略的旅游运营商的产品定价策略的影响。

1.3.4　旅游服务供应链质量决策

服务质量主要用来刻画服务产品能够满足消费者需求的程度，是指企业为使消费者满意而提供的服务水平。服务质量主要是针对服务而言的，服务具有抽象性、不可分离性、被服务者主观感受性等属性。对于服务质量的研究起步较晚，即便今日，基于对服务质量研究的角度和目的不同，学者对于服务质量的理解也存在着较大的差异。Gummesson（1997）从感知的角度来界定服务质量的概念，是指消费者需求的满足程度，这个概念也得到了广泛的认可。Parasuraman 等（1985）、Yin 等（2016）进一步地提出了服务质量由消费者消费前期望、消费过程感知期望和消费之后结果期望三个维度构成，服务质量是这三个期望服务的总体印象。有关传统旅游服务产品的质量方面的研究的文献较多，如卢小丽和付帼（2018）以中国特色的红色旅游景区为例，分析红色旅游目的地旅游质量和游客满意度对游客忠诚的影响。孙盼盼和夏杰长（2017）将旅游质量纳入旅游产业效率测度体系，采用数据包络分析方法与空间统计分析方法，对中国旅游产业效率的空间格局和空间效应的时空演化过程进行了研究。Glaveli 等（2022）调查了四个核心方面（即位置、清洁度、服务和价值）对总体顾客满意度的贡献（感知重要性），通过对不同酒店的实证分析发现，对价值和服务方面的质量改进投资更能有效取悦客户。Jeaheng 等（2020）针对穆斯林旅游市场，探讨了清真友好型酒店服务质量属性、感知价格、满意度、信任和重游意愿之间的关联。Huang 和 Zhang（2020）构建了游客质量偏好下由组团社渠道和网络渠道组成的双渠道旅游服务供应链模型，并在组团社提供附加服务作为差异化策略的条件下，探讨了在集中与分散情景下旅游服务供应链质量控制决策对组团社渠道和在线渠道定价策略的影响。刘嘉毅和夏鑫（2012）通过对国外旅游质量相关文献进行综述性分析，发现有关旅游质量方面的研究聚焦于旅游质量的定义、维度、测度与质量证书，旅游质量与价格及品牌的关系，旅游质量对消费者的影响，旅游质量对旅游企业与旅游目的地的影响，旅游质量提升路径等五个领域。

随着互联网的发展，很多服务和企业开始线上运作，不少学者对于在线服务质量的概念也有了界定。例如，Zeithaml 等（2002）较早给出了在线服务质量的概念定义：网络购物的有效性、支付交易的便捷性及发货的速度共同构成了在线服务质量；Santos 等（2003）将消费者对于网站提供服务产品的先进性和服务产品品质给出的评价作为在线服务品质的定义；进一步地，Parasuraman 等（2005）认为在线服务质量不仅包括购买产品之后的评价，在购买过程中的服务的评价同样属于服务质量的范畴；Fassnacht 和 Koese（2006）在此基础上进一步细化，将物流配送的效率和售后服务的实际效果纳入在线服务质量的评价体系中。

对于在线旅游服务供应链来说，旅游业本身是服务行业，游客购买旅游产品时购买的是一种服务的无形产品，服务质量在这一环境中体现为 TS 所提供的服务水平对于游客期望服务的满足度，如酒店的大小、环境、配套设施；景区的建设、导游的服务态度；等等。旅游业并非单一旅游企业所构成，前文也陈述了旅游服务供应链由众多组织和机构所共同形成，而游客对于旅游服务质量的印象受到各个成员服务质量的影响。对于 OTA 来说，服务质量主要是从互联网营销、服务的基础出发，对于游客和 OTA 交互的期望满足程度。

国内外学者对在线旅游服务供应链研究颇多，对于在线旅游服务质量的评价标准和改进建议等定性研究也较多，然而对于服务质量决策定量研究却相对较少。García 和 Tugores（2006）研究了酒店在服务质量和价格两个影响因素下的最优服务质量决策。Harris 和 Emrich（2007）研究了航空公司在具有需求风险的条件下的最优服务频率决策。杨树等（2009）分析了在给定主题公园服务质量下，包价游供应链中旅行社的最优服务质量决策。目前的大多数研究仅从旅行社角度分析服务质量决策问题，很少有文献从旅游服务供应链整体角度进行服务质量决策的研究。鉴于旅游服务供应链服务质量决策现有研究较少的情况，借鉴和参考类似服务行业的供应链服务质量决策相关研究也有一定意义。例如，秦星红等（2016）考虑了网购服务供应链中单个网上商店和第三方物流企业的服务水平同时影响市场需求的情况下的服务质量协调问题。

当游客通过互联网购买旅游产品时，并不能立即消费和体验，也无法直接全面感知到旅游产品的服务质量与品质（Amaro and Duarte，2015）。所以游客更为注重旅游服务商的品牌形象。TS 服务质量将在很大程度上影响游客的感知服务质量，间接影响旅游服务商的品牌形象及相关服务产品的市场需求。Taheri 等（2021）认为旅游因素、服务质量和感知价值是影响口碑的关键因素，旅游服务提供对口碑有着重要作用。因此，TS 为了扩大市场需求及赢得消费者的口碑，会采取一些措施促使 OTA 通过提高对游客的广告宣传水平来提升其品牌形象，进而扩大参与双方的收益。罗美玲等（2011）发现供应商和零售商共同分担服务成本的协调机制，可以有效改善双方的整体绩效和参与双方的收益。杨世旭等（2013）在研究中提出了成本共担契约，并证明了该契约能够有效提高服务水平和整体供应链系统利润。

1.3.5 旅游服务供应链协调

旅游服务供应链是复杂的动态网络结构，供应链的利益主体包括酒店、景区、运营商、政府、平台、社区等。旅游服务供应链中的许多利益相关成员不时地改变商业伙伴，以最大限度地提高他们的竞争力。例如，政府和旅游公司之间的关系，以及游客和环境之间的关系，都会随着时间的推移而发展。许多国内外学者针对旅游服务供应链合作协调的问题做出了研究。供应链协调强调供应链整体利益和效用的提高，它需要供应链里的每个成员在发挥各自作用时充分考虑自身行为对其他成员和整个旅游服务供应链的影响。

旅游服务产品与传统实体有形产品相比，其供应相对缺乏弹性，具有不可储存性和易逝性等特点，因而在产品运营管理上更具挑战。旅游服务供应链成员间的关系也更加错综复杂，这使得旅游利益相关者间的竞合协作也变得更加困难（陈阁芝等，2017）。随着旅游消费市场的高速演变，基于完全理性的传统的企业运营管理研究方法越来越难解释当今消费者行为多变的特征。人们在做生产、订购、购买、旅游服务消费等决策时，已不再单单考虑个人的金钱收益，而是受到周围环境、个人心理或时间观念等多重因素的综合影响（Zhao et al.，2019）。在可持续发展背景下，旅游企业面临的市场环境变得更加复杂且不断发生演变，这加大了旅游服务系统成员间的协作难度（Jinsoo et al.，2010）。Wu 等（2019）将社会经济、社会环境和生态效率视为可持续旅游业协调的三重底线，旨在开发一个 CTBL（coordinated triple bottom line，协调三重底线）层次结构以引导旅游业走向可持续发展。Zhao 和 Hou（2021）将 TOC（theory of constraints，约束理论）的概念和一般原则应用在旅游服务供应链管理，为旅游服务供应链协调各个环节和活动提供了理论指导。

Gómez 和 Sinclair（1991）以英国与西班牙为背景，对两个国家不同旅游部门的旅游企业间的垂直整合和契约关系进行了研究。Theuvsen（2004）对欧洲旅游运营商的垂直整合进行了实证分析，指出实现旅游企业的垂直整合并非易事，各个旅游企业之间的契约设计尤为重要。张晓明等（2008）通过博弈模型、经典报童模型等模型研究了旅游服务供应链中多主体之间的协调问题。杨树（2008）以我国香港旅游市场为背景，研究了旅游服务供应链中各主体之间的协调关系。基于旅游产品的差异化程度，杨丽等（2009）从信任、利益、激励等三方面对旅游服务供应链中各主体的合作协调策略进行研究。Zhang 等（2009）认为如果旅游业的利益相关者能够相互交流，在决策同时不仅考虑个体企业且考虑旅游价值链整体，那么整个旅游服务供应链的整体价值将会有效提升。张书云和张廷龙（2013）认为旅游服务供应链的协调可以有多种模式，包括业务流程整合及各主体间的契约协调。张伟（2013）从供应链管理的角度提出旅游服务供应链上下游企业间的关系非常复杂，它们既是竞争关系又是合作关系。周世平等（2015）指出学术界关于旅游服务供应链的研究集中于旅游服务供应商的自身管理、旅游服务供应链运营模式、旅游服务供应链中旅游企业间的竞争与协调以及各个主体间的激励机制等方面。Lozano 等（2016）运用动态模型验证旅游经营者可以在旅游服务供应链上游采用环境友好型管理方面发挥重要协调作用。张廷龙和房进军（2017）对旅游服务供应链的协调问题进行了研究，通过建立收益共享契约缓解了旅游服务供应链上下游间的利润分配问题，实现了帕累托改进。Keskin 和 Ucal（2021）发现与静态博弈的均衡利润相比，旅游服务供应链的代理商选择重复博弈总能获得更高的利润。Fong（2021）探索了我国澳门旅游企业间竞争合作的演变，分析了水平型、垂直型和对角型等三种供应商关系对各旅游企业以及澳门旅游供应网络总绩效的影响。刘益等（2021）研究了 OTA 混合销售模式下一个平台和两个线下服务商的最优信息共享策略，并设计了平台只向一个服务商收取需求预测信息费用的单方转移支付契约和平台同时向两个服务商收取需求预测信息费用的两方转移支付契约。Jena 和 Behera（2022）针对没有成本分摊和有成本分摊的生态旅游努力两种情景，构建了旅游服务供应链的数学模型，结果表明与有成本分摊相比，没有成本分摊的旅游服务供应链产生更多的利润。

Dong 等（2012）研究了新进景区和成熟景区与旅行社的合作问题，发现新进景区通过与成熟景区横向合作能够提升双方的收益。Guo 和 He（2012）研究了具有奢侈型和经济型两种客房服务的酒店与旅行社之间的合作问题，研究表明，在分散决策下，具有较强议价能力的酒店将获得更多的利润，以收益共享为基础的数量折扣契约能够实现二者之间的完全协调。Dong 等（2014）研究了旅行社和旅游目的地酒店之间的合作策略。谭颖等（2014）应用得益模型和数据选择模型对旅行社和旅游者的协调关系以及旅行社和交通部门的协调关系进行研究。Shi 等（2016）建立了由酒店和旅游运营商组成的二级旅游服务供应链，设计了能够协调该旅游服务供应链的价格折扣和数量弹性契约。基于当前旅游业需求波动、淡旺季差所引发的酒店和旅行社间的冲突问题，应松宝等（2017）构建了旅行社和酒店的收益共享契约模型和回购契约模型，研究发现旅行社的促销努力使得传统的旅游服务供应链无法实现协调，促销成本共担的契约的设计能够较好地解决这一问题，从而提高旅游服务供应链的整体利润水平。梁逸更（2018）用演化博弈的方法分析了旅游服务供应链中影响服务提供商和旅行社之间的合作因素。Bai

和 Chen（2021）借鉴合作博弈论中的核仁概念，运用网络损失分配方法研究航空公司、旅游景点和旅行社三元关系中的合作问题。Isa 等（2021）提出旅游经营者在可持续旅游的目的地管理中发挥着重要作用，并证明可持续目的地管理与感知创新特征和旅游经营者角色的可持续业务导向之间存在正相关关系。

在 OTA 背景下关于旅游服务供应链的协调问题。Guo 等（2013）探讨了酒店管理者与第三方网站合作运营在线渠道时的最优定价政策，并提出了一种帮助利益相关者实现双赢的协调机制。Zheng 和 Guo（2016）指出当线下需求相对较小时，饭店应加入第三方网站并设计相应的价格折扣契约。张智勇等（2015）在电子商务背景下研究了旅游服务供应链渠道融合问题，并给出了最优的渠道协调模型。Zha 等（2015）研究了单个酒店与 OTA 平台间的合作关系，指出酒店与 OTA 平台可以通过固定支付加成本共享的契约达到共赢。Dong 和 Ling（2015）研究了酒店的超卖以及与线上 OTA 合作的问题。Long 和 Shi（2017）研究了旅行社和 OTA 通过在线销售与线下服务提供商合作的协调策略，指出服务水平、单位销售佣金、成本参数和单位服务补偿系数对旅行社和 OTA 与线下服务提供商之间的协调有着重要意义。Liu 等（2021）考虑一个由持有私人需求信息的 OTA 平台通过代理模型与现有的旅游服务提供商合作的旅游服务供应链，探讨了 OTA 平台的需求信息共享策略及策略选择的帕累托改进。Ma 等（2021a）认为景区和 OTA 之间的利他偏好可以加深旅游服务供应链成员之间的合作，为顾客带来更好的体验。Zhang 等（2021）提出在一个低碳旅游景区和负责大数据营销的 OTA 组成的低碳旅游服务供应链中，为阻止危机事件损害景区的低碳商誉，旅游服务供应链中的企业不仅需要意识到旅游景点危机事件，还需要根据危机预期程度调整投入策略。

包含组团社与地接社的旅游服务供应链的协调问题。运用博弈论理论，杨丽等（2009）分别在分散定价和联合定价情形下对组团社和地接社的定价策略进行了研究，并运用 Shapley 值法对组团社和地接社间的合作给出策略建议。Guo 等（2014）构建了由组团社和地接社组成的旅游服务供应链决策模型，并基于不同游客的消费态度研究了供应链双方的定价策略和协调机制。

航空公司参与的旅游服务供应链的协调问题。Lafferty 和 van Fossen（2001）针对航空公司和酒店的合作，探讨了横向合作与纵向合作情形下的协调策略。陈剑等（2004）对航空公司与旅行社间的协作机制进行了研究。张晓明等（2008）应用博弈模型与经典报童模型分析了旅行社和旅游者间的信任协调问题及旅行社与航空公司的机票价格协调问题。

一部分研究同时考虑了广告合作与旅游服务供应链成员的协调问题。针对景区与旅行社的合作广告行为，王晶晶和郭强（2013）等构建了景区与旅行社的合作广告契约，研究了景区与旅行社的最优合作广告策略。陈喆芝等（2016）对旅游服务供应链中的低碳和广告合作问题进行了研究，并给出了旅游服务供应链中各个成员的最优决策。通过建立两个斯塔克尔伯格博弈模式（即旅游运营商或旅游地服务商作为博弈领导者），Jena 和 Jog（2017）研究了广告投资下的旅游服务供应链价格竞争问题，并设计了供应链上的合作广告机制。考虑到信息不对称对旅游服务供应链协调的影响，Yu（2013）在完全信息背景下对旅游组织与旅行社的合作定价及利润分配问题进行了研究。考虑导游与旅行社之间存在信息不对称，牛文举等（2013）研究了信息不对称情形下导游与旅行社的合作问题，并设计了相应的激励机制。Hosseini 和 Paydar（2021）考虑了由生态旅游中心和游客组成的生态旅游服务供应链，分析了旅游中心广告及折扣策略对游客需求及旅游中心总利润的影响。

1.4 本章小结

综合分析国内外研究现状与发展趋势，在可持续背景下，从旅游服务产品运营、定价、服务质量及旅游服务供应链协调方面，可发现有如下待进一步研究的问题。

1. *游客感知服务质量下在线旅游服务供应链服务质量动态决策*

目前关于在线旅游服务质量的研究多是从定性的角度研究服务质量的评价模型并对相关主体提出提升建议，很少有从定量的角度对旅游服务供应链成员关于服务质量的决策提供理论参考，而且现有文献很少考虑销售价格对市场需求及旅游服务供应链决策的影响。

2. *考虑游客购买行为偏好下旅游产品市场需求的度量*

目前对旅游服务运营管理的研究，主要侧重于单一的非绿色游客，且大多数研究都是定性分析。随着人们生活水平的不断提高，越来越多的游客表现出对环境的关注，随着时间的推移，绿色旅游市场呈现不断演变的特征。旅游市场上往往呈现出多种异质性旅游服务产品共存的现象，此时旅游企业将面临多产品竞争情形。那么，如何度量游客具有环境偏好的各类旅游服务产品的需求将是一个重要的研究任务。

3. *不同市场环境下旅游产品运营策略及其稳定性分析*

目前关于可持续运营管理方面的文献主要侧重于研究实体产品的绿色技术投入和合作研发等问题，少有研究对旅游服务过程或者售后环境维护进行研究。由于旅游市场环境是不断演变的，如果市场上的游客和竞争对手都不具有环境偏好和 CSR 意识，那么旅游企业将不太会主动加入绿色旅游创新活动当中。相反，当游客的环境偏好达到一定程度且竞争对手也可能采取绿色旅游策略时，传统的旅游企业是否愿意实施可持续旅游发展策略？在不同市场环境下（是否有政府规制、市场竞争、企业是否具有社会责任意识、游客具有环境偏好等），当各个旅游服务系统影响因素都满足什么条件时才会驱使旅游企业自发地采取可持续旅游运营模式将是待解决的一个研究重点。

4. 旅游服务供应链动态协调模型的构建及契约选择

目前关于供应链契约设计方面的研究，主要侧重于实体制造业。很少有研究将游客的服务感知、低碳效用感知和合作碳减排等考虑进去。随着消费升级，旅游业已成为影响各个国家经济发展极其重要的一环。特别是当旅游服务供应链成员具有行为偏好时，如何通过构造数理模型来刻画旅游服务供应链成员间的协调机制将是一个重要且具挑战的任务。本书将试图采用最优控制理论对具有消费者行为偏好特征的旅游市场进行建模，综合考虑旅游服务供应链成员可能的 CSR 偏好，提出相应的均衡协作契约，从而使得旅游服务供应链成员能保持长久稳定的合作，以促进我国旅游业的可持续稳健发展。

第 2 章　渠道竞争环境下绿色旅游服务供应链定价策略

2.1　概　　述

本章将以绿色酒店为背景，对渠道竞争环境下绿色旅游服务供应链的定价策略进行研究。随着互联网产业的飞速发展，旅游服务供应链也由传统供应链模式转换成在线旅游模式，具体表现为许多传统旅游服务商的运营模式的改变，美团、携程、去哪儿网等 OTA 平台的出现，促使很多旅游服务供应商加入在线旅游市场。随着旅游业的不断发展，在线旅游市场的发展空间越来越大。许多传统的旅游服务供应商也开设了自己的直营平台，如 12306 建立了专属线上订票平台，许多知名酒店也建立了自己的专属直营平台。由于酒店线上直营平台的出现，酒店的分销渠道变得复杂多样，酒店的各个渠道价格也会有所差异。考虑到消费者的价格敏感性，本章将研究多个渠道竞争环境下酒店的定价策略。同时，随着旅游业的深入发展，政府和酒店也纷纷意识到环境保护与生态健康等问题。酒店行业的碳排放量在旅游环节碳排放量中占比较大，因此酒店的绿色建设不可忽视，许多知名酒店纷纷开始建设绿色生态酒店，对酒店的服务运营环节进行绿色投入。因此，本章针对绿色酒店的定价策略研究，既考虑了在线市场中酒店的分销渠道竞争，又考虑了酒店的绿色服务投入水平。

本章围绕绿色酒店是否建立线上直营平台的问题，展开对绿色酒店渠道竞争的研究。绿色酒店为了维护或提高绿色服务水平，会在运营中进行绿色服务投入。面对下游 OTA 分销的强大势力，酒店势必会卷入价格战中，这也必将对酒店的绿色服务投入和定价造成影响。因此，面对 OTA 下游分销垄断，绿色酒店是否应该建立自己的线上直营渠道呢？本章将解决以下几个问题：①绿色旅游服务供应链在两种渠道模式下，绿色酒店和 OTA 在分散决策和集中决策情况下的定价策略及绿色服务水平；②对比绿色酒店不引入直营渠道和引入直营渠道两种模式，确定酒店引入线上直营的条件；③分析在两种模式下消费者对不同渠道价格的敏感性会对绿色酒店的绿色投入和定价策略造成什么影响。

2.2 不引入线上直营平台下绿色旅游服务供应链定价策略

2.2.1 模型假设及建立

本章将建立由一个绿色酒店和一个 OTA 组成的绿色旅游服务供应链模型。考虑绿色酒店开设网上直营渠道和不开设网上直营渠道两种模式，见图 2.1 和图 2.2。图 2.1 和图 2.2 分析了在两种模式下绿色酒店的绿色服务水平及各个渠道的定价问题。

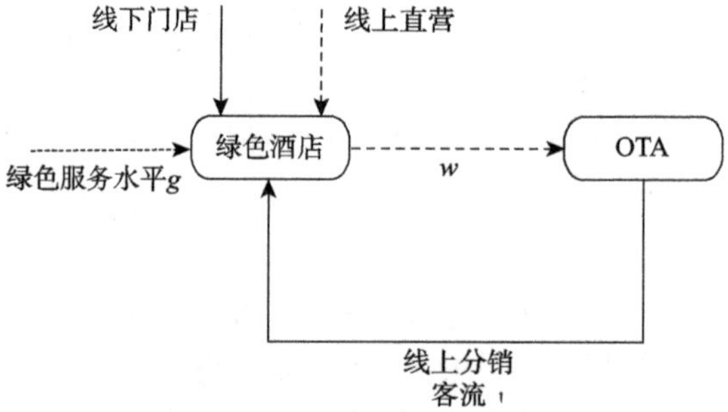

图 2.1 引入线上直营渠道的供应链结构

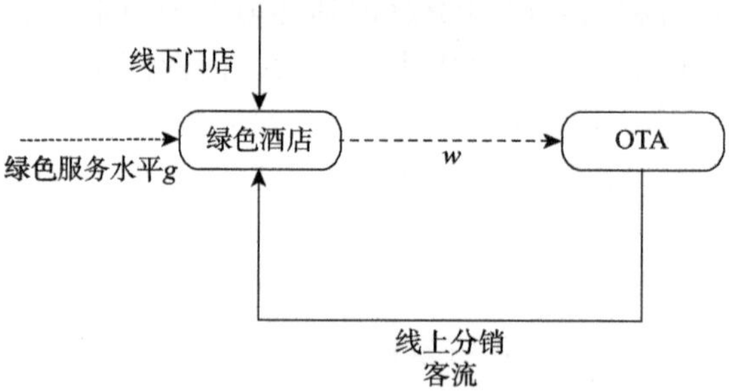

图 2.2 不引入线上直营渠道的供应链结构

在绿色酒店不考虑引入网上直营渠道的模式下，该旅游服务供应链的运作表现为绿色酒店决策酒店绿色服务水平、酒店在线下门店的定价，并将酒店以批发价格的模式销售给 OTA，OTA 制定线上酒店的价格。在绿色酒店不考虑引入网上直营渠道的模式下，分别考虑旅游服务供应链在集中和分散两种决策情形下，酒店的绿色服务水平投入及酒店和 OTA 的定价。为了建立合理的模型，做出如下假设，模型各参数见表 2.1。

表 2.1　绿色酒店线上平台引入模型参数

参数	释义
N	下标，代表酒店不引入网上直营渠道的模式
T	下标，代表酒店引入网上直营渠道的模式
C	上标，代表集中决策模式下
F	上标，代表分散决策模式下
d_{N_r}	绿色酒店实体渠道的需求总量
d_{N_o}	绿色酒店线上 OTA 渠道的需求总量
d_a	绿色酒店线上自营渠道的需求总量
d	市场潜在的需求量
π_h	绿色酒店利润
π_o	OTA 利润
p_1	绿色酒店实体销售价格
p_2	绿色酒店网上 OTA 渠道销售价格
p_3	绿色酒店网上自营渠道销售价格
g	酒店绿色服务水平
α	消费者对网上订购酒店的偏好
λ	单位绿色服务水平成本系数
γ	线上线下渠道需求量交叉影响系数
μ	线上自营渠道和 OTA 渠道需求量交叉影响系数
θ	消费对酒店绿色服务水平的偏好系数

假设 2.1：酒店和 OTA 的需求表现为，随着酒店绿色服务水平的增加，消费者需求会增加，随着酒店销售价格的提高，消费者需求会减少。本章采用线性的需求表达式，因此，需求函数可以表示为

$$d_{N_r} = \alpha d - p_1 + \theta g + \gamma p_2 \tag{2.1}$$

$$d_{N_o} = (1-\alpha)d - p_2 + \theta g + \gamma p_1 \tag{2.2}$$

其中，d_{N_r} 为绿色酒店线下渠道的需求；d_{N_o} 为绿色酒店线上 OTA 渠道的需求；d 为市场潜在需求量；α 为消费者对于网上订购酒店的偏好程度，$0 \leqslant \alpha \leqslant 1$；$p_1$ 为绿色酒店制定的线下酒店的价格；p_2 为 OTA 制定的线上酒店的价格；γ 为线上线下酒店价格对不同渠道需求的交叉影响系数；g 为绿色酒店决策的产品绿色服务水平；θ 为消费者对于不同绿色服务水平酒店的偏好。

假设 2.2：考虑到模型的合理性和实际情况，假设 $p_1 > w > c$，$p_2 > w$。绿色

酒店开发绿色房间必须进行绿色技术的投入，假设投入的成本与绿色服务水平的关系为二次函数关系，$C(g)=\frac{\lambda g^2}{2}$，其中，$\lambda$为单位绿色的成本系数。由于对模型求解无影响，本书不考虑绿色酒店直营平台运营成本。

假设 2.3：市场潜在需求无限大。进一步考虑模型的合理性，酒店和 OTA 的需求不能为负，需满足 $d_{N_r}>0$ 且 $d_{N_o}>0$。经计算得 $c<w<p_1<\frac{\alpha d+\theta g+\theta g\gamma+\gamma(1-\alpha)d}{(1-\gamma^2)^2}$，$c<w<p_2<\frac{\gamma\alpha d+\theta g+\theta g\gamma+(1-\alpha)d}{(1-\gamma^2)^2}$。

假设 2.4：在斯塔克尔伯格博弈模式中，绿色酒店是市场的主导者，制定酒店的绿色服务水平及线下酒店价格和批发价格。OTA 作为绿色酒店市场中的追随者，以批发价格订购酒店的房间，负责制定酒店的线上价格，绿色酒店和 OTA 都以利润最大化为目标。因此，酒店和 OTA 的利润函数为

$$\pi_{N_h}=d_{N_r}(p_1-c)+d_{N_o}(w-c)-\frac{\lambda g^2}{2} \tag{2.3}$$

$$\pi_{N_o}=d_{N_o}(p_2-w) \tag{2.4}$$

假设 2.5：决策绿色服务水平属于长期战略，一般来说这个决策定下来后短期内不会改动，而价格属于短期策略，企业可以实时调整价格，所以企业往往先决策绿色服务水平，然后在这个大方向下再进行价格决策。

本节讨论在酒店不引入直营渠道的情况下，旅游服务供应链在分散和集中模式下酒店和 OTA 的最优决策。求解绿色酒店和 OTA 分散和集中决策的条件，求解两个决策模式下的价格和绿色服务水平并进行数理分析。

2.2.2 集中模式下绿色酒店及 OTA 平台定价策略

在集中模式下，旅游服务供应链是一个整体，OTA 和酒店共同决策酒店的各渠道销售价格，以最大化供应链总利润。因此，旅游服务供应链的总利润可以表示为

$$\begin{aligned}\pi_N^C=&-cd-2cg\theta-\frac{g^2\lambda}{2}-p_1^2+(c+d-d\alpha-c\gamma+g\theta)p_2\\&-p_2^2+p_1(c+d\alpha-c\gamma+g\theta+2\gamma p_2)\end{aligned} \tag{2.5}$$

由于销售价格和绿色服务水平决策为两阶段决策，首先求解 $p_{N_1}^{*c}(g)$ 与 $p_{N_2}^{*c}(g)$。π_N^C 关于 p_1 和 p_2 的 Hession 矩阵为$\begin{bmatrix}-2&2\gamma\\2\gamma&-2\end{bmatrix}$，可判断出该矩阵一阶主子式小于 0，二阶主子式为$4-4\gamma^2$，由于$0<\gamma<1$，故$4-4\gamma^2>0$。因此$\pi_N^C$是关于

p_1 和 p_2 的联合凹函数，存在最大值。根据 π_N^C 对 p_1 和 p_2 的一阶导数，可得

$$p_{N_1}^{*c}(g)=\frac{c+d\alpha+d\gamma-d\alpha\gamma-c\gamma^2+g\theta+g\gamma\theta}{2(1-\gamma^2)} \tag{2.6}$$

$$p_{N_2}^{*c}(g)=-\frac{c+d-d\alpha+d\alpha\gamma-c\gamma^2+g\theta+g\gamma\theta}{2(\gamma^2-1)} \tag{2.7}$$

将式（2.6）和式（2.7）的结果代入式（2.5）得到 $\pi_N^C(g)$，求解 $\pi_N^C(g)$ 关于 g 有最大值的条件，必须满足 $\frac{\theta^2-\lambda+\gamma\lambda}{1-\gamma}<0$，即 $\theta^2-\lambda+\gamma\lambda<0$，才符合 $\pi_N^C(g)$ 凹函数的条件，求解 $\pi_N^C(g)$ 关于 g 的一阶导数，得到绿色服务水平最优解：

$$g_N^{*c}=-\frac{(d+2c(\gamma-1))\theta}{2(\theta^2+(\gamma-1)\lambda)} \tag{2.8}$$

将式（2.8）代入式（2.5）、式（2.6）和式（2.7）可得酒店线下渠道的最优定价和线上 OTA 最优定价及旅游服务供应链最优利润，即 $p_{N_1}^{*c}$、$p_{N_2}^{*c}$ 和 π_N^{*c}。$p_{N_1}^{*c}$ 和 $p_{N_2}^{*c}$ 计算结果如下：

$$p_{N_1}^{*c}=\frac{d\left((2\alpha-1)\theta^2+2(\alpha(\gamma-1)-\gamma)\lambda\right)+2c(1+\gamma)(2\theta^2+(\gamma-1)\lambda)}{4(1+\gamma)(\theta^2+(\gamma-1)\lambda)}$$

$$p_{N_2}^{*c}=\frac{d\left((1-2\alpha)\theta^2-2(1+\alpha(\gamma-1))\lambda\right)+2c(1+\gamma)(2\theta^2+(\gamma-1)\lambda)}{4(1+\gamma)(\theta^2+(\gamma-1)\lambda)}$$

2.2.3　在分散模式下绿色酒店及 OTA 平台定价策略

在分散决策的情形下，运用酒店领导的斯塔克尔伯格博弈模式来求解。首先酒店决定产品的绿色服务水平、批发价格和线下销售价格，其次 OTA 根据酒店的批发价格制定线上销售价格。为了获取最优解，采用逆向求解法，获取 OTA 的最优反应函数，运用绿色服务水平、线下销售价格和批发价格来表示线上销售价格。求解 π_{N_o} 关于 p_2 是凹函数的条件，得到 $\frac{\partial\pi_{N_o}^2}{\partial p_2^2}<0$，可知 π_{N_o} 满足取得最大值的条件。经计算得

$$p_{N_2}^{*F}(p_1,g,w)=\frac{1}{2}(d+w-d\alpha+g\theta+\gamma p_1) \tag{2.9}$$

将计算结果代入式（2.4），得到 $\pi_{N_o}^{*F}(p_1,g,w)$。求解绿色酒店绿色服务水平、批发价格和线下销售价格的最优解采用两阶段优化求解方法。首先求解 $p_{N_1}^{*F}(g)$ 与

$w_N^{*F}(g)$，其次将计算结果代入$\pi_{N_h}^{*F}(p_1,g,w)$，得到$\pi_{N_h}^{*F}(g)$。求解$\pi_{N_h}^{*F}(p_1,g,w)$关于p_1、w联合凹函数的条件，判断出其 Hession 矩阵满足最优值求解条件。

$$p_{N_1}^{*F}(g)=-\frac{c-c\gamma^2+d(\alpha+\gamma-\alpha\gamma)+g(1+\gamma)\theta}{2(\gamma^2-1)} \tag{2.10}$$

$$w_N^{*F}(g)=\frac{c+d-d\alpha+d\alpha\gamma-c\gamma^2+g\theta+g\gamma\theta}{2-2\gamma^2} \tag{2.11}$$

将式（2.10）、式（2.11）代入$\pi_{N_h}^{*F}(p_1,g,w)$得到$\pi_{N_h}^{*F}(g)$，求解$\pi_{N_h}^{*F}(g)$关于g的二阶导数小于 0，当满足$(3+\gamma)\theta^2+4(\gamma-1)\lambda<0$，即$\lambda>\dfrac{(3+\gamma)\theta^2}{4(1-\gamma)}$时，可以得出$\pi_{N_h}^{*F}(g)$关于$g$是凹函数。然后对$\pi_{N_h}^{*F}(g)$进行关于$g$的一阶导数求解，得到最优解$g_N^{*F}$。

$$g_N^{*F}=-\frac{\left(d(1+\alpha+\gamma-\alpha\gamma)+c\left(2\gamma+\gamma^2-3\right)\right)\theta}{(3+\gamma)\theta^2+4(\gamma-1)\lambda} \tag{2.12}$$

将g_N^{*F}代入式（2.9）、式（2.10）、式（2.11）和绿色酒店、OTA 的利润函数得到$p_{N_1}^{*F}$、w_N^{*F}、$p_{N_2}^{*F}$及$\pi_{N_h}^{*F}$、$\pi_{N_o}^{*F}$。其中，$p_{N_1}^{*F}$、w_N^{*F}、$p_{N_2}^{*F}$计算结果如下：

$$\begin{aligned}p_{N_1}^{*F}=&\frac{1}{2(1+\gamma)\left((3+\gamma)\theta^2+4(\gamma-1)\lambda\right)}\\&\times\left(d\left((2\alpha-1)\theta^2+4\left(\alpha(\gamma-1)-\gamma\right)\lambda\right)+2c(1+\gamma)\left((3+\gamma)\theta^2+2(\gamma-1)\lambda\right)\right)\end{aligned}$$

$$\begin{aligned}w_N^{*F}=&\frac{1}{2(1+\gamma)\left((3+\gamma)\theta^2+4(\gamma-1)\lambda\right)}\\&\times\left(d\left((1-2\alpha)(2+\gamma)\theta^2-4\left(1+\alpha(\gamma-1)\right)\lambda\right)+2c(1+\gamma)\left((3+\gamma)\theta^2+2(\gamma-1)\lambda\right)\right)\end{aligned}$$

$$\begin{aligned}p_{N_2}^{*F}=&\frac{1}{\left(2(1+\gamma)\left((3+\gamma)\theta^2+4(\gamma-1)\lambda\right)\right)}\\&\times\left(2c(1+\gamma)\left((3+\gamma)\theta^2+(\gamma^2-1)\lambda\right)+d\left(2\left(\gamma^2-3-\alpha\left(2\gamma+\gamma^2-3\right)\right)\lambda\right)-(2\alpha-1)(3+2\gamma)\theta^2\right)\end{aligned}$$

命题 2.1：在不引入直营渠道的情况下，该旅游服务供应链存在最优解的条件是，绿色酒店的线下顾客比例α满足一定约束条件$0<\alpha<\dfrac{1}{2}+\dfrac{2c(\gamma-1)^2\lambda}{2d\left(\theta^2-\lambda+\gamma\lambda\right)}$。

从命题 2.1 中可得出管理学启示，绿色酒店选择与线上 OTA 平台合作受到其线下顾客比例的影响。在 OTA 和绿色酒店存在的酒店市场上，绿色酒店由于服务行业的特殊性，线下存在一定比例顾客。若绿色酒店线下顾客比例大于某个阈值，此时，绿色酒店与OTA合作不存在优势，OTA会瓜分酒店的利润，绿色酒店会只开设线下渠道。若绿色酒店线下顾客比例小于某个阈值，绿色酒店才会选择与 OTA 进行合作。因此，对于不开设线上直营渠道的绿色酒店，为了避免 OTA 利润的瓜分，应当加强区域品牌建设，进行线下促销等活动，吸引线下消费者。

命题 2.2： $g_N^{*c} > g_N^{*F}$，在集中决策下的绿色酒店的绿色服务水平始终大于分散决策下的绿色服务水平。

从命题 2.2 中可以看出，在集中式决策下酒店所决策的绿色服务水平要更高。对环境和整条旅游服务供应链的绿色发展而言，更高的绿色服务水平对环境保护更有利，能够提高供应链产品的绿色服务水平。因此，绿色酒店需要加强与 OTA 的合作，共同进行集中决策。绿色酒店入驻 OTA，可以缓解 OTA 酒店产品的同质化现象，吸引具有绿色偏好的酒店消费者，给酒店平台带来消费者端的流量，从而OTA平台的利润也能够增加。OTA与绿色酒店共同决策绿色酒店的门店价格和线上价格，绿色酒店将更加注重对绿色产品的投入，对绿色偏好的酒店消费者有利。绿色酒店整体绿色服务水平的提高，使得酒店和 OTA 均受益。

命题 2.3： 在集中决策和分散决策模式下，酒店和OTA价格和利润比较如下。

（1）当 $\frac{\theta^2}{1-\gamma} < \lambda < \frac{3\theta^2}{2(1-\gamma)}$ 时，$p_{N_2}^{*F} > p_{N_2}^{*c}$；当 $\lambda \geqslant \frac{3\theta^2}{2(1-\gamma)}$ 时，$p_{N_2}^{*F} \leqslant p_{N_2}^{*c}$。对分散模式和集中模式下绿色酒店在线上OTA的定价进行比较，其大小受到绿色服务水平投入系数的影响。

（2）$\pi_N^{*F} < \pi_N^{*c}$，在绿色酒店不开设网上直营渠道的情况下，酒店和 OTA 分散决策下供应链的总利润始终大于集中决策下的供应链总利润。

由命题 2.3 可知，对于 OTA 来说，当单位绿色服务水平成本系数高于某个阈值时，在集中决策下 OTA 的线上定价要高于在分散决策下的价格。当单位绿色服务水平成本系数小于某个阈值但大于最优值约束条件时，OTA 的价格在分散决策条件下要更高。

在绿色酒店不开设网上直营渠道的情况下，酒店和OTA分散决策下供应链的总利润始终大于集中决策下的供应链总利润。结论与已存在的研究渠道协调的结论相同。说明集中决策下该旅游服务供应链能够获取更多的利润，而酒店和 OTA 的利润大小取决于他们的各自谈判能力。

命题 2.4： 在集中和分散模式下，酒店和 OTA 价格均受到绿色酒店线下顾客比例影响。

（1）当 $0 < \alpha < \frac{1}{2}$ 时，$p_{N_1}^{*c} < p_{N_2}^{*c}$；当 $\frac{1}{2} < \alpha < \frac{1}{2} + \frac{2c(\gamma-1)^2\lambda}{2d(\theta^2-\lambda+\gamma\lambda)}$ 时，

$p_{N_1}^{*c} > p_{N_2}^{*c}$。在集中决策情形下，酒店和OTA价格大小对比受到酒店线下顾客比例的影响。

（2）当 $0 < \alpha < \dfrac{c(1+\gamma)(1-\gamma)-d}{d(\gamma-1)}$ 时，$p_{N_1}^{*F} < p_{N_2}^{*F}$；当 $\dfrac{c(1+\gamma)(1-\gamma)-d}{d(\gamma-1)} < \alpha < \dfrac{1}{2} + \dfrac{2c(\gamma-1)^2\lambda}{2d(\theta^2-\lambda+\gamma\lambda)}$ 时，$p_{N_1}^{*F} > p_{N_2}^{*F}$，且 $\dfrac{c(1+\gamma)(1-\gamma)-d}{d(\gamma-1)} < \dfrac{1}{2}$。在分散模式下，酒店和OTA价格大小对比取决于酒店线下顾客比例的临界值，且该临界值小于集中决策下的临界值。

由命题2.4可知，当酒店的线下消费者比例比较高但是小于命题2.1中的阈值时，说明消费者订购绿色酒店的方式在一定程度上依赖于线下酒店，线下酒店会提高价格以获取更多的利润。因此，酒店的线下价格决策会大于OTA线上的价格决策。当酒店线下消费者比例较小时，消费者订购绿色酒店的方式主要是OTA平台，因此绿色酒店只能通过降低价格吸引消费者，绿色酒店线下的价格决策会小于线上OTA的价格。

在分散决策模式下，酒店和OTA价格大小对比的临界值小于集中模式下。因为在分散决策模式下，该旅游服务供应链的竞争会更加激烈。因此，从OTA角度考虑，在分散决策的情况下，OTA平台的分销能力提高，对OTA的情形更有利。

推论 2.1： $\dfrac{\mathrm{d}g_N^{*F}}{\mathrm{d}\alpha} > 0$，$\dfrac{\mathrm{d}w_N^{*F}}{\mathrm{d}\alpha} > 0$，$\dfrac{\mathrm{d}p_{N_1}^{*F}}{\mathrm{d}\alpha} > 0$，$\dfrac{\mathrm{d}p_{N_2}^{*F}}{\mathrm{d}\alpha} < 0$。在分散决策下，随着酒店线下渠道份额增加，绿色酒店的绿色服务水平、批发价格和销售价格增加，OTA分销价格减小。

根据推论2.1可知，在绿色酒店和OTA集中决策的模式下，绿色酒店绿色服务水平的决策与OTA所占分销份额无关，与消费者绿色环保偏好系数和单位绿色服务水平成本系数有关。在绿色酒店和OTA分散决策的模式下，在其他参数不变的情况下，随着绿色酒店线下渠道的份额增加，绿色酒店决策的绿色服务水平增大。

2.3 引入线上直营平台的绿色旅游服务供应链定价策略

2.3.1 模型假设及建立

本节考虑酒店引入网上直营渠道对绿色酒店绿色服务水平决策和定价的影

响。在模型中不仅考虑了线上线下价格交叉影响，还考虑了线上渠道间价格交叉影响。本节将研究在绿色酒店引入直营渠道的背景下，与 OTA 开展线上渠道竞争，对绿色酒店的绿色服务水平决策以及定价造成的影响。根据 2.2 节中模型的建立，联系引入直营渠道的问题建立引入需求渠道的模型。模型如下：

需求函数为

$$d_{T_r} = \alpha d - p_1 + \theta g + \gamma(p_2 + p_3) \tag{2.13}$$

$$d_{T_o} = (1-\beta)(1-\alpha)d - p_2 + \theta g + \gamma p_1 + \mu p_3 \tag{2.14}$$

$$d_{T_a} = \beta(1-\alpha)d - p_3 + \theta g + \gamma p_1 + \mu p_2 \tag{2.15}$$

利润函数为

$$\pi_{hT} = d_{T_r}(p_1 - c) + d_{T_o}(w - c) + d_{T_a}(p_3 - c) - \frac{\lambda g^2}{2} \tag{2.16}$$

$$\pi_{oT} = d_{T_o}(p_2 - w) \tag{2.17}$$

接下来分析在绿色酒店引入网上直营渠道模式下，OTA 和绿色酒店集中和分散模式下的绿色服务水平及定价。

2.3.2　集中模式下绿色酒店及 OTA 平台定价策略

集中模式下从该旅游服务供应链的总体利润出发，以利润最大化为目的进行各主体之间的利益决策。在集中决策情形下，酒店和 OTA 需要共同决策酒店绿色服务水平、线下门店价格 p_1、线上直营价格 p_3、OTA 线上价格 p_2。

旅游服务供应链的供应链总体利润：

$$\begin{aligned}\pi_T^C = &(\mathrm{d}\beta - \mathrm{d}\alpha\beta + g\theta + \gamma p_1 + \mu p_2 - p_3)(p_3 - c)\\ &+(w-c)\big(d(\alpha-c)(\beta-1) + g\theta + \gamma p_1 - p_2 + \mu p_3\big)\\ &+(p_2 - w)\big(d(\alpha-1)(\beta-1) + g\theta + \gamma p_1 - p_2 + \mu p_3\big)\\ &+(p_1 - c)\big(d\alpha + g\theta - p_1 + \gamma(p_2 + p_3)\big) - \frac{g^2\lambda}{2}\end{aligned}$$

根据逆向求解法，将 p_1、p_2、p_3 用绿色服务水平 g 表示。求解 π_T^C 关于价格 p_1、p_2、p_3 的最大值，对 p_1、p_2 和 p_3 求解 Hession 矩阵，得矩阵：

$$\mathrm{DT} = \begin{pmatrix} -2 & 2\gamma & 2\gamma \\ 2\gamma & -2 & 2\mu \\ 2\gamma & 2\mu & -2 \end{pmatrix}$$

π_T^C 有最大值的条件为，π_T^C 是关于决策变量的联合凹函数，必须满足 Hession 矩阵的一阶主子式小于 0，二阶主子式大于 0，三阶主子式小于 0，可知只有当满

足条件 $8(1+\mu)(2\gamma^2+\mu-1)<0$ 时，即 $0<\gamma<\sqrt{\frac{1-\mu}{2}}$ ，π_T^C 才有最优解。通过对 π_T^C 求 p_1、p_2、p_3 的一阶导数，可计算出最优解 $p_{1T}^{*C}(g)$、$p_{2T}^{*C}(g)$ 和 $p_{3T}^{*C}(g)$。

将 $p_{1T}^{*C}(g)$、$p_{2T}^{*C}(g)$、$p_{3T}^{*C}(g)$ 代入 π_T^C，得到 $\pi_T^C(g)$，对 $\pi_T^C(g)$ 求关于 g 的二阶导数，得到 $\pi_T^C(g)$ 有关于 g 的最大值的条件为 $\theta^2(\mu-3-4\gamma)<2\lambda(2\gamma^2+\mu-1)$，由于约束条件 $0<\gamma<\sqrt{\frac{1-\mu}{2}}$，$0<\mu<1$，则 $\mu-3-4\gamma<0$ 恒成立，则 $\pi_T^C(g)$ 是关于 g 的凹函数，存在最大值。对 $\pi_T^C(g)$ 求关于 g 的一阶导数并令其等于 0，得到最优解 g_T^{*C}。

$$
\begin{aligned}
g_T^{*C} = &-\frac{\theta\left(3c\left(-1+2\gamma^2+\mu\right)+d\left(1+\gamma+\alpha\gamma-\alpha\mu\right)\right)}{\theta^2\left(3+4\gamma-\mu\right)+2\lambda\left(2\gamma^2+\mu-1\right)} \\
&\times\left(d\left(2\alpha-2-3\alpha\gamma\right)+c\left(\gamma+3\gamma^2-4\right)\right)\theta_a-\left(d\left(2-2\alpha+3\alpha\gamma\right)+c\left(\gamma+3\gamma^2-4\right)\right)\theta_o \\
&+\left(d\left(3\alpha\gamma-4\alpha-3\gamma\right)+c\left(4+2\gamma-6\gamma^2\right)\right)\theta_r
\end{aligned}
$$

将 g_T^{*C} 代入 $p_{1T}^{*C}(g)$、$p_{2T}^{*C}(g)$、$p_{3T}^{*C}(g)$、$\pi_T^C(g)$，可以得到在集中决策情形下该供应链的各主体定价及利润最大值 p_{1T}^{*C}、p_{2T}^{*C}、p_{3T}^{*C}。令 $A=\theta^2(3+4\gamma-\mu)+2\lambda(2\gamma^2+\mu-1)$，$B=2\gamma^2+\mu-1$，$C=1+\gamma+\alpha\gamma-\alpha\mu$，$E=1+\mu$，$F=(1+\gamma)$，则

$$
p_{1T}^{*C}=\frac{2c\left(\theta^2\left(3+5\gamma-2\mu\right)+\lambda B\right)+d\left(\left(3\alpha-1\right)\theta^2+2\lambda\left(\alpha\left(\gamma+\mu-1\right)-\gamma\right)\right)}{2A}
$$

$$
p_{2T}^{*C}=\frac{1}{2EB}\left(cEB+\frac{F\theta^2E\left(3cB+dC\right)}{A}+d\left(\gamma^2-B\beta-1+\alpha\left(1-\gamma^2-\gamma E+\beta B\right)\right)\right)
$$

$$
p_{3T}^{*C}=\frac{1}{2EB}\left(cEB-d\left(\gamma^2-\alpha\left(\gamma-1\right)\left(\gamma-\mu\right)+\mu+\left(\alpha-1\right)\beta B\right)+\frac{F\theta^2E\left(3cB+dC\right)}{A}\right)
$$

2.3.3 分散模式下绿色酒店及 OTA 平台定价策略

在分散模式下，绿色酒店和 OTA 的决策是相互独立的，目的都是让自己的利润最大化。第一阶段酒店决定绿色服务水平投入、线下实体渠道房间定价、线上直营渠道定价及批发价格，第二阶段 OTA 根据酒店的批发价格进行线上价格的确定。

根据逆向求解原则，对 π_{oT}^F 求关于 p_2 的二阶偏导数，得到 $\frac{\partial^2 \pi_{oT}^F}{\partial^2 p_2}<0$，说明 π_{oT}^F 是关于 p_2 的凹函数，可求出最大值。求得最优解 $p_2(p_1,p_3,g,w)$，代入 π_{hT}^F，得到 $\pi_{hT}^F(p_1,p_3,g,w)$。求解绿色酒店的定价及绿色服务水平决策，运用逆向求解法。首先求 π_{hT}^F 关于 p_1、p_3、w 的最大值，其次求解 $p_{1T}^{*F}(g)$、$p_{3T}^{*F}(g)$、$w_T^{*F}(g)$。

$\pi_{hT}^F(p_1,p_3,g,w)$ 关于 p_1、p_3、w 有最大值的条件是 π_{hT}^F 是关于 p_1、p_3、w 的严格凹函数。求解 π_h 关于 p_1、p_3、w 的偏导数，得到三阶 Hession 矩阵：

$$\mathrm{DT}=\begin{bmatrix} \gamma^2-2 & \gamma(2+\mu) & \gamma \\ \gamma(2+\mu) & \mu^2-2 & \mu \\ \gamma & \mu & -1 \end{bmatrix}$$

由凹函数判断条件可知：①一阶主子式必须小于 0，即 $\gamma^2<2$，由于 $0<\gamma<1$，故一阶主子式小于 0 条件成立。②二阶主子式大于 0，即 $4-6\gamma^2-4\gamma^2\mu-2\mu^2>0$，则 $0<\gamma<\sqrt{\frac{2-\mu^2}{3+2\mu}}$。③三阶主子式小于 0，即 $8\gamma^2+8\gamma^2\mu+4\mu^2-4<0$，则 $0<\gamma<\sqrt{\frac{1-\mu}{2}}$。令 $U=\frac{2-\mu^2}{3+2\mu}-\frac{1-\mu}{2}$，化简得 $U=\frac{\mu^2+\mu+1}{6+4\mu}>0$，则 $\sqrt{\frac{2-\mu^2}{3+2\mu}}>\sqrt{\frac{1-\mu}{2}}$，故 $\pi_{hT}^F(p_1,p_3,g,w)$ 关于 p_1、p_3、w 联合凹的条件是 $0<\gamma<\sqrt{\frac{1-\mu}{2}}$。

当满足上述限定条件时，可以根据 $\pi_{hT}^F(p_1,p_3,g,w)$ 求出最优解 $p_{1T}^{*F}(g)$、$p_{3T}^{*F}(g)$、$w_T^{*F}(g)$。将上述计算结果代入 $\pi_{hT}^F(p_1,p_3,g,w)$，得到 $\pi_{hT}^F(g)$。对 $\pi_{hT}^F(g)$ 求解关于 g 的二阶导数，$\pi_{hT}^F(g)$ 关于 g 是凹函数的条件为 $\frac{\partial^2 \pi_{hT}^F}{\partial^2 g}<0$，即 $\theta^2\left(\mu-5-8\gamma-2\gamma^2\right)>4\lambda\left(2\gamma^2+\mu-1\right)$，化简得 $\frac{\theta^2}{4\lambda}<\frac{2\gamma^2+\mu-1}{\mu-5-8\gamma-2\gamma^2}$。对 $\pi_{hT}^F(g)$ 求关于 g 的一阶导数，并令其等于 0，得到 g_T^{*F}。

将 g_T^{*F} 代入 $p_{1T}^{*F}(g)$、$p_{3T}^{*F}(g)$、$w_T^{*F}(g)$ 得到最优解 p_{1T}^{*F}、p_{3T}^{*F}、w_T^{*F}。最终将求解过程代入 $p_{2T}^{*F}(p_1,p_3,g,w)$，得到最优解 p_{2T}^{*F}，该模式下利润函数过长不予展示。最优解公式如下：

令 $B=2\gamma^2+\mu-1$ ，$M=\theta^2\left(5+8\gamma+2\gamma^2-\mu\right)+4\lambda\left(2\gamma^2+\mu-1\right)$ ，$E=1+\mu$ ，$F=(1+\gamma)$ ，$N=9+13\gamma+2\gamma^2+2\mu+5\gamma\mu-\mu^2$ ，$O=9+11\gamma+\gamma^2+4\mu+7\gamma\mu-2\mu^2$ ，$Q=6+2\gamma^2+\gamma(9+\mu)$ ，$R=\gamma+\mu-1$ ，$S=10+3\gamma^2+\gamma(14+\mu)$ ，$T=3-4\gamma^2-2\gamma^2\mu-\mu^2$ ，$G=3+\mu$ ，$H=\mu^2-6-8\gamma-\gamma^2-2\mu-4\gamma\mu$ ，$I=10+\gamma^2+\mu-\mu^2$ 。

$$p_{1T}^{*F}=\frac{1}{2M}\left(\begin{array}{l}c\left(4\lambda B+\theta^2\left(10+4\gamma^2-5\mu-\mu^2+\gamma(19+\mu)\right)\right)\\+d\left(4\lambda(\alpha R-\gamma)+\theta^2\left(\begin{array}{l}\gamma-\mu-1+\beta(\mu-1-2\gamma)\\+\alpha(4+\beta-\gamma+2\beta\gamma+2\mu-\beta\mu)\end{array}\right)\right)\end{array}\right)$$

$$p_{3T}^{*F}=\frac{1}{2EBM}\left(\begin{array}{l}cEB-d\left(\gamma^2-\alpha(\gamma-2)(\gamma-\mu)+\mu+(\alpha-1)\beta B\right)\\+F\theta^2E\left(c\left(2\gamma^3-5+\gamma(\mu-1)+4\mu+\mu^2+2\gamma^2(5+\mu)\right)\right.\\\left.+d\left(2+B+2\gamma-\beta B+\alpha\left(2\gamma-2\gamma^2-3\mu+\beta B\right)\right)\right)\end{array}\right)$$

$$w_T^{*F}=-\frac{1}{2EM}\left(d\left(\begin{array}{l}4\lambda\left(\begin{array}{l}1-\gamma^2+\beta B\\+\alpha\left(\gamma+\gamma^2+\gamma\mu-\beta B-1\right)\end{array}\right)\\-\theta^2\left(F(R+5)-\beta Q+\alpha\left(\begin{array}{l}\beta Q-\gamma^2-3(2+\mu)\\-2\gamma(3+\mu)\end{array}\right)\right)\end{array}\right)-cE\left(4\lambda B+\theta^2S\right)\right)$$

$$p_{2T}^{*F}=\frac{1}{2EM}\left(\begin{array}{l}d\left(2\lambda\left(T+\beta\mathrm{GB}+\alpha\left(2\gamma E-T-\beta\mathrm{GB}\right)\right)+\theta^2\left(H+\beta N+\alpha(O-\beta N)\right)\right)\\-cE\left(2\lambda\left(2\gamma^3-1+\gamma(\mu-1)+\mu^2+2\gamma^2E\right)+\theta^2\left(I+\gamma(13+4\mu)\right)\right)\end{array}\right)$$

推论 2.2： 在引入直销渠道的模式下，确保绿色酒店和 OTA 既能够集中决策又能够分散决策，α 、β 需满足一定的取值条件，且 α 、β 均有上限值，并且 $\lambda>\frac{\theta^2}{4}\left(\frac{2\gamma^2+\mu-1}{\mu-5-8\gamma-2\gamma^2}\right)$ 。

当 α 过大，即绿色酒店的线下市场份额过大时，证明线上业务发展规模有限。在这种情况下 OTA 不会与酒店进行合作，且绿色酒店也不会开设直营渠道。因此，α 满足一个上限值能够保证双渠道的存在合理性。当 β 过大时，OTA 的利润空间受到限制，绿色酒店同时拥有线上线下渠道，在市场中占据主导地位，则绿色酒店也可以选择不和 OTA 合作。因此，β 满足一个上限值能够保证 OTA 与绿色酒店线上合作竞争的合理性。

2.4　数值仿真分析

2.4.1　分散模式下线上线下价格影响系数敏感性分析

为了综合对比在绿色酒店引入直营渠道和不引入直营渠道的情况下，各个参数变化对酒店绿色服务水平决策和定价决策的影响，本节采用数值分析去模拟各个参数的变化。根据约束条件对各个参数进行赋值，$d=1\,000$；$\lambda=300$；$\theta=0.6$；$c=200$；$\mu=0.2$；$\alpha=0.3$；$\beta=0.4$。在数学软件 Mathematica 中对赋值完成后的模型进行模拟，画出参数分析图 2.3~图 2.6。以下将分为 4 个部分进行分析描述及管理学意义解释。

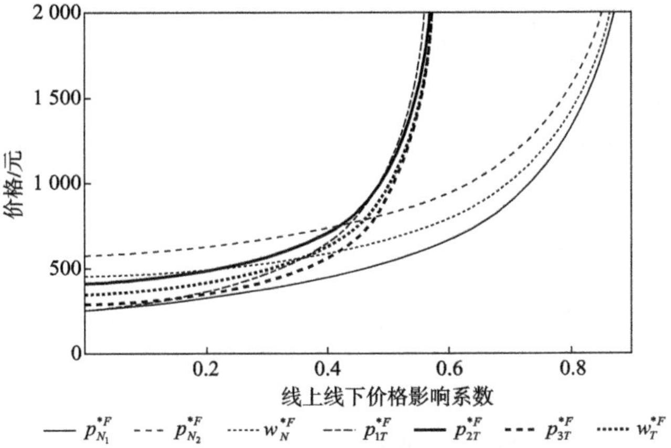

图 2.3　线上线下价格影响系数对价格的影响

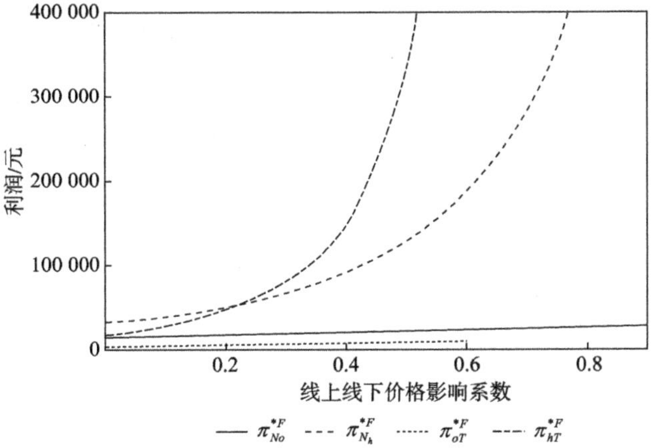

图 2.4　线上线下价格影响系数对利润的影响

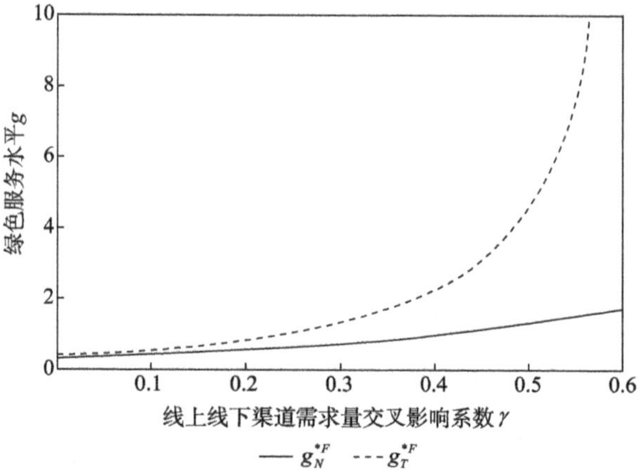

图 2.5　γ 对两种模式绿色服务水平决策影响

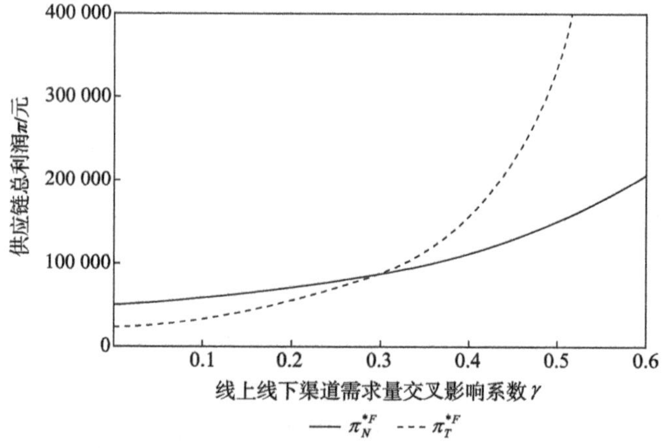

图 2.6　γ 对两种模式供应链总利润影响

（1）观察图 2.3 可知，无论绿色酒店开设直营渠道或不开设直营渠道，随着线上线下价格交叉影响系数的增大，酒店和 OTA 的销售价格都呈现上升趋势。其中 $p_{N_2}^{*F} > w_N^{*F} > p_{N_1}^{*F}$，线上线下价格交叉系数 γ 增大，说明消费者对线上线下价格差异敏感性增大，且当绿色酒店无直营渠道时，酒店制定的线下门店价格会低于 OTA 的线上价格，以此来吸引消费者，与线上 OTA 进行竞争。当绿色酒店开设了直营渠道后 $p_{3T}^{*F} < w_T^{*F} < p_{2T}^{*F}$。$p_{1T}^{*F}$ 的变化趋势是，绿色酒店线下价格原先是各个渠道中最小的，随着线上线下价格交叉系数的增大，p_{1T}^{*F} 快速增大，最终在 γ 的上限达到最大。由于已经存在线上渠道，绿色酒店会制定更高的门店价格，将线下的需求转移到线上。然后酒店的线上直营渠道会制定比 OTA 更低的价格去参与线上消费者的竞争。整体观察在绿色酒店引入直营渠道后，线上线下价格交叉影

响系数的阈值会减小，因为引入直营渠道后，由于消费者的线上线下价格敏感性增强，酒店和 OTA 会展开激烈的价格战来转移消费者，故 γ 的阈值会减小。

当消费者在对线上线下价格差异比较敏感时，酒店有自己的线上直营渠道时，可通过提高线下门店的价格，降低线下渠道的消费者需求，将消费者转移到线上，然后通过降低线上自营渠道的价格，在线上与 OTA 进行竞争，吸引线上的酒店消费者从自营渠道订购。由于增加了线上渠道竞争，加速了整个酒店市场的价格上涨，绿色酒店需要进行更加激烈的价格上涨决策才能应对渠道竞争。当绿色酒店无线上直营渠道时，绿色酒店需要通过提高自身的批发价格，并降低线下门店销售价格去吸引消费者需求。在现实旅游服务供应链中，许多酒店利用消费者的线上线下价格敏感心理，将线下门店价格升高，超过 OTA 的价格，然后通过第三方营销软件或者比价软件去宣传直营渠道。

（2）观察图 2.4 可得，线上线下价格交叉影响系数对绿色酒店开设直营渠道影响较大。当 γ 较小时，对于绿色酒店来说，引入直营渠道并非最佳决策。由于较低的 γ 意味着消费者对于线上线下价格并不敏感，此时绿色酒店引入线上直营渠道，以较低的价格与 OTA 竞争没有明显优势，故当 γ 较低时，引入直营渠道绿色酒店的利润比不引入直营渠道要低。对 OTA 来说，酒店不引入直营渠道时，原本的利润会低于酒店利润，酒店在 γ 较高时引入直营渠道，会瓜分 OTA 的一部分利润，且当 γ 越来越大时，OTA 与酒店之间的利润差会越来越大。

由此，可以得出一些启示，当消费者对于酒店线上线下价格差异敏感性比较小时，在旅游服务供应链中，绿色酒店占有优势，因此绿色酒店可以依托营销渠道进行线下促销或者宣传。从 OTA 角度观察，当绿色酒店不开设直营渠道时，获得的利润更多，因此，OTA 在进行酒店服务供应商招商时，应该更关注无直营渠道的绿色酒店，从而保证 OTA 的利润。

（3）观察图 2.5 可知，在绿色酒店引入直营渠道后，酒店的绿色服务水平决策比不引入直营渠道时高。随着线上线下价格交叉系数的增大，两者的差距越来越大。原因在于，引入直营渠道，在 γ 较小的初期，绿色酒店的线上线下价格都会制定得比 OTA 渠道低，以吸引消费者从酒店渠道订购。这会造成酒店线上线下需求的增加及利润的增加，从而导致酒店绿色服务水平的增加。当后期 γ 较大时，酒店的利润比起 OTA 处于很大领先地位，因此，酒店对于绿色服务水平的投入也会急剧增多。

由此可知，绿色酒店引入线上直营渠道对整个绿色酒店市场的绿色服务水平提升有正面影响，会带来整个酒店市场绿色服务水平的提升。当消费者对线上线下价格差异不是很敏感时，在两种渠道模式下，绿色酒店的绿色服务水平都上升缓慢。当消费者线上线下价格敏感性不断增强并到达一定阈值时，在引入直营渠道模式下，酒店的绿色服务水平会急剧升高。因此，酒店开设直营渠道并且实行线上线下差异化定价，能够增强消费者对线上线下价格的敏感性，从而间接有利于酒店绿色服务水平的提高，对整个绿色供应链的发展更加有利。

（4）观察图 2.6 可知，随着线上线下价格交叉影响系数的增大，在两种渠道模式下，整个绿色旅游服务供应链的利润都呈升高趋势，但是两条利润曲线相交于某一点。当 γ 小于这一交点，即绿色酒店不引入直营模式时，供应链总利润会更大。当 γ 大于这一交点，即绿色酒店引入直营模式时，供应链总利润更大，并且随着 γ 越来越大，供应链总利润上升趋势越来越明显。

由图 2.6 分析可得管理学启示，当线上线下价格交叉影响系数大于某一阈值，处于较高水平时，绿色酒店引入直营渠道能够增加供应链整体的利润，因此对酒店来说，判断消费者对线上线下渠道价格的敏感性很重要，可以给绿色酒店做绿色服务水平决策和开设渠道提供参考信息。当绿色酒店引入直营渠道后，应当加大线上线下价格差距，增加消费者对于线上线下价格敏感的意识，以此促进整个供应链的利润加速增加。

2.4.2 分散模式下线上价格影响系数敏感性分析

本节讨论线上价格交叉敏感系数对绿色酒店和 OTA 之间的决策影响。将分为两个部分探讨线上价格交叉影响系数：①探讨线上渠道交叉影响系数对于各渠道价格决策的影响；②探讨当 μ 和 γ 同时变化时对绿色酒店绿色服务水平的影响。

（1）由 2.4.1 节中结论可知，当 γ 处于较高值时，对绿色酒店开设直营渠道有利，假设 $\gamma=0.5$，讨论当线上线下价格交叉系数较高的时候，线上价格交叉影响系数对酒店 OTA 决策影响。其他参数设置为 $d=1\,000$；$\lambda=300$；$\theta=0.6$；$c=200$；$\alpha=0.3$；$\beta=0.4$。利用数学软件画出图 2.7。由图 2.7 观察到，在绿色酒店引入直营渠道的情况下，随着 μ 变化，绿色酒店和OTA销售价格变化趋势与 γ 变化趋势大体相同，但是 γ 变化对于各主体销售价格的影响更加剧烈。因此当绿色酒店在进行决策线上直营渠道是否开设时，不仅需要考虑消费者对于线上线下价格的敏感性，还要考虑消费者对于线上平台价格竞争的敏感性。

由图 2.7 可得如下启示，当绿色酒店引入线上直营渠道后，实行线上线下差异化定价。在进行线下价格决策时，可以将价格制定得稍微高于 OTA 价格，在一定合理范围内，直营渠道线上的价格制定得远小于 OTA 线上价格。这样既不会造成线下顾客的大量流失，又能转移一部分消费者到线上。因此，在此策略下，随着消费者线上价格差异的敏感性增强，消费者对直营渠道的需求会进一步增加。

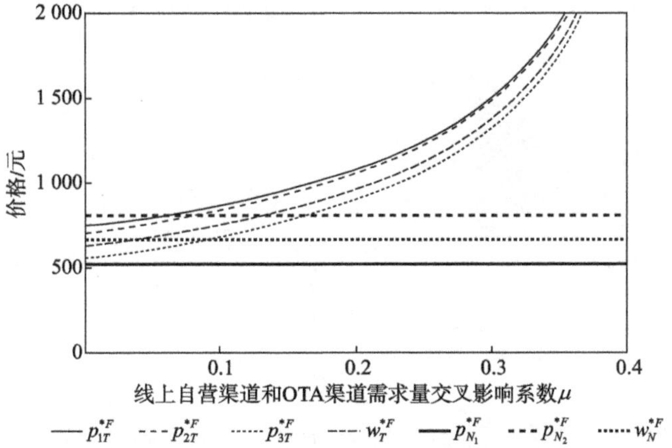

图 2.7　μ 对两种模式酒店和 OTA 销售价格的影响

（2）进一步分析各渠道交叉影响系数对于绿色酒店绿色服务水平决策及对各主体利润的影响。保持上述参数赋值不变，即 $d=1\,000$；$\lambda=300$；$\theta=0.6$；$c=200$；$\alpha=0.3$；$\beta=0.4$。将 μ 设为未知，得到图 2.8 和图 2.9。本小节主要探讨在渠道交叉影响系数变化的环境中，酒店绿色服务水平决策变化趋势的影响。由图 2.8 可知两个曲面都位于 0 的上方，这意味着渠道交叉影响系数的增大，都会促使绿色酒店不断加大对绿色服务水平的投入。渠道交叉影响系数的增加导致消费者需求的增加，从而使得绿色酒店提高价格，造成收益的增加，从而导致决策者制定的酒店绿色服务水平提升。在渠道交叉影响系数满足一定的条件时，$\mu<F(\gamma)$，γ 增大对绿色服务水平增大的影响大于 μ 增大对绿色服务水平增大的影响。当 $\mu>F(\gamma)$ 时，μ 增大对绿色服务水平增大的影响大于 γ 增大对绿色服务水平增大的影响。

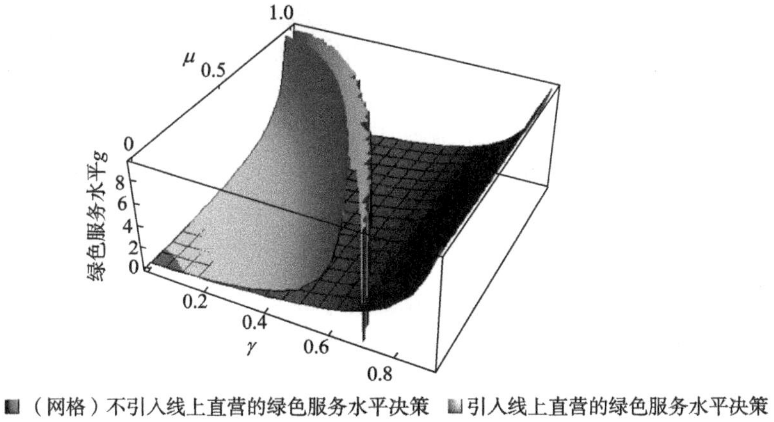

图 2.8　γ 和 μ 对酒店绿色服务水平决策的影响

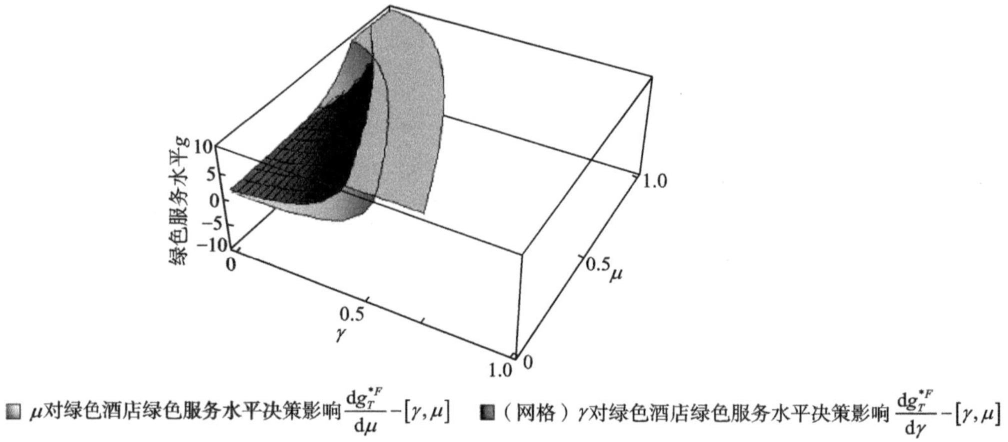

图 2.9　γ 和 μ 对酒店绿色服务水平决策变化趋势的影响

图 2.8 进一步说明了当渠道交叉影响系数处于较低水平时，绿色酒店的绿色服务水平在不引入直营渠道的时候会更高，在渠道交叉影响系数超过某个阈值，并且在不断增大的时候，引入直营渠道的模式下酒店绿色服务水平会更高。这是因为直营渠道的增加，导致价格竞争更加激烈，从而整个供应链的利润增大，决策者有更多的机会提高酒店绿色服务水平，为绿色偏好消费者提供更好的服务。

由图 2.8 可得如下启示：随着线上线下价格交叉影响系数以及线上价格交叉影响系数增大，消费者获得绿色酒店各个渠道价格的途径增多，消费者对于各个渠道价格的敏感性增强。当消费者获取各个渠道价格信息的途径较少时，消费者对于渠道间价格不是很敏感，此时在不引入直营渠道的模式下，绿色酒店绿色服务水平更高。因此，当绿色酒店无线上直营渠道时，可以减少线下价格信息的曝光，减少线下价格的促销，以保证高质量的绿色服务水平。消费者渠道间价格敏感性增强，对于整个旅游服务供应链的绿色服务水平提高有益。

图 2.9 描绘了渠道交叉影响系数变化对绿色酒店绿色服务水平决策变化趋势快慢的影响。图 2.9 中将渠道交叉影响系数关于绿色服务水平的导数设为因变量，自变量为渠道交叉影响系数。渠道交叉影响系数满足关系 $0<\gamma<\sqrt{\frac{1-\mu}{2}}$，根据约束条件可以模拟出在渠道交叉影响系数变化时，因变量的变化趋势。从绿色酒店决策角度来讲，当线上价格交叉影响系数 μ 在某个阈值之前时，无论渠道交叉影响系数如何变化，$\frac{dg_T^{*F}}{d\gamma}>\frac{dg_T^{*F}}{d\mu}$。这就意味着当线上价格交叉影响系数处于

较低的水平时，绿色酒店的绿色服务水平决策更需要着重考虑线上线下价格交叉影响系数 γ 的值。当 μ 超过一定阈值时，意味着绿色酒店绿色服务水平决策受到 μ 的影响更大，此时绿色酒店决策绿色服务水平时更应该考虑线上价格交叉影响系数的大小。

因此，绿色酒店在引入线上直营渠道的模式下，在线上价格交叉影响系数比较低，消费者对线上价格的差异不是很敏感时，决策者应该更多根据线上线下敏感系数进行绿色服务水平投入决策；而在后期线上价格交叉影响较大的时候，决策者在进行绿色服务水平决策时更应该考虑线上消费者的价格敏感程度。

2.5 本章小结

本章从绿色服务水平酒店是否建设线上直营渠道切入，构建不同模式下的供应链模型。分析了绿色酒店开设直营渠道的条件，以及在供应链结构不同模式下绿色酒店的绿色服务水平决策及定价问题。

首先，分析了在绿色酒店不引入直营渠道的模式下，绿色酒店和 OTA 在分散模式和集中模式下的绿色服务水平决策与定价问题。求解了绿色酒店和 OTA 在两种决策模式下合作的条件。对两种决策模式下绿色酒店绿色服务水平决策和价格决策做了比较分析，比较了两种情况下的收益。得出以下结论：在集中决策下整个供应链的收益要大于分散决策，在集中决策下的绿色酒店决策的绿色服务水平始终大于分散决策下的绿色服务水平，绿色酒店的线下价格在分散情况下大于集中情况下。其次，分析了在绿色酒店引入直营渠道的情况下，绿色酒店和 OTA 在分散模式和集中模式下的绿色服务水平决策与定价问题。由于参数约束比较复杂，求解了 OTA 与绿色酒店能够集中决策和分散决策的条件。

最终比较绿色酒店在两种供应链结构模式下的绿色服务水平决策、定价和收益差异。利用数值分析方法分析各个渠道之间价格交叉影响系数对绿色服务水平决策和定价产生的影响，比较绿色酒店和 OTA 之间的利润差异，分析当渠道之间价格交叉影响系数处于不同水平时，在两种结构模式下酒店绿色服务水平的大小如何变化。最后得出结论，当渠道之间价格交叉影响系数处于较高水平时，绿色酒店应该引入直营渠道，因为直营渠道的引入能够加强渠道之间的价格竞争，对于绿色酒店来说能够获得更高的收益，从而使绿色酒店的绿色服务水平得到提升，整个供应链的利润得到提升，有益于绿色酒店市场的良性发展。

2.6 本章附录

2.6.1 命题证明

1. 命题 2.1 证明

证明：为了保证模型求解的有效性，必须满足条件 $p_{N_2}^{*F}-w_N^{*F}>0$，经计算得 $p_{N_2}^{*F}-w_N^{*F}=\dfrac{2c(\gamma-1)^2\lambda+d\left((1-2\alpha)\theta^2+2(\alpha+\gamma-\alpha\gamma-1)\lambda\right)}{2(3+\gamma)\theta^2+8(\gamma-1)\lambda}$，若使得条件成立则必须满足 $\dfrac{2c(\gamma-1)^2\lambda+d\left((1-2\alpha)\theta^2+2(\alpha+\gamma-\alpha\gamma-1)\lambda\right)}{2(3+\gamma)\theta^2+8(\gamma-1)\lambda}>0$，若 $2(3+\gamma)\theta^2+8(\gamma-1)\lambda<0$，则需满足 $2c(\gamma-1)^2\lambda+d\left((1-2\alpha)\theta^2+2(\alpha+\gamma-\alpha\gamma-1)\lambda\right)<0$。对上述表达式化简得 $\alpha 2d\left(\lambda-\theta^2-\gamma\lambda\right)>d\left(\lambda-\theta^2-\gamma\lambda\right)-2c(\gamma-1)^2\lambda$。

由于上述约束条件 $\theta^2-\lambda+\gamma\lambda<0$，即 $\lambda>\dfrac{\theta^2}{1-\gamma}$，可得上述不等式左边 $-2d\left(\theta^2-\lambda+\gamma\lambda\right)<0$，故计算不等式得到 $\alpha<\dfrac{2c(\gamma-1)^2\lambda+d\left(\theta^2-\lambda+\gamma\lambda\right)}{2d\left(\theta^2-\lambda+\gamma\lambda\right)}$。

2. 命题 2.2 证明

证明：命题 2.2 采用反证法。假设 $g_N^{*F}>g_N^{*c}$，则需满足 $g_N^{*F}-g_N^{*c}>0$，令 $E=g_N^{*F}-g_N^{*c}=-\dfrac{(\gamma-1)\theta\left(2c(\gamma-1)^2\lambda+d\left((1-2\alpha)\theta^2+2(\alpha+\gamma-\alpha\gamma-1)\lambda\right)\right)}{2\left(\theta^2+(\gamma-1)\lambda\right)\left((3+\gamma)\theta^2+4(\gamma-1)\lambda\right)}$，则需满足 $E>0$。由于 $\theta^2+(\gamma-1)\lambda<0$，$(3+\gamma)\theta^2+4(\gamma-1)\lambda<0$，要使假设成立，则需满足 $(\gamma-1)\theta\left(2c(\gamma-1)^2\lambda+d\left((1-2\alpha)\theta^2+2(\alpha+\gamma-\alpha\gamma)\lambda-1\right)\right)<0$，化简得到 $\alpha>\dfrac{2c(\gamma-1)^2\lambda+d\left(\theta^2-\lambda+\gamma\lambda\right)}{2d\left(\theta^2-\lambda+\gamma\lambda\right)}$，假设方能成立，与命题 2.1 结论相违背，则结论 $g_N^{*c}>g_N^{*F}$ 成立。

3. 命题 2.3 证明

证明： $p_{N_1}^{*c}-p_{N_1}^{*F}=\dfrac{\theta^2\left(d\left((2\alpha-1)\theta^2-2c(\gamma-1)^2\lambda+2(\alpha-1)(\gamma-1)\lambda\right)\right)}{4\left(\theta^2+(\gamma-1)\lambda\right)\left((3+\gamma)\theta^2+4(\gamma-1)\lambda\right)}$，若 $p_{N_1}^{*c}>p_{N_1}^{*F}$，由于 $\left(\theta^2+(\gamma-1)\lambda\right)<0$，$\left((3+\gamma)\theta^2+4(\gamma-1)\lambda\right)<0$，则 $d\left((2\alpha-1)\theta^2-2c(\gamma-1)^2\lambda+2(\alpha-1)(\gamma-1)\lambda\right)>0$。由于 $d>2c(1-\gamma)$，故 $2c(1-\gamma)\left((2\alpha-1)\theta^2+2(\alpha-1)(\gamma-1)\lambda\right)>2c(\gamma-1)^2\lambda$，经计算得 $\lambda<\dfrac{\theta^2}{1-\gamma}$，与最优解存在的约束条件冲突，故 $p_{N_1}^{*c}>p_{N_1}^{*F}$ 不成立。反之，$p_{N_1}^{*F}>p_{N_1}^{*c}$ 成立。

$$p_{N_2}^{*c}-p_{N_2}^{*F}=\frac{\left(3\theta^2+2(\gamma-1)\lambda\right)\left(d\left((2\alpha-1)\theta^2-2c(\gamma-1)^2\lambda+2(\alpha-1)(\gamma-1)\lambda\right)\right)}{4\left(\theta^2+(\gamma-1)\lambda\right)\left((3+\gamma)\theta^2+4(\gamma-1)\lambda\right)},$$

由命题 2.2 可知，$\dfrac{d\left((2\alpha-1)\theta^2-2c(\gamma-1)^2\lambda+2(\alpha-1)(\gamma-1)\lambda\right)}{4\left(\theta^2+(\gamma-1)\lambda\right)\left((3+\gamma)\theta^2+4(\gamma-1)\lambda\right)}<0$。若 $p_{N_2}^{*c}-p_{N_2}^{*F}\geqslant 0$，则 $3\theta^2+2(\gamma-1)\lambda\leqslant 0$，故 $\lambda\geqslant\dfrac{3\theta^2}{2(1-\gamma)}$；若 $p_{N_2}^{*c}-p_{N_2}^{*F}\leqslant 0$，则 $3\theta^2+2(\gamma-1)\lambda\geqslant 0$，结合旅游服务供应链最优值存在的约束条件得到 $\dfrac{\theta^2}{1-\gamma}<\lambda<\dfrac{3\theta^2}{2(1-\gamma)}$。

令 $E_2=\pi_N^{*F}-\pi_N^{*c}$，化简得 $E_2=\dfrac{-1}{\left(8\left(\theta^2+(\gamma-1)\lambda\right)\left((3+\gamma)\theta^2+4(\gamma-1)\lambda\right)^2\right)}$ $\left(\left((1+\gamma)\theta^2+2(\gamma-1)\lambda\right)\left(d\left((2\alpha-1)\theta^2-2c(\gamma-1)^2\lambda+2(\alpha-1)(\gamma-1)\lambda\right)\right)^2\right)$。由于 $\theta^2+(\gamma-1)\lambda<0$，则 $\theta^2<(1-\gamma)\lambda$，故 $(1+\gamma)\theta^2+2(\gamma-1)\lambda<(1-\gamma)\lambda(1+\gamma)+2(\gamma-1)\lambda=-(\gamma-1)^2\lambda<0$。又由于 $8\left(\theta^2+(\gamma-1)\lambda\right)<0$，$\left(d\left((2\alpha-1)\theta^2-2c(\gamma-1)^2\lambda+2(\alpha-1)(\gamma-1)\lambda\right)\right)^2>0$，$\left((3+\gamma)\theta^2+4(\gamma-1)\lambda\right)^2$，故 $E_2<0$，则 $\pi_N^{*F}<\pi_N^{*c}$ 恒成立。

4. 命题 2.4 证明

证明： $p_{N_1}^{*c}-p_{N_2}^{*c}=\dfrac{d(2\alpha-1)}{2(1+\gamma)}$，集中决策下若满足 $\alpha>\dfrac{1}{2}$，得到 $p_{N_1}^{*c}>p_{N_2}^{*c}$；若

$0<\alpha<\frac{1}{2}$，则 $p_{N_1}^{*c}-p_{N_2}^{*c}<0$，$p_{N_1}^{*c}<p_{N_2}^{*c}$。酒店和 OTA 价格大小对比的临界值为 $\alpha=\frac{1}{2}$。

假设 $p_{N_1}^{*F}>p_{N_2}^{*F}$，则 $p_{N_1}^{*F}-p_{N_2}^{*F}=\frac{1}{(1+\gamma)\left((3+\gamma)\theta^2+4(\gamma-1)\lambda\right)}$ $\left(d\left((2\alpha-1)(2+\gamma)\theta^2+(\gamma-1)\left(\alpha(5+\gamma)-3-\gamma\right)\lambda\right)-c(\gamma-1)^2(1+\gamma)\lambda\right)>0$，由于 $(3+\gamma)\theta^2+4(\gamma-1)\lambda<0$，则 $d\left((2\alpha-1)(2+\gamma)\theta^2-c(\gamma-1)^2(1+\gamma)\lambda+(\gamma-1)\right.$ $\left.\left(\alpha(5+\gamma)\right)\lambda-3-\gamma\right)<0$，需满足 $\alpha>\frac{c(1+\gamma)(1-\gamma)-d}{d(\gamma-1)}$，令 $\frac{c(1+\gamma)(1-\gamma)-d}{d(\gamma-1)}=M$，$M<\frac{d(1+\gamma)-2d}{2d(\gamma-1)}=\frac{1}{2}$，又因为 $0<\alpha<\frac{1}{2}+\frac{2c(\gamma-1)^2\lambda}{2d\left(\theta^2-\lambda+\gamma\lambda\right)}$，因此当 $\frac{c(1+\gamma)(1-\gamma)-d}{d(\gamma-1)}<\alpha<\frac{1}{2}+\frac{2c(\gamma-1)^2\lambda}{2d\left(\theta^2-\lambda+\gamma\lambda\right)}$ 时，$p_{N_1}^{*F}>p_{N_2}^{*F}$。反之，当 $0<\alpha<\frac{c(1+\gamma)(1-\gamma)-d}{d(\gamma-1)}$ 时，$p_{N_1}^{*F}<p_{N_2}^{*F}$。酒店和 OTA 价格大小对比的临界值为 $\alpha=\frac{c(1+\gamma)(1-\gamma)-d}{d(\gamma-1)}$，且 $\frac{c(1+\gamma)(1-\gamma)-d}{d(\gamma-1)}<\frac{1}{2}$。

2.6.2 推论证明

1. 推论 2.1 证明

证明： $\frac{\mathrm{d}g_N^{*F}}{\mathrm{d}\alpha}=\frac{d(\gamma-1)\theta}{(3+\gamma)\theta^2+4(\gamma-1)\lambda}$，由于 $(3+\gamma)\theta^2+4(\gamma-1)\lambda<0$，故 $\frac{\mathrm{d}g_N^{*F}}{\mathrm{d}\alpha}>0$。$\frac{\mathrm{d}w_N^{*F}}{\mathrm{d}\alpha}=-\frac{d\left((2+\gamma)\theta^2+2(\gamma-1)\lambda\right)}{(1+\gamma)\left((3+\gamma)\theta^2+4(\gamma-1)\lambda\right)}$，$(2+\gamma)\theta^2+2(\gamma-1)\lambda>0$，故 $\frac{\mathrm{d}w_N^{*F}}{\mathrm{d}\alpha}>0$。

$\frac{\mathrm{d}p_{N_1}^{*F}}{\mathrm{d}\alpha}=\frac{d\left(\theta^2+2(\gamma-1)\lambda\right)}{(1+\gamma)\left((3+\gamma)\theta^2+4(\gamma-1)\lambda\right)}$，$\theta^2+2(\gamma-1)\lambda<0$，故 $\frac{\mathrm{d}p_{N_1}^{*F}}{\mathrm{d}\alpha}>0$。

$\frac{\mathrm{d}p_{N_2}^{*F}}{\mathrm{d}\alpha}=-\frac{d\left((3+2\gamma)\theta^2+\left(2\gamma+\gamma^2-3\right)\lambda\right)}{(1+\gamma)\left((3+\gamma)\theta^2+4(\gamma-1)\lambda\right)}$，$(3+2\gamma)\theta^2+\left(2\gamma+\gamma^2-3\right)\lambda<0$，故 $\frac{\mathrm{d}p_{N_2}^{*F}}{\mathrm{d}\alpha}<0$。

2. 推论 2.2 证明

证明：为了使得模型有意义，需满足 $p_{2T}^{*F}-w_T^{*F}\geqslant 0$。令 $E_T^p=p_{2T}^{*F}-w_T^{*F}$，计算化简可得

$$E_T^p=\frac{1}{2\left(\theta^2\left(5+8\gamma+2\gamma^2-\mu\right)+4\lambda\left(2\gamma^2+\mu-1\right)\right)}$$
$$\left(d\left(\begin{array}{l}2(\alpha-1)(\beta-1)\lambda\left(2\gamma^2+\mu-1\right)\\+\theta^2\left(2+3\gamma-\mu+\beta(\mu-3-4\gamma)+\alpha\left(\beta(3+4\gamma-\mu)-3-5\gamma+2\mu\right)\right)\end{array}\right)\right)$$
$$+c\left(4\gamma^3\lambda-2\gamma^2\left(\theta^2-2\lambda(\mu-1)\right)+(\mu-1)\left(2\lambda(\mu-1)-\theta^2\mu\right)+\gamma\left(2\lambda(\mu-1)+\theta^2(3\mu-1)\right)\right)$$

由约束条件 $\frac{\theta^2}{4\lambda}<\frac{\mu-1+2\gamma^2}{\mu-5-8\gamma-2\gamma^2}$ 可得 E_T^p 分母大于 0，因此需保证 E_T^p 的分子也大于 0，将 E_T^p 的分子合并同类项可表示为 $\alpha\left(\theta^2(3\beta-3-5\gamma+4\beta\gamma+2\mu-\beta\mu)+2\lambda\left(1-\beta-2\gamma^2+2\beta\gamma^2-\mu+\mu\beta\right)\right)+F\left(\theta^2,\gamma,\mu\right)$。令 $E_T^{pz}(\beta)=\theta^2(3\beta-3-5\gamma+4\beta\gamma+2\mu-\beta\mu)+2\lambda\left(1-\beta-2\gamma^2+2\beta\gamma^2-\mu+\mu\beta\right)$，因此需满足 $\alpha E_T^{pz}+F\left(\theta^2,\gamma,\mu\right)>0$，逆向思考，只有当 OTA 占有一定市场分销份额时才会与绿色酒店进行合作，α 需满足 $\alpha<\alpha_{\min}$。因此需满足 $E_T^{pz}(\beta)<0$，结合约束条件 $\frac{\theta^2}{4\lambda}<\frac{2\gamma^2+\mu-1}{\mu-5-8\gamma-2\gamma^2}$，可得 $\frac{(1-\beta)\left(2\gamma^2+\mu-1\right)}{2\left(\mu-\gamma+(\mu-3-4\gamma)(1-\beta)\right)}<\frac{\theta^2}{4\lambda}<1$，进一步求解可得当 $\beta<\beta_{\min}$ 时，满足 $\alpha<\alpha_{\min}$，在此区间可以保证 $E_T^p>0$，$p_{2T}^{*F}-w_T^{*F}\geqslant 0$。

第3章 酒店横向竞争下的绿色旅游服务供应链定价策略

3.1 概述

第2章研究了旅游服务供应链的渠道竞争问题及渠道竞争环境下的绿色酒店定价策略，而本章将以两个绿色酒店为主体，研究绿色酒店在横向竞争环境中如何定价。现如今许多知名OTA处于酒店市场的领导地位，具有强大的用户流量优势，许多具有地域特色的绿色酒店通过OTA平台进行分销，消费者亦通过OTA平台获取绿色酒店的价格与绿色服务水平信息。基于酒店服务业的地域及距离的特殊性，OTA使得原本独立的酒店市场产生线上竞争。因此，各地区绿色酒店通过OTA平台分销形成了竞争模式下的旅游服务供应链。随着消费者绿色环保意识的提高，OTA对酒店利润强势瓜分，绿色酒店之间的竞争及旅游服务供应链上下游渠道之间的竞争愈发激烈。对于想要进入绿色酒店市场的开发商来说，其面对的不仅是同类绿色酒店的竞争压力，还包括上游OTA制定的高额佣金压力。

本章主要探讨两个绿色酒店通过OTA分销的横向竞争问题，首先讨论普通酒店和绿色酒店在竞争环境下的定价策略，其次讨论绿色服务水平差异化的两个绿色酒店在酒店市场的主导权力不同的情形下如何进行价格决策。国内知名的绿色酒店多为商业地产开发商打造，许多知名开发商（如万达、大悦城、兴隆、宝龙等）都在各地进行绿色酒店的布局。因此，各地绿色酒店旅游市场发展态势良好，各地酒店运营商之间竞争激烈，同时也对原本市场上普通酒店的发展产生了影响。当酒店市场存在多个酒店运营商时，它们在价格决策上会产生博弈，表现为斯塔克尔伯格博弈和纳什博弈。第一种模式为，最先进入酒店市场的酒店运营商能够占据市场主导地位，处于整个行业的领导地位，拥有定价权和决策权，而后进入酒店市场的运营商需要观察市场环境以及处于领先地位的竞争对手的销售价格和绿色服务水平。因此，酒店运营商之间存在市场主导地位差异之间的博弈，即斯塔克尔伯格博弈。第二种模式为纳什博弈，表现为不同的绿色酒店同时进入酒店市场，此时它们在市场中的主导权力是相同的，可同时进行价格博弈。

本章将研究以下几个问题：①普通酒店与绿色酒店在竞争环境下的定价策略；②两个绿色酒店分别在斯塔克尔伯格博弈模式和纳什博弈模式下的定价策略；③在不同主导权力模式下，绿色服务水平的高低对两个酒店的价格决策的影响；④绿色酒店市场环境中绿色服务水平的竞争激烈程度、价格竞争激烈程度对酒店价格决策的影响；⑤OTA 的佣金与分销能力对绿色酒店加入 OTA 平台决策的影响。

3.2 模 型 假 设

根据 3.1 中提出的问题，构建两个酒店和一个 OTA 的旅游服务供应链模型，模型结构示意图见图 3.1。酒店 1 和酒店 2 是有一定地理距离差异的两个酒店，为消费者提供房间、餐饮和设施等服务产品，OTA 作为酒店的分销渠道存在，将酒店 1 和酒店 2 的房间售卖于自己的网站，并且酒店 1 和酒店 2 均有线下实体渠道。

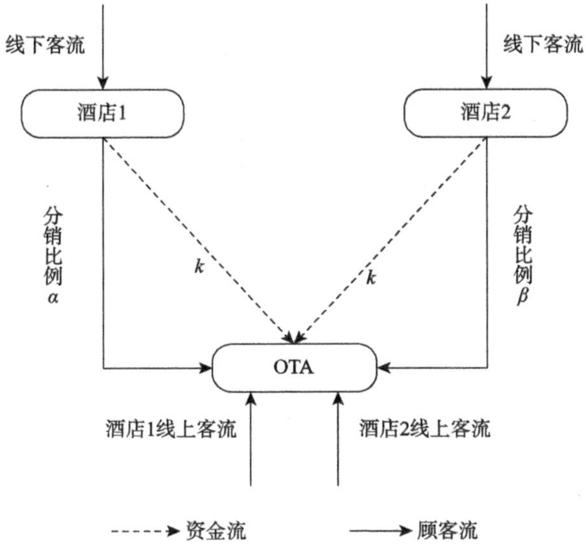

图 3.1　酒店 1、酒店 2 与 OTA 分销模型图

每当酒店绿色产品从 OTA 分销售出，OTA 都将向酒店收取佣金，单位服务产品收取佣金大小为 k。为了确保该模型的合理性，接下来将探讨和建立模型假

设。参数及符号说明详见表 3.1，模型假设如下：

表 3.1　参数及符号说明

参数	释义
p_1	酒店 1 的销售价格
p_2	酒店 2 的销售价格
g	酒店绿色服务水平
d_1^r	酒店 1 在实体渠道的需求量
d_2^r	酒店 2 在实体渠道的需求量
d_1^o	酒店 1 在线上 OTA 渠道的需求量
d_2^o	酒店 2 在线上 OTA 渠道的需求量
d	酒店 1 或酒店 2 市场潜在的需求总量
ρ	酒店 1 和酒店 2 绿色服务水平竞争系数
θ	酒店 1 和酒店 2 价格竞争系数
π_1	酒店 1 的利润
π_2	酒店 2 的利润
π_{OTA}	OTA 的利润
α	酒店 1 顾客 OTA 渠道购买比例
β	酒店 2 顾客 OTA 渠道购买比例
k	OTA 对酒店单位产品的分销佣金收费
s、n	上标；分别代表斯塔克尔伯格博弈模式和纳什博弈模式
c_1	酒店 1 单位服务产品初始成本
c_2	酒店 2 单位服务产品初始成本

假设 3.1：酒店 1 和酒店 2 原本的潜在需求市场相互独立，分别为 d_1 和 d_2。为了减少竞争冲突，令 $d_1 = d_2 = d$。

假设 3.2：酒店 1 和酒店 2 在地理位置上存在一定距离，酒店 1 和酒店 2 线下的需求不会产生价格与服务的竞争。OTA 平台销售两个酒店的产品公开了价格及绿色服务水平信息，线上选购的消费者能够直观地对价格和绿色服务水平进行比较。因此，两个酒店通过 OTA 销售产生了线上的绿色服务水平竞争和价格竞争。

假设 3.3：选择酒店 1 的顾客从 OTA 渠道购买的需求占酒店 1 市场潜在需求的比例为 α，选择酒店 2 的顾客从 OTA 渠道购买的需求占酒店 2 市场潜在需求的比例为 β。

假设 3.4：为了减少渠道冲突，OTA 和酒店之间存在价格协议，即酒店 1 和酒店 2 线下价格分别与 OTA 线上分销价格相同。

假设 3.5：绿色服务水平投入成本为二次函数形式，即 $c = \lambda g^2$。酒店 1 和酒店 2 的单位绿色服务产品初始成本分别为 c_1 和 c_2。

假设 3.6：该旅游服务供应链的酒店 1、酒店 2 和 OTA 均为完全理性主体，都以自身利润最大化为目标。

3.3　普通酒店和绿色酒店的竞争定价策略

本节讨论普通酒店和绿色酒店在竞争环境下的价格决策。根据 3.2 节中模型假设及建立，为了更好地解释本节问题，对模型参数进行进一步设定。为了考虑普通酒店和绿色酒店的价格竞争，本节假设酒店 1 为普通酒店，酒店 2 为绿色酒店，则酒店 1 的绿色服务水平为 0，$g_1 = 0$，令酒店 2 的绿色服务水平为 g，即 $g_2 = g$。由于酒店 1 和酒店 2 的初始成本不在本节的分析范围之内，为了减少计算量，假设 $c_1 = c_2 = c$，绿色酒店的价格大于普通酒店的价格，即 $p_1 < p_2$。因此，可得普通酒店和绿色酒店竞争的需求函数与利润函数如下：

需求函数为

$$d_1^r = (1-\alpha)d - p_1$$

$$d_1^o = \alpha d - p_1 + \theta(p_2 - p_1) - \rho g$$

$$d_2^r = (1-\beta)d - p_2 + g$$

$$d_2^o = \beta d - p_2 + \theta(p_1 - p_2) + \rho g$$

利润函数为

$$\pi_1 = (d_1^r + d_1^o)(p_1 - c) - k d_1^o$$

$$\pi_2 = (d_2^r + d_2^o)(p_2 - c) - k d_2^o - \frac{\lambda g^2}{2}$$

$$\pi_{\text{OTA}} = d_1^o k + k d_2^o$$

在两个酒店不是均为绿色酒店的情形下，不考虑普通酒店和绿色酒店之间的主导权力，在纳什博弈模式下计算两个酒店的价格决策。

3.3.1　模型求解

在纳什博弈模式下，酒店 1 和酒店 2 同时进行价格决策。根据求解原则，直接求解 π_1、π_2 分别关于 p_1、p_2 的最优解。对 π_1 求解关于 p_1 的二阶导数，对 π_2 求

解关于 p_2 的二阶导数，得到 $\frac{\partial^2 \pi_1}{\partial^2 p_1} = \frac{\partial^2 \pi_2}{\partial^2 p_2} = -2(2+\theta) < 0$，因此 π_1 是关于 p_1 的凹函数，π_2 是关于 p_2 的凹函数，求解 π_1 是关于 p_1 的一阶导数并令其等于 0，以及求解 π_2 是关于 p_2 的一阶导数并令其等于 0，得到 $p_1^*(p_2)$ 和 $p_2^*(p_1)$。根据 $p_1^*(p_2)$ 和 $p_2^*(p_1)$ 连列等式，可求得酒店 1 和酒店 2 的最优价格 p_1^* 和 p_2^*。

$$p_1^* = \frac{4k + g\theta + 7k\theta + 3k\theta^2 + d(4+3\theta) + c(8+10\theta+3\theta^2) - 4g\rho - g\theta\rho}{16+16\theta+3\theta^2}$$

$$p_2^* = \frac{4g + 4k + 2g\theta + 7k\theta + 3k\theta^2 + d(4+3\theta) + c(8+10\theta+3\theta^2) + 4g\rho + g\theta\rho}{16+16\theta+3\theta^2}$$

根据最优价格 p_1^* 和 p_2^*，可求出该旅游服务供应链最优价格 π_1^*、π_2^* 和 π_{OTA}^*。

3.3.2 讨论分析

根据求解的酒店 1 和酒店 2 最优价格决策 p_1^* 和 p_2^*，进行变量深入分析，可得出以下推论。

推论 3.1： 绿色酒店绿色服务水平的提高对普通酒店价格决策会产生影响。

（1）$\frac{\partial p_2^*}{\partial g} > 0$；

（2）当 $0 < \rho < \frac{2\theta}{4+\theta}$ 时，$\frac{\partial p_1^*}{\partial g} > 0$；当 $\rho > \frac{2\theta}{4+\theta}$ 时，$\frac{\partial p_1^*}{\partial g} < 0$。

由推论 3.1 可知，市场上存在一个绿色酒店和一个普通酒店，两者通过 OTA 进行竞争，当绿色酒店的绿色服务水平提高时，酒店 2 的价格会上升，而普通酒店的价格决策趋势依赖于消费者对于绿色服务水平差异的敏感性。当市场上消费者对于绿色服务水平差异敏感性较小时，普通酒店会提升销售价格；反之，普通酒店会降低销售价格。原因在于，当消费者对于普通酒店与绿色酒店之间的绿色服务差异不是很敏感时，绿色酒店的销售价格更大，因此消费者会选择普通酒店，所以酒店 1 的价格会上升。反之，当消费者对于普通酒店与绿色酒店之间的绿色服务差异很敏感时，绿色酒店的消费者需求增加，酒店 1 只能降低价格，吸引部分价格敏感型消费者。

因此，对于想进入酒店市场与普通酒店竞争的绿色酒店，需要充分调查酒店市场消费者对于绿色服务水平竞争的敏感性。只有当市场上消费者对于绿色酒店绿色服务水平竞争敏感性达到一定阈值时，对于绿色酒店才是有利的。

3.4　不同主导权力下竞争型绿色酒店的定价策略

3.3 节中研究了普通酒店和绿色酒店进行价格竞争的问题，本节对 3.3 节进行拓展，研究在两个酒店都是绿色酒店的情况下，酒店 1 和酒店 2 如何在绿色服务水平存在差异的情况下进行价格竞争。

本节将探讨不同主导权力下的绿色酒店价格竞争问题，构建两个绿色酒店和一个 OTA 的旅游服务供应链，通过模型求解和数值分析研究在竞争环境下绿色酒店的定价决策。本节旨在研究两个绿色酒店之间的绿色服务水平差异和价格竞争，为了进一步研究该问题，根据 3.2 节中假设，可构建该模型的需求函数：

$$d_1^r = (1-\alpha)d - p_1 + g_1 \tag{3.1}$$

$$d_2^r = (1-\beta)d - p_2 + g_2 \tag{3.2}$$

$$d_1^o = \alpha d - p_1 + \theta(p_2 - p_1) + g_1 + \rho(g_1 - g_2) \tag{3.3}$$

$$d_2^o = \beta d - p_2 + \theta(p_1 - p_2) + g_2 + \rho(g_2 - g_1) \tag{3.4}$$

在 OTA 平台，消费者可以直观地感知到酒店 1 和酒店 2 的价格和绿色服务水平。其中，ρ 表示酒店 1 和酒店 2 的绿色服务水平竞争系数。可解释为当酒店 2 绿色服务水平上升的时候，酒店 1 的消费者需求会变小，反之，酒店 2 的需求会上升。θ 表示酒店 1 和酒店 2 的价格竞争系数，解释为消费者感知到酒店 1 的价格上升，就会减少对酒店 1 的购买需求，增加对酒店 2 的购买需求，反之也成立。因此，整个供应链中存在的竞争为酒店 1 和酒店 2 的价格竞争以及绿色服务水平竞争。根据需求函数及假设，可建立各主体的利润函数：

$$\pi_1 = (d_1^r + d_1^o)(p_1 - c_1) - kd_1^o - \frac{\lambda {g_1}^2}{2} \tag{3.5}$$

$$\pi_2 = (d_2^r + d_2^o)(p_2 - c_2) - kd_2^o - \frac{\lambda {g_2}^2}{2} \tag{3.6}$$

$$\pi_{\text{OTA}} = d_1^o k + d_2^o k \tag{3.7}$$

3.4.1　酒店 1 主导的斯塔克尔伯格博弈模式下绿色酒店定价策略

本小节将分析在斯塔克尔伯格博弈模式下，酒店 1 和酒店 2 的价格决策。酒店 1 和酒店 2 在斯塔克尔伯格博弈模式下，假设酒店 1 为绿色酒店市场领导者，酒店 2 为跟随者，酒店 1 先进入绿色酒店市场。总体观察，在绿色酒店市场上，

OTA 凭借平台大流量处于强势地位，向酒店 1 和酒店 2 收取一定数额佣金 k。酒店 1 观察到 OTA 平台的佣金费用，进行酒店 1 销售价格的决策。然后作为跟随者的酒店 2 观察到酒店 1 的销售价格，再进行酒店 2 价格决策。本书考虑酒店 1 和酒店 2 的绿色服务水平均为外生变量，不予求解，主要对绿色酒店的价格进行决策研究。

命题 3.1：在斯塔克尔伯格博弈模式下，酒店 1 和酒店 2 的最优定价为 p_1^{s*}、p_2^{s*}，取值分别为式（3.8）和式（3.9）。在该定价决策模式下，OTA、酒店 1 和酒店 2 都能获得最优利润 π_1^{s*}、π_2^{s*}、π_{OTA}^{s*}。

$$p_1^{s*}=\frac{1}{2\left(8+8\theta+\theta^2\right)}\left(\begin{array}{l}4d+4k+3d\theta+7k\theta+2k\theta^2+\left(8+8\theta+\theta^2\right)c_1+\theta(2+\theta)c_2\\+8g_1+4\theta g_1+4\rho g_1+\theta\rho g_1+2\theta g_2-4\rho g_2-\theta\rho g_2\end{array}\right) \tag{3.8}$$

$$p_2^{s*}=\frac{1}{2(2+\theta)}(d+k+k\theta+2+\theta)c_2-\rho g_1+2g_2+\rho g_2+1/\left(2\left(8+8\theta+\theta^2\right)\right)$$
$$\theta\left(\begin{array}{l}4d+4k+3d\theta+7k\theta+2k\theta^2+\left(8+8\theta+\theta^2\right)c_1+\theta(2+\theta)c_2\\+8g_1+4\theta g_1+4\rho g_1+\theta\rho g_1+2\theta g_2-4\rho g_2-\theta\rho g_2\end{array}\right) \tag{3.9}$$

命题 3.1 计算了在酒店 1 主导的斯塔克尔伯格博弈模式中，酒店 1 和酒店 2 的价格决策。由求解的酒店 1 和酒店 2 的价格可直接观察在酒店 1 主导的斯塔克尔伯格博弈模式下，随着 OTA 佣金的增加，酒店 1 和酒店 2 的价格都会增加。这是 OTA 佣金的增加使得酒店 1 和酒店 2 的分销成本增加，为了追求利润最大化，酒店 1 和酒店 2 会提高酒店产品价格。由求解的价格和利润，还可以得出以下一些推论。

推论 3.2：

（1）$\frac{\partial p_1^{s*}}{\partial g_1}>0$，$\frac{\partial p_2^{s*}}{\partial g_1}$的正负依赖于临界值$\rho^{s1}(\theta)$。在酒店 1 主导的斯塔克尔伯格博弈模式下，随着酒店 1 绿色服务水平提高，酒店 1 的价格也提高。酒店 2 的价格变化依赖于$\rho(\theta)$，当$\rho>\rho^{s1}(\theta)$时，$\frac{\partial p_2^{n*}}{\partial g_1}<0$，酒店 2 的价格下降；当$0<\rho<\rho^{s1}(\theta)<\theta$时，$\frac{\partial p_2^{n*}}{\partial g_1}>0$，酒店 2 的价格上升。

（2）$\frac{\partial p_2^{s*}}{\partial g_2}>0$，$\frac{\partial p_1^{s*}}{\partial g_2}$的正负依赖于临界值$\rho^{s2}(\theta)$。在酒店 1 主导的斯塔克

尔伯格博弈模式下，随着酒店 2 的绿色服务水平提高，酒店 2 的价格上升，酒店 1 的价格受到绿色服务水平竞争系数阈值 $\rho^{s2}(\theta)$ 的影响。当 $0<\rho<\rho^{s2}(\theta)$ 时，$\frac{\partial p_1^{s*}}{\partial g_1}>0$，酒店 1 的价格随着绿色服务竞争系数增大而增大；当 $\rho>\rho^{s2}(\theta)$ 时，$\frac{\partial p_1^{s*}}{\partial g_1}<0$，酒店 1 的价格随着绿色服务竞争系数的增大而减小。其中，$\rho^{s1}(\theta)=\frac{4\theta^2+8\theta}{16+12\theta+\theta^2}$ 和 $\rho^{s2}(\theta)=\frac{2\theta}{4+\theta}$。

由推论 3.2 可知，在酒店 1 主导的斯塔克尔伯格博弈模式下，酒店 1 绿色服务水平提高，酒店 1 的价格会提高，但是酒店 2 的价格决策受到价格竞争系数和绿色服务水平竞争系数的影响，酒店 2 在进行价格决策时要综合考虑两个系数的影响。绿色服务水平竞争系数存在一个阈值，该阈值与价格竞争系数有关。当绿色服务水平竞争系数大于某个阈值时，随着酒店 1 服务水平的提高，酒店 2 的价格会降低。当绿色服务水平竞争系数低于某个阈值时，随着酒店 1 服务水平的提高，酒店 2 的价格也会升高。

随着酒店 2 的绿色服务水平提高，酒店 2 的价格提升；酒店 1 的价格受到绿色服务水平竞争系数和价格竞争系数的影响，绿色服务水平竞争系数存在阈值。当绿色服务水平竞争系数大于某个阈值时，酒店 1 价格下降。当绿色服务水平竞争系数小于某个阈值时，酒店 1 价格上升。

这表明当消费者对于绿色酒店之间的绿色服务水平差异敏感性不是很强时，消费者更注重酒店之间价格的差异，市场上某个绿色酒店提高绿色服务水平，不仅会提高自身的价格，也会带动整个绿色酒店市场价格的提高。原因在于某一酒店的竞争对手利用消费者绿色服务水平差异不敏感的心理，适当提升价格，且提升幅度不超过某部分价格差异敏感大于绿色服务水平差异敏感的消费者的预期。当消费者对于绿色酒店之间的绿色服务水平差异敏感性较强，甚至超过对价格差异的敏感时，此时市场上某个绿色酒店提高绿色服务水平，它的竞争对手会降低价格。原因在于当某一方酒店进行绿色服务水平的投入时，另一方没有进行绿色服务水平的提高，消费者对于绿色服务水平差异又很敏感，只能通过降低价格吸引部分消费者。

因此，从政府的角度考虑，在推广环境保护、绿色旅游的同时应当加强对绿色酒店的公示，进一步细分绿色酒店的等级，使消费者加强对绿色酒店的认识，清楚不同等级绿色酒店之间的服务差异。从绿色酒店的角度考虑，绿色酒店需要进一步加强自身品牌建设和宣传，以及对于绿色技术的研发投入，突出其与竞争对手服务水平的差异。

推论 3.3：随着绿色服务水平竞争系数 ρ 的提高，酒店 1 和酒店 2 的价格决策趋势依赖于酒店 1 和酒店 2 的绿色服务水平。当 $g_1 > g_2$ 时，$\frac{\partial p_1^{s*}}{\partial \rho} > 0$，$\frac{\partial p_2^{s*}}{\partial \rho} < 0$；当 $g_1 < g_2$ 时，$\frac{\partial p_1^{s*}}{\partial \rho} < 0$，$\frac{\partial p_2^{s*}}{\partial \rho} > 0$。

由推论 3.3 可知，在酒店 1 主导的斯塔克尔伯格博弈模式下，随着绿色酒店之间的绿色服务水平竞争系数增强，绿色服务水平高的酒店价格会升高，而绿色服务水平较低的酒店价格会降低。绿色服务水平竞争系数增强，即消费者对于两个绿色酒店服务水平差异敏感性增强。这表明较高的绿色服务水平能够吸引更多的消费者，因此绿色服务水平较高的酒店会提升价格，以获得更多利润；而绿色服务水平较低的酒店，缺乏绿色服务水平的竞争力，从而会选择降低酒店价格，吸引一部分价格敏感型消费者。

3.4.2　纳什博弈模式下绿色酒店价格策略

本小节将分析在纳什博弈模式下酒店 1 和酒店 2 的价格决策。酒店 1 和酒店 2 原本处于两个独立的市场，由于通过 OTA 平台销售绿色酒店形成了线上竞争。在纳什均衡模式下，酒店 1 和酒店 2 同时进行绿色服务水平竞争和价格竞争，考虑绿色服务水平为外生变量，受到市场环境其他因素影响，不做决策。酒店 1 和酒店 2 同时进行价格决策。

命题 3.2：在纳什博弈模式下，酒店 1 和酒店 2 的最优定价为 p_1^{n*}、p_2^{n*}，表达为式（3.10）和式（3.11）。在该定价决策下，OTA、酒店 1 和酒店 2 均能获得最优利润，最优利润为 π_1^{n*}、π_2^{n*}、π_{OTA}^{n*}。

$$p_1^{n*} = \frac{1}{16+16\theta+3\theta^2}\begin{pmatrix} 4d+4k+3d\theta+7k\theta+3k\theta^2+2(2+\theta)^2 c_1 \\ +\theta(2+\theta)c_2+8g_1+4\theta g_1+4\rho g_1+\theta\rho g_1+2\theta g_2-4\rho g_2-\theta\rho g_2 \end{pmatrix} \tag{3.10}$$

$$p_2^{n*} = \frac{1}{16+16\theta+3\theta^2}\begin{pmatrix} 4d+4k+3d\theta+7k\theta+3k\theta^2+\theta(2+\theta)c_1+2(2+\theta)^2 c_2 \\ +2\theta g_1-4\rho g_1-\theta\rho g_1+8g_2+4\theta g_2+4\rho g_2+\theta\rho g_2 \end{pmatrix} \tag{3.11}$$

命题 3.2 为在纳什博弈模式下，OTA、酒店 1 和酒店 2 的价格决策和利润计算结果。从计算结果中可以观察出，随着 OTA 佣金增加，酒店 1 和酒店 2 价格增加。另外，深入研究计算结果，可得出一些推论。

推论 3.4：在纳什均衡模式下，酒店 1 和酒店 2 绿色服务水平高低和初始成本大小会间接影响价格决策。当 $c_1 > c_2$ 且 $g_1 > g_2$ 时，$p_1^{n*} > p_2^{n*}$。当 $c_1 > c_2$ 且 $g_1 < g_2$ 时，p_1^{n*}、p_2^{n*} 价格大小取决于绿色服务水平竞争系数和价格竞争系数。当 $\rho < \dfrac{(c_1 - c_2)(2+\theta)}{2(g_2 - g_1)} - 1$ 时，$p_1^{n*} > p_2^{n*}$；反之，当 $\rho > \dfrac{(c_1 - c_2)(2+\theta)}{2(g_2 - g_1)} - 1$ 时，$p_1^{n*} < p_2^{n*}$。

由推论 3.4 可知，在纳什均衡模式下，当酒店 1 的初始成本大于酒店 2 且酒店 1 的绿色服务水平也大于酒店 2 时，酒店 1 的价格大于酒店 2。当酒店 1 的初始成本大于酒店 2 且酒店 1 的绿色服务水平低于酒店 2 时，只有绿色服务水平竞争系数小于一定阈值，酒店 1 的价格才会高于酒店 2，否则，结论相反。

当酒店 1 的初始成本大于酒店 2 且酒店 1 的绿色服务水平高于酒店 2 时，酒店 1 的成本投入大于酒店 2，目标为利润最大化，因此酒店 1 的定价更高。当酒店 1 的初始成本大于酒店 2 且酒店 1 的绿色服务水平低于酒店 2 时，酒店 1 的绿色服务水平处于劣势，但是初始成本偏高。因此，当消费者对于绿色服务水平差异敏感性较高时，酒店 1 只能通过降低价格，增加消费者对酒店 1 的需求。在消费者对绿色服务水平差异较敏感的市场，对于绿色酒店开发商来说，若酒店初始成本较高，而竞争对手具有高质量绿色服务水平，那么竞争对手同时具有价格和绿色服务水平的优势，从而消费者会被竞争对手所吸引。因此，酒店只有选择提高绿色服务水平，才能在绿色酒店市场形成竞争力。

推论 3.5： $\dfrac{\partial p_1^{n*}}{\partial g_1} > 0$，$\dfrac{\partial p_2^{n*}}{\partial g_1}$ 的正负依赖于临界值 $\rho^{n1}(\theta)$。$\dfrac{\partial p_2^{n*}}{\partial g_2} > 0$，$\dfrac{\partial p_1^{n*}}{\partial g_2}$ 的正负依赖于临界值 $\rho^{n2}(\theta)$，且 $\rho^{n1}(\theta) = \rho^{n2}(\theta) = \dfrac{2\theta}{4+\theta}$。在纳什博弈模式下，随着某一方酒店绿色服务水平提高，酒店的价格也会提高，但是竞争对手的价格变化依赖于 $\rho^{n}(\theta)$，当 $\rho > \rho^{n}(\theta)$ 时，竞争对手的价格下降；当 $0 < \rho < \rho^{n}(\theta) < \theta$ 时，竞争对手的价格会上升。

由推论 3.5 可知，结论与推论 3.1 中相似，区别在于，在纳什博弈模式下，绿色服务水平对酒店 1 和酒店 2 的价格影响具有对称性。在纳什博弈模式下，某一酒店绿色服务水平提高，酒店的价格会提高。竞争对手的价格决策受到价格竞争系数和绿色服务水平竞争系数的影响，竞争对手在进行价格决策时要综合考虑两个系数的影响。绿色服务水平存在一个阈值，该阈值与价格竞争系数有关。当绿色服务水平竞争系数大于某个阈值时，随着酒店服务水平的提高，竞争的价格会降低，但是当绿色服务水平竞争系数低于某个阈值时，随着酒店服务水平的提高，其竞争对手的价格也会升高。

3.4.3 斯塔克尔伯格博弈模式和纳什博弈模式比较

推论 3.6： $\rho^{s1}(\theta) > \rho^{n}(\theta)$，在酒店 1 主导的斯塔克尔伯格博弈模式下，$g_1$变化对酒店 2 价格决策影响的临界值$\rho^{s1}(\theta)$大于在纳什博弈模式下的$\rho^{n1}(\theta)$。$\rho^{s2}(\theta) = \rho^{n2}(\theta) = \dfrac{2\theta}{4+\theta}$，在酒店 1 主导的斯塔克尔伯格博弈模式下，$g_2$变化对于酒店 1 的价格影响的临界值$\rho^{s2}(\theta)$等于在纳什博弈模式下的$\rho^{n2}(\theta)$。

由推论 3.6 可知，随着酒店 1 绿色服务水平的提高，在酒店 1 主导的斯塔克尔伯格博弈模式下，影响酒店 2 价格决策的阈值高于纳什博弈模式下的阈值。可以理解为在酒店 1 主导的斯塔克尔伯格博弈模式下，酒店 1 作为主导者，拥有价格决策的优势。因此，在斯塔克尔伯格博弈模式下酒店 1 绿色服务水平的提高对酒店 2 的价格决策影响更大。随着酒店 2 绿色服务水平的提高，在两种模式下，影响酒店 1 价格决策的临界值相等。

从酒店角度讨论，当绿色酒店市场两个酒店主导权力具有差异时，处于市场主导地位的酒店提高绿色服务水平能够给竞争对手的价格决策带来更大的压力。因此占有市场主导地位的绿色酒店更应该注重绿色服务水平的研发投入，不断提高产品质量，才能稳固消费者。

推论 3.7：

（1）$\dfrac{\partial p_1^{n*}}{\partial k} = \dfrac{\partial p_2^{n*}}{\partial k} > 0$，$0 < \dfrac{\partial p_1^{s*}}{\partial k} < \dfrac{\partial p_2^{s*}}{\partial k}$。在两种决策模式下，OTA 佣金的升高都会使得酒店 1 和酒店 2 的销售价格升高。在斯塔克尔伯格博弈模式下，OTA 佣金的变化对酒店 2 价格决策的影响大于对酒店 1 价格决策的影响。在纳什博弈模式下，OTA 佣金的变化对酒店 2 价格决策的影响等于对酒店 1 价格决策的影响。

（2）$\dfrac{\partial p_1^{n*}}{\partial k} > \dfrac{\partial p_1^{s*}}{\partial k} > 0$，$\dfrac{\partial p_2^{n*}}{\partial k} > \dfrac{\partial p_2^{s*}}{\partial k} > 0$。OTA 佣金变化，对同一酒店价格决策产生的影响在纳什博弈模式下要大于在斯塔克尔伯格博弈模式下。

由推论 3.7 可知，当 OTA 处于绿色酒店市场中的强势地位时，OTA 提高佣金会造成绿色酒店市场的价格全面上升。若绿色酒店处于纳什博弈模式下，OTA 提高佣金对绿色酒店产生的价格决策影响是相同的。若绿色酒店处于主导权力有所差异的模式下，对于处于跟随者地位的酒店来说，OTA 提高佣金会对其价格决策产生更大的影响。结合现实中的情况分析，OTA 通常为了追求高利润，会提高平台下的酒店佣金，此时，对于处于权力弱势的酒店，影响更大。从 OTA 平台角度分析，只有制定合理的佣金，才能与酒店长期合作。因此需要对酒店和 OTA 之间的协议进行规范，对酒店市场上强行收取高额佣金的 OTA 进行约束。

3.5　酒店加入 OTA 的策略分析

因为酒店 1 加入 OTA 平台进行分销受到 OTA 分销比例 α 和佣金 k 的约束，构造酒店 1 不加入 OTA 平台分销的供应链模型。构建一个绿色酒店 1 只开设线下渠道，绿色酒店 2 与 OTA 开展佣金分销的合作模式的旅游服务供应链，则可构建新的需求函数和利润函数如下：

$$d_1^r = (1-\alpha)d - p_1 + g_1 \tag{3.12}$$

$$\pi_1 = d_1^r(p_1 - c_1) - \frac{\lambda g_1^2}{2} \tag{3.13}$$

在该模式下，酒店 1 与酒店 2 有一定距离，酒店 1 只开设线下渠道。因此不与酒店 2 产生价格和绿色服务水平的竞争。本节主要讨论酒店加入 OTA 的条件，在纳什博弈模式下，将酒店 1 不加入 OTA 竞争的利润与加入 OTA 时的利润做对比，对于酒店 2 和 OTA 的利润不予求解。

先对 π_1 求解关于 p_1 的二阶导数，得出 $\frac{\partial^2 \pi_1}{\partial^2 p_1} = -2 < 0$，则 π_1 是关于 p_1 的凹函数，对 π_1 求解关于 p_1 的一阶导数并令其等于 0，求出 $p_1^* = \frac{1}{2}(d - d\alpha + c_1 + g_1)$。将 p_1^* 代入式（3.13），得到 π_1^*。令 $E\pi_1 = \pi_1^* - \pi_1^{n*}$，则 $E\pi_1$ 为酒店 1 加入 OTA 分销和不加入 OTA 分销的利润差。化简得到 $E\pi_1$ 为 α 和 k 的反应函数。酒店 1 以利润最大化为目标，只有当 $\pi_1^* > \pi_1^{n*}$，即 $E\pi_1 > 0$ 时，酒店 1 才会加入 OTA 平台。

因此绿色酒店在进行渠道选择时，会考虑 OTA 平台的分销实力，即 OTA 的平台流量。同时也会综合考虑平台的佣金多少，为了防止 OTA 掌控分销渠道，绿色酒店往往需要与 OTA 进行谈判，包括佣金多少、价格制定等决策问题。

为了进一步观察分销比例 α 和佣金 k 对于酒店 1 加入 OTA 平台决策的影响，利用数值分析进行模拟，观察 α 、k 在一定范围内变化时对 $E\pi_1$ 的影响。综合考虑各约束条件，对 $E\pi_1(\alpha,k)$ 中其他参数进行赋值，$d=1000$；$g_2=8$；$g_1=5$；$\beta=0.8$；$c_1=100$；$c_2=120$；$\lambda=20$；$\theta=5$；$\rho=20$；运用 Mathematica 进行数值分析画图，得到图 3.2。

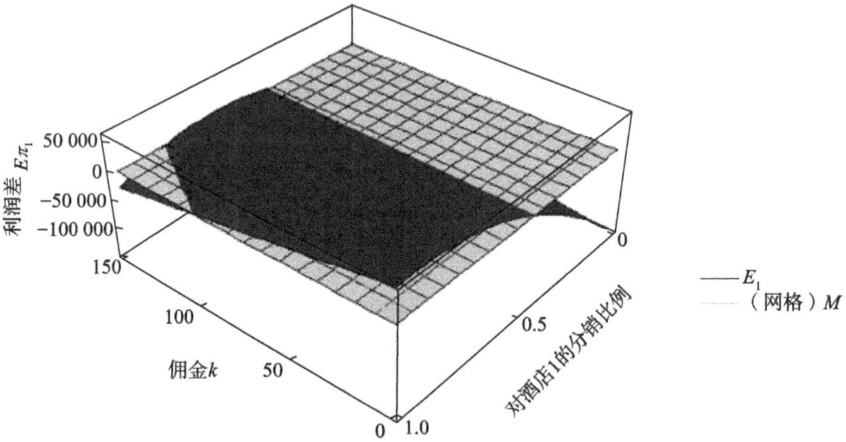

图 3.2 α、k 对 $E\pi_1$ 产生的影响

观察图 3.2，横坐标代表佣金 k 以及 OTA 对酒店 1 的分销比例 α，纵坐标代表酒店 1 加入 OTA 与不加入 OTA 的利润差 $E\pi_1$。M 平面代表 $E\pi_1=0$ 的平面，因此当 $E\pi_1>M$ 时，酒店 1 愿意加入 OTA 进行分销，当 $E\pi_1<M$ 时，酒店 1 只会进行线下销售。由图 3.2 可知，在两种情形下，酒店 1 不会在 OTA 平台进行分销。第一种，当 α 小于某个阈值时，即 $E\pi_1<M$，此时酒店不会在 OTA 平台进行分销。第二种，当 OTA 收取高额佣金且 OTA 的销售比例较高时，酒店 1 也不会与 OTA 合作。只有当 α 处于高比例且 OTA 取值适中时，酒店 1 才会选择与 OTA 平台合作。

当绿色酒店进行线上分销渠道选择时，会评估 OTA 平台给酒店带来的客流量，并倾向选择分销能力强的平台，但是自带大流量的 OTA 通常处于强势地位，会使用佣金收费或是批发模式等手段对酒店进行利润瓜分。绿色酒店属于自带地理劣势的服务供应商，通常需要通过 OTA 的大流量进行分销。因此，对于绿色酒店，在选择 OTA 合作时，需要综合评估平台的佣金和流量分销功能，与 OTA 签订合理的佣金协议或价格协议尤为重要。

3.6 数值仿真分析

3.6.1 价格竞争系数分析

由推论 3.1 可得知，价格竞争系数 θ 与绿色服务水平 g_1、g_2 之间存在一定相互影响的关系，酒店 1 和酒店 2 绿色服务水平的变化能够对酒店 1 和酒店 2 的价格决策产生影响。本小节旨在利用数值仿真分析价格竞争系数θ在不同的g_1、g_2取值下对酒店 1 和酒店 2 价格决策的影响，以及对 OTA、酒店 1 和酒店 2 利润的影响。首先对除了θ、g_1、g_2以外的参数进行赋值，令$d=1000$；$\alpha=0.6$；$\beta=0.6$；$c_1=100$；$c_2=100$；$\lambda=20$；$k=50$；$\rho=20$。由于本节的研究重点为绿色服务水平和价格竞争系数，故设定酒店 1 和酒店 2 成本、分销比例相等。设定θ的取值范围为$\theta\in[0,20]$。由于g_1、g_2所取值的大小不同，可分为三种情况对比，分别是$g_1>g_2$、$g_1<g_2$和$g_1=g_2$。将参数代入式（3.3）和式（3.4）中的求解结果，在三种情况下分别通过数学软件 Mathematica 对价格竞争系数、价格和利润进行模拟变化，画出图 3.3 和图 3.4。接下来分别对三种情形下的数值分析做探讨。

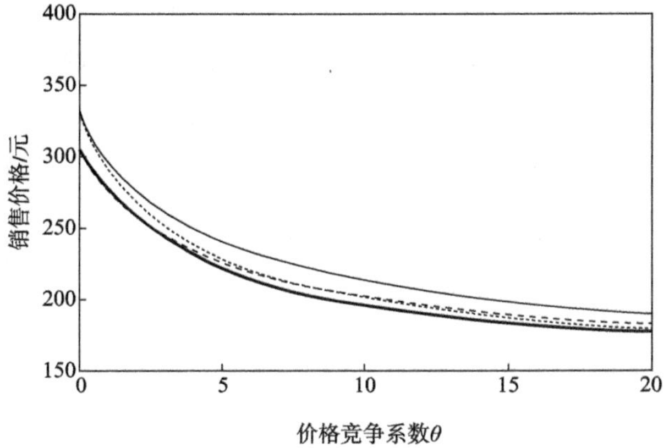

（a）$g_1>g_2$

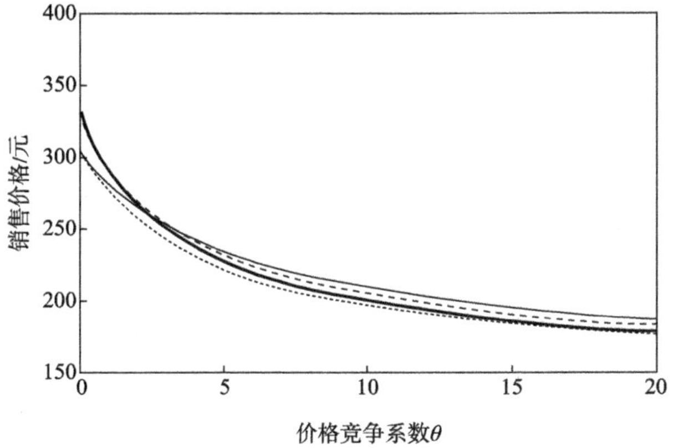

（b）$g_1<g_2$

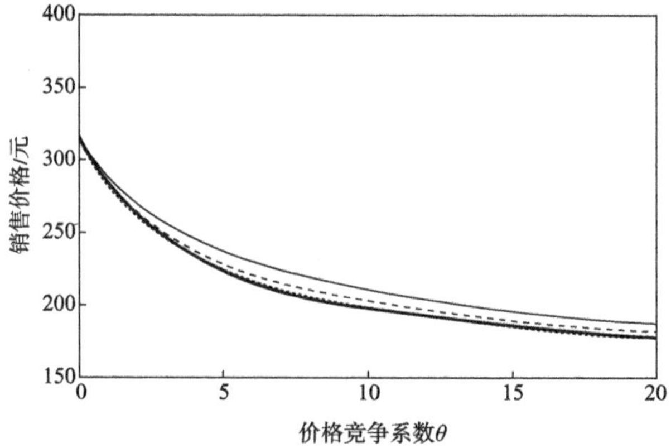

（c） $g_1 = g_2$

— p_1^s - - - p_2^s ······ p_1^n ━ p_2^n

图 3.3　价格竞争系数对酒店 1 和酒店 2 销售价格的影响

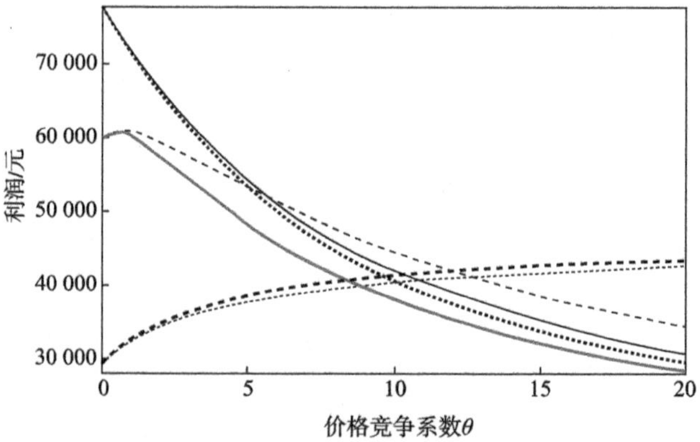

（a） $g_1 > g_2$

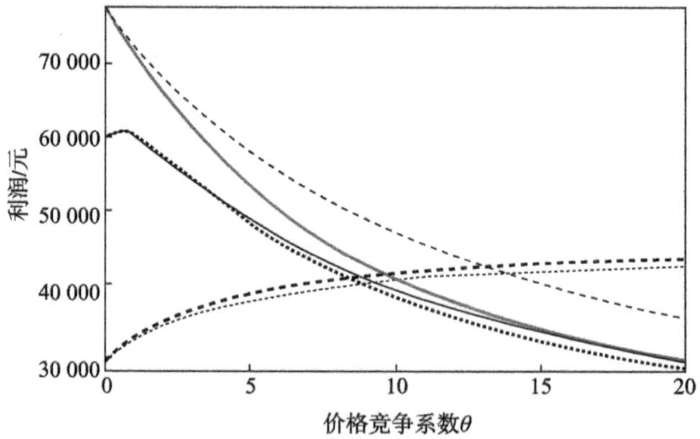

（b） $g_1 < g_2$

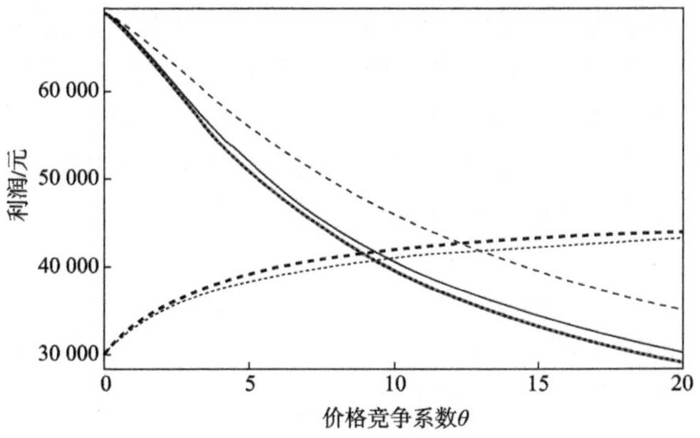

（c）$g_1 = g_2$

—— π_1^s　- - - π_2^s　······ π_{OTA}^s　······ π_1^n　—— π_2^n　- - - π_{OTA}^n

图 3.4　价格竞争系数对 OTA、酒店 1 和酒店 2 利润的影响

（1）观察图 3.3（a）与图 3.4（a），在 $g_1 > g_2$ 的情形下，随着价格竞争系数 θ 增大，p_1^s、p_2^s、p_1^n、p_2^n 均为降低趋势，并且降低的趋势先快后慢。在斯塔克尔伯格博弈模式和纳什博弈模式下，酒店 1 的价格均大于酒店 2 的价格，即 $p_1^s > p_2^s$，$p_1^n > p_2^n$。随着 θ 增大，在酒店 1 主导的斯塔克尔伯格博弈模式下酒店 1 和酒店 2 的价格差先增大后减小，在某个临界值时，差距最大。随着 θ 增大，在纳什博弈模式下，酒店 1 和酒店 2 的价格差逐渐减小。当 θ 较小时，$p_1^s > p_1^n > p_2^s > p_2^n$，当 θ 增大到某一值时，$p_1^s > p_2^s > p_1^n > p_2^n$，因此 θ 增大对纳什博弈模式下酒店 1 的价格决策影响最大。当 θ 较小时，$p_1^n > p_2^s$；随着价格竞争系数增大，$p_1^n < p_2^s$。

观察各主体利润变化趋势，在斯塔克尔伯格博弈模式下，随着价格竞争系数增大，酒店 1 和酒店 2 的利润都呈现下降趋势，OTA 利润呈现上升趋势。当价格竞争系数 θ 小于某一临界值时，在酒店 1 主导的斯塔克尔伯格博弈模式下，酒店 2 的利润小于酒店 1 的利润。当 θ 大于某一临界值时，酒店 2 的利润高于酒店 1 的利润。因此，在斯塔克尔伯格博弈模式下酒店 1 受到价格竞争系数的影响更大。在纳什博弈模式下，酒店 1 利润呈现下降趋势，OTA 利润呈现上升趋势，酒店 2 的利润呈现先上升后下降趋势，并且酒店 1 的利润始终大于酒店 2 的利润。观察整体发现在纳什博弈模式下，酒店 1 利润下降趋势最快，这一发现与其价格决策受影响最大有关。另外可发现，在纳什均衡模式下，OTA 获得的利润高于在斯塔克尔伯格博弈模式下。酒店 1 和酒店 2 在斯塔克尔伯格博弈模式下获得的利润高于在纳什博弈模式下获得的利润。

从图 3.3（a）与图 3.4（a）中可以得到一些管理学启示，当酒店 1 绿色服务水平高于酒店 2 时，随着消费者对价格比较的敏感性增强，在两种主导权力模式下，酒店 1 和酒店 2 都选择降低价格吸引消费者，而此时绿色酒店的利润下降，OTA 的利润升高。因此，从 OTA 的角度分析，在酒店与 OTA 签署价格一致协议的情况下，OTA 平台通过对酒店价格公开透明的展示，利用消费者价格差异敏感的心理，影响消费者的选择，从而造成两个酒店之间的价格竞争，以达到获取利润的目的。

从酒店 1 和酒店 2 的角度分析，当酒店 1 的绿色服务水平高于酒店 2 时，酒店 1 对产品投入的成本必定大于酒店 2。在酒店 1 主导的斯塔克尔伯格博弈模式下，随着消费者对酒店间价格差异的敏感性增强，酒店 2 作为跟随者，且投入绿色成本更少，具有一定优势，最后酒店 2 的利润超过酒店 1 的利润。因此，对于同一 OTA 平台的两个主导权力不同的绿色酒店，在消费者对价格差异十分敏感时，绿色服务水平低的酒店更具有优势。

（2）观察图 3.3（b）和图 3.4（b），当 $g_1 < g_2$ 时，酒店 2 需要付出更多的绿色投入成本。在斯塔克尔伯格博弈模式下，当 θ 处于某个临界值以下时，酒店 1 的价格低于酒店 2 的价格，但是当 θ 处于某个临界值以上时，酒店 1 的价格高于酒店 2 的价格。在纳什博弈模式下，酒店 1 的价格始终低于酒店 2 的价格。观察当 $g_1 < g_2$ 时各主体的利润趋势，可得 $\pi_2^s > \pi_2^n > \pi_1^s > \pi_1^n$，OTA 在纳什博弈模式下的利润始终大于在斯塔克尔伯格博弈模式下的利润。

由上述观察可得一些管理学启示，两个绿色服务水平有所差异的绿色酒店，在主导权力差异的情况下，若跟随者的绿色服务水平更高，则具有一定优势。因此对于长期占领市场主导地位的酒店，积极地投入绿色服务，提高产品品质，才能应对竞争对手，而不能一味地进行价格战，从而流失绿色偏好的消费者。作为跟随者的绿色酒店应当更加注重引入绿色技术，才能快速占领市场份额，吸引有环保酒店偏好的消费者。

（3）观察图 3.3（c）和图 3.4（c），当 $g_1 = g_2$ 时，比较酒店 1 和酒店 2 的价格和利润，在酒店 1 主导的斯塔克尔伯格博弈模式下酒店 1 的价格高于酒店 2 的价格，酒店 1 的利润也高于酒店 2 的利润；在纳什博弈模式下，酒店 1 和酒店 2 定价和利润都趋于一致。纵向比较，在斯塔克尔伯格博弈模式下酒店 1 和酒店 2 的利润和价格均高于在纳什博弈模式下。

由此得到管理学启示，从酒店角度考虑，当绿色酒店与竞争对手的绿色服务水平无差异时，在 OTA 平台进行绿色酒店品牌引入时，酒店应该尽量减少和处于权力主导地位的品牌同时入驻，即绿色酒店选择同质化比较高的 OTA 平台有一定优势。

综合上述（1）、（2）、（3）所得出的结论，在主导权力不同的绿色酒店市场上，若绿色酒店非市场的主导者且无较高绿色服务水平，应该选择在消费者对价格差异较为敏感时加入 OTA 平台。对于非主导者而有较高绿色服务水平的绿色酒店，不论消费者对价格差异的敏感性强弱，都处于优势地位。相反地，对于处于主导地位的绿色酒店，若该绿色酒店有较高绿色服务水平，只有在消费者对价格差异敏感性较弱时，具有一定优势。对于无较高绿色服务水平且处于主导地位的酒店，随着消费者价格差异敏感性增强，劣势会更加明显，故长期处于市场主导地位的许多传统酒店或者绿色服务水平较低的酒店应该积极加入绿色酒店市场，进行绿色技术引入，否则会流失环保偏好的消费者。

从 OTA 的角度考虑，应当加强各个酒店价格信息对线上消费者的暴露，如加强推荐算法技术，获取消费者的酒店绿色服务水平偏好，投放多个同类酒店的定向推荐，从而加强消费者对于各类酒店之间的价格差异的认知，以此提升线上消费者的价格差异敏感度。随着消费者的价格差异敏感度的提高，各酒店会加强价格竞争，形成低价价格战竞争，从而 OTA 能够获得更高的利润。

3.6.2　绿色服务水平竞争系数分析

本小节旨在分析在不同的绿色服务水平下，随着绿色服务水平竞争系数的增大，酒店 1 和酒店 2 如何进行价格决策，各自的利润又如何变化。酒店 1 和酒店 2 进行绿色服务水平竞争可分为两种情形：① $g_1 > g_2$；② $g_1 < g_2$。对除了 g_1、g_2 和 ρ 以外的参数进行赋值，令 $d = 1000$；$\alpha = 0.6$；$\beta = 0.6$；$c_1 = 100$；$c_2 = 100$；$\lambda = 20$；$k = 50$；$\theta = 20$，将各参数赋值输入软件进行模拟，得到图 3.5 和图 3.6。接下来将分两种情况对酒店 1、酒店 2 和 OTA 利润、价格进行比较分析。

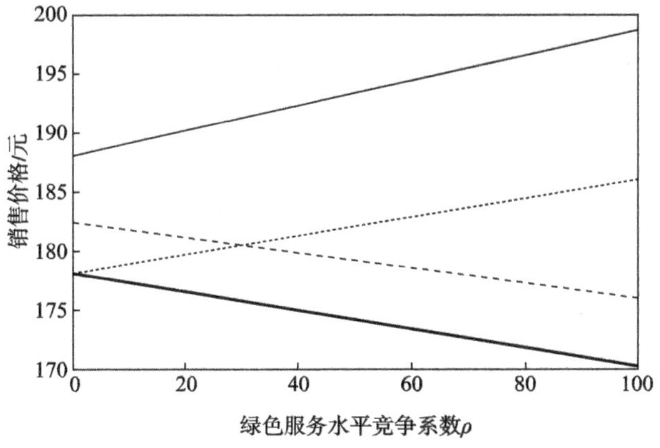

（a）$g_1 > g_2$

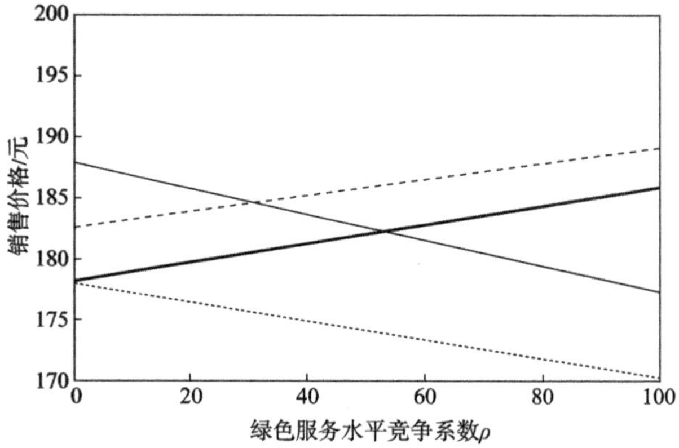

（b） $g_1 < g_2$

— p_1^s - - - p_2^s ······ p_1^n ━ p_2^n

图 3.5 绿色服务水平竞争系数对酒店 1 和酒店 2 销售价格的影响

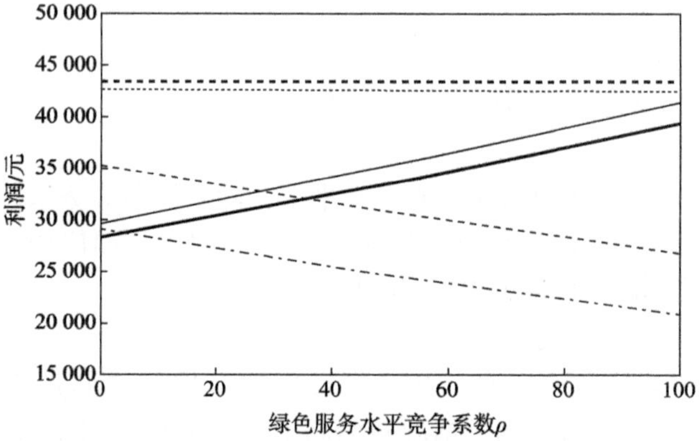

（a） $g_1 > g_2$

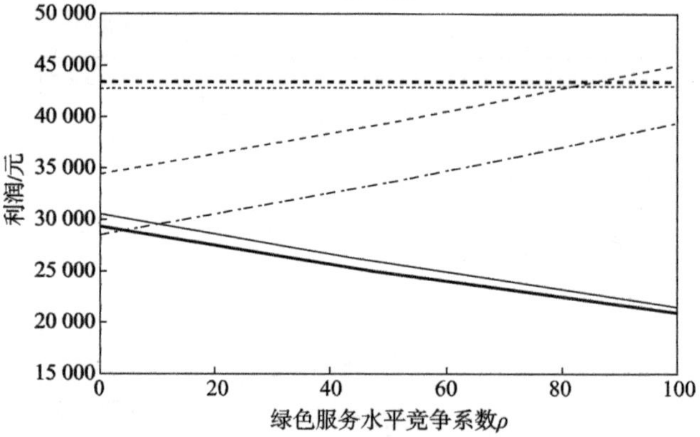

（b） $g_1 < g_2$

— π_1^s - - - π_2^s ······ π_{OTA}^s ━ π_1^n -·- π_2^n ━ ━ π_{OTA}^n

图 3.6 绿色服务水平竞争系数对 OTA、酒店 1 和酒店 2 利润的影响

（1）由图3.5（a）和图3.6（a）可知，当$g_1 > g_2$时，酒店1的绿色服务水平高于酒店2，酒店1的绿色服务水平投入成本更高。因此在两种模式下，酒店1的价格均高于酒店2的价格。当绿色酒店服务水平竞争系数逐渐增大时，酒店1的价格也上升，但是酒店2的价格为下降趋势。因为酒店1的绿色服务水平提高从而导致酒店1的投入成本增加，进而对价格产生影响。同时，由于酒店2的绿色服务水平低于酒店1，酒店2只能依靠降低价格来实现需求量的增加，故酒店2的价格呈下降趋势。

进一步分析当$g_1 > g_2$时各主体的利润趋势。与价格变化趋势相同，在两种主导权力模式下，酒店1的利润呈上升趋势，酒店2的利润呈下降趋势，并且都出现了交点。当绿色服务水平竞争系数小于交点ρ^n时，在纳什博弈模式下，酒店2的利润高于酒店1的利润，此时酒店2具有一定优势。当绿色服务水平竞争系数大于交点ρ^n时，酒店1的利润高于酒店2的利润。在斯塔克尔伯格博弈模式下，当绿色服务水平竞争系数小于交点ρ^s时，酒店2的利润大于酒店1利润；当绿色服务水平竞争系数大于交点ρ^s时，酒店1的利润高于酒店2的利润。观察图可知$\rho^n < \rho^s$。说明当酒店1的绿色服务水平高于酒店2时，在两种主导权力模式下，当绿色服务水平竞争系数较小时，绿色服务水平较低的酒店2具有优势；但是随着绿色服务水平竞争系数增大，酒店1具有明显优势。$\rho^n < \rho^s$说明在纳什均衡的模式下，酒店2与酒店1的利润差更早出现两极分化。由于本小节中对于价格竞争系数θ的赋值较大，故OTA的利润大于酒店1和酒店2的利润。

（2）由图3.5（b）和图3.6（b）可知，当$g_1 < g_2$时，酒店1和酒店2与（1）中变化趋势完全相反，酒店1的价格呈下降趋势，酒店2的价格呈上升趋势。（1）中的区别在于处于主导地位的酒店1在斯塔克尔伯格博弈模式中，价格下降得更为明显，且当$g_1 < g_2$时，绿色酒店市场的价格均价明显低于当$g_1 > g_2$时绿色酒店市场的价格均价。

进一步观察当$g_1 < g_2$时的利润趋势变化。酒店1和酒店2的利润变化趋势与$g_1 > g_2$时相反。在酒店1主导的斯塔克尔伯格博弈模式下，酒店1和酒店2的利润没有出现交点，直接呈现两极分化的趋势。在纳什博弈模式下的交点分析同（1）中分析。

由（1）和（2）的分析可得出一些管理学启示。对于OTA来说，酒店之间的绿色服务水平竞争，不会带来自身利润的提高。因此，OTA更需要注重消费者对于价格差异的敏感度。对于绿色酒店来说，当市场中绿色服务水平竞争较小，即消费者对于绿色酒店之间的服务水平差异不敏感时，绿色服务水平较低的酒店具有优势。在主导权力具有差异的斯塔克尔伯格博弈模式中，若酒店作为跟随者，则更具有优势。占领市场主导地位的绿色酒店应该对绿色技术进行积极投入，以此带领这个绿色酒店市场价格的提升，提高各主体收益。对于政府来说，只有提高全民的绿色旅游意识，加强对绿色酒店的宣传和等级划分，才能让消费者更好地了解绿色酒店的绿色服务水平。

3.7 本 章 小 结

本章探讨了两个酒店通过 OTA 形成竞争的价格决策问题，研究了两个酒店和一个 OTA 的旅游服务供应链，通过模型求解和分析研究了普通酒店和绿色酒店竞争环境下的价格决策及两个绿色酒店在竞争环境下的价格决策。最后运用数值分析对两个绿色服务水平差异化的酒店进行分析，模拟在参数变化下两个绿色酒店的价格决策变化。

本章的主要研究结果如下：①建立了两个有一定距离的酒店通过 OTA 竞争的模型，求解了普通酒店和绿色酒店通过 OTA 进行竞争的价格决策，以及分别在斯塔克尔伯格博弈模式和纳什博弈模式下两个绿色酒店竞争的价格决策。②本章将绿色酒店绿色服务水平作为外生变量建立模型，分析了在两种主导权力的模式下，酒店 1 和酒店 2 的绿色服务水平变化对价格决策产生的影响。研究发现，当一方绿色酒店绿色服务水平升高时，其价格也会升高；但是另一方的价格决策受到绿色服务水平竞争系数的影响。因此酒店管理者面对竞争对手绿色服务水平提高，在进行价格促销的时候需要综合考虑消费者对于绿色服务水平差异的敏感性。③绿色酒店加入 OTA 进行分销，受到 OTA 分销能力和佣金的影响，通过运用数值分析具体地对佣金和分销能力如何影响绿色酒店利润进行了模拟分析。④在数值分析部分除了对酒店加入 OTA 条件进行分析外，也对价格竞争系数和绿色服务水平系数进行了数值分析。

3.8 本 章 附 录

1. 推论 3.1 证明

证明： $\dfrac{\partial p_2^*}{\partial g}=\dfrac{4+2\theta+4\rho+\theta\rho}{16+16\theta+3\theta^2}>0$。

$\frac{\partial p_1^*}{\partial g}=\frac{\theta-4\rho-\theta\rho}{16+16\theta+3\theta^2}$，若 $\frac{\partial p_1^*}{\partial g}>0$，则 $\theta-4\rho-\theta\rho>0$，则 $\rho<\frac{2\theta}{4+\theta}$，由于 $\rho>0$，则 $\frac{\partial p_1^*}{\partial g}>0$ 需满足 $0<\rho<\frac{2\theta}{4+\theta}$；反之，若 $\frac{\partial p_1^*}{\partial g}<0$，则需满足 $\rho>\frac{2\theta}{4+\theta}$。

2. 命题 3.1 证明

证明： 在斯塔克尔伯格博弈模式下，酒店 1 和酒店 2 的博弈分为两个阶段。第一阶段为酒店 1 通过 OTA 平台进行绿色酒店销售，酒店 1 需要进行价格决策。第二阶段为酒店 2 通过观察酒店 1 的销售价格进行酒店 2 价格的决策。

根据逆向求解原则，考虑酒店 2 的销售价格决策过程。考虑式（3.5）中酒店 2 的利润 π_2。对 π_2 求关于 p_2 的二阶导数，得到 $\frac{\partial \pi_2^2}{\partial p_2^2}=-2(2+\theta)<0$，所以 π_2 是关于 p_2 的凹函数。计算 π_2 关于 p_2 的一阶导数并令方程等于 0，综合考虑凹函数的性质，所得 p_2 为 π_2 的极大值点。因此可得到 p_2 关于 p_1 的反应函数为

$$p_2^{s*}(p_1)=\frac{d+k+k\theta+(2+\theta)c_2-\rho g_1+2g_2+\rho g_2+\theta p_1}{2(2+\theta)} \tag{A.3.1}$$

第二阶段将考虑酒店 1 的价格决策，将计算结果式（A.3.1）代入式（3.4）可得到 π_1 关于 p_1 的反应函数 $\pi_1^{*s}(p_1)$。对 $\pi_1^{*s}(p_1)$ 求解关于 p_1 的二阶导数，得到 $\frac{\partial^2\pi_1^{*s}(p_1)}{\partial p_1^2}=-\frac{8+8\theta+\theta^2}{2+\theta}<0$。因此 $\pi_1^{*s}(p_1)$ 是关于 p_1 的凹函数。计算其一阶导数，并令 $\frac{\partial \pi_{I2}^*(g_1,g_2)}{\partial g_2}=0$，所得 p_1^{s*} 为 $\pi_1^{*s}(p_1)$ 的极大值点。

$$p_1^{s*}=\frac{1}{2(8+8\theta+\theta^2)}\begin{pmatrix}4d+4k+3d\theta+7k\theta+2k\theta^2+(8+8\theta+\theta^2)c_1+\theta(2+\theta)c_2\\+8g_1+4\theta g_1+4\rho g_1+\theta\rho g_1+2\theta g_2-4\rho g_2-\theta\rho g_2\end{pmatrix} \tag{A.3.2}$$

将式（A.3.2）代入式（A.3.1），得到 p_2 的最优解 p_2^{s*}。

$$p_2^{s*}=\frac{1}{2(2+\theta)}\left(\begin{array}{l}d+k+k\theta+(2+\theta)c_2-\rho g_1+2g_2+\rho g_2+1/\left(2(8+8\theta+\theta^2)\right)\\ \theta\begin{pmatrix}4d+4k+3d\theta+7k\theta+2k\theta^2+(8+8\theta+\theta^2)c_1+\theta(2+\theta)c_2+8g_1\\+4\theta g_1+4\rho g_1+\theta\rho g_1+2\theta g_2-4\rho g_2-\theta\rho g_2\end{pmatrix}\end{array}\right) \tag{A.3.3}$$

当 p_1、p_2 分别取值为 p_1^{s*} 和 p_2^{s*} 时，酒店 1 和酒店 2 均能达到最大利润 π_{OTA}^{s*}、π_1^{*s} 和 π_2^{*s}。

3. 推论 3.2 证明

证明： $\frac{\partial p_1^{s*}}{\partial g_1}=\frac{4(2+\rho)+\theta(4+\rho)}{2(8+8\theta+\theta^2)}>0$，$\frac{\partial p_2^{s*}}{\partial g_1}=-\frac{16\rho+12\rho\theta+\rho\theta^2-4\theta^2-8\theta}{4(8+8\theta+\theta^2)(2+\theta)}$，若 $\frac{\partial p_2^{n*}}{\partial g_1}<0$，则 $16\rho+12\rho\theta+\rho\theta^2-4\theta^2-8\theta>0$，化简得到 $\rho>\frac{4\theta^2+8\theta}{16+12\theta+\theta^2}$；反之，若 $\frac{\partial p_2^{n*}}{\partial g_1}>0$，则需满足 $\rho<\frac{4\theta^2+8\theta}{16+12\theta+\theta^2}$。经计算得 $\theta-\frac{4\theta^2+8\theta}{16+12\theta+\theta^2}=\frac{\theta(8+8\theta+\theta^2)}{16+12\theta+\theta^2}>0$，又因为 $\rho>0$，因此满足 $0<\rho<\frac{4\theta^2+8\theta}{16+12\theta+\theta^2}<\theta$。令 $\rho^{s1}(\theta)=\frac{4\theta^2+8\theta}{16+12\theta+\theta^2}$，则满足 $0<\rho<\rho^{s1}(\theta)<\theta$。

对酒店 2 的定价求关于酒店 2 绿色服务水平的一阶导数，计算化简得 $\frac{\partial p_2^{s*}}{\partial g_2}=\frac{16(2+\rho)+\theta^2(6+\rho)+4\theta(8+3\rho)}{4(2+\theta)(8+8\theta+\theta^2)}$，可判断 $\frac{\partial p_2^{s*}}{\partial g_2}>0$。$\frac{\partial p_1^{s*}}{\partial g_2}=-\frac{\theta(\rho-2)+4\rho}{2(8+8\theta+\theta^2)}$，若 $\frac{\partial p_1^{s*}}{\partial g_2}>0$，则需满足 $\theta(\rho-2)+4\rho<0$，化简得 $\rho<\frac{2\theta}{4+\theta}$。反之，若 $\frac{\partial p_1^{s*}}{\partial g_2}<0$，则需满足 $\rho>\frac{2\theta}{4+\theta}$。令 $\rho^{s2}(\theta)=\frac{2\theta}{4+\theta}$，可得命题 3.1 证明中的结论。

4. 推论 3.3 证明

证明： 计算 p_1^{s*} 关于 ρ 的一阶导数，得 $\frac{\partial p_1^{s*}}{\partial \rho}=\frac{(4+\theta)(g_1-g_2)}{2(8+8\theta+\theta^2)}$。若 $\frac{\partial p_1^{s*}}{\partial \rho}>0$，则 $\frac{(4+\theta)(g_1-g_2)}{2(8+8\theta+\theta^2)}>0$，需满足 $g_1>g_2$；反之，若 $\frac{\partial p_1^{s*}}{\partial \rho}<0$，则需满足 $\frac{(4+\theta)(g_1-g_2)}{2(8+8\theta+\theta^2)}<0$，即 $g_1<g_2$。

计算 p_2^{s*} 关于 ρ 的一阶导数，得 $\frac{\partial p_2^{s*}}{\partial \rho}=-\frac{(16+12\theta+\theta^2)(g_1-g_2)}{4(2+\theta)(8+8\theta+\theta^2)}$。若 $\frac{\partial p_2^{s*}}{\partial \rho}>0$，则需满足 $-\frac{(16+12\theta+\theta^2)(g_1-g_2)}{4(2+\theta)(8+8\theta+\theta^2)}>0$，即 $g_1-g_2<0$，$g_1<g_2$。若

$\frac{\partial p_2^{s*}}{\partial \rho}<0$，则 $-\frac{\left(16+12\theta+\theta^2\right)\left(g_1-g_2\right)}{4\left(2+\theta\right)\left(8+8\theta+\theta^2\right)}<0$，需满足 $g_1>g_2$。

综上所述，当 $g_1>g_2$ 时，$\frac{\partial p_1^{s*}}{\partial \rho}>0$，$\frac{\partial p_2^{s*}}{\partial \rho}<0$；当 $g_1<g_2$ 时，$\frac{\partial p_1^{s*}}{\partial \rho}<0$，$\frac{\partial p_2^{s*}}{\partial \rho}>0$。

5. 命题 3.2 证明

证明：在纳什博弈模式下，酒店 1 和酒店 2 同时进行价格决策，无先后顺序。根据求解原则，直接求解 π_1^n、π_2^n 分别关于 p_1、p_2 的最优解。对 π_1^n 求解关于 p_1 的二阶导数，得到 $\frac{\partial^2 \pi_1^n}{\partial^2 p_1}=-2\left(2+\theta\right)<0$，因此 π_1^n 是关于 p_1 的凹函数，求解 π_1^n 关于 p_1 的一阶导数并令其等于 0，得到 $p_1^{n*}\left(p_2\right)$，根据凹函数的性质可得 $p_1^{n*}\left(p_2\right)$ 为 π_1^n 的极大值点。

对 π_2^n 求解关于 p_2 的二阶导数，得到 $\frac{\partial^2 \pi_2^n}{\partial^2 p_2}=-2\left(2+\theta\right)<0$，因此 π_2^n 是关于 p_2 的凹函数，同理可得到 $p_2^{n*}\left(p_1\right)$，根据凹函数的性质可得 $p_2^{n*}\left(p_1\right)$ 为 π_1^n 的极大值点。

对 $p_2^{n*}\left(p_1\right)$ 和 $p_2^{n*}\left(p_1\right)$ 联列方程求解，可得最优解 p_1^{n*} 和 p_2^{n*}。

$$p_1^{n*}=\frac{1}{16+16\theta+3\theta^2}\begin{pmatrix}4d+4k+3d\theta+7k\theta+3k\theta^2+2\left(2+\theta\right)^2c_1+\theta\left(2+\theta\right)c_2\\+8g_1+4\theta g_1+4\rho g_1+\theta\rho g_1+2\theta g_2-4\rho g_2-\theta\rho g_2\end{pmatrix} \tag{A.3.4}$$

$$p_2^{n*}=\frac{1}{16+16\theta+3\theta^2}\begin{pmatrix}4d+4k+3d\theta+7k\theta+3k\theta^2+\theta\left(2+\theta\right)c_1+2\left(2+\theta\right)^2c_2\\+2\theta g_1-4\rho g_1-\theta\rho g_1+8g_2+4\theta g_2+4\rho g_2+\theta\rho g_2\end{pmatrix} \tag{A.3.5}$$

将计算结果式（A.3.4）和式（A.3.5）代入式（3.5）~式（3.7），得到最优解 π_1^{*n}、π_2^{*n} 和 π_{OTA}^{*n}。在最优解为 p_1^{n*}、p_2^{n*} 的价格决策下，酒店 1、酒店 2 和 OTA 的利润能够取得最优值 π_1^{*n}、π_2^{*n} 和 π_{OTA}^{*n}。

6. 推论 3.4 证明

证明：由于在纳什博弈模式下酒店 1 和酒店 2 同时决策价格，故两者无本质上的差别，以下面两种情况为例。

当$c_1 > c_2$且$g_1 > g_2$时，$p_1^{n*} - p_2^{n*} = \dfrac{(2+\theta)(c_1-c_2)+2(1+\rho)(g_1-g_2)}{4+3\theta}$，可判断$(2+\theta)(c_1-c_2)+2(1+\rho)(g_1-g_2)>0$，因此，$p_1^{n*} > p_2^{n*}$。

当$c_1 > c_2$且$g_1 < g_2$时，$p_1^{n*} - p_2^{n*} = \dfrac{(2+\theta)(c_1-c_2)+2(1+\rho)(g_1-g_2)}{4+3\theta}$，经计算只有当$\rho < \dfrac{(c_1-c_2)(2+\theta)}{2(g_2-g_1)} - 1$时，才满足$(2+\theta)(c_1-c_2)+2(1+\rho)(g_1-g_2)>0$，即$p_1^{n*} - p_2^{n*} > 0$。因此可得结论，当$\rho < \dfrac{(c_1-c_2)(2+\theta)}{2(g_2-g_1)} - 1$时，$p_1^{n*} > p_2^{n*}$；反之，当$\rho > \dfrac{(c_1-c_2)(2+\theta)}{2(g_2-g_1)} - 1$时，$p_1^{n*} < p_2^{n*}$。

7. 推论 3.5 证明

证明： $\dfrac{\partial p_1^{n*}}{\partial g_1} = \dfrac{8+4\theta+4\rho+\theta\rho}{16+16\theta+3\theta^2} > 0$，$\dfrac{\partial p_2^{n*}}{\partial g_1} = -\dfrac{\theta(\rho-2)+4\rho}{16+16\theta+3\theta^2}$，若$\dfrac{\partial p_2^{n*}}{\partial g_1} < 0$，则$\theta(\rho-2)+4\rho>0$，化简得到$\rho > \dfrac{2\theta}{4+\theta}$；若$\dfrac{\partial p_2^{n*}}{\partial g_1} > 0$，则$\theta(\rho-2)+4\rho<0$，化简得$\rho < \dfrac{2\theta}{4+\theta}$，$\theta - \dfrac{2\theta}{4+\theta} = \dfrac{\theta^2+2\theta}{4+\theta} > 0$，因此$\theta > \dfrac{2\theta}{4+\theta}$；又由于$\rho>0$，进一步得到$0 < \rho < \dfrac{2\theta}{4+\theta} < \theta$。$\rho^{n1}(\theta) = \dfrac{2\theta}{4+\theta}$。

$\dfrac{\partial p_2^{n*}}{\partial g_2} = \dfrac{8+4\theta+4\rho+\theta\rho}{16+16\theta+3\theta^2} > 0$，$\dfrac{\partial p_1^{n*}}{\partial g_2} = -\dfrac{\theta(\rho-2)+4\rho}{16+16\theta+3\theta^2}$。证明过程同上，得$\rho^{n2}(\theta) = \dfrac{2\theta}{4+\theta}$，因此$\rho^{n1}(\theta) = \rho^{n2}(\theta)$。

8. 推论 3.6 证明

证明： 结合推论 3.2 中计算的$\rho^{s1}(\theta)$和$\rho^{s2}(\theta)$，计算$\rho^{s1}(\theta) - \rho^{n1}(\theta)$，化简得$\rho^{s1}(\theta) - \rho^{n1}(\theta) = \dfrac{2\theta^3}{64+64\theta+16\theta^2+\theta^3}$，因此$\rho^{s}(\theta) > \rho^{n}(\theta)$成立，$\rho^{s2}(\theta) = \rho^{n2}(\theta) = \dfrac{2\theta}{4+\theta}$。

9. 推论 3.7 证明

证明： $\dfrac{\partial p_1^{n*}}{\partial k} = \dfrac{1+\theta}{4+\theta}$，$\dfrac{\partial p_1^{s*}}{\partial k} = \dfrac{1+\theta}{4+\theta}$，因此$\dfrac{\partial p_1^{n*}}{\partial k} = \dfrac{\partial p_2^{n*}}{\partial k} > 0$成立。$\dfrac{\partial p_1^{s*}}{\partial k} =$

$\frac{4+7\theta+2\theta^2}{2\left(8+8\theta+\theta^2\right)}$，$\frac{\partial p_2^{s*}}{\partial k}=\frac{16+36\theta+25\theta^2+4\theta^3}{4(2+\theta)\left(8+8\theta+\theta^2\right)}$，$\frac{\partial p_2^{s*}}{\partial k}-\frac{\partial p_1^{s*}}{\partial k}=\frac{3\theta^2}{4(2+\theta)\left(8+8\theta+\theta^2\right)}>0$，因此$0<\frac{\partial p_1^{s*}}{\partial k}<\frac{\partial p_2^{s*}}{\partial k}$成立。

由上面的求解结果可进行计算，$\frac{\partial p_1^{n*}}{\partial k}-\frac{\partial p_1^{s*}}{\partial k}=\frac{3\theta^2}{2(4+\theta)\left(8+8\theta+\theta^2\right)}>0$，因此$\frac{\partial p_1^{n*}}{\partial k}>\frac{\partial p_1^{s*}}{\partial k}$。$\frac{\partial p_2^{n*}}{\partial k}-\frac{\partial p_2^{s*}}{\partial k}=\frac{3\theta^3}{4(2+\theta)(4+\theta)\left(8+8\theta+\theta^2\right)}>0$，因此$\frac{\partial p_2^{n*}}{\partial k}>\frac{\partial p_2^{s*}}{\partial k}>0$。

第4章　在线旅游服务供应链服务质量与广告宣传的微分博弈分析

4.1 概　　述

随着互联网技术和旅游行业的快速发展，旅游产品信息的获取越来越便捷，在线旅游越来越受到大众的欢迎。不断扩大的市场规模与人们日益变化的旅游需求促使各大OTA平台更好地发展并在在线旅游服务供应链中发挥越来越重要的作用。对于以服务体验为基础的旅游业来说，OTA作为行业内的一员也越来越重视自己的服务质量。Wilkins等（2007）得出结论，酒店服务质量包括物理产品因素（如时尚舒适度、房间质量、附加服务）和服务体验因素（如优质员工、快速服务和个性化）。在线服务包括网站设计（Hahn et al.，2017）和界面互动（Ku and Chen，2015）。这些服务可以通过互动和反馈影响客户感知的服务质量。同时，先前的研究表明感知价值呈现出动态性（Eid，2015；Tsai et al.，2015）。面对不断变化的顾客满意度，旅游服务供应链中的企业应该采取持续的服务改进措施。因此，在静态和短期情况下考虑顾客感知质量的传统模型在现实中并不适用。

除了感知服务质量外，品牌形象在需求中也起着关键作用。研究人员已经认识到，品牌资产是品牌与相关客户之间长期互动的结果（Davcik et al.，2015）。品牌价值在酒店业中至关重要，它可以通过长期营销策略极大地影响消费者行为（Xu and Chan，2010）。在O2O旅游中，当客户浏览其网站时，酒店可以通过虚拟互动建立并保持强大的品牌价值。因此，该平台的在线广告有助于打造酒店品牌。Liu和Mattila（2017）还证明，线上动态广告对于打造好品牌至关重要，因为消费者在购买服务时越来越依赖社交媒体。事实上，越来越多的广告支出投资于服务业，广告合作计划已被证明是酒店业推广业务和充分利用所有可用成本节约机会的重要工具。受到现实商业问题的启发，我们构建了品牌形象的函数，并进一步研究了在线旅游服务供应链中的广告合作模式。

Jena 和 Meena（2019）指出，市场需求始终对价格和服务敏感。因此，感知质量、品牌形象和价格将共同影响客户需求。在此背景下，本章研究了由一个 TS 和一个 OTA 组成的在线旅游服务供应链，且 TS 为领导者，OTA 为追随者。由于感知服务质量和品牌形象在长期内是动态的，故本章使用微分博弈模型来研究 TS 的线下服务投入、OTA 的线上服务投入、定价及广告决策。在实际生活中，我们可以观察到 TS 和 OTA 之间存在三种模式，即集中模式、分散模式和成本分担模式。例如，人们可以在希尔顿官方网站上预订酒店客房，此时，传统渠道和在线渠道属于同一家公司，这可以看作 TS 和 OTA 通过整合的方式进行广告投资，以实现供应链利润最大化的集中模式。此外，OTA 如 Booking.com 还可以提供希尔顿的预订服务，这是一种分散模式，因为 TS 和 OTA 分别自行决定产品价格、服务投入或广告投资。第三种模式是成本分担模式，这是 TS 和 OTA 之间常见的模式，TS 为 OTA 分担一部分广告成本，促使双方达成一种协作。本章将从不同角度对三种模式（分散模式、成本分担模式和集中模式）进行比较，主要解决以下研究问题：

（1）品牌形象和感知服务质量如何随时间变化？

（2）分散模式、成本分担模式和集中模式的均衡结果分别是什么？

（3）哪种模式最适合在线旅游服务供应链的特定成员？

本章引入供应链管理思想，结合服务质量和品牌形象动态性的特点及 OTA 与 TS 合作长期性及多样性的特点，采用微分博弈研究旅游服务供应链的服务质量与广告宣传决策问题，研究结果可为 OTA 和 TS 在服务质量决策及合作方式上提供理论支撑，为推动在线旅游服务供应链的健康发展提供指导。

4.2　模型描述与假设

本章选取 TS 和 OTA 作为研究主体，具体如图 4.1 所示。作为斯塔克尔伯格博弈的领导者，TS 以价格 w 将产品批发给 OTA，OTA 进行广告宣传，然后以价格 p 将该旅游产品销售给游客。TS 向游客提供线下服务 $S_1(t)$，如整洁的环境、财务及人身安全、事故处理反应效率、专业服务态度等服务；OTA 向游客提供线上服务 $S_2(t)$，如网站响应速度、在线支付安全保障、信息保护、网站功能与展示等。另外，TS 与 OTA 的服务质量努力水平及 TS 的品牌形象均会影响用户感知服务质量，而 TS 的品牌形象不仅会受到自身在服务质量上投入努力的影响，同时还会受到 OTA 在广告宣传上投入努力的影响。另外，市场需求受到用户感知服务质量、TS品牌形象和旅游产品销售价格的共同影响。正如概述中所讨论的，假设TS根据成本分担契约与OTA分担一部分广告成本，以改善其品牌形象。用上标 N、H 和 C 分别代表三种模式（即分散模式、成本分担模式和集中模式），具体符号如表4.1所示。

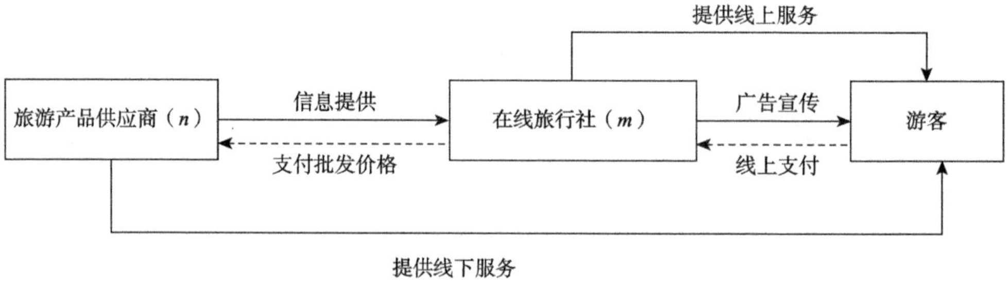

图4.1 在线旅游服务供应链示意图

表4.1 参数及符号说明

参数	释义
$S_1(t)$	TS在 t 时刻的线下服务质量努力水平
$S_2(t)$	OTA在 t 时刻的线上服务质量努力水平
$A(t)$	OTA在 t 时刻的广告宣传努力水平
$\phi(t)$	TS对于OTA广告宣传成本的补贴比例，$0\leqslant\phi(t)\leqslant 1$
$p(t)$	OTA在 t 时刻对于旅游产品的销售定价
$S(t)$	游客在 t 时刻的感知服务质量，$S(t)\|_{t=0}=S_0\geqslant 0$
$G(t)$	TS在 t 时刻的品牌形象，$G(t)\|_{t=0}=G_0\geqslant 0$
m	代表OTA
n	代表TS
sc	代表整个旅游服务供应链
u_1	TS的服务质量成本系数
u_2	OTA的服务质量成本系数
u_3	OTA的广告宣传成本系数
σ	游客感知服务质量衰减系数，$\sigma>0$
δ	TS品牌形象衰减系数，$\delta>0$
ε	TS服务质量对游客感知服务质量的影响系数，$\varepsilon>0$
λ	OTA服务质量对游客感知服务质量的影响系数，$\lambda>0$
α	OTA广告宣传努力对TS品牌形象的影响系数，$\alpha>0$
β	TS服务质量对TS品牌形象的影响系数，$\beta>0$
$D(t)$	旅游产品在 t 时刻的市场需求

续表

参数	释义
a	旅游产品潜在市场需求，$a>0$
b	价格对于市场需求的影响系数，$b>0$
η	游客感知服务质量对市场需求的影响系数，$\eta>0$
γ	TS 品牌形象对市场需求的影响系数，$\gamma>0$
ρ	贴现率
w	旅游产品批发价格，$w\leqslant p$
S_1^{i*}	模式 i 下的最优线下服务水平，$i=N,H,C$
S_2^{i*}	模式 i 下的最优在线服务水平，$i=N,H,C$
A^{i*}	模式 i 下的最优广告宣传策略，$i=N,H,C$
p^{i*}	模式 i 下的最优价格，$i=N,H,C$
J_j^i	模式 i 下 j 的长期利润，$i=N,H,C$，$j=m,n,\mathrm{sc}$

假设 4.1：考虑到成本的凹性特征，根据 He 等（2020）、Zhang 等（2013）的相似假设，我们使用二次函数来表示努力成本函数。因此，广告和服务成本可以表示为以下二次形式：$C\left(S_1(t)\right)=\dfrac{u_1}{2}S_1(t)^2$，$C\left(S_2(t)\right)=\dfrac{u_2}{2}S_2(t)^2$，$C\left(A(t)\right)=\dfrac{u_3}{2}A(t)^2$，并且 $u_i>0(i=1,2,3)$ 为成本系数。

假设 4.2：TS 提供的旅游产品只是 OTA 提供的旅游服务产品的组成部分，而不是全部。因此，消费者所感知到的服务质量 $S(t)$ 既与 TS 在线下服务质量上投入的努力 $S_1(t)$ 有关，也与 OTA 在线上服务质量上投入的努力 $S_2(t)$ 有关。消费者感知服务质量的动态变化情况表达如下：

$$\begin{cases}\dot{S}(t)=\varepsilon S_1(t)+\lambda S_2(t)-\sigma S(t)\\ S(0)=S_0\geqslant 0\end{cases}\tag{4.1}$$

其中，参数 $\varepsilon>0$ 和 $\lambda>0$ 表示 TS 的线下服务努力与 OTA 的线上服务努力对感知服务质量的影响系数；参数 $\sigma>0$ 表示感知服务质量随时间的衰减率；S_0 表示初始感知服务质量。

假设 4.3：通过修正后的 Nerlove 和 Arrow（1962）经典商誉模型来刻画关于服务质量与广告宣传的品牌形象动态微分方程。TS 的品牌形象 $G(t)$ 同时受到 TS 在线下服务质量上投入的努力 $S_1(t)$ 和 OTA 在广告宣传上投入的努力 $A(t)$ 的影响，故品牌形象的动态变化情况表达如下：

$$\begin{cases} \dot{G}(t) = \alpha A(t) + \beta S_1(t) - \delta G(t) \\ G(0) = G_0 \geqslant 0 \end{cases} \tag{4.2}$$

其中，参数$\alpha > 0$、$\beta > 0$表示 OTA 的广告宣传努力和 TS 的线下服务努力对品牌形象的影响系数；参数$\delta > 0$表示品牌形象随时间的衰减率；G_0表示初始品牌形象。

假设 4.4：根据一般性假设，游客的购买需求受到其所感受到的服务质量、品牌形象和产品价格的影响，借鉴EI Ouardighi（2014）乘法需求函数模型（价格与非价格因素相乘）。因此，t时刻的需求函数为

$$D(t) = (a - bp(t))(\eta S(t) + \gamma G(t)) \tag{4.3}$$

其中，参数$b > 0$表示价格对于市场需求的影响系数；参数$\eta > 0$、$\gamma > 0$分别表示游客感知服务质量和 TS 品牌形象对市场需求的影响系数，且$a - bp(t) \geqslant 0$。通过假设 4.4 可以看出：

（1）需求受到零售价格负面影响，同时受到游客感知服务质量和品牌形象正向影响。

（2）假定游客感知服务质量和品牌形象固定不变，当$p(t) \in \left(0, \dfrac{a}{2b}\right)$时，需求价格弹性小于 1；当$p(t) \in \left(\dfrac{a}{2b}, \dfrac{a}{b}\right)$时，需求价格弹性大于 1。

（3）游客感知服务质量或者 TS 品牌形象的增加会降低零售价格对于市场需求的负面影响。随着游客感知服务质量或 TS 品牌形象的提升，游客对于产品零售价格的敏感度会降低。

假设 4.5：TS 以价格w将产品批发给 OTA，OTA 以价格p将该旅游产品销售给游客。假设w外生，为一常数。

假设 4.6：在此供应链中 TS 和 OTA 有着相同的折现率ρ，在无限时区内分别寻求各自利润最大化。同时，TS 为了更好地维护自己的品牌形象，获得更大的市场（假设 TS 产品服务不受限制），需要与 OTA 开展纵向合作，为其承担比例为$\phi(t)$的广告宣传成本，且$0 \leqslant \phi(t) \leqslant 1$。

根据上述描述和假设，OTA、TS 和供应链整体利润函数分别为

$$J_m = \int_0^{\infty} \mathrm{e}^{-\rho t} \left\{ (p(t) - w) D(t) - C(S_2(t)) - (1 - \phi(t)) C(A(t)) \right\} \mathrm{d}t \tag{4.4}$$

$$J_n = \int_0^{\infty} \mathrm{e}^{-\rho t} \left\{ wD(t) - C(S_1(t)) - \phi(t) C(A(t)) \right\} \mathrm{d}t \tag{4.5}$$

$$J_{sc} = \int_0^{\infty} \mathrm{e}^{-\rho t} \left\{ p(t) D(t) - C(S_1(t)) - C(S_2(t)) - C(A(t)) \right\} \mathrm{d}t \tag{4.6}$$

综上，式（4.1）~式（4.6）定义了一个分析服务质量和广告宣传努力对在线旅游服务供应链需求影响的两主体微分博弈模型。双方的最优决策根据反馈控制策略决定，又因为模型中的参数均与时间无关，博弈主体在无限时区内面对的都是相同的博弈，故其策略为静态反馈均衡，为简化公式书写，下文不再列出时间 t。

4.3　模 型 求 解

本节在分散模式、成本分担模式和集中模式三种模式下建立微分博弈模型，并分别确定最优决策。

4.3.1　纳什非合作分散模式

在分散模式下，TS 和 OTA 将独立决定其服务质量、广告努力和价格，以实现自身利润最大化。TS 决定线下服务质量，OTA 决定线上服务质量、广告努力和价格。以上标 N 表示在该机制下的最优值，然后采用逆向归纳法求解。

命题 4.1： 在分散模式下，TS 为 OTA 承担的广告宣传成本比例 $\phi(t)=0$，OTA 与 TS 的静态反馈纳什均衡策略分别为

$$\begin{cases} S_1^{N*}=\omega(a-bw)\left(\dfrac{\varepsilon\eta}{2u_1(\rho+\sigma)}+\dfrac{\beta\gamma}{2u_1(\rho+\delta)}\right) \\ S_2^{N*}=\dfrac{\lambda\eta(a-bw)^2}{4bu_2(\rho+\sigma)} \\ A^{N*}=\dfrac{\alpha\gamma(a-bw)^2}{4bu_3(\rho+\delta)} \\ p^{N*}=\dfrac{a+bw}{2b}, w\leqslant\dfrac{a}{b} \end{cases} \tag{4.7}$$

命题 4.1 表明条件 $w\leqslant\dfrac{a}{b}$ 须满足，以确保非负需求。因此，本章与 EI Ouardighi（2014）的研究类似，假设 $w\leqslant\dfrac{a}{b}$。

推论 4.1： 在分散模式下的最优线上服务质量、线下服务质量、广告努力和零售价格具有以下属性：

（1）$\frac{\partial S_1^{N*}}{\partial \gamma}>0$，$\frac{\partial S_2^{N*}}{\partial \gamma}=0$，$\frac{\partial A^{N*}}{\partial \gamma}>0$。

（2）$\frac{\partial S_1^{N*}}{\partial \eta}>0$，$\frac{\partial S_2^{N*}}{\partial \eta}>0$，$\frac{\partial A^{N*}}{\partial \eta}=0$。

（3）当$\frac{a}{2b}<w<\frac{a}{b}$时，$\frac{\partial S_1^{N*}}{\partial w}<0$，否则$\frac{\partial S_1^{N*}}{\partial w}>0$；$\frac{\partial S_2^{N*}}{\partial w}<0$；$\frac{\partial A^{N*}}{\partial w}<0$。

推论 4.1 表明，最优线上服务质量与品牌形象偏好无关，因为网络设计等 OTA 线上平台服务不会影响 TS 的品牌形象。同理，最优广告投入与感知服务质量偏好无关。最优线下服务质量和广告投入随品牌形象偏好γ的增加而增加，因为γ的增加可以吸引更多的消费者。同理，最优线下服务和线上服务努力随着感知服务质量偏好η的增加而增加。最优线上服务水平和广告投资与批发价 w 呈负相关关系，因为较高的批发价格导致 OTA 的边际利润较低，这阻碍了 OTA 相应的努力投资。然而，w 对最优线下服务水平的影响是非单调的。较高的 w 将增加 TS 的边际利润，同时也会降低线上服务水平和广告投资。当 w 相对较低时，最优线下服务水平与 w 呈正相关关系，因为 w 越高，TS 的边际利润越高。因此，TS 倾向加大对线下服务的投入。当 w 较高时，高零售价格、低线上服务努力和广告投资导致的低客户需求，随着 w 的增加，TS 将减少对线下服务努力的投资。

将最优策略式（4.7）写入状态方程（4.1）和方程（4.2），得

$$\begin{cases}\dot{S}(t)=\varepsilon w(a-bw)\left(\frac{\varepsilon\eta}{2u_1(\rho+\sigma)}+\frac{\beta\gamma}{2u_1(\rho+\delta)}\right)+\frac{\lambda^2\eta(a-bw)^2}{4bu_2(\rho+\sigma)}-\sigma S(t)\\ \dot{G}(t)=\frac{\alpha^2\gamma(a-bw)^2}{4bu_3(\rho+\delta)}+\beta w(a-bw)\left(\frac{\varepsilon\eta}{2u_1(\rho+\sigma)}+\frac{\beta\gamma}{2u_1(\rho+\delta)}\right)-\delta G(t)\end{cases} \tag{4.8}$$

求解微分方程（4.8），可得命题 4.2。

命题 4.2：在分散模式下，服务质量和品牌形象最优轨迹分别为

$$\begin{cases}S(t)^N=S_\infty^N+\left(S_0-S_\infty^N\right)\mathrm{e}^{-\sigma t}\\ G(t)^N=G_\infty^N+\left(G_0-G_\infty^N\right)\mathrm{e}^{-\delta t}\\ S_\infty^N=\frac{\varepsilon w(a-bw)}{\sigma}\left(\frac{\varepsilon\eta}{2u_1(\rho+\sigma)}+\frac{\beta\gamma}{2u_1(\rho+\delta)}\right)+\frac{\lambda^2\eta(a-bw)^2}{4\sigma bu_2(\rho+\sigma)}\\ G_\infty^N=\frac{\alpha^2\gamma(a-bw)^2}{4\delta bu_3(\rho+\delta)}+\frac{\beta}{\delta}w(a-bw)\left(\frac{\varepsilon\eta}{2u_1(\rho+\sigma)}+\frac{\beta\gamma}{2u_1(\rho+\delta)}\right)\end{cases} \tag{4.9}$$

其中，S_∞^N、G_∞^N 分别为在纳什非合作博弈下服务质量和品牌形象的稳定值，即 $t\to\infty$。

推论 4.2：当 t 趋向于无穷时，分散模式下的感知服务质量和品牌形象具有稳定性，并且满足：

（1）如果 $\eta\lambda^2(\delta+\rho)u_1<\varepsilon\big(\varepsilon\eta(\delta+\rho)+\beta\gamma(\rho+\sigma)\big)u_2$，当 $w<\dfrac{a\eta\lambda^2(\delta+\rho)u_1-a\varepsilon\big(\varepsilon\eta(\delta+\rho)+\beta\gamma(\rho+\sigma)\big)u_2}{b\eta\lambda^2(\delta+\rho)u_1-2b\varepsilon\big(\varepsilon\eta(\delta+\rho)+\beta\gamma(\rho+\sigma)\big)u_2}$ 时，$\dfrac{\partial S_\infty^N}{\partial w}>0$，否则，$\dfrac{\partial S_\infty^N}{\partial w}<0$。如果 $\eta\lambda^2(\delta+\rho)u_1>\varepsilon\big(\varepsilon\eta(\delta+\rho)+\beta\gamma(\rho+\sigma)\big)u_2$，则 $\dfrac{\partial S_\infty^N}{\partial w}<0$。

（2）如果 $\alpha^2\gamma(\rho+\sigma)u_1<\beta\big(\varepsilon\eta(\delta+\rho)+\beta\gamma(\rho+\sigma)\big)u_3$，当 $w<\dfrac{a\alpha^2\gamma(\rho+\sigma)u_1-a\beta\big(\varepsilon\eta(\delta+\rho)+\beta\gamma(\rho+\sigma)\big)u_3}{b\alpha^2\gamma(\rho+\sigma)u_1-2b\beta\big(\varepsilon\eta(\delta+\rho)+\beta\gamma(\rho+\sigma)\big)u_3}$ 时，$\dfrac{\partial G_\infty^N}{\partial w}>0$，否则，$\dfrac{\partial G_\infty^N}{\partial w}<0$。如果 $\alpha^2\gamma(\rho+\sigma)u_1>2\beta\big(\varepsilon\eta(\delta+\rho)+\beta\gamma(\rho+\sigma)\big)u_3$，则 $\dfrac{\partial G_\infty^N}{\partial w}<0$。

推论 4.2 表明，较高的批发价格并不总是损害感知服务质量和品牌形象。当 ε 或 β 较大时，线下服务水平的提高可以极大地提高感知服务质量或品牌形象。这也进一步论证了推论 4.1 的结果，当批发价格相对较低时，TS 的最佳线下服务水平提高，从而提高感知服务质量和品牌形象。然而，较高的批发价格也会导致线上服务水平和广告力度的降低，以及零售价格的提高，从而降低感知服务质量和品牌形象。当 w 相对较低且 ε 或 β 较大时，前者主导后者，因此感知服务质量和品牌形象随 w 的增加而增加。反之，感知服务质量和品牌形象随 w 的增加而下降，因为较高的 w 会阻止 TS 和 OTA 投入更多的精力。

4.3.2　广告宣传成本分担模式下的斯塔克尔伯格博弈

在广告成本分担契约下，TS 先决策线下服务质量和广告宣传成本补贴比例，OTA 观察到 TS 的行动后，再决策广告宣传努力、线上服务质量及销售价格，所以双方的决策过程可以视为斯塔克尔伯格博弈过程。TS 是决策领导者，OTA 是决策追随者，上标 H 表示在该合作机制下的最优值。然后采用逆向归纳法求解。

命题 4.3：在成本分担模式下，OTA 的最优广告宣传努力、线上服务质量及销售价格与 TS 的最优线下服务质量、广告宣传成本分担比例分别为

$$
\begin{cases}
S_1^{H*} = w(a-bw)\left(\dfrac{\varepsilon\eta}{2u_1(\rho+\sigma)} + \dfrac{\beta\gamma}{2u_1(\rho+\delta)}\right) \\
S_2^{H*} = \dfrac{\lambda\eta(a-bw)^2}{4bu_2(\rho+\sigma)} \\
A^{H*} = \dfrac{\alpha\gamma(a-bw)(3bw+a)}{8bu_3(\rho+\delta)} \\
p^{H*} = \dfrac{a+bw}{2b},\ w \leqslant \dfrac{a}{b} \\
\phi = \dfrac{5bw-a}{3bw+a},\ \dfrac{a}{5b} \leqslant w \leqslant \dfrac{a}{b}
\end{cases}
\tag{4.10}
$$

与命题 4.1 类似，为了避免负成本分担率，条件$\dfrac{a}{5b} \leqslant w \leqslant \dfrac{a}{b}$须满足；否则，TS将不会分担广告成本，这意味着如果w大于临界阈值，则可以达成成本分担契约。换言之，如果 TS 能够获得足够的单位产品利润，TS 愿意分担广告成本。

推论 4.3：在成本分担模式下的最优成本分担率、线上服务水平、线下服务水平、广告投入和零售价格具有以下属性：

（1）$\dfrac{\partial S_1^{H*}}{\partial\gamma} > 0$，$\dfrac{\partial S_2^{H*}}{\partial\gamma} = 0$，$\dfrac{\partial A^{H*}}{\partial\gamma} > 0$。

（2）$\dfrac{\partial S_1^{H*}}{\partial\eta} > 0$，$\dfrac{\partial S_2^{H*}}{\partial\eta} > 0$，$\dfrac{\partial A^{H*}}{\partial\eta} = 0$。

（3）若$\dfrac{a}{2b} < w < \dfrac{a}{b}$，则$\dfrac{\partial S_1^{H*}}{\partial w} < 0$，否则，$\dfrac{\partial S_1^{H*}}{\partial w} > 0$，$\dfrac{\partial S_2^{H*}}{\partial w} < 0$；若$\dfrac{a}{3b} < w < \dfrac{a}{b}$，则$\dfrac{\partial A^{H*}}{\partial w} < 0$，否则，$\dfrac{\partial A^{H*}}{\partial w} > 0$，$\dfrac{\partial\phi}{\partial w} > 0$。

推论 4.3 表明，最优线上服务水平与品牌形象偏好无关；同样，最优广告努力与感知服务质量偏好无关。从推论 4.3（3）可知，随着w的增加，TS 有更大的动力与平台分担更多的广告支出，这导致w对最优广告投资的非单调效应。如果w相对较低$\left(w < \dfrac{a}{3b}\right)$，则最优广告投资随$w$增加而增加，这个结果与推论 4.1 的结果不同。这主要是因为产品的边际利润可以定义为$\dfrac{a-bw}{2b}$，它随着w的增加而减少。然而，w增加带来的成本分担增加弥补了较低边际利润带来的利润损失。因此，随着w的增加，OTA 倾向在广告宣传上加大投入。

将最优策略式（4.10）写入状态方程（4.1）和方程（4.2），得

$$\begin{cases}\dot{S}(t)=\varepsilon w(a-bw)\left(\dfrac{\varepsilon\eta}{2u_1(\rho+\sigma)}+\dfrac{\beta\gamma}{2u_1(\rho+\delta)}\right)+\lambda\dfrac{\lambda\eta(a-bw)^2}{4bu_2(\rho+\sigma)}-\sigma S(t)\\ \dot{G}(t)=\alpha\dfrac{\alpha\gamma(a-bw)(3bw+a)}{8bu_3(\rho+\sigma)}+\beta w(a-bw)\left(\dfrac{\varepsilon\eta}{2u_1(\rho+\sigma)}+\dfrac{\beta\gamma}{2u_1(\rho+\delta)}\right)-\delta G(t)\end{cases}$$

（4.11）

求解微分方程（4.11），可得如下命题。

命题 4.4：在成本分担模式下，服务质量和品牌形象最优轨迹分别为

$$\begin{cases}S(t)^H=S_\infty^S+\left(S_0-S_\infty^H\right)\mathrm{e}^{-\sigma t}\\ G(t)^H=G_\infty^S+\left(G_0-G_\infty^H\right)\mathrm{e}^{-\delta t}\\ S_\infty^H=\dfrac{\varepsilon w(a-bw)}{\sigma}\left(\dfrac{\varepsilon\eta}{2u_1(\rho+\sigma)}+\dfrac{\beta\gamma}{2u_1(\rho+\delta)}\right)+\dfrac{\lambda^2\eta(a-wb)^2}{4\sigma bu_2(\rho+\sigma)}\\ G_\infty^H=\dfrac{\alpha^2\gamma(a-bw)(3bw+a)}{8\delta bu_3(\rho+\delta)}+\dfrac{\beta}{\delta}w(a-bw)\left(\dfrac{\varepsilon\eta}{2u_1(\rho+\sigma)}+\dfrac{\beta\gamma}{2u_1(\rho+\delta)}\right)\end{cases}\quad(4.12)$$

其中，S_∞^H、G_∞^H 分别为成本分担模式下服务质量和品牌形象的稳定值，即 $t\to\infty$。

推论 4.4：（1）如果 $\eta\lambda^2(\delta+\rho)u_1<\varepsilon\left(\varepsilon\eta(\delta+\rho)+\beta\gamma(\rho+\sigma)\right)u_2$，当 $w<\dfrac{a\eta\lambda^2(\delta+\rho)u_1-a\varepsilon\left(\varepsilon\eta(\delta+\rho)+\beta\gamma(\rho+\sigma)\right)u_2}{b\eta\lambda^2(\delta+\rho)u_1-2b\varepsilon\left(\varepsilon\eta(\delta+\rho)+\beta\gamma(\rho+\sigma)\right)u_2}$ 时，则 $\dfrac{\partial S_\infty^H}{\partial w}>0$，否则，$\dfrac{\partial S_\infty^H}{\partial w}<0$；如果 $\eta\lambda^2(\delta+\rho)u_1>\varepsilon\left(\varepsilon\eta(\delta+\rho)+\beta\gamma(\rho+\sigma)\right)u_2$，则 $\dfrac{\partial S_\infty^H}{\partial w}<0$。

（2）如果 $\dfrac{a}{5b}<w<\dfrac{a\alpha^2\gamma(\rho+\sigma)u_1+2a\beta\left(\varepsilon\eta(\delta+\rho)+\beta\gamma(\rho+\sigma)\right)u_3}{3b\alpha^2\gamma(\rho+\sigma)u_1+4b\beta\left(\varepsilon\eta(\delta+\rho)+\beta\gamma(\rho+\sigma)\right)u_3}$，则 $\dfrac{\partial G_\infty^H}{\partial w}>0$，否则，$\dfrac{\partial G_\infty^H}{\partial w}<0$。

通过比较推论 4.4（2）和推论 4.2（2），可以知道品牌形象在成本分担模式下更倾向随 w 的增加而增加。在推论 4.2（2）中，当 $\alpha^2\gamma(\rho+\sigma)u_1<2\beta\left(\varepsilon\eta(\delta+\rho)+\beta\gamma(\rho+\sigma)\right)u_3$ 和 $w<\dfrac{a\alpha^2\gamma(\rho+\sigma)u_1-a\beta\left(\varepsilon\eta(\delta+\rho)+\beta\gamma(\rho+\sigma)\right)u_3}{b\alpha^2\gamma(\rho+\sigma)u_1-2b\beta\left(\varepsilon\eta(\delta+\rho)+\beta\gamma(\rho+\sigma)\right)u_3}$ 同时满足时，$\dfrac{\partial G_\infty^N}{\partial w}>0$。然而，在成本分担模式下，当

$\frac{a}{5b} < w < \frac{a\alpha^2\gamma(\rho+\sigma)u_1 + 2a\beta(\varepsilon\eta(\delta+\rho)+\beta\gamma(\rho+\sigma))u_3}{3b\alpha^2\gamma(\rho+\sigma)u_1 + 4b\beta(\varepsilon\eta(\delta+\rho)+\beta\gamma(\rho+\sigma))u_3}$时，$\frac{\partial G_\infty^H}{\partial w} > 0$。

推论 4.5：（1）如果 $2(\delta\varepsilon\eta+\beta\gamma\sigma)(\varepsilon\eta(\delta+\rho)+\beta\gamma(\rho+\sigma))u_2u_3 > 3u_1(\alpha^2\gamma^2\sigma(\rho+\sigma)u_2+\delta\eta^2\lambda^2(\delta+\rho)u_3)$，并且 $w<w_1$，则 $\frac{\partial D_\infty^N}{\partial w}>0$，否则，$\frac{\partial D_\infty^N}{\partial w}<0$。

（2）如果 $2(\delta\varepsilon\eta+\beta\gamma\sigma)(\varepsilon\eta(\delta+\rho)+\beta\gamma(\rho+\sigma))u_2u_3 > u_1(\alpha^2\gamma^2\sigma(\rho+\sigma)u_2 + 6\delta\eta^2\lambda^2(\delta+\rho)u_3)$，并且 $w<w_2$，则 $\frac{\partial D_\infty^N}{\partial w}>0$，否则，$\frac{\partial D_\infty^N}{\partial w}<0$。

此时，

$$w_1 = \frac{3au_1(\alpha^2\gamma^2\sigma(\rho+\sigma)u_2+\delta\eta^2\lambda^2(\delta+\rho)u_3) - 2a(\delta\varepsilon\eta+\beta\gamma\sigma)(\varepsilon\eta(\delta+\rho)+\beta\gamma(\rho+\sigma))u_2u_3}{3bu_1(\alpha^2\gamma^2\sigma(\rho+\sigma)u_2+\delta\eta^2\lambda^2(\delta+\rho)u_3) - 6b(\delta\varepsilon\eta+\beta\gamma\sigma)(\varepsilon\eta(\delta+\rho)+\beta\gamma(\rho+\sigma))u_2u_3}$$

$$w_2 = \frac{a\left(-4(\delta\varepsilon\eta+\beta\gamma\sigma)(\varepsilon\eta(\delta+\rho)+\beta\gamma(\rho+\sigma))u_2u_3 + u_1(6\delta\eta^2\lambda^2(\delta+\rho)u_3 - \alpha^2\gamma^2\sigma(\rho+\sigma)u_2)\right)}{3b\left(-4(\delta\varepsilon\eta+\beta\gamma\sigma)(\varepsilon\eta(\delta+\rho)+\beta\gamma(\rho+\sigma))u_2u_3 + u_1(-3\alpha^2\gamma^2\sigma(\rho+\sigma)u_2 + 2\delta\eta^2\lambda^2(\delta+\rho)u_3)\right)}$$

推论 4.5 表明，较高的批发价格可以有效地刺激市场需求。这种现象可以归因于 w 对零售价格、感知服务质量和品牌形象的影响。从推论 4.2 和推论 4.4 可知，如果 w 低于某个阈值，那么TS愿意在分散模式和成本分担模式两种模式下投入更多的线下服务努力。此外，由于 OTA 在成本分担模式下提高了广告投入水平，故提高了感知服务质量（在分散模式和成本分担模式两种模式下）和品牌形象（在成本分担模式下）。虽然 TS 的零售价格随着批发价格的增加而增加，从而带来需求的减少，但 TS 线下服务水平和 OTA 广告投入水平对需求的影响超过了批发价格对需求的影响，所以将导致需求随着批发价格的增加而增加。

4.3.3 协同合作的集中模式

在协同合作的集中模式下，假设 OTA 与 TS 之间达成具有约束力的合作协议，以最大化旅游服务供应链整体利益为目标确定双方的最优决策。在实际生活中，大型且有名的 TS 有自己的线上网站，此时 TS 与其自有的 OTA 可以顺利实现协同决策。以上标 C 表示在该机制下的最优值，然后采用逆向归纳法求解。

命题 4.5：在集中模式下，OTA 的最优广告宣传努力、线上服务质量及销售价格与 TS 的最优线下服务质量分别为

$$\begin{cases} S_1^{C*} = \dfrac{\varepsilon\eta a^2}{4bu_1(\rho+\sigma)} + \dfrac{\beta\gamma a^2}{4bu_1(\rho+\delta)} \\ S_2^{C*} = \dfrac{\lambda\eta a^2}{4bu_2(\rho+\sigma)} \\ A^{C*} = \dfrac{\alpha\gamma a^2}{4bu_3(\rho+\delta)} \\ P^{C*} = \dfrac{a}{2b},\ w < \dfrac{a}{2b} \end{cases} \tag{4.13}$$

推论 4.6： 在集中模式下的最优线上服务水平、线下服务水平、广告宣传努力水平和零售价格具有以下属性：

（1）$\dfrac{\partial S_1^{C*}}{\partial \gamma} > 0$；$\dfrac{\partial S_2^{C*}}{\partial \gamma} = 0$；$\dfrac{\partial A^{C*}}{\partial \gamma} > 0$。

（2）$\dfrac{\partial S_1^{C*}}{\partial \eta} > 0$；$\dfrac{\partial S_2^{C*}}{\partial \eta} > 0$；$\dfrac{\partial A^{C*}}{\partial \eta} = 0$。

（3）$\dfrac{\partial S_1^{C*}}{\partial w} = \dfrac{\partial S_2^{C*}}{\partial w} = \dfrac{\partial A^{C*}}{\partial w} = \dfrac{\partial p^{C*}}{\partial w} = 0$。

当供应链整体作为决策者时，所有的最优决策变量都与批发价格无关。推论 4.6（1）和推论 4.6（2）与推论 4.3（1）和推论 4.3（2）相似，此处省略相应的解释。

将最优策略式（4.13）写入状态方程（4.1）和方程（4.2），得

$$\begin{cases} \dot{S}(t) = \dfrac{\varepsilon^2\eta a^2}{4bu_1(\rho+\sigma)} + \dfrac{\varepsilon\beta\gamma a^2}{4bu_1(\rho+\delta)} + \dfrac{\lambda^2\eta a^2}{4bu_2(\rho+\sigma)} - \sigma S(t) \\ \dot{G}(t) = \dfrac{\alpha^2\gamma a^2}{4bu_3(\rho+\delta)} + \dfrac{\varepsilon\beta\eta a^2}{4bu_1(\rho+\sigma)} + \dfrac{\beta^2\gamma a^2}{4bu_1(\rho+\delta)} - \delta G(t) \end{cases} \tag{4.14}$$

求解微分方程（4.14），可得如下命题。

命题 4.6： 在集中模式下，服务质量和品牌形象最优轨迹分别为

$$\begin{cases} S(t)^C = S_\infty^C + \left(S_0 - S_\infty^C\right)\mathrm{e}^{-\sigma t} \\ G(t)^C = G_\infty^C + \left(G_0 - G_\infty^C\right)\mathrm{e}^{-\delta t} \\ S_\infty^C = \dfrac{\varepsilon}{\sigma}\left(\dfrac{\varepsilon\eta a^2}{4bu_1(\rho+\sigma)} + \dfrac{\beta\gamma a^2}{4bu_1(\rho+\delta)}\right) + \dfrac{\lambda}{\sigma}\dfrac{\lambda\eta a^2}{4bu_2(\rho+\sigma)} \\ G_\infty^C = \dfrac{\alpha}{\delta}\dfrac{\alpha\gamma a^2}{4bu_3(\rho+\delta)} + \dfrac{\beta}{\delta}\left(\dfrac{\varepsilon\eta a^2}{4bu_1(\rho+\sigma)} + \dfrac{\beta\gamma a^2}{4bu_1(\rho+\delta)}\right) \end{cases} \tag{4.15}$$

其中，S_∞^C、G_∞^C 分别为集中模式下服务质量和品牌形象的稳定值，即 $t \to \infty$。在

集中模式下，产品服务质量和品牌形象的最优轨迹和稳定值相较前两种情形下均发生了变化。此时，产品批发价格不会对两者的最优轨迹及其稳定值产生影响。其他因素的影响与前两种情形下类似，不再赘述。

4.3.4 均衡结果的比较分析

为了证明旅游服务供应链中 OTA 和 TS 合作能否有效提升双方服务质量、OTA 的广告宣传努力、产品定价及各方利润，对三种博弈情况下 OTA 和 TS 的服务质量、OTA 的广告宣传努力、产品定价及旅游服务供应链长期利润进行了比较。

推论 4.7：最优服务努力、产品定价和广告宣传努力满足以下特性：

（1）$S_1^{N*} = S_1^{H*} < S_1^{C*}$；

（2）$S_2^{N*} = S_2^{H*} < S_2^{C*}$；

（3）$p^{N*} = p^{H*} > p^{C*}$；

（4）$A^{N*} < A^{H*} < A^{C*}$。

推论 4.7 表明，在集中模式下拥有最高的服务努力、广告投资和最低的零售价格，这表明了渠道整合的优势。在分散模式下的最优服务水平等于成本分担模式下的最优服务水平。由于成本分担模式旨在分担广告成本，故成本分担模式总是比分散模式能提供更高的广告宣传水平。这意味着 TS 应与 OTA 分担一部分广告成本，以激励 OTA 在广告方面进行更多投资。然而，如果 TS 和 OTA 作为一个整体渠道，供应链将投入最大的努力，并制定最低的价格。

推论 4.8：感知服务质量和品牌形象满足以下属性：

（1）$S(t)^N = S(t)^H < S(t)^C$，$S_\infty^N = S_\infty^H < S_\infty^C$；

（2）$G(t)^N < G(t)^H < G(t)^C$，$G_\infty^N < G_\infty^H < G_\infty^C$。

当两个供应链成员处于集中模式时，感知服务质量和品牌形象表现最佳，这可以直接归因于服务努力和广告水平在集中模式中处于最高水平。在分散模式下的感知服务质量等于成本分担模式下的感知服务质量，因为线上和线下服务努力在这两种模式下是相同的。在成本分担模式下的品牌形象高于在分散模式下的品牌形象，因为 OTA 倾向在成本分担模式下提高广告宣传努力。

推论 4.9：TS、OTA 和供应链的稳态收益满足以下属性：

（1）$J_n^N < J_n^H$；

（2）$J_m^N < J_m^H$；

（3）$J_{sc}^N < J_{sc}^H < J_{sc}^C$。

推论 4.9 表明，成本分担模式有助于提高 TS 和 OTA 的利润，这意味着如果

TS 与 OTA 分担广告成本，则可以实现帕累托改进。然而，当 TS 和 OTA 进行集体决策时，整个供应链拥有最高的利润。推论 4.8（1）表明，在分散模式下的稳态感知服务质量与成本分担模式下的相同。然而，在成本分担模式下的稳态品牌形象高于在分散模式下的稳态品牌形象。品牌形象和感知服务质量都对消费者需求产生积极影响，对长期利润产生积极影响。然而，推论 4.7 表明 $A^{N*} < A^{H*} < A^{C*}$，这意味着在集中模式下的广告投入超过了成本分担模式，并进一步超过了在分散模式下的广告投入。因为品牌形象和感知服务质量带来的收益高于广告投入的成本，故可以得到 $J_{sc}^{N} < J_{sc}^{H} < J_{sc}^{C}$。

4.4　数值仿真分析

在本节中使用数值例子来说明一些参数对最优决策的影响。借鉴 El Ouardighi（2014）、Chutani 和 Sethi（2012）的研究，假设 $S_0 = 10$，$G_0 = 10$，$u_1 = u_2 = u_3 = 1$，$a = 5$，$b = 1$，$w = 2$，$\rho = 0.3$，$\gamma = 0.5$，$\eta = 0.5$，$\varepsilon = 0.8$，$\lambda = 0.4$，$\sigma = 0.2$，$\alpha = 1$，$\beta = 0.5$，$\delta = 0.3$。

图 4.2 旨在研究 t 从 0 到 20 变化时感知服务质量和品牌形象的动态轨迹，可知它们随着 t 的增加逐渐收敛到稳态。当两个成员处于集中模式时，感知服务质量和品牌形象最高，这一结果验证了推论 4.8。然而，由于广告宣传努力不影响感知服务质量，图 4.2（a）中可以看出在分散模式下的最优感知服务质量等于在成本分担模式下的最优感知服务质量。在成本分担模式下的最优品牌形象优于在分散模式下的品牌形象。

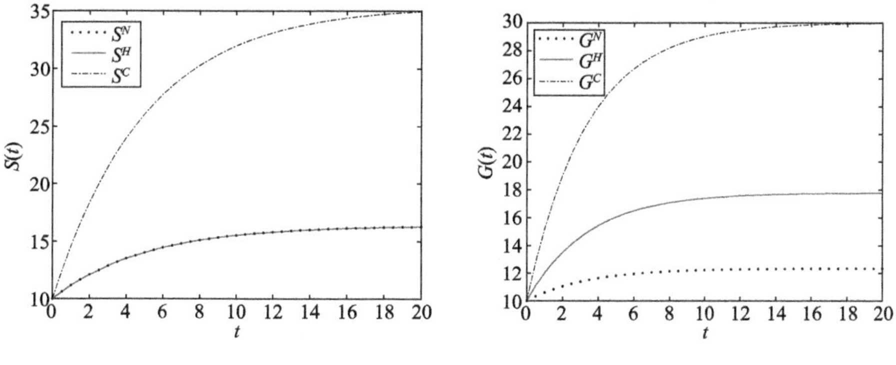

（a）　（b）

图 4.2　感知服务质量与品牌形象的时间轨迹

通过对 w 进行敏感性分析，进一步检验了 w 在三种模式下对供应链及其成员的稳态利润的影响。由图 4.3（a）可知，OTA 在分散模式和成本分担模式下的稳态利润均随着 w 的增加而下降，而 TS 的稳态利润随着 w 的增加先上升后下降。在推论 4.4 中已经证实，如果 w 相对较低，则感知服务质量和品牌形象会随着 w 的增加而增加，从而进一步提升消费者需求。更高需求带来的利润增长弥补了分担成本带来的利润减少，这导致在成本分担模式下，TS 的稳态利润会先随 w 增加而增加。图 4.3（a）显示 TS 和 OTA 都可以从成本分担中受益，因此可以实现帕累托改进。图 4.3（b）表明，供应链的稳态利润在集中模式下与 w 无关，而在分散模式下，如果 w 相对较低，则可能会随 w 的增加而增加。图 4.3（b）还说明了供应链在集中模式下的稳态利润高于在分散模式或成本分担模式下的稳态利润，这一结果验证了推论 4.9。

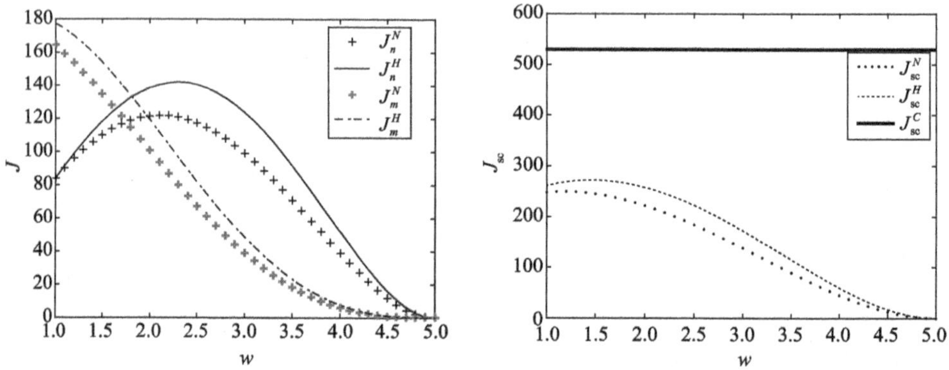

（a）　　　　　　　　　　　　（b）

图 4.3　w 对成员稳态利润的影响

表 4.2 表明当其他参数保持不变但给定参数分别从−50%、−25%、+25%到+50%时不同决策的变化情况。当客户价格敏感度 b 增加时，最优线上和线下服务努力、广告宣传努力、感知服务质量稳定值、品牌形象稳定值及两个供应链成员的稳态利润均随之下降。市场 a 的初始需求对上述决策有相反的影响。有趣的是，可以看出最优成本分摊率 ϕ 随价格敏感度 b 增加而增加[即 $\frac{\partial \phi}{\partial b}=\frac{8aw}{(a+3bw)^2}>0$]。这是因为客户需求随价格敏感度 b 的增加而降低，TS 需要以更高的比例分担 OTA 的广告成本，以激励 OTA 在广告上投入更多资金。最优成本分摊率 ϕ 随初始需求 a 增加而降低[即 $\frac{\partial \phi}{\partial a}=-\frac{8bw}{(a+3bw)^2}<0$]，这是因为更高的初始需求会导致 OTA 更多的边际利润，从而激励 OTA 在广告上投入更多资金。此时，TS 将降低其对 OTA 的成本分担率。

表 4.2　对最优决策的敏感性分析（ $i=N,H,C$ ）

参数	a	b	ρ	γ	η	ε	λ	σ	μ_1	μ_2	μ_3	α	β	δ
S_1^{i*}	↑	↓	↓	↑	↑	↑	–	↓	↓	–	–	–	↑	↓
S_2^{i*}	↑	↓	↓	–	↑	–	↑	↓	–	↓	–	–	–	↓
A^{i*}	↑	↓	↓	↑	–	–	–	↓	–	–	↓	↑	–	↓
S_∞^i	↑	↓	↓	↑	↑	↑	↑	↓	↓	↓	–	–	↑	↓
G_∞^i	↑	↓	↓	↑	↑	↑	–	↓	↓	–	↓	↑	↑	↓
J_{sc}^i	↑	↓	↓	↑	↑	↑	↑	↓	↓	↓	↓	↑	↑	↓

随着 ε 和 β 的增加，TS 倾向在线下服务投入更多努力，从而通过提高感知服务质量和品牌形象进一步增加消费者的需求。类似的解释可以用来说明 λ 和 σ 对供应链的影响。但是，线下服务成本系数 u_1 会对整个供应链产生负面影响。随着 u_1 的增加，最佳线下努力投资减少，导致感知服务质量、品牌形象及需求降低，从而损害了供应链的整体利润。关于 u_2 、 u_3 对整条链的影响也类似。

4.5　本 章 小 结

本章基于游客感知服务质量受到在线旅游服务供应链体系各节点服务质量共同影响的现实背景，假设旅游服务产品市场需求受到价格因素和非价格因素两方面的影响，其中，非价格因素包括 TS 品牌形象和用户感知服务质量两个方面，TS 品牌形象又受到 TS 服务质量努力水平及 OTA 广告宣传努力水平的影响，用户感知服务质量受到 OTA 服务质量努力水平及 TS 服务质量努力水平的影响；基于在线旅游服务供应链长期性和动态性的特点，采用微分博弈模型刻画 TS 品牌形象和用户感知服务质量。假定批发价格作为外生变量并采用乘法需求函数，对销售价格、OTA 广告努力水平、TS 服务质量努力水平及 OTA 服务质量努力水平进行综合分析。通过使用 HJB（Hamilton-Jacobi-Bellman，汉密尔顿-雅克比-贝尔曼）方程确定了基于利润最大化的最优决策，并进一步比较了分散模式、成本分担模式和集中模式三种模式的不同决策。

本章的主要研究结果如下：第一，当 TS 和 OTA 独立运营时，如果 TS 能够获得足够的单位利润，TS 应该分担 OTA 的部分广告成本。然而，批发价格必须低于一定的阈值，以确保非负需求。第二，随着感知服务质量和品牌形象的提高，它们逐渐趋于稳定状态。此外，当批发价格较低且客户对分散模式下 TS 的线下服务更敏感时，感知服务质量和品牌形象可以随着批发价格的上涨而增加。成本分担模式进一步放宽了这种增长趋势的约束条件，因为当批发价格相对较低时，最优广告投资也会随着批发价格的上涨而增加。第三，成本分担模式可以通过更高的线上、线下服务投入和广告投资，帮助提高感知服务质量和品牌形象，从而增加 TS 和 OTA 的利润。然而，只有在集中模式下，感知服务质量、品牌形象及供应链利润才能达到最优，零售价格才能最低。

基于本章研究可以得出以下管理启示，以指导在线旅游服务供应链中的各个利益相关者。TS 在选择 OTA 时，应考虑产品批发价格、自身服务改善能力、影响市场需求的相关参数等因素，以最大限度地提高自身的利润。在旅游服务供应链中，TS 和 OTA 都需要设定不同的服务质量和广告力度，以及不同的定价策略，以实现自身利润和整体利润的“双帕累托优化”。建议 TS 分担 OTA 一部分广告成本，以促使后者在广告上投入更多资金，从而提升 TS 品牌形象，增加双方利润。然而，如果 TS 和 OTA 可以达成协议像一个企业联盟一样运营，则供应链可以获得最高利润。

4.6 本章附录

4.6.1 命题证明

1. 命题 4.1 证明

采用逆向归纳法。假设存在一个连续有界微分函数 $V_i^N(S,G)$，$i\in(m,n)$，对于所有的 $S\geqslant 0$、$G\geqslant 0$ 都满足 HJB 方程，且记 t 时刻以后，OTA 的长期利润为

$$J_m^{N*}(p,A,S_2)=\mathrm{e}^{-pt}V_m{}^N(S,G) \tag{A.4.1}$$

t 时刻以后，TS 的长期利润为

$$J_n^{N*}(S_1)=\mathrm{e}^{-pt}V_n{}^N(S,G) \tag{A.4.2}$$

HJB 方程如下：

$$\rho V_m^N(S,G)=\max_{A,S_2,p}\left\{\begin{aligned}&(p-w)(a-bp)(\eta S+\gamma G)-\frac{u_2}{2}S_2^2-\frac{u_3}{2}A^2\\&+V_{mS}'^N(\varepsilon S_1+\lambda S_2-\sigma S)+V_{mG}'^N(\alpha A+\beta S_1-\delta G)\end{aligned}\right\} \tag{A.4.3}$$

$$\rho V_n^N(S,G)=\max_{S_1}\left\{\begin{aligned}&w(a-bp)(\eta S+\gamma G)-\frac{u_1}{2}S_1{}^2\\&+V_{nS}'^N(\varepsilon S_1+\lambda S_2-\sigma S)+V_{nG}'^N(\alpha A+\beta S_1-\delta G)\end{aligned}\right\} \tag{A.4.4}$$

HJB 方程右侧为最大化函数表达式，为得到其具体形式，分别对式（A.4.3）

和式（A.4.4）花括号中的式子求解关于 S_1 、 S_2 、A 及 p 的一阶导数，并令其等于 0，得到最大化条件：

$$\begin{cases} S_1 = \dfrac{\varepsilon V_{nS}'^{N}(S,G) + \beta V_{nG}'^{N}(S,G)}{u_1} \\ S_2 = \dfrac{\lambda V_{mS}'^{N}(S,G)}{u_2} \\ A = \dfrac{\alpha V_{mG}'^{N}(S,G)}{u_3} \\ p = \dfrac{a+bw}{2b} \end{cases} \tag{A.4.5}$$

将式（A.4.5）代入 HJB 方程，整理可得

$$\rho V_m^N(S,G) = \left\{ \begin{array}{l} \left(\dfrac{\eta(a-bw)^2}{4b} - \sigma V_{mS}'^{N}\right)S + \left(\dfrac{\gamma(a-bw)^2}{4b} - \delta V_{mG}'^{N}\right)G + \dfrac{\lambda^2 V_{mS}'^{N^2}}{2u_2} \\ + \dfrac{\alpha^2 V_{mG}'^{N^2}}{2u_3} + \dfrac{\varepsilon^2 V_{nS}'^{N} V_{mS}'^{N} + \beta\varepsilon V_{nG}'^{N} V_{mS}'^{N}}{u_1} + \dfrac{\beta^2 V_{nG}'^{N} V_{mG}'^{N} + \beta\varepsilon V_{nS}'^{N} V_{mG}'^{N}}{u_1} \end{array} \right\} \tag{A.4.6}$$

$$\rho V_n^N(S,G) = \left\{ \begin{array}{l} \left(\dfrac{\eta w(a-bw)}{2} - \sigma V_{nS}'^{N}\right)S + \left(\dfrac{\gamma w(a-bw)}{2} - \delta V_{nG}'^{N}\right)G \\ + \dfrac{\left(\varepsilon V_{ns}'^{N} + \beta V_{nG}'^{N}\right)}{2u_1} + \dfrac{\lambda^2 V_{mS}'^{N} V_{nS}'^{N}}{2u_1} + \dfrac{\alpha^2 V_{mG}'^{N} V_{nG}'^{N}}{2u_3} \end{array} \right\} \tag{A.4.7}$$

根据式（A.4.6）、式（A.4.7）的结构，可假设最优价值函数 $V_m^N(S,G)$ 、 $V_n^N(S,G)$ 关于 S 和 G 的线性解析式分别为

$$V_m^N(S,G) = r_1 S + r_2 G + r_3 \tag{A.4.8}$$

$$V_n^N(S,G) = t_1 S + t_2 G + t_3 \tag{A.4.9}$$

其中， r_1 、 r_2 、 r_3 、 t_1 、 t_2 、 t_3 为常数，将式（A.4.8）与式（A.4.9）分别对 S 和 G 求一阶偏导数，并分别代入式（A.4.6）、式（A.4.7），可得

$$\rho(r_1 S + r_2 G + r_3) = \left\{ \begin{array}{l} \left(\dfrac{\eta(a-bw)^2}{4b} - r_1\sigma\right)S + \left(\dfrac{\gamma(a-bw)^2}{4b} - r_2\delta\right)G \\ + \dfrac{\varepsilon^2 t_1 r_1 + \beta\varepsilon t_2 r_1}{u_1} + \dfrac{\beta^2 t_2 r_2 + \beta\varepsilon t_1 r_2}{u_1} + \dfrac{\lambda^2 r_1^2}{2u_2} + \dfrac{\alpha^2 r_2^2}{2u_3} \end{array} \right\} \tag{A.4.10}$$

$$\rho\left(t_1S+t_2G+t_3\right)=\left\{\begin{aligned}&\left(\left(\frac{\eta w(a-bw)}{2}-t_1\sigma\right)S+\left(\frac{\gamma w(a-bw)}{2}-t_2\delta\right)G\right.\\&\left.+\frac{\left(\varepsilon t_1+\beta t_2\right)^2}{2u_1}+\frac{\lambda^2r_1t_1}{u_2}+\frac{\alpha^2r_2t_2}{u_3}\right)\end{aligned}\right\} \quad (\text{A.4.11})$$

由等式两边同类项系数相等，整理可得

$$\begin{cases}r_1=\dfrac{\eta(a-bw)^2}{4b(\rho+\sigma)}\\ r_2=\dfrac{\gamma(a-bw)^2}{4b(\rho+\delta)}\\ r_3=\dfrac{\varepsilon^2t_1r_1+\beta\varepsilon t_2r_1}{u_1}+\dfrac{\beta^2t_2r_2+\beta\varepsilon t_1r_2}{u_1}+\dfrac{\lambda^2r_1^2}{2u_2}+\dfrac{\alpha^2r_2^2}{2u_3}\\ t_1=\dfrac{\eta w(a-bw)}{2(\rho+\sigma)}\\ t_2=\dfrac{\gamma w(a-bw)}{2(\rho+\delta)}\\ t_3=\dfrac{\left(\varepsilon t_1+\beta t_2\right)^2}{2u_1}+\dfrac{\lambda^2r_1t_1}{u_2}+\dfrac{\alpha^2r_2t_2}{u_3}\end{cases} \quad (\text{A.4.12})$$

将式（A.4.12）代入式（A.4.5），可得证命题 4.1 成立，由于$0\leqslant bp\leqslant a$，命题 4.1 的条件是$0<w\leqslant\dfrac{a}{b}$。

联立式（A.4.8）、式（A.4.9）、式（A.4.12），可得 OTA 与 TS 的最优价值函数分别为

$$V_m^N(S,G)=\frac{\eta(a-bw)^2}{4b(\rho+\sigma)}S+\frac{\gamma(a-bw)^2}{4b(\rho+\delta)}G+\frac{\varepsilon^2t_1r_1+\beta\varepsilon t_2r_1}{u_1}+\frac{\beta^2t_2r_2+\beta\varepsilon t_1r_2}{u_1}+\frac{\lambda^2r_1^2}{2u_2}+\frac{\alpha^2r_2^2}{2u_3} \quad (\text{A.4.13})$$

$$V_n^N(S,G)=\frac{\eta w(a-bw)}{2(\rho+\sigma)}S+\frac{\gamma w(a-bw)}{2(\rho+\delta)}G+\frac{\left(\varepsilon t_1+\beta t_2\right)^2}{2u_1}+\frac{\lambda^2r_1t_1}{u_2}+\frac{\alpha^2r_2t_2}{u_3} \quad (\text{A.4.14})$$

在分散模式下，旅游服务供应链系统最优价值函数$V_{sc}^N(S,G)$为

$$V_{sc}^{N}(S,G)=\left\{\begin{array}{l}\dfrac{\eta(a-bw)(a+bw)}{4b(\rho+\sigma)}S+\dfrac{\gamma(a-bw)(a+bw)}{4b(\rho+\sigma)}G+\dfrac{\varepsilon^2 t_1 r_1+\beta\varepsilon t_2 r_1}{u_1}\\+\dfrac{\beta^2 t_2 r_2+\beta\varepsilon t_1 r_2}{u_1}+\dfrac{(\varepsilon t_1+\beta t_2)^2}{2u_1}+\dfrac{2\lambda^2 r_1 t_1+\lambda^2 r_1^{\ 2}}{2u_2}+\dfrac{2\alpha^2 r_2 t_2+\alpha^2 r_2^{\ 2}}{2u_3}\end{array}\right\}$$
（A.4.15）

2. 命题 4.3 证明

采用逆向归纳法，假设存在一个连续有界微分函数 $V_i^H(S,G)$，$i\in(m,n)$ 对于所有的 $S\geqslant 0$、$G\geqslant 0$ 都满足 HJB 方程，且记 t 时刻以后，OTA 的长期利润为

$$J_m^{H*}(p,A,S_2)=\mathrm{e}^{-pt}V_m^H(S,G) \tag{A.4.16}$$

t 时刻以后，TS 的长期利润为

$$J_n^{H*}(S_1)=\mathrm{e}^{-pt}V_n^H(S,G) \tag{A.4.17}$$

HJB 方程如下：

$$\rho V_m^H(S,G)=\max_{A,S_2,p}\left\{\begin{array}{l}(p-w)(a-bp)(\eta S+\gamma G)-\dfrac{u_2}{2}S_2^{\ 2}-(1-\phi)\dfrac{u_3}{2}A^2\\+V_{mS}'^H(\varepsilon S_1+\lambda S_2-\sigma S)+V_{mG}'^H(\alpha A+\beta S_1-\delta G)\end{array}\right\} \tag{A.4.18}$$

$$\rho V_n^H=\max_{S_1,\phi}\left\{\begin{array}{c}w(a-bp)(\eta S+\gamma G)-\dfrac{u_1}{2}S_1^{\ 2}-\phi\dfrac{u_3}{2}A^2\\+V_{nS}'^H(\varepsilon S_1+\lambda S_2-\sigma S)+V_{nG}'^H(\alpha A+\beta S_1-\delta G)\end{array}\right\} \tag{A.4.19}$$

HJB 方程右侧为最大化函数表达式，为得到其具体形式，分别对式（A.4.18）、式（A.4.19）花括号中的式子求解关于 S_2、A、p、S_1、ϕ 的一阶偏导，得到最大化条件：

$$\left\{\begin{array}{l}S_2=\dfrac{\lambda V_{mS}'^H(S,G)}{u_2}\\A=\dfrac{\alpha V_{mG}'^H(S,G)}{(1-\phi)u_3}\\p=\dfrac{a+bw}{2b}\\S_1=\dfrac{\varepsilon V_{nS}'^H(S,G)+\beta V_{nG}'^H(S,G)}{u_1}\\\phi=\dfrac{2V_{nG}'^H(S,G)-V_{mG}'^H(S,G)}{2V_{nG}'^H(S,G)+V_{mG}'^H(S,G)}\end{array}\right. \tag{A.4.20}$$

将式（A.4.20）代入式（A.4.18）和式（A.4.19），整理得到

$$\rho V_m^H(S,G)=\left\{\begin{aligned}&\left(\frac{\eta(a-bw)^2}{4b}-V_{mS}'^H\sigma\right)S+\left(\frac{\gamma(a-bw)^2}{4b}-V_{mG}'^H\delta\right)G\\&+\frac{\varepsilon^2 V_{nS}'^H V_{mS}'^H+\beta\varepsilon V_{nG}'^H V_{mS}'^H}{u_1}\\&+\frac{\beta^2 V_{nG}'^H V_{mG}'^H+\beta\varepsilon V_{nS}'^H V_{mG}'^H}{u_1}+\frac{\lambda^2 V_{mS}'^{H^2}}{2u_2}+\frac{\alpha^2 V_{mG}'^H\left(2V_{nG}'^H+V_{mG}'^H\right)}{4u_3}\end{aligned}\right\}$$

（A.4.21）

$$\rho V_n^H(S,G)=\left\{\begin{aligned}&\left(\frac{\eta w(a-bw)}{2}-V_{nS}'^H\sigma\right)S+\left(\frac{\gamma w(a-bw)}{2}-V_{nG}'^H\delta\right)G\\&+\frac{\left(\varepsilon V_{nS}'^H+\beta V_{nG}'^H\right)^2}{2u_1}+\frac{\lambda^2 V_{mS}'^H V_{nS}'^H}{u_2}+\frac{\alpha^2\left(2V_{nG}'^H+V_{mG}'^H\right)\left(5V_{mG}'^H-2V_{nG}'^H\right)}{8u_3}\end{aligned}\right\}$$

（A.4.22）

根据式（A.4.21）、式（A.4.22）的结构，可假设最有价值函数 $V_m^H(S,G)$、$V_n^H(S,G)$ 关于 S 和 G 的线性解析式分别为

$$V_m^H(S,G)=r_1S+r_2G+r_3 \quad（A.4.23）$$

$$V_n^H(S,G)=t_1S+t_2G+t_3 \quad（A.4.24）$$

其中，r_1、r_2、r_3、t_1、t_2、t_3 为常数，将式（A.4.23）与式（A.4.24）对 S 和 G 的一阶偏导数代入式（A.4.21）、式（A.4.22），可得

$$\rho(r_1S+r_2G+r_3)=\left\{\begin{aligned}&\left(\frac{\eta(a-bw)^2}{4b}-r_1\sigma\right)S+\left(\frac{\gamma(a-bw)^2}{4b}-r_2\delta\right)G+\frac{\varepsilon^2 t_1r_1+\beta\varepsilon t_2r_1}{u_1}\\&+\frac{\beta^2 t_2r_2+\beta\varepsilon t_1r_2}{u_1}+\frac{\lambda^2 r_1^2}{2u_2}+\frac{\alpha^2 r_2(2t_2+r_2)}{4u_3}\end{aligned}\right\}$$

（A.4.25）

$$\rho(t_1S+t_2G+t_3)=\left\{\begin{aligned}&\left(\frac{\eta w(a-bw)}{2}-t_1\sigma\right)S+\left(\frac{\gamma w(a-bw)}{2}-t_2\delta\right)G+\frac{(\varepsilon t_1+\beta t_2)^2}{2u_1}\\&+\frac{\lambda^2 r_1t_1}{u_2}+\frac{\alpha^2(2t_2+r_2)(5r_2-2t_2)}{8u_3}\end{aligned}\right\}$$

（A.4.26）

由等式两边同类项系数相等，整理可得

$$
\begin{cases}
r_1 = \dfrac{\eta(a-bw)^2}{4b(\rho+\sigma)} \\
r_2 = \dfrac{\gamma(a-bw)^2}{4b(\rho+\delta)} \\
r_3 = \dfrac{\varepsilon^2 t_1 r_1 + \beta\varepsilon t_2 r_1}{u_1} + \dfrac{\beta^2 t_2 r_2 + \beta\varepsilon t_1 r_2}{u_1} + \dfrac{\lambda^2 r_1^2}{2u_2} + \dfrac{\alpha^2 r_2(2t_2+r_2)}{4u_3} \\
t_1 = \dfrac{\eta w(a-bw)}{2(\rho+\sigma)} \\
t_2 = \dfrac{\gamma w(a-bw)}{2(\rho+\delta)} \\
t_3 = \dfrac{(\varepsilon t_1 + \beta t_2)^2}{2u_1} + \dfrac{\lambda^2 r_1 t_1}{u_2} + \dfrac{\alpha^2(2t_2+r_2)(5r_2-2t_2)}{8u_3}
\end{cases} \tag{A.4.27}
$$

将式（A.4.27）代入式（A.4.20），可得命题 4.3 成立，由于$0 \leqslant bp \leqslant a$，命题 4.3 的条件是$0 < w \leqslant \dfrac{a}{b}$。

将其参数值代入式（A.4.23）、式（A.4.24），可得 OTA 与 TS 的最优价值函数分别为

$$
\begin{aligned}
V_m^H(S,G) = {} & \frac{\eta(a-bw)^2}{4b(\rho+\sigma)}S + \frac{\gamma(a-bw)^2}{4b(\rho+\delta)}G + \frac{\varepsilon^2 t_1 r_1 + \beta\varepsilon t_2 r_1}{u_1} \\
& + \frac{\beta^2 t_2 r_2 + \beta\varepsilon t_1 r_2}{u_1} + \frac{\lambda^2 r_1^2}{2u_2} + \frac{\alpha^2 r_2(2t_2+r_2)}{4u_3}
\end{aligned} \tag{A.4.28}
$$

$$
\begin{aligned}
V_n^H(S,G) = {} & \frac{\eta w(a-bw)}{2(\rho+\sigma)}S + \frac{\gamma w(a-bw)}{2(\rho+\delta)}G \\
& + \frac{(\varepsilon t_1 + \beta t_2)^2}{2u_1} + \frac{\lambda^2 r_1 t_1}{u_2} + \frac{\alpha^2(2t_2+r_2)(5r_2-2t_2)}{8u_3}
\end{aligned} \tag{A.4.29}
$$

在成本分担的斯塔克尔伯格博弈下，旅游服务供应链系统最优价值函数$V_{sc}^H(S,G)$为

$$
V_{sc}^H(S,G) = \left\{
\begin{aligned}
& \frac{\eta(a-bw)(a+bw)}{4b(\rho+\sigma)}S + \frac{\gamma(a-bw)(a+bw)}{4b(\rho+\sigma)}G + \frac{\varepsilon^2 t_1 r_1 + \beta\varepsilon t_2 r_1}{u_1} \\
& + \frac{\beta^2 t_2 r_2 + \beta\varepsilon t_1 r_2}{u_1} + \frac{(\varepsilon t_1 + \beta t_2)^2}{2u_1} + \frac{2\lambda^2 r_1 t_1 + \lambda^2 r_1^2}{2u_2} + \frac{\alpha^2(2t_2+r_2)(7r_2-2t_2)}{8u_3}
\end{aligned}
\right\} \tag{A.4.30}
$$

3. 命题 4.5 证明

采用逆向归纳法，假设存在一个连续有界微分函数 $V_{\mathrm{sc}}^{C}(S,G)$，对于所有的 $S \geqslant 0$ 、$G \geqslant 0$ 都满足 HJB 方程。

$$\rho V_{\mathrm{sc}}^{C}(S,G)=\max_{A,S_1,S_2,p}\left\{\begin{aligned}&p(a-bp)(\eta S+\gamma G)-\frac{u_1}{2}S_1{}^2-\frac{u_2}{2}S_2{}^2-\frac{u_3}{2}A^2\\&+V_{\mathrm{sc}S}'^{C}(S,G)(\varepsilon S_1+\lambda S_2-\sigma S)+V_{\mathrm{sc}G}'^{C}(S,G)(\alpha A+\beta S_1-\delta G)\end{aligned}\right\}$$

（A.4.31）

HJB 方程右侧为最大化函数表达式，为得到其具体形式，对花括号中的式子求解关于 A，S_1，S_2，p 的一阶偏导，得到最大化条件：

$$\begin{cases}A^C=\dfrac{\alpha V_{\mathrm{sc}G}'^{C}(S,G)}{u_3}\\S_1^C=\dfrac{\varepsilon V_{\mathrm{sc}S}'^{C}(S,G)+\beta V_{\mathrm{sc}G}'^{C}(S,G)}{u_1}\\S_2^C=\dfrac{\lambda V_{\mathrm{sc}S}'^{C}(S,G)}{u_2}\\P^C=\dfrac{a}{2b}\end{cases}\tag{A.4.32}$$

将式（A.4.32）代入式（A.4.31），整理得到

$$\rho V_{\mathrm{sc}}^{C}(S,G)=\left\{\begin{aligned}&\left(\frac{\eta a^2}{4b}-V_{\mathrm{sc}S}'^{C}\sigma\right)S+\left(\frac{\gamma a^2}{4b}-V_{\mathrm{sc}G}'^{C}\delta\right)G\\&+\frac{\left(\varepsilon V_{\mathrm{sc}S}'^{C}(S,G)+\beta V_{\mathrm{sc}G}'^{C}(S,G)\right)^2}{2u_1}+\frac{\lambda^2 V_{\mathrm{sc}S}'^{C}(S,G)^2}{2u_2}+\frac{\alpha^2 V_{\mathrm{sc}G}'^{C}(S,G)^2}{2u_3}\end{aligned}\right\}$$

（A.4.33）

根据式（A.4.33）的结构，可假设最优价值函数 $V_{\mathrm{sc}}^{C}(S,G)$ 关于 S 和 G 的线性解析式为

$$V_{\mathrm{sc}}^{C}(S,G)=r_1S+r_2G+r_3\tag{A.4.34}$$

其中，r_1、r_2、r_3 为常数，将式（A.4.34）对 S 和 G 的一阶偏导数代入式（A.4.31），可得

$$\rho(r_1S+r_2G+r_3)=\left(\frac{\eta a^2}{4b}-r_1\sigma\right)S+\left(\frac{\gamma a^2}{4b}-r_2\delta\right)G+\frac{(\varepsilon r_1+\beta r_2)^2}{2u_1}+\frac{\lambda^2 r_1{}^2}{2u_2}+\frac{\alpha^2 r_2{}^2}{2u_3}$$

（A.4.35）

整理可得

$$\begin{cases} r_1 = \dfrac{\eta a^2}{4b(\rho+\sigma)} \\ r_2 = \dfrac{\gamma a^2}{4b(\rho+\delta)} \\ r_3 = \dfrac{(\varepsilon r_1+\beta r_2)^2}{2u_1} + \dfrac{\lambda^2 r_1^2}{2u_2} + \dfrac{\alpha^2 r_2^2}{2u_3} \end{cases} \tag{A.4.36}$$

将式（A.4.36）代入式（A.4.32），可得命题 4.5 成立，由于$0 \leqslant bp \leqslant a$，命题 4.5 的条件是$0 < w \leqslant \dfrac{a}{b}$。

将式（A.4.36）代入式（A.4.34），可得供应链的最优价值函数分别为

$$V_{sc}^{C}(S,G) = \frac{\eta a^2}{4b(\rho+\sigma)}S + \frac{\gamma a^2}{4b(\rho+\delta)}G + \frac{(\varepsilon r_1+\beta r_2)^2}{2u_1} + \frac{\lambda^2 r_1^2}{2u_2} + \frac{\alpha^2 r_2^2}{2u_3} \tag{A.4.37}$$

4.6.2　推论证明

1. 推论 4.1 证明

（1）$\dfrac{\partial S_1^{N*}}{\partial \gamma} = \dfrac{\beta w(a-bw)}{2u_1(\rho+\delta)} > 0$，$\dfrac{\partial S_2^{N*}}{\partial \gamma} = 0$，$\dfrac{\partial A^{N*}}{\partial \gamma} = \dfrac{\alpha(a-bw)^2}{4bu_3(\rho+\delta)} > 0$。

（2）$\dfrac{\partial S_1^{N*}}{\partial \eta} = \dfrac{\varepsilon w(a-bw)}{2u_1(\rho+\sigma)} > 0$，$\dfrac{\partial S_2^{N*}}{\partial \eta} = \dfrac{\lambda(a-bw)^2}{4bu_2(\rho+\sigma)} > 0$，$\dfrac{\partial A^{N*}}{\partial \eta} = 0$。

（3）$\dfrac{\partial S_1^{N*}}{\partial w} = (a-2bw)\left(\dfrac{\varepsilon\eta}{2u_1(\rho+\sigma)} + \dfrac{\beta\gamma}{2u_1(\rho+\delta)}\right)$，当$\dfrac{a}{2b} < w < \dfrac{a}{b}$时，$\dfrac{\partial S_1^{N*}}{\partial w} < 0$，否则，$\dfrac{\partial S_1^{N*}}{\partial w} > 0$。

$\dfrac{\partial S_2^{N*}}{\partial w} = \dfrac{-\lambda\eta(a-bw)}{2u_2(\rho+\sigma)} < 0$。

$\dfrac{\partial A^{N*}}{\partial w} = -\dfrac{\alpha\gamma(a-bw)}{2(\delta+\rho)u_3} < 0$。

2. 推论 4.2 证明

（1）$\dfrac{\partial S_\infty^{N}}{\partial w} = \dfrac{-\eta\lambda^2(\delta+\rho)(a-bw)u_1 + \varepsilon\left(\varepsilon\eta(\delta+\rho)+\beta\gamma(\rho+\sigma)\right)(a-2bw)u_2}{2(\delta+\rho)\sigma(\rho+\sigma)u_1u_2}$，

$\frac{\partial^2 S_\infty^N}{\partial w^2}=\frac{b\eta\lambda^2(\delta+\rho)u_1-2b\varepsilon(\varepsilon\eta(\delta+\rho)+\beta\gamma(\rho+\sigma))u_2}{2(\delta+\rho)\sigma(\rho+\sigma)u_1u_2}$，如果 $\eta\lambda^2(\delta+\rho)u_1<2\varepsilon(\varepsilon\eta(\delta+\rho)+\beta\gamma(\rho+\sigma))u_2$，$\frac{\partial^2 S_\infty^N}{\partial w^2}<0$，$S_\infty^N(w=0)=\frac{\lambda^2\eta a^2}{4\sigma bu_2(\rho+\sigma)}>0$，$S_\infty^N\left(w=\frac{a}{b}\right)=0$，令 $w^{N_1}=\frac{a\eta\lambda^2(\delta+\rho)u_1-a\varepsilon(\varepsilon\eta(\delta+\rho)+\beta\gamma(\rho+\sigma))u_2}{b\eta\lambda^2(\delta+\rho)u_1-2b\varepsilon(\varepsilon\eta(\delta+\rho)+\beta\gamma(\rho+\sigma))u_2}$，如果 $\eta\lambda^2(\delta+\rho)u_1>\varepsilon(\varepsilon\eta(\delta+\rho)+\beta\gamma(\rho+\sigma))u_2$，那么 $w^{N_1}<0$，$\frac{\partial S_\infty^N}{\partial w}<0$；否则，如果 $w<w^{N_1}$，那么 $\frac{\partial S_\infty^N}{\partial w}>0$，否则，$\frac{\partial S_\infty^N}{\partial w}<0$，如果 $\eta\lambda^2(\delta+\rho)u_1>2\varepsilon(\varepsilon\eta(\delta+\rho)+\beta\gamma(\rho+\sigma))u_2$，那么 $\frac{\partial^2 S_\infty^N}{\partial w^2}>0$，$w^{N_1}>0$，$\frac{\partial S_\infty^N}{\partial w}<0$。

（2）

$\frac{\partial G_\infty^N}{\partial w}=\frac{-\alpha^2\gamma(\rho+\sigma)(a-bw)u_1+\beta(\varepsilon\eta(\delta+\rho)+\beta\gamma(\rho+\sigma))(a-2bw)u_3}{2\delta(\delta+\rho)(\rho+\sigma)u_1u_3}$，

$\frac{\partial^2 G_\infty^N}{\partial w^2}=\frac{b\alpha^2\gamma(\rho+\sigma)u_1-2b\beta(\varepsilon\eta(\delta+\rho)+\beta\gamma(\rho+\sigma))u_3}{2\delta(\delta+\rho)(\rho+\sigma)u_1u_3}$，如果 $\alpha^2\gamma(\rho+\sigma)u_1<2\beta(\varepsilon\eta(\delta+\rho)+\beta\gamma(\rho+\sigma))u_3$，那么 $\frac{\partial^2 G_\infty^N}{\partial w^2}<0$，$G_\infty^N(w=0)=\frac{\alpha^2\gamma a^2}{4\delta bu_3(\rho+\delta)}>0$，$G_\infty^N\left(w=\frac{a}{b}\right)=0$，令 $w^{N_2}=\frac{a\alpha^2\gamma(\rho+\sigma)u_1-a\beta(\varepsilon\eta(\delta+\rho)+\beta\gamma(\rho+\sigma))u_3}{b\alpha^2\gamma(\rho+\sigma)u_1-2b\beta(\varepsilon\eta(\delta+\rho)+\beta\gamma(\rho+\sigma))u_3}$，如果 $\alpha^2\gamma(\rho+\sigma)u_1>\beta(\varepsilon\eta(\delta+\rho)+\beta\gamma(\rho+\sigma))u_3$，那么 $w^{N_2}<0$，$\frac{\partial G_\infty^N}{\partial w}<0$；否则，如果 $w<w^{N_2}$，那么 $\frac{\partial G_\infty^N}{\partial w}>0$，否则，$\frac{\partial G_\infty^N}{\partial w}<0$，如果 $\alpha^2\gamma(\rho+\sigma)u_1>2\beta(\varepsilon\eta(\delta+\rho)+\beta\gamma(\rho+\sigma))u_3$，那么 $\frac{\partial^2 G_\infty^N}{\partial w^2}>0$，$w^{N_2}>0$，$\frac{\partial G_\infty^N}{\partial w}<0$。

3. 推论 4.3 证明

（1）$\frac{\partial S_1^{H*}}{\partial\gamma}=w(a-bw)\left(\frac{\beta}{2u_1(\rho+\delta)}\right)>0$，$\frac{\partial S_2^{H*}}{\partial\gamma}=0$，$\frac{\partial A^{H*}}{\partial\gamma}=\frac{\alpha(a-bw)(3bw+a)}{8bu_3(\rho+\delta)}>0$。

（2）　$\dfrac{\partial S_1^{H*}}{\partial \eta}=w(a-bw)\left(\dfrac{\varepsilon}{2u_1(\rho+\sigma)}\right)>0$　，　$\dfrac{\partial S_2^{H*}}{\partial \eta}=\dfrac{\lambda(a-bw)^2}{4bu_2(\rho+\sigma)}>0$　，$\dfrac{\partial A^{H*}}{\partial \eta}=0$。

（3）$\dfrac{\partial S_1^{H*}}{\partial w}=(a-2bw)\left(\dfrac{\varepsilon\eta}{2u_1(\rho+\sigma)}+\dfrac{\beta\gamma}{2u_1(\rho+\delta)}\right)$，当 $\dfrac{a}{2b}<w<\dfrac{a}{b}$ 时，则 $\dfrac{\partial S_1^{H*}}{\partial w}<0$，否则，$\dfrac{\partial S_1^{H*}}{\partial w}>0$。

$\dfrac{\partial S_2^{H*}}{\partial w}=\dfrac{-2\lambda\eta b(a-bw)}{4bu_2(\rho+\sigma)}<0$。

$\dfrac{\partial A^{H*}}{\partial w}=\dfrac{\alpha\gamma(a-3bw)}{4(\delta+\rho)u_3}$，当 $\dfrac{a}{3b}<w<\dfrac{a}{b}$ 时，则 $\dfrac{\partial A^{H*}}{\partial w}<0$，否则，$\dfrac{\partial A^{H*}}{\partial w}>0$。

$\dfrac{\partial \phi}{\partial w}=\dfrac{8ab}{(a+3bw)^2}>0$。

4. 推论 4.4 证明

（1）与推论 4.2（1）一致；

（2）

$\dfrac{\partial G_\infty^H}{\partial w}=\dfrac{\alpha^2\gamma(\rho+\sigma)(a-3bw)u_1+2\beta\left(\varepsilon\eta(\delta+\rho)+\beta\gamma(\rho+\sigma)\right)(a-2bw)u_3}{4\delta(\delta+\rho)(\rho+\sigma)u_1u_3}$，

$\dfrac{\partial^2 G_\infty^H}{\partial w^2}=-\dfrac{3b\alpha^2\gamma(\rho+\sigma)u_1+4b\beta\left(\varepsilon\eta(\delta+\rho)+\beta\gamma(\rho+\sigma)\right)u_3}{4\delta(\delta+\rho)(\rho+\sigma)u_1u_3}<0$　，　$G_\infty^S\left(w=\dfrac{a}{5b}\right)=\dfrac{2a^2\left(2\alpha^2\gamma(\rho+\sigma)u_1+\beta\left(\varepsilon\eta(\delta+\rho)+\beta\gamma(\rho+\sigma)\right)u_3\right)}{25b\delta(\delta+\rho)(\rho+\sigma)u_1u_3}>0$　，　$G_\infty^H\left(w=\dfrac{a}{b}\right)=0$　，　令 $w^{N_3}=\dfrac{a\alpha^2\gamma(\rho+\sigma)u_1+2a\beta\left(\varepsilon\eta(\delta+\rho)+\beta\gamma(\rho+\sigma)\right)u_3}{3b\alpha^2\gamma(\rho+\sigma)u_1+4b\beta\left(\varepsilon\eta(\delta+\rho)+\beta\gamma(\rho+\sigma)\right)u_3}$，当 $\dfrac{a}{5b}<w^{N_3}<\dfrac{a}{b}$ 时，如果 $\dfrac{a}{5b}<w<w^{N_3}$，那么 $\dfrac{\partial G_\infty^H}{\partial w}>0$；否则，$\dfrac{\partial G_\infty^H}{\partial w}<0$。

5. 推论 4.5 证明

（1）$\dfrac{\partial D_\infty^N}{\partial w}=\dfrac{(a-bw)F_1(w)}{8\delta(\delta+\rho)\sigma(\rho+\sigma)u_1u_2u_3}$，$F_1(w)=2(\delta\varepsilon\eta+\beta\gamma\sigma)\left(\varepsilon\eta(\delta+\rho)+\beta\gamma(\rho+\sigma)\right)(a-3bw)u_2u_3-3(a-bw)u_1\left(\alpha^2\gamma^2\sigma(\rho+\sigma)u_2+\delta\eta^2\lambda^2(\delta+\rho)u_3\right)$，

$F_1(w=0)=2a(\delta\varepsilon\eta+\beta\gamma\sigma)(\varepsilon\eta(\delta+\rho)+\beta\gamma(\rho+\sigma))u_2u_3-3au_1(\alpha^2\gamma^2\sigma(\rho+\sigma)u_2+\delta\eta^2\lambda^2(\delta+\rho)u_3)$，$F_1\left(w=\frac{a}{b}\right)=-4a(\delta\varepsilon\eta+\beta\gamma\sigma)(\varepsilon\eta(\delta+\rho)+\beta\gamma(\rho+\sigma))u_2u_3<0$，$\frac{\partial F_1(w)}{\partial w}=3bu_1(\alpha^2\gamma^2\sigma(\rho+\sigma)u_2+\delta\eta^2\lambda^2(\delta+\rho)u_3)-6b(\delta\varepsilon\eta+\beta\gamma\sigma)(\varepsilon\eta(\delta+\rho)+\beta\gamma(\rho+\sigma))u_2u_3$。

如果 $u_1(\alpha^2\gamma^2\sigma(\rho+\sigma)u_2+\delta\eta^2\lambda^2(\delta+\rho)u_3)>2(\delta\varepsilon\eta+\beta\gamma\sigma)(\varepsilon\eta(\delta+\rho)+\beta\gamma(\rho+\sigma))u_2u_3$，那么$\frac{\partial F_1(w)}{\partial w}>0$，$F_1(w=0)<0$，$\frac{\partial D_\infty^N}{\partial w}<0$。

如果 $u_1(\alpha^2\gamma^2\sigma(\rho+\sigma)u_2+\delta\eta^2\lambda^2(\delta+\rho)u_3)<2(\delta\varepsilon\eta+\beta\gamma\sigma)(\varepsilon\eta(\delta+\rho)+\beta\gamma(\rho+\sigma))u_2u_3$，那么 $\frac{\partial F_1(w)}{\partial w}<0$，$F_1(w=0)>0$，如果 $2(\delta\varepsilon\eta+\beta\gamma\sigma)(\varepsilon\eta(\delta+\rho)+\beta\gamma(\rho+\sigma))u_2u_3>3u_1(\alpha^2\gamma^2\sigma(\rho+\sigma)u_2+\delta\eta^2\lambda^2(\delta+\rho)u_3)$，令 $F_1(w=w_1)=0$，因此，如果 $w<w_1$，$\frac{\partial D_\infty^N}{\partial w}>0$，否则，$\frac{\partial D_\infty^N}{\partial w}<0$；$F_1(w=0)<0$，$\frac{\partial D_\infty^N}{\partial w}<0$。

（2）$\frac{\partial D_\infty^H}{\partial w}=\frac{(a-bw)F_2(w)}{16\delta(\delta+\rho)\sigma(\rho+\sigma)u_1u_2u_3}$，$F_2(w)=4(\delta\varepsilon\eta+\beta\gamma\sigma)(\varepsilon\eta(\delta+\rho)+\beta\gamma(\rho+\sigma))(a-3bw)u_2u_3+u_1(\alpha^2\gamma^2\sigma(\rho+\sigma)(a-9bw)u_2-6\delta\eta^2\lambda^2(\delta+\rho)(a-bw)u_3)$，$F_2\left(w=\frac{a}{5b}\right)=\frac{4}{5}a(2(\delta\varepsilon\eta+\beta\gamma\sigma)(\varepsilon\eta(\delta+\rho)+\beta\gamma(\rho+\sigma))u_2u_3-u_1(\alpha^2\gamma^2\sigma(\rho+\sigma)u_2++6\delta\eta^2\lambda^2(\delta+\rho)u_3))$，$F_2\left(w=\frac{a}{b}\right)=8au_2(-\alpha^2\gamma^2\sigma(\rho+\sigma)u_1-(\delta\varepsilon\eta+\beta\gamma\sigma)(\varepsilon\eta(\delta+\rho)+\beta\gamma(\rho+\sigma))u_3)<0$，$\frac{\partial F_2(w)}{\partial w}=3b(-4(\delta\varepsilon\eta+\beta\gamma\sigma)(\varepsilon\eta(\delta+\rho)+\beta\gamma(\rho+\sigma))u_2u_3+u_1(-3\alpha^2\gamma^2\sigma(\rho+\sigma)u_2+2\delta\eta^2\lambda^2(\delta+\rho)u_3))$。

如果 $u_1(2\delta\eta^2\lambda^2(\delta+\rho)u_3-3\alpha^2\gamma^2\sigma(\rho+\sigma)u_2)>4(\delta\varepsilon\eta+\beta\gamma\sigma)(\varepsilon\eta(\delta+\rho)+\beta\gamma(\rho+\sigma))u_2u_3$，那么$\frac{\partial F_2(w)}{\partial w}>0$，$F_2\left(w=\frac{a}{5b}\right)<0$，$\frac{\partial D_\infty^H}{\partial w}<0$。

如果 $u_1(2\delta\eta^2\lambda^2(\delta+\rho)u_3-3\alpha^2\gamma^2\sigma(\rho+\sigma)u_2)<4(\delta\varepsilon\eta+\beta\gamma\sigma)(\varepsilon\eta(\delta+\rho)+$

$\beta\gamma(\rho+\sigma))u_2u_3$，那么 $\dfrac{\partial F_2(w)}{\partial w}<0$，$F_2\left(w=\dfrac{a}{5b}\right)>0$，如果 $2(\delta\varepsilon\eta+\beta\gamma\sigma)$ $\left(\varepsilon\eta(\delta+\rho)+\beta\gamma(\rho+\sigma)\right)u_2u_3>u_1\left(\alpha^2\gamma^2\sigma(\rho+\sigma)u_2+6\delta\eta^2\lambda^2(\delta+\rho)u_3\right)$，令 $F_2(w=w_2)=0$，因此，如果 $w<w_2$，那么 $\dfrac{\partial D_\infty^H}{\partial w}>0$，否则，$\dfrac{\partial D_\infty^H}{\partial w}<0$；$F_2\left(w=\dfrac{a}{5b}\right)<0$，$\dfrac{\partial D_\infty^H}{\partial w}<0$。

6. 推论 4.6 证明

（1）$\dfrac{\partial S_1^{C*}}{\partial\gamma}=\dfrac{\beta a^2}{4bu_1(\rho+\delta)}>0$，$\dfrac{\partial A^{C*}}{\partial\gamma}=\dfrac{\alpha a^2}{4bu_3(\rho+\delta)}>0$；

（2）$\dfrac{\partial S_1^{C*}}{\partial\eta}=\dfrac{\varepsilon a^2}{4bu_1(\rho+\sigma)}>0$，$\dfrac{\partial S_2^{C*}}{\partial\eta}=\dfrac{\lambda a^2}{4bu_2(\rho+\sigma)}>0$。

7. 推论 4.7 证明

（1）$S_1^{C*}-S_1^{H*}=\left(\dfrac{\varepsilon\eta}{2u_1(\rho+\sigma)}+\dfrac{\beta\gamma}{2u_1(\rho+\delta)}\right)\left(\dfrac{a^2-2bw(a-bw)}{2b}\right)>0$；

（2）$S_2^{C*}-S_2^{H*}=\dfrac{b\eta\lambda w(2a-bw)}{4bu_2(\rho+\sigma)}>0$；

（3）$p^{H*}-p^{C*}=\dfrac{bw}{2b}>0$；

（4）$A^{H*}-A^{N*}=\dfrac{\alpha\gamma(a-bw)(5bw-a)}{8bu_3(\rho+\delta)}>0$，$A^{C*}-A^{N*}=\dfrac{\alpha\gamma\left(a^2-(a-bw)^2\right)}{4bu_3(\rho+\delta)}>0$，$A^{C*}-A^{S*}=\dfrac{\alpha\gamma b(a-bw)^2+2b^2w^2}{8bu_3(\rho+\delta)}>0$，因此，$A^{N*}<A^{H*}<A^{C*}$。

8. 推论 4.8 证明

（1）$S_\infty^H-S_\infty^C=\dfrac{\varepsilon\left(S_1^{H*}-S_1^{C*}\right)+\lambda\left(S_2^{H*}-S_2^{C*}\right)}{\sigma}<0$，

$$S(t)^H-S(t)^C=\left(S_\infty^H-S_\infty^C\right)\left(1-\mathrm{e}^{-\sigma t}\right)<0。$$

（2）$G_\infty^N-G_\infty^H=\dfrac{\alpha\left(A^{N*}-A^{H*}\right)+\beta\left(S_1^{N*}-S_1^{H*}\right)}{\delta}<0$，

$$G_\infty^H-G_\infty^C=\frac{\alpha\left(A^{H*}-A^{C*}\right)+\beta\left(S_1^{H*}-S_1^{C*}\right)}{\delta}<0，$$

$$G(t)^H - G(t)^C = \left(G_\infty^H - G_\infty^C\right)\left(1 - \mathrm{e}^{-\delta t}\right) < 0 \text{ ，}$$
$$G(t)^N - G(t)^H = \left(G_\infty^N - G_\infty^H\right)\left(1 - \mathrm{e}^{-\delta t}\right) < 0 \text{ 。}$$

9. 推论 4.9 证明

（1）$J_n^N(S,G) - J_n^H(S,G) = \dfrac{(5bw-a)(a-bw)^2\alpha^2\gamma^2\left(a\delta - bw(5\delta+8\rho)\right)}{128b^2\delta\rho(\delta+\rho)^2\mu_3} < 0$；

（2）$J_m^N(S,G) - J_m^H(S,G) = \dfrac{\alpha^2\gamma^2(\delta+2\rho)(a-5bw)(a-bw)^3}{64b^2\delta\rho(\delta+\rho)^2 u_3} < 0$；

（3） 令 $\varDelta = \dfrac{a}{bw}$ ， $1 < \varDelta < 5$ ， $J_{\mathrm{sc}}^C(S,G) - J_{\mathrm{sc}}^H(S,G) = \dfrac{\eta a^2}{4b(\rho+\sigma)}S_\infty^C +$

$$\frac{\gamma a^2}{4b(\rho+\delta)}G_\infty^C - \frac{\eta\left(a^2-b^2w^2\right)}{4b(\rho+\sigma)}S_\infty^H - \frac{\gamma\left(a^2-b^2w^2\right)}{4b(\rho+\delta)}G_\infty^H + \frac{b^2w^3}{4}\left(\frac{a\left(\varepsilon\eta(\delta+\rho)+\beta\gamma(\rho+\sigma)\right)^2}{8b\rho u_1(\delta+\rho)^2(\rho+\sigma)^2}\right.$$

$$\left.\left(\varDelta^3 - 4(\varDelta-1)^2\right) + w\left(\varDelta^4 - (\varDelta-1)^3(\varDelta+3)\right)\right) + \frac{\alpha^2\gamma^2b^4w^4}{32\rho u_3 b^2(\rho+\delta)^2}\left(\varDelta^4 - \frac{(\varDelta-1)^2(3\varDelta+1)(\varDelta+3)}{4}\right) > 0\text{。}$$

$$J_{\mathrm{sc}}^H(S,G) - J_{\mathrm{sc}}^N(S,G) = \frac{\eta b^2w^2\left(\varDelta^2-1\right)}{4b(\rho+\sigma)}\left(S_\infty^H - S_\infty^N\right) + \frac{\gamma b^2w^2\left(\varDelta^2-1\right)}{4b(\rho+\delta)}\left(G_\infty^H - G_\infty^N\right) -$$

$$\frac{\alpha^2\gamma^2b^4w^4(\varDelta-5)(\varDelta-1)^2(\varDelta+3)}{128b^2\rho(\delta+\rho)^2u_3} > 0 \text{ 。}$$

第5章　考虑游客绿色旅游体验的旅游服务供应链动态决策研究

5.1　概　　述

随着对绿色旅游渴望的加剧，游客在选择旅游产品时，除了考虑旅游产品的零售价格外，也开始关注旅游产品的绿色质量。在未购买或未使用绿色旅游产品前，游客通常对旅游产品的绿色质量存在预期，即对绿色旅游产品的预期绿色质量。预期的绿色质量与多种市场因素相关，如旅游产品的零售价格、商誉水平（Choi et al.，2019）及旅游企业的广告宣传等（Huang and Bai，2021）。在接触并使用绿色旅游产品的过程中，游客直接感知旅游产品的绿色质量，并产生对该绿色旅游产品的感知绿色质量（Rahman 和 Soesilo，2018）。游客感知的绿色质量主要依赖于旅游资源的初始绿色质量及旅游企业为提高旅游产品绿色度水平而进行的绿色技术投资。通过对比绿色旅游产品的预期绿色质量与感知绿色质量，游客获得绿色旅游产品的绿色旅游体验。当对旅游产品感知的绿色质量高于预期的绿色质量时，游客拥有积极的绿色旅游体验；当对旅游产品感知的绿色质量低于预期的绿色质量时，游客会产生名不副实的消极绿色旅游体验。值得注意的是，游客的绿色旅游体验是影响游客购买行为的不可忽略要素之一。

定价和广告是旅游企业提高收入的有效营销工具，也是影响游客购买行为的主要因素。由于实时性和高收益性，动态定价策略被广泛应用于交通运输业、医疗保健业、旅游业及电子商务等行业（He et al.，2018）。作为受气候条件和地理位置密切影响的服务性产品，对旅游产品实施动态定价策略，可有效调节游客与旅游产品的供需，缓解旅游旺季的旅游资源过度开发，提高旅游淡季的旅游资源利用率，促进旅游业的均衡发展。一个成功的广告策略可以有效地刺激消费者对产品的需求，提高产品的商誉水平，为企业带来更高的收益（Xie et al.，

2020）。旅游企业通过网站与电台等新媒体、报纸和杂志等传统媒体及海报张贴等方式对旅游产品进行广告宣传，向游客宣传绿色旅游产品信息，可有效地激励游客的购买行为。因此，研究绿色旅游企业的广告与动态定价策略具有重要意义。

游客的绿色旅游体验、旅游企业的广告、绿色技术投资及定价策略都极大地影响着游客的购买行为。因此，旅游企业应制定恰当的绿色技术投资策略，为游客提供更高绿色度水平的旅游产品，令游客产生正面的绿色旅游体验；积极策划广告活动，让游客充分了解绿色旅游产品，提高游客对产品和品牌的忠诚度；设置有吸引力的旅游产品零售价格，刺激游客的产品购买欲望。近年来，旅游实践中的广告与定价问题逐渐被学者们所关注，且有一部分文献对绿色旅游管理展开了相关研究。值得注意的是，随着旅游业的不断发展及游客绿色旅游偏好的日益突出，旅游企业的绿色技术投资及游客的绿色旅游体验成为影响游客购买行为的重要因素。然而，现有的文献研究却忽略了这两类关键的市场影响因素。本章考虑由绿色景区和旅行社组成的绿色旅游服务供应链，将绿色旅游企业的绿色技术投资、定价、广告决策和游客的绿色旅游体验纳入动态框架，分别建立集中、分散及收益共享情景下绿色景区与旅行社的微分博弈模型，探索不同情景下绿色旅游服务供应链成员的均衡绿色技术投资、广告及定价策略。更进一步地，分析游客绿色旅游体验关注水平、绿色景区门票价格及绿色旅行社收入占有比率对绿色旅游服务供应链均衡解的影响，并为绿色旅游管理者提供管理见解。

5.2 模型的符号与假设

面对游客递增的绿色旅游偏好及政府的可持续旅游发展政策，景区与旅行社通过开发并销售绿色旅游产品以实现旅游业的可持续发展并获得收益（Knobloch et al.，2017）。本章考虑由绿色景区和旅行社组成的绿色旅游服务供应链，其中景区通过投资绿色技术 $g(t)$ 实现旅游资源的绿色开发、设计与制造及维护，并向旅行社收取门票价格 w；旅行社投资绿色技术 $h(t)$ 对旅游资源进行绿色营销和消费，投入广告努力 $f(t)$ 宣传绿色旅游产品，并为游客提供零售价格为 $p(t)$ 的绿色旅游产品。绿色旅行社在宣布广告努力、绿色技术投资及旅游产品零售价格时，会考虑绿色景区的门票价格和绿色技术投资策略。因此，绿色景区与旅行社之间是以绿色景区为领导者，绿色旅行社为跟随者的斯塔克尔伯格博弈。绿色景区和旅行社的绿色技术投资可有效提升旅游产品的绿色度水平 $Q(t)$，刺激游客的旅游需求 $S(t)$，游客感知绿色旅游产品所产生的绿色旅游体验也极大地影响游客的购买行为。本章使用的符号如表 5.1 所示。

表 5.1　参数及符号说明

参数	释义
$g(t),h(t)$	绿色景区与旅行社的绿色技术投资
$f(t)$	绿色旅行社的广告努力
$p(t)$	绿色旅游产品的零售价格
$Q(t),G(t)$	旅游产品的绿色度水平及商誉水平
$q(t),\tilde{q}(t)$	游客的感知绿色质量与预期绿色质量
$S(t)$	游客对绿色旅游产品的需求
$C(g(t)),C(h(t))$	绿色景区与旅行社的绿色技术成本
$C(f(t))$	旅行社的广告成本
$V_S(t),V_R(t)$	绿色景区与旅行社的收入
ρ_1,ρ_2	旅游企业绿色技术投资对旅游产品绿色度水平的有效性
ξ,η	商誉水平对绿色旅行社广告努力及旅游产品绿色度水平的敏感性
k_1,k_2,k_3	游客需求对绿色旅游体验、旅游产品绿色度水平及商誉水平的敏感性
λ_3	旅游资源的初始绿色质量
λ_1,λ_2	旅游企业绿色技术投资对游客的感知绿色质量的有效性
δ,τ,r	旅游产品绿色度水平、商誉水平的衰减率及旅游企业的折损率
w	绿色景区的门票价格

假设 5.1：考虑游客的环保意识和绿色旅游偏好，绿色景区和旅行社在旅游资源的开发过程中积极投入绿色技术，以保护旅游资源、维护旅游生态环境，提高旅游产品的绿色度水平。同时，旅游产品的绿色度水平随着时间的推移而自然衰减。因此，旅游产品的绿色度水平可刻画为如下微分方程：

$$\begin{cases}\dot{Q}(t)=\rho_1 g(t)+\rho_2 h(t)-\delta Q(t)\\ Q(0)=Q_0\end{cases} \tag{5.1}$$

其中，$\dot{Q}(t)$ 表示旅游产品的绿色度水平；ρ_1 和 ρ_2 分别表示旅游产品绿色度水平对绿色景区与旅行社绿色技术投资的敏感性；$\delta>0$ 表示旅游产品绿色度水平的自然衰减率。

假设 5.2：绿色景区和旅行社的绿色技术投资可有效地缓解并避免旅游资源过度开发造成的自然环境恶化，提高旅游产品的绿色度水平，对绿色旅游产品的商誉产生积极影响。此外，旅游产品的商誉也受到绿色旅行社广告努力的积极影响（He et al.，2019b）。因此，绿色旅游产品的商誉水平可以描述为如下微分方程：

$$\begin{cases} \dot{G}(t) = \xi f(t) + \eta Q(t) - \tau G(t) \\ G(0) = G_0 \end{cases} \tag{5.2}$$

其中，$\dot{G}(t)$ 表示绿色旅游产品的商誉水平；ξ 和 η 分别表示产品商誉水平对绿色旅行社广告努力及旅游产品绿色度水平的敏感性；$\tau > 0$ 表示旅游产品商誉水平的衰减率。

假设 5.3：游客对旅游产品的感知绿色质量依赖于旅游资源的初始绿色质量，并与绿色景区和旅行社的绿色技术投资直接相关，具体形式如下：

$$q(t) = \lambda_1 g(t) + \lambda_2 h(t) + \lambda_3 \tag{5.3}$$

其中，λ_3 表示旅游资源的初始绿色质量；λ_1 和 λ_2 表示绿色景区与旅行社的绿色技术投资对游客感知绿色质量的有效性。

假设 5.4：与 He 等（2018）的研究类似，游客通常认为高商誉的绿色旅行社所提供的旅游产品具有更高的绿色品质，或者高商誉水平的旅游产品具有良好的绿色品质。因此，游客对绿色旅游产品的预期绿色质量可表示为

$$\tilde{q}(t) = \varphi G(t) \tag{5.4}$$

其中，$\varphi > 0$ 为与游客预期绿色质量相关的期望参数；φ 越高代表游客对绿色旅游产品的预期绿色质量越高。通过比较预期绿色质量和感知绿色质量，游客获得对旅游产品的绿色旅游体验，且具体表示为 $q(t) - \tilde{q}(t)$。当 $q(t) - \tilde{q}(t) \geqslant 0$ 时，游客对绿色旅游产品有正向的绿色旅游体验，认为绿色旅游产品值得购买，当 $q(t) - \tilde{q}(t) < 0$ 时，游客对绿色旅游产品的绿色旅游体验为负，认为绿色旅游产品名不副实。

假设 5.5：本章以价格因素与非价格因素可分离的乘法形式对绿色旅游产品的游客需求进行刻画，且将绿色旅游产品的游客需求具体表示为

$$S(t) = \left(a - bp(t)\right)\left(k_1\left(q(t) - \tilde{q}(t)\right) + k_2 Q(t) + k_3 G(t)\right) \tag{5.5}$$

其中，$a - bp(t)$ 表示价格因素；a 表示旅游产品的潜在游客需求；b 表示游客需求对绿色旅游产品价格的敏感性。同时，游客对绿色旅游产品的需求受游客的绿色旅游体验、旅游产品的商誉水平及绿色度水平等因素影响。因此，将非价格因素表示为 $k_1\left(q(t) - \tilde{q}(t)\right) + k_2 Q(t) + k_3 G(t)$，其中，$k_1$ 表示游客对绿色旅游体验的关注水平；k_2 表示旅游产品绿色度水平对游客需求的有效性，即游客对绿色旅游产品的偏好程度；k_3 表示商誉水平对游客需求的有效性，表现为游客对旅行社或旅游产品的品牌忠诚度。具体而言，$q(t) > \tilde{q}(t)$ 意味着游客的感知绿色质量高于预期绿色质量，游客对绿色旅游产品的需求增加（de Vos et al.，2019），否则，感知绿色质量低于预期绿色质量，游客对绿色旅游产品的需求降低。

假设 5.6：与 EI Ouardighi 等（2016）、de Giovanni（2011）的研究类似，假设绿色景区与旅行社的绿色技术成本及广告成本是绿色技术投资与广告努力的二次函数，且表示如下：

$$\begin{cases} C\left(g(t)\right)=\dfrac{g(t)^2}{2} \\ C\left(h(t)\right)=\dfrac{h(t)^2}{2} \\ C\left(f(t)\right)=\dfrac{f(t)^2}{2} \end{cases} \quad (5.6)$$

5.3　模型的构建、求解及分析

本节首先讨论在集中情景下绿色景区与旅行社的最优广告、绿色技术投资与定价决策，该情景下的绿色景区与旅行社进行合作决策以最大化绿色旅游服务供应链的利润。其次，考虑一个分散的情景，绿色景区先宣布绿色技术投资 $g(t)$，绿色旅行社稍后决定绿色技术投资 $h(t)$、广告努力 $f(t)$ 与绿色旅游产品零售价格 $p(t)$。在分散情景中，绿色景区是斯塔克尔伯格博弈领导者，旅行社是跟随者，两者进行非合作决策以最大化各自的利益。最后，设计绿色景区与旅行社间的收入共享契约，θ 表示绿色旅行社对每单位收入的占有比率，$1-\theta$ 表示绿色景区对绿色旅行社每单位收入的分摊比率。换言之，绿色旅行社除了向绿色景区支付门票价格外，还需向绿色景区分享其自身收益的一定百分比。针对上述三种不同的供应链情景，分别用上标 C、D 和 N 表示。

5.3.1　集中情景

在集中情景下的绿色景区与旅行社垂直整合为一个绿色旅游服务供应链系统。在最大化系统利润的前提下，绿色景区与旅行社合作决策最优绿色技术投资、广告努力及零售价格。该情景下绿色旅游服务供应链成员的目标函数为

$$\max_{p,g,h,f} V^C(t)=\int_0^{\infty} \mathrm{e}^{-rt}\begin{Bmatrix} \left(k_1\left(q(t)-\tilde{q}(t)\right)+k_2Q(t)+k_3G(t)\right) \\ \times p(t)\left(a-bp(t)\right)-\dfrac{g^2(t)}{2}-\dfrac{h^2(t)}{2}-\dfrac{f^2(t)}{2} \end{Bmatrix}\mathrm{d}t \quad (5.7)$$

在集中情景下绿色景区与旅行社在无限时域内的微分对策刻画为式（5.1）~式（5.7）。上述微分对策包含两个状态变量，分别为旅游产品的绿色度水平 $Q^C(t)$ 及商誉水平 $G^C(t)$；四个控制变量，分别是绿色景区与旅行社的绿色技术投资 $g^C(t)$ 和 $h^C(t)$、旅游产品零售价格 $p^C(t)$ 及绿色旅行社广告努力 $f^C(t)$。运用最优控制理论，可得在集中情景下绿色景区与旅行社的均衡策略如命题 5.1 所示。

命题 5.1：在集中情景下绿色景区的最优绿色技术投资为

$$g^{C*}=\frac{k_1\lambda_1a^2}{4b}+\frac{a^2\big((r+\tau)k_2+(k_3-k_1\varphi)\eta\big)\rho_1}{4b(r+\delta)(r+\tau)} \tag{5.8}$$

绿色旅行社的最优绿色技术投资、广告努力与零售价格分别为

$$\begin{cases}h^{C*}=\dfrac{k_1\lambda_2a^2}{4b}+\dfrac{a^2\big((r+\tau)k_2+(k_3-k_1\varphi)\eta\big)\rho_2}{4b(r+\delta)(r+\tau)}\\[2ex] f^{C*}=\dfrac{a^2(k_3-k_1\varphi)\xi}{4b(r+\tau)}\\[2ex] p^{C*}=\dfrac{a}{2b}\end{cases} \tag{5.9}$$

旅游产品的最优绿色度水平及商誉水平分别为

$$\begin{cases}Q^{C*}(t)=Q_\infty^C+\left(Q_0-Q_\infty^C\right)\mathrm{e}^{-\delta t}\\[1ex] G^{C*}(t)=G_\infty^C+\dfrac{\eta}{(\tau-\delta)}\left(Q_0-Q_\infty^C\right)\mathrm{e}^{-\delta t}+\left(G_0-G_\infty^C-\dfrac{\eta\left(Q_0-Q_\infty^C\right)}{(\tau-\delta)}\right)\mathrm{e}^{-\tau t}\end{cases} \tag{5.10}$$

绿色旅游服务供应链的最大利润为

$$\begin{aligned}V^{C*}(t)=&\frac{a^2\big((r+\tau)k_2+(k_3-k_1\varphi)\eta\big)}{4b(r+\delta)(r+\tau)}\times Q^{C*}(t)+\frac{a^2(k_3-k_1\varphi)}{4b(r+\tau)}\times G^{C*}(t)\\ &+\frac{k_1a^4(\rho_1\lambda_1+\rho_2\lambda_2)\big((r+\tau)k_2+(k_3-k_1\varphi)\eta\big)}{16rb^2(r+\delta)(r+\tau)}+\frac{a^4(k_3-k_1\varphi)^2\xi^2}{32rb^2(r+\tau)^2}\\ &+\frac{a^4\left(\rho_1^2+\rho_2^2\right)\big((r+\tau)k_2+(k_3-k_1\varphi)\eta\big)^2}{32rb^2(r+\delta)^2(r+\tau)^2}\\ &+\frac{a^2}{4br}\left(k_1\lambda_3+\frac{a^2k_1^{\,2}\lambda_1^{\,2}}{8b}+\frac{k_1^{\,2}\lambda_2^{\,2}a^2}{8b}\right)\end{aligned} \tag{5.11}$$

其中，

$$Q_{\infty}^{C}=\frac{(r+\delta)(r+\tau)(\rho_1+\rho_2)k_1\lambda_1 a^2+((r+\tau)k_2+(k_3-k_1\varphi)\eta)\rho_1 a^2(\rho_1^{\ 2}+\rho_2^{\ 2})}{4b(r+\delta)(r+\tau)\delta} \tag{5.12}$$

$$G_{\infty}^{C}=\frac{\begin{pmatrix}a^2\delta(r+\delta)(k_3-k_1\varphi)\xi^2+\eta(r+\delta)(r+\tau)(\rho_1+\rho_2)k_1\lambda_1 a^2\\+((r+\tau)k_2+(k_3-k_1\varphi)\eta)\eta\rho_1 a^2(\rho_1^{\ 2}+\rho_2^{\ 2})\end{pmatrix}}{4b(r+\delta)(r+\tau)\delta\tau} \tag{5.13}$$

命题 5.1 表明，在集中情景下绿色旅游服务供应链的均衡解随时间保持不变。因此，绿色旅游管理者可以设置固定的旅游产品零售价格、绿色技术投资及广告努力。较高的旅游企业绿色技术投资对旅游产品绿色度水平及游客感知绿色质量的有效性正向激励绿色景区与旅行社的绿色技术活动。此外，较高的商誉水平对旅行社广告努力的敏感性正向激励绿色旅行社的广告活动。为确保绿色旅行社非负的广告努力，假设 $k_3>k_1\varphi$ 恒成立。

推论 5.1：在集中情景下绿色旅游服务供应链环境参数对供应链成员最优决策影响如下：

（1）$\frac{\partial g^{C*}}{\partial \rho_1}>0$，$\frac{\partial h^{C*}}{\partial \rho_2}>0$。

（2）$\frac{\partial f^{C*}}{\partial \xi}>0$，$\frac{\partial g^{C*}}{\partial \eta}>0$，$\frac{\partial h^{C*}}{\partial \eta}>0$。

（3）当 $\lambda_1(r+\tau)(r+\delta)>\varphi\eta\rho_1$ 时，$\frac{\partial h^{C*}}{\partial k_1}>0$；否则，$\frac{\partial h^{C*}}{\partial k_1}<0$。

（4）当 $\lambda_2(r+\tau)(r+\delta)>\varphi\eta\rho_2$ 时，$\frac{\partial h^{C*}}{\partial k_1}>0$；否则，$\frac{\partial h^{C*}}{\partial k_1}<0$。

（5）$\frac{\partial f^{C*}}{\partial k_1}<0$，$\frac{\partial g^{C*}}{\partial k_2}>0$，$\frac{\partial h^{C*}}{\partial k_2}>0$。

（6）$\frac{\partial f^{C*}}{\partial k_3}>0$，$\frac{\partial g^{C*}}{\partial k_3}>0$，$\frac{\partial h^{C*}}{\partial k_3}>0$。

推论 5.1 指出，当旅游企业的绿色技术投资对旅游产品绿色度水平的提升更有效时，绿色景区和旅行社最好加大对绿色技术的投资以提升旅游产品的绿色度水平。同时，当旅游产品的商誉水平关于绿色旅行社的广告努力和旅游产品的绿色度水平的敏感性增加时，绿色景区和旅行社应增加对绿色技术的投资，另外，旅行社应加大广告活动力度。当 $\lambda_1(r+\tau)(r+\delta)>\varphi\eta\rho_1$ 与 $\lambda_2(r+\tau)(r+\delta)>\varphi\eta\rho_2$ 成立时，随着游客绿色旅游体验关注水平的提升，绿色景区和旅行社最好增加对绿色技术的投资。此外，当游客需求对游客的绿色旅游体验更敏感时，绿色旅行社应减少广告活动的力度。总的来说，当游客更关注绿色旅游产品的绿色度水平时，绿色景区与旅行社最好进行更多的绿色技术投资以提高旅游产品的绿色度水平，当游客更注重绿色旅游产品的商誉水平时，绿色旅游服务供应链成员应在大力开展绿色技术活动的同时增加广告活动的力度。

5.3.2 分散情景

在分散情景下的绿色景区与旅行社进行斯塔克尔伯格博弈，绿色景区为领导者，绿色旅行社为跟随者。以最大化各自的利润为前提，绿色景区首先宣布绿色技术投资 $g^D(t)$，其次，绿色旅行社决定广告努力、绿色技术投资 $h^D(t)$ 及绿色旅游产品零售价格。该情景下绿色景区与旅行社的目标函数分别为

$$\max_g V_S^D(t)=\int_0^\infty \mathrm{e}^{-rt}\left\{\begin{aligned}&\Big(k_1\big(q(t)-\tilde{q}(t)\big)+k_2Q(t)+k_3G(t)\Big)\\&\times w\big(a-bp(t)\big)-\frac{g^2(t)}{2}\end{aligned}\right\}\mathrm{d}t \tag{5.14}$$

$$\max_{p,h,f} V_R^D(t)=\int_0^\infty \mathrm{e}^{-rt}\left\{\begin{aligned}&\Big(k_1\big(q(t)-\tilde{q}(t)\big)+k_2Q(t)+k_3G(t)\Big)\\&\times\big(p(t)-w\big)\big(a-bp(t)\big)-\frac{h^2(t)}{2}-\frac{f^2(t)}{2}\end{aligned}\right\}\mathrm{d}t \tag{5.15}$$

在分散情景下绿色景区与旅行社在无限时域内的微分对策刻画为式（5.1）、式（5.14）和式（5.15）。上述微分对策包含旅游产品的绿色度水平 $Q^D(t)$、商誉水平 $G^D(t)$ 等两个状态变量，以及绿色景区与旅行社的绿色技术投资 $g^D(t)$ 和 $h^D(t)$、旅游产品零售价格 $p^D(t)$ 及绿色旅行社广告努力 $f^D(t)$ 等四个控制变量。运用最优控制理论，可得分散情景下绿色景区与旅行社的均衡策略如命题 5.2 所示。

命题 5.2：在分散情景下绿色景区的最优绿色技术投资为

$$g^{D*}=\frac{w(a-wb)k_1\lambda_1}{2}+\frac{\rho_1 w(a-wb)\big((r+\tau)k_2+(k_3-k_1\varphi)\eta\big)}{2(r+\delta)(r+\tau)} \tag{5.16}$$

绿色旅行社的最优绿色技术投资、广告努力与零售价格分别为

$$\begin{cases}h^{D*}=\dfrac{k_1\lambda_2(a-wb)^2}{4b}+\dfrac{\rho_2(a-wb)^2\big((r+\tau)k_2+(k_3-k_1\varphi)\eta\big)}{4b(r+\tau)(r+\delta)}\\[2ex] f^{D*}=\dfrac{\xi(a-wb)^2(k_3-k_1\varphi)}{4b(r+\tau)}\\[2ex] p^{D*}=\dfrac{a+wb}{2b}\end{cases} \tag{5.17}$$

旅游产品的最优绿色度水平及商誉水平分别为

$$\begin{cases} Q^{D*}(t) = Q_\infty^D + \left(Q_0 - Q_\infty^D\right)\mathrm{e}^{-\delta t} \\ G^{D*}(t) = G_\infty^D + \dfrac{\eta}{(\tau-\delta)}\left(Q_0 - Q_\infty^D\right)\mathrm{e}^{-\delta t} + \left(G_0 - G_\infty^D - \dfrac{\eta\left(Q_0 - Q_\infty^D\right)}{(\tau-\delta)}\right)\mathrm{e}^{-\tau t} \end{cases} \tag{5.18}$$

绿色景区与旅行社的最大利润分别为

$$\begin{aligned} V_S^{D*}(t) = & \frac{w(a-wb)\left((r+\tau)k_2 + (k_3 - k_1\varphi)\eta\right)}{2(r+\delta)(r+\tau)} \times Q^{D*}(t) + \frac{w(a-wb)(k_3 - k_1\varphi)}{2(r+\tau)} \\ & \times G^{D*}(t) + \frac{\alpha_{21}k_1(a-wb)}{2r}\left(\rho_1\lambda_1 w + \frac{\rho_2\lambda_2(a-wb)}{2b}\right) \\ & + \frac{\alpha_{21}^2\rho_1{}^2 + 2\beta_{21}\beta_{22}\xi^2 + 2\alpha_{21}\alpha_{22}\rho_2^2}{2r} + \frac{\alpha_{22}k_1\lambda_2\rho_2 w(a-wb)}{2r} \\ & + \frac{w(a-wb)}{2r}\left(k_1\lambda_3 + \frac{w(a-wb)k_1{}^2\lambda_1{}^2}{4} + \frac{k_1{}^2\lambda_2{}^2(a-wb)^2}{4b}\right) \end{aligned} \tag{5.19}$$

$$\begin{aligned} V_R^{D*}(t) = & \frac{(a-wb)^2\left((r+\tau)k_2 + (k_3 - k_1\varphi)\eta\right)}{4b(r+\tau)(r+\delta)} \times Q^{D*}(t) + \frac{(a-wb)^2(k_3 - k_1\varphi)}{4b(r+\tau)} \\ & \times G^{D*}(t) + \frac{\alpha_{22}k_1(a-wb)}{2r}\left(\rho_1\lambda_1 w + \frac{\rho_2\lambda_2(a-wb)}{2b}\right) + \frac{\alpha_{21}k_1\lambda_1\rho_1(a-wb)^2}{4br} \\ & + \frac{\alpha_{22}^2\rho_2{}^2 + \beta_{22}^2\xi^2 + 2\alpha_{21}\alpha_{22}\rho_1^2}{2r} \\ & + \frac{(a-wb)^2}{4br}\left(k_1\lambda_3 + \frac{w(a-wb)k_1{}^2\lambda_1{}^2}{2} + \frac{k_1{}^2\lambda_2{}^2(a-wb)^2}{8b}\right) \end{aligned} \tag{5.20}$$

其中，

$$Q_\infty^D = \frac{\begin{pmatrix} (a-wb)(r+\delta)(r+\tau)\left(2\rho_1\lambda_1 wb + \rho_2\lambda_2(a-wb)\right)k_1 \\ +(a-wb)\left((r+\tau)k_2 + (k_3 - k_1\varphi)\eta\right)\left(2\rho_1^2 wb + \rho_2^2(a-wb)\right) \end{pmatrix}}{4b(r+\delta)(r+\tau)\delta} \tag{5.21}$$

$$G_\infty^D = \frac{\begin{pmatrix} \xi^2(a-wb)^2(r+\delta)(k_3-k_1\varphi)\delta \\ +\eta k_1(a-wb)(r+\delta)(r+\tau)(2\rho_1\lambda_1 wb+\rho_2\lambda_2(a-wb)) \\ +\eta(a-wb)((r+\tau)k_2+(k_3-k_1\varphi)\eta)(2\rho_1^2 wb+\rho_2^2(a-wb)) \end{pmatrix}}{4b\tau(r+\delta)(r+\tau)\delta} \tag{5.22}$$

命题 5.2 显示在分散情景下绿色旅游服务供应链的均衡解随时间保持不变。不难发现，与集中情景相比，在分散情景中的绿色旅行社提高了绿色旅游产品的零售价格，降低了绿色技术投资和广告努力。这是在分散情景下的绿色旅游服务供应链成员追求各自利润的最大化，因此，绿色旅行社不会毫无保留地做广告宣传绿色景区的绿色旅游产品。此外，为追求更高的个人收益，绿色旅行社为绿色旅游产品设定较高的零售价格。

推论 5.2：在分散情景下绿色景区的门票价格对供应链成员最优决策的影响如下：

（1）$\dfrac{\partial g^{D*}}{\partial w}>0$；

（2）$\dfrac{\partial p^{D*}}{\partial w}>0$，$\dfrac{\partial f^{D*}}{\partial w}<0$，$\dfrac{\partial h^{D*}}{\partial w}<0$。

推论 5.2 显示，绿色景区的绿色技术投资随着门票价格的增加而增加。原因在于当绿色景区设定更高的门票价格时，也有责任为游客提供更高绿色度水平/绿色质量的旅游产品，因此，绿色景区选择增加对绿色技术的投资。相比之下，推论 5.2 显示当绿色景区的门票价格上涨时，绿色旅行社选择降低其绿色技术投资与广告努力。这是因为较高的门票价格降低了绿色旅行社的利润，因此，绿色旅行社选择降低绿色技术投资与广告活动力度，以减少绿色技术与广告活动支出。同时，绿色旅行社选择提升绿色旅游产品的零售价格。这是由于面对绿色景区较高的门票价格，绿色旅行社不得不设定较高的绿色旅游产品零售价格以维持利润。

5.3.3 收益共享情景

与分散情景类似，在收益共享情景下的绿色景区与旅行社进行斯塔克尔伯格博弈，并最大化各自的利润。绿色景区宣布其绿色技术投资 $g^N(t)$、绿色旅行社设定广告努力 $f^N(t)$、绿色技术投资 $h^N(t)$ 及绿色旅游产品的零售价格 $p^N(t)$。在收益共享情景中，绿色旅行社除了向绿色景区支付每单位的门票价格外，还需分享其收入的一定比例。该情景下绿色景区与旅行社的目标函数分别为

$$\max_g V_S^N(t)=\int_0^\infty \mathrm{e}^{-rt}\left\{\begin{aligned}&((1-\theta)p(t)+w)\\&k_1(q(t)-\tilde{q}(t))\times(a-bp(t))+k_2Q(t)+k_3G(t)-\frac{g^2(t)}{2}\end{aligned}\right\}\mathrm{d}t \tag{5.23}$$

$$\max_{p,h,f} V_R^N(t)=\int_0^\infty \mathrm{e}^{-rt}\left\{\begin{aligned}&(k_1(q(t)-\tilde{q}(t))+k_2Q(t)+k_3G(t))\\&\times(\theta p(t)-w)(a-bp(t))-\frac{h^2(t)}{2}-\frac{f^2(t)}{2}\end{aligned}\right\}\mathrm{d}t \tag{5.24}$$

在收益共享情景下绿色景区与旅行社在无限时域内的微分对策刻画为式（5.23）和式（5.24）。上述微分对策包含旅游产品的绿色度水平 $Q^N(t)$、商誉水平 $Q^N(t)$ 等两个状态变量，以及绿色景区与旅行社的绿色技术投资 $g^N(t)$ 和 $h^N(t)$、旅游产品零售价格 $p^N(t)$ 及绿色旅行社广告努力 $f^N(t)$ 等四个控制变量。运用最优控制理论，可得收益共享情景下绿色景区与旅行社的均衡策略如命题 5.3 所示。

命题 5.3： 在收益共享情景下绿色景区的最优绿色技术投资为

$$\begin{aligned}g^{N*}=&\frac{(a\theta(1-\theta)+wb(1+\theta))(a\theta-wb)k_1\lambda_1}{4b\theta^2}\\&+\frac{(a\theta(1-\theta)+wb(1+\theta))(a\theta-wb)((r+\tau)k_2+(k_3-k_1\varphi)\eta)\rho_1}{4b(r+\tau)(r+\delta)\theta^2}\end{aligned} \tag{5.25}$$

绿色旅行社的最优绿色技术投资、广告努力与零售价格分别为

$$\begin{cases}h^{N*}=\dfrac{k_1\lambda_2(a\theta-wb)^2}{4b\theta}+\dfrac{\rho_2(a\theta-wb)^2((r+\tau)k_2+(k_3-k_1\varphi)\eta)}{4b(r+\tau)(r+\delta)\theta}\\[2ex] f^{N*}=\dfrac{(a\theta-wb)^2(k_3-k_1\varphi)\xi}{4b(r+\tau)\theta}\\[2ex] p^{N*}=\dfrac{a\theta+wb}{2b\theta}\end{cases} \tag{5.26}$$

旅游产品的最优绿色度水平及商誉水平分别为

$$\begin{cases}Q^{N*}(t)=Q_\infty^N+(Q_0-Q_\infty^N)\mathrm{e}^{-\delta t}\\[1ex] G^{N*}(t)=G_\infty^N+\dfrac{\eta}{(\tau-\delta)}(Q_0-Q_\infty^N)\mathrm{e}^{-\delta t}+\left(G_0-G_\infty^D-\dfrac{\eta(Q_0-Q_\infty^N)}{(\tau-\delta)}\right)\mathrm{e}^{-\tau t}\end{cases} \tag{5.27}$$

绿色景区与旅行社的最大利润分别为

$$V_S^{N*}(t)=\frac{\left(a\theta(1-\theta)+wb(1+\theta)\right)(a\theta-wb)\left((r+\tau)k_2+(k_3-k_1\varphi)\eta\right)}{4b(r+\tau)(r+\delta)\theta^2}Q^{N*}(t)$$
$$+\frac{\alpha_{31}^2\rho_1^2+2\beta_{31}\beta_{32}\xi^2+2\alpha_{31}\alpha_{32}\rho_2^2}{2r}$$
$$+\frac{\left(a\theta(1-\theta)+wb(1+\theta)\right)(a\theta-wb)(k_3-k_1\varphi)}{4b(r+\tau)\theta^2}G^{N*}(t)$$
$$+\frac{\left(a\theta(1-\theta)+wb(1+\theta)\right)(a\theta-wb)k_1\lambda_2\rho_2\alpha_{32}}{4br\theta^2}$$
$$+\frac{k_1(a\theta-wb)\alpha_{31}}{4br\theta}\left(\frac{\rho_1\lambda_1\left(a\theta(1-\theta)+wb(1+\theta)\right)}{\theta}+\rho_2\lambda_2(a\theta-wb)\right)$$
$$+\frac{\left(a\theta(1-\theta)+wb(1+\theta)\right)(a\theta-wb)}{4br\theta^2}$$
$$\times\left(k_1\lambda_3+\frac{k_1^2\lambda_2^2(a\theta-wb)^2}{4b\theta}+\frac{\left(a\theta(1-\theta)+wb(1+\theta)\right)(a\theta-wb)k_1^2\lambda_1^2}{8b\theta^2}\right)$$

（5.28）

$$V_R^{N*}(t)=\frac{(a\theta-wb)^2\left((r+\tau)k_2+(k_3-k_1\varphi)\eta\right)}{4b(r+\tau)(r+\delta)\theta}\times Q^{N*}(t)$$
$$+\frac{(a\theta-wb)^2(k_3-k_1\varphi)}{4b(r+\tau)\theta}\times G^{N*}(t)$$
$$+\frac{k_1\lambda_1\rho_1(a\theta-wb)^2\alpha_{31}}{4br\theta}$$
$$+\left(\frac{\rho_1\lambda_1\left(a\theta(1-\theta)+wb(1+\theta)\right)}{\theta}+\rho_2\lambda_2(a\theta-wb)\right)$$
$$\times\frac{k_1(a\theta-wb)\alpha_{32}}{4br\theta}$$
$$+\frac{\alpha_{32}^2\rho_2^2+\beta_{32}^2\xi^2}{2r}+\frac{\alpha_{31}\alpha_{32}\rho_1^2}{r}+\frac{(a\theta-wb)^2}{4br\theta}$$
$$\left(k_1\lambda_3+\frac{\left(a\theta(1-\theta)+wb(1+\theta)\right)(a\theta-wb)k_1^2\lambda_1^2}{4b\theta^2}+\frac{k_1^2\lambda_2^2(a\theta-wb)^2}{8b\theta}\right)$$

（5.29）

其中，

$$Q_\infty^N=\frac{\begin{array}{l}(r+\tau)(r+\delta)\left(\dfrac{\big(a\theta(1-\theta)+wb(1+\theta)\big)(a\theta-wb)\lambda_1\rho_1}{\theta}+\lambda_2(a\theta-wb)^2\rho_2\right)k_1\\+\big((r+\tau)k_2+(k_3-k_1\varphi)\eta\big)\left(\dfrac{\big(a\theta(1-\theta)+wb(1+\theta)\big)(a\theta-wb)\rho_1^2}{\theta}+(a\theta-wb)^2\rho_2^2\right)\end{array}}{4b\delta(r+\tau)(r+\delta)\theta}\tag{5.30}$$

$$G_\infty^N=\frac{\begin{array}{l}\delta(r+\delta)(a\theta-wb)^2(k_3-k_1\varphi)\xi^2\\+\eta(r+\tau)(r+\delta)\left(\dfrac{\big(a\theta(1-\theta)+wb(1+\theta)\big)(a\theta-wb)\lambda_1\rho_1}{\theta}+\lambda_2(a\theta-wb)^2\rho_2\right)k_1\\+\eta\big((r+\tau)k_2+(k_3-k_1\varphi)\eta\big)\left(\dfrac{\big(a\theta(1-\theta)+wb(1+\theta)\big)(a\theta-wb)\rho_1^2}{\theta}+(a\theta-wb)^2\rho_2^2\right)\end{array}}{4b\delta(r+\tau)(r+\delta)\theta\tau}\tag{5.31}$$

命题 5.3 指出，在收益共享情景下绿色旅游服务供应链的均衡解随时间保持不变。与分散情景相比，收益共享情景中的绿色旅行社提高了绿色旅游产品的零售价格。

推论 5.3：在收益共享情景下旅行社收入占有比率对供应链成员最优决策影响如下：

（1）$\dfrac{\partial p^{N*}}{\partial\theta}<0$；

（2）当 $\dfrac{wb}{a}<\theta<1$ 时，$\dfrac{\partial h^{N*}}{\partial\theta}>0$，$\dfrac{\partial f^{N*}}{\partial\theta}>0$；否则，$\dfrac{\partial h^{N*}}{\partial\theta}<0$，$\dfrac{\partial f^{N*}}{\partial\theta}<0$。

（3）当

$$0<\theta<\frac{(wb)^2}{\sqrt[3]{3\left(3a^2bw\right)^2+\sqrt{\left(9a^4b^2w^2\right)^2-3a^6b^6w^6}}}+\frac{\sqrt[3]{\left(3a^2bw\right)^2+\sqrt{\left(9a^4b^2w^2\right)^2-3a^6b^6w^6}}}{\sqrt[3]{9}+a^2}$$

时，$\dfrac{\partial g^{N*}}{\partial\theta}>0$；否则，$\dfrac{\partial g^{N*}}{\partial\theta}<0$。

推论 5.3 指出，绿色旅游产品的零售价格随着旅行社收入占有比率的增加而减少。这是因为当绿色景区的利润分摊率降低时，旅行社总是愿意降低绿色旅游产品的零售价格以提高游客需求。当绿色旅行社的收入占有比率满足$\frac{wb}{a}<\theta<1$时，其绿色技术投资和广告努力随着θ的增加而增加。这是因为当绿色旅行社的收入占有比率相对较大时，旅行社更愿意加大广告宣传力度和绿色技术活动力度，以提高旅游产品的绿色度水平和商誉水平，从而提升绿色旅游产品的销量，增加利润。另外，当绿色旅行社的收入占有比率满足式（5.32）时，绿色景区的绿色技术投资随着旅行社收入占有比率的增加而增加。这是因为在绿色旅行社收入占有比率较低的情况下，绿色景区分享了绿色旅行社的大部分收益，因此，绿色景区愿意加大对绿色技术的投资，生产高绿色度水平的旅游产品。相反地，当绿色旅行社的收入占有比率相对较大时，绿色景区的利润共享率较低，因此，绿色景区选择减少对绿色技术的投资以降低绿色技术成本。

5.3.4 结果分析

本节对三种不同情景下绿色景区与旅行社的最优决策比较分析，并对均衡的旅游产品零售价格、旅行社广告努力、绿色旅游服务供应链绿色技术投资给出以下定理。本节定理可直接观察表 5.2 获得，因此，我们省略本节的定理证明。

表 5.2 不同情境下绿色旅游服务供应链的均衡解

情景	均衡解
集中情景	$p^{C*}=\frac{a}{2b}$
	$f^{C*}=\frac{a^2(k_3-k_1\varphi)\xi}{4b(r+\tau)}$
	$g^{C*}=\frac{k_1\lambda_1a^2}{4b}+\frac{a^2((r+\tau)k_2+(k_3-k_1\varphi)\eta)\rho_1}{4b(r+\delta)(r+\tau)}$
	$h^{C*}=\frac{k_1\lambda_2a^2}{4b}+\frac{a^2((r+\tau)k_2+(k_3-k_1\varphi)\eta)\rho_2}{4b(r+\delta)(r+\tau)}$
分散情景	$p^{D*}=\frac{a+wb}{2b}$
	$f^{D*}=\frac{\xi(a-wb)^2(k_3-k_1\varphi)}{4b(r+\tau)}$
	$g^{D*}=\frac{w(a-wb)k_1\lambda_1}{2}+\frac{\rho_1w(a-wb)((r+\tau)k_2+(k_3-k_1\varphi)\eta)}{2(r+\delta)(r+\tau)}$
	$h^{D*}=\frac{k_1\lambda_2(a-wb)^2}{4b}+\frac{\rho_2(a-wb)^2((r+\tau)k_2+(k_3-k_1\varphi)\eta)}{4b(r+\tau)(r+\delta)}$

续表

情景	均衡解
收益共享情景	$p^{N*}=\dfrac{a\theta+wb}{2b\theta}$
	$f^{N*}=\dfrac{(a\theta-wb)^2(k_3-k_1\varphi)\xi}{4b(r+\tau)\theta}$
	$g^{N*}=\dfrac{(a\theta(1-\theta)+wb(1+\theta))(a\theta-wb)k_1\lambda_1}{4b\theta^2}+\dfrac{(a\theta(1-\theta)+wb(1+\theta))(a\theta-wb)((r+\tau)k_2+(k_3-k_1\varphi)\eta)\rho_1}{4b(r+\tau)(r+\delta)\theta^2}$
	$h^{N*}=\dfrac{k_1\lambda_2(a\theta-wb)^2}{4b\theta}+\dfrac{\rho_2(a\theta-wb)^2((r+\tau)k_2+(k_3-k_1\varphi)\eta)}{4b(r+\tau)(r+\delta)\theta}$

定理 5.1：三种情景下绿色旅行社的零售价格满足关系：

$$p^{C*}<p^{D*}<p^{N*}$$

定理 5.1 比较集中情景、分散情景与收益共享情景等三种情景下绿色旅行社的定价策略，分析绿色旅游服务供应链成员间的合作及收益共享对绿色旅行社定价策略的影响。不难发现，在集中情景下绿色旅行社设置的绿色旅游产品零售价格最低，在收益共享情景下绿色旅行社设置的绿色旅游产品零售价格最高。原因在于绿色景区与旅行社的整合避免了供应链的双重边际化效应，此时绿色旅行社的目标转变为最大化绿色旅游服务供应链的总利润，因此，偏好设置较低的旅游产品零售价格。当绿色旅行社与景区收益共享时，此时绿色旅行社的目标仍是最大化自身的利润，因此，在非合作的基础上，绿色旅行社偏好设定更高的绿色旅游产品零售价格，以获取更多的收益。

定理 5.2：三种情景下绿色旅行社的广告努力满足关系：

$$f^{C*}>f^{D*}>f^{N*}$$

定理 5.2 显示，在集中情景下绿色旅行社的广告努力是三种情景中最大的，在收益共享情景下绿色旅行社的广告努力是三种情景中最小的。在集中情景下的绿色旅行社进行最大的广告努力原因在于该情景下的绿色旅行社目标为最大化整个供应链的收益，大量的广告活动可以有效地提升绿色旅游产品的商誉水平，相应地，绿色旅游服务供应链的收益也将大幅提升。在收益共享情景中绿色旅行社的广告努力最小是因为该情景下的绿色旅行社面临一部分利润流失，因此，绿色旅行社选择降低广告活动力度以减少广告成本。

定理 5.3：三种情景下绿色景区及旅行社的绿色技术投资满足关系：

$$g^{C*}>g^{N*}>g^{D*},\ h^{C*}>h^{D*}>h^{N*}$$

定理 5.3 比较集中情景、分散情景与收益情景共享等三种情景下绿色景区与旅行社的均衡绿色技术投资策略，分析绿色景区与旅行社间的收益共享机制对绿色旅游服务供应链成员均衡策略的影响。观察定理 5.3 可得，在集中情景下绿色景区与旅行社的绿色技术投资是三种情景中最大的。这是因为上游绿色景区与下游绿色旅行社的整合有效地避免了双重边际化效应，实现了资源的共享。此外，与分散情景相比，在收益共享情景下的绿色景区愿意投资更多的绿色技术以开发绿色旅游产品。原因在于绿色旅行社的收益共享为绿色景区带来更高的收益，因此，绿色景区积极进行绿色技术投资，为游客提供高绿色度水平的旅游产品。相反，与分散情景相比，在收益共享情景下的绿色旅行社选择进行更少的绿色技术投资。这是因为收益共享情景中的旅行社需将一部分收益共享给绿色景区，为弥补收益共享造成的利润损失，绿色旅行社选择降低绿色技术活动力度以减少技术成本。

5.4 数值仿真分析

尽管三种情景下供应链成员均衡解的解析表达式在第 5.3 节已给出，但鉴于解的复杂性，很难对其进行完整的解析分析。因此，本节通过数值实验来进一步分析绿色旅游服务供应链均衡解的敏感性，为绿色旅游管理者提供管理见解。本节将绿色旅游服务供应链参数设定为 $r=0.15$ ， $a=15$ ， $b=2$ ， $\rho_1=0.6$ ， $\rho_2=0.5$ ， $\lambda_1=1.6$ ， $\lambda_2=1.2$ ， $\lambda_3=1$ ， $\xi=0.7$ ， $\varphi=0.5$ ， $k_2=0.7$ ， $k_3=0.6$ ， $\delta=0.2$ ， $\tau=0.2$ ， $\eta=0.5$ ， $G_0=5$ ， $Q_0=5$ 和 $t=\infty$ ，上述参数值的选取主要基于 Liu 等（2016）、Jena 和 Meena（2019）的研究。

5.4.1 游客绿色旅游体验关注水平的影响

推论 5.1 分析了游客绿色旅游体验关注水平对绿色景区与旅行社最优决策的影响，本小节旨在通过数值实验探索游客绿色旅游体验关注水平对绿色旅游服务供应链成员利润及旅游服务供应链总利润的影响。图 5.1（a）指出绿色旅行社的利润随着游客绿色旅游体验关注水平的提高而降低。由推论 5.1 可知，当旅游服务供应链环境参数满足 $\lambda_2(r+\tau)(r+\delta)>\varphi\eta\rho_2$ 时，绿色旅行社的绿色技术投资随着游客绿色旅游体验关注水平的增加而增加，相应地，绿色旅行社的绿色技术成本也相对增加，因此，绿色旅行社的利润降低。此外，图 5.1（a）显示在分散情景下绿色旅行社的利润高于收益共享情景下绿色旅行社的利润。主要原因在于在收益共享情景下的绿色旅行社需要将一部分收益共享给绿色景区。如图 5.1（b）所示，与绿色旅行社的情况类似，随着游客绿色旅游体验关注水平的提升，绿色景区的利润也随之降低。游客的绿色旅游体验源于对旅游产品预期绿色质量与感知绿色质量的比较。当游客对绿色旅游体验的关注水平较高时，绿色景区和旅行社需要进行大量的绿色技术投资，使游客拥有正向的绿色旅游体验，与此同时，绿色景区和旅行社面临巨大的绿色技术成本。因此，当游客更关注绿色旅游体验时，绿色景区的利润也降低。另外，图 5.1（b）指出，与分散情景相比，在收益共享情景中的绿色景区获得更高的利润。该情景下绿色景区增加的利润来源于绿色旅行社的收益共享。

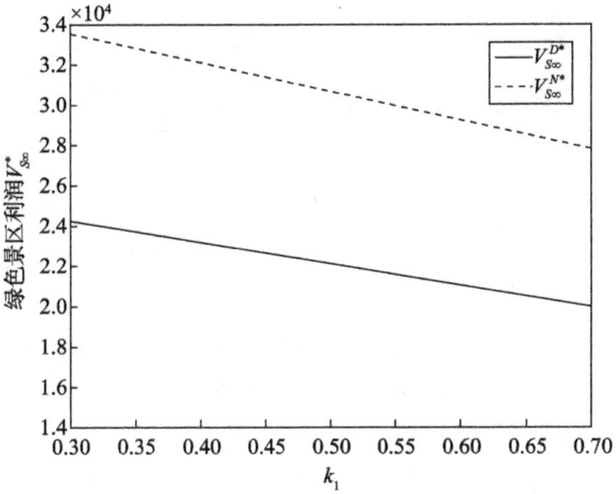

（a）

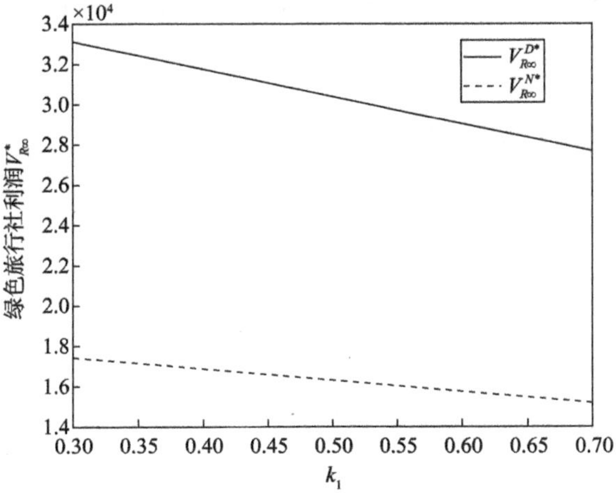

（b）

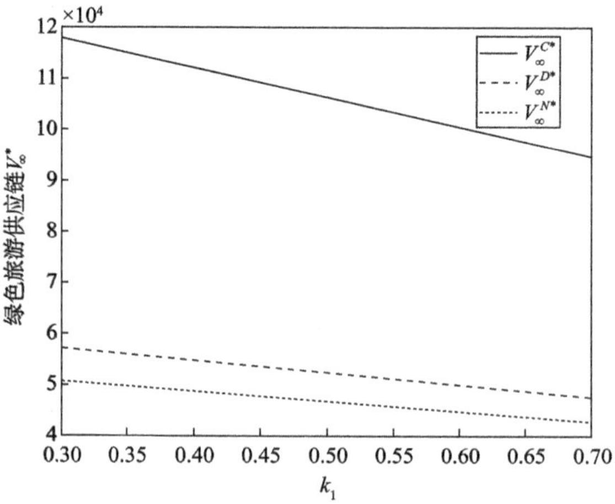

（c）

图 5.1 $V_{S\infty}^*$、$V_{R\infty}^*$ 和 V_∞^* 随 k_1 的变化

观察图 5.1（c）可得，三种情景下绿色旅游服务供应链的总利润随着游客绿色旅游体验关注水平的增加而减少。当游客更重视绿色旅游体验时，绿色景区与旅行社不遗余力地进行绿色技术投资，力争为游客提供更高绿色品质的旅游产品，使游客拥有正向的绿色旅游体验，同时，高额的绿色技术成本造成了绿色旅游企业较低的收益。不难发现，在收益共享情景下绿色旅游服务供应链的总利润最低。上述结果表明，绿色景区与旅行社间的收益共享机制并不能实现绿色旅游服务供应链系统的帕累托改进。

5.4.2 绿色景区门票价格的影响

推论 5.2 分析了绿色景区门票价格对绿色旅游企业最优决策的影响，本小节通过数值实验探索门票价格对游客需求、旅游产品绿色度水平及商誉水平、绿色旅游服务供应链成员利润及旅游服务供应链总利润的影响。如图 5.2（a）所示，旅游产品的绿色度水平随门票价格的提升而缓缓降低。由推论 5.2 可知，绿色景区的绿色技术投资随门票价格的增加而增加，而绿色旅行社的绿色技术投资随门票价格的增加而减少。当门票价格越来越高时，绿色旅行社迫切地减少绿色技术投资以降低绿色技术成本，并通过“搭便车”的方式享受绿色景区绿色技术投资带来的游客需求。因此，总体而言，旅游产品的绿色度水平随着绿色景区门票价格的提升而降低。图 5.2（a）指出，当门票价格逐渐增加时，旅游产品的商誉水平也逐步降低。由推论 5.2 可知，绿色旅行社的广告努力随门票价格的增加而减少，且已知旅游产品的绿色度水平随门票价格的提升而降低，因此，不难得出，旅游产品的商誉水平与绿色景区的门票价格是负相关的。图 5.2（a）表明，游客需求随门票价格的增加而减少。原因在于较高的门票价格不仅导致了旅游产品绿色度水平和商誉水平的降低，同时，旅行社还设置了较高的旅游产品零售价格（见推论 5.2），因此，游客对绿色旅游产品的需求大大减少。

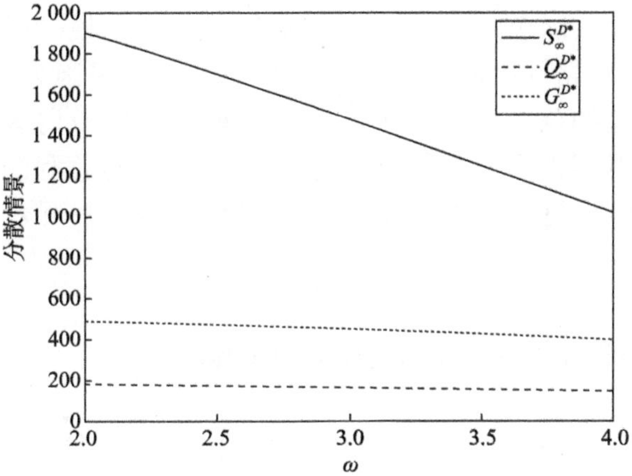

（a）

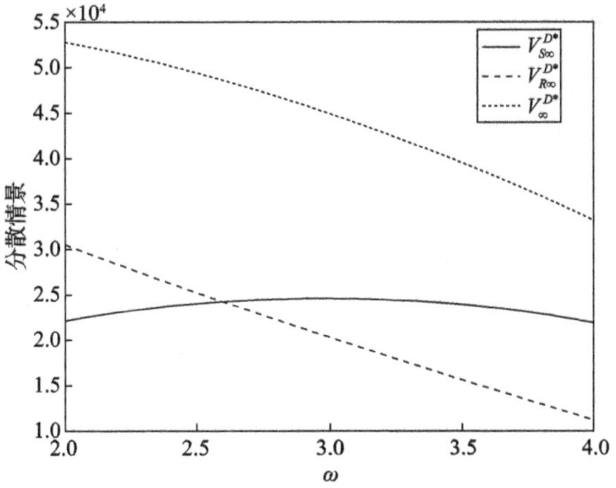

（b）

图 5.2　S_∞^{D*}、Q_∞^{D*}、G_∞^{D*}、$V_{S\infty}^{D*}$、$V_{R\infty}^{D*}$ 和 V_∞^{D*} 随 ω 的变化

如图 5.2（b）所示，绿色景区的利润是关于门票价格的凹函数，即当门票价格较低时，绿色景区的利润随着门票价格的增加而增加，当门票价格达到某一阈值后，随着门票价格的增加，绿色景区的利润反而减少。这是因为相对较高的门票价格总能给绿色景区带来更多的利润；然而，当门票价格过高时，旅游产品的绿色度水平与商誉水平降低，游客需求大大减少，相应地，绿色景区利润减少。图 5.2（b）指出绿色旅行社的利润随门票价格的提升而降低。原因在于过高的门票价格导致了较低的游客需求以及绿色旅行社较低的边际利润，因此，绿色旅行社的利润降低。总的来说，绿色旅游服务供应链的总利润随门票价格的增加而降低[图 5.2（b）]。这是因为较高的绿色景区门票价格导致了降低的旅游产品绿色度水平、商誉水平及游客需求，虽然旅游产品的零售价格得到提升，但绿色旅游服务供应链的总利润总是减少的。因此，建议绿色景区设置合理的门票价格，以更好地开发绿色旅游产品并获取可持续的收益。

5.4.3 绿色旅行社收入占有比率的影响

推论 5.3 分析了绿色旅行社收入占有比率对绿色景区与旅行社最优决策的影响，本小节通过数值实验探索绿色旅行社收入占有比率对游客需求、旅游产品绿色度水平及商誉水平、绿色旅游服务供应链成员利润及旅游服务供应链总利润的影响。推论 5.3 指出当绿色旅行社收入占有比率满足$\frac{wb}{a}<\theta<1$时，绿色旅行社的绿色技术投资随其收入占有比率的增加而增加。绿色技术是提升旅游产品绿色度水平的关键手段。因此，随着绿色旅行社收入占有比率的增加，旅游产品的绿色度水平也相应地增加[图 5.3（a）]。同时，由推论 5.3 可知，当绿色旅行社的收入占有比率满足$\frac{wb}{a}<\theta<1$时，绿色旅行社的广告努力也随其收入占有比率的增加而增加。较大的广告活动力度与较高的旅游产品绿色度水平有效地提升了绿色旅游产品的商誉水平，因此，旅游产品的商誉水平也随着绿色旅行社收入占有比率的增加而增加。此外，推论 5.3 指出旅游产品的零售价格随绿色旅行社收入占有比率的增加而减少。低价格且具有高绿色度水平和商誉水平的旅游产品总能更好地刺激游客的购买行为，因此，如图 5.3（a）所示，随着绿色旅行社收入占有比率的增加，游客需求也相应地增加。

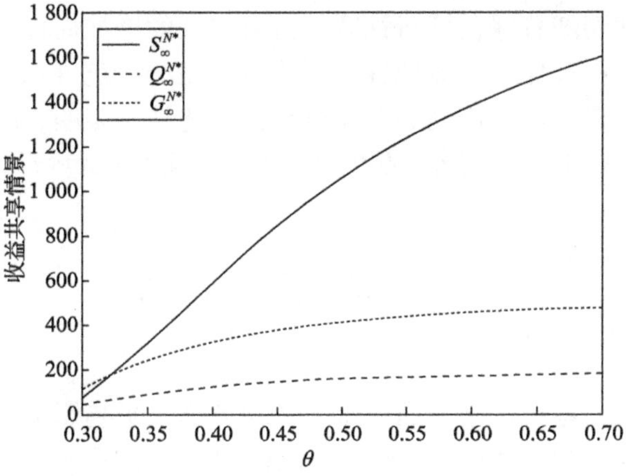

（a）

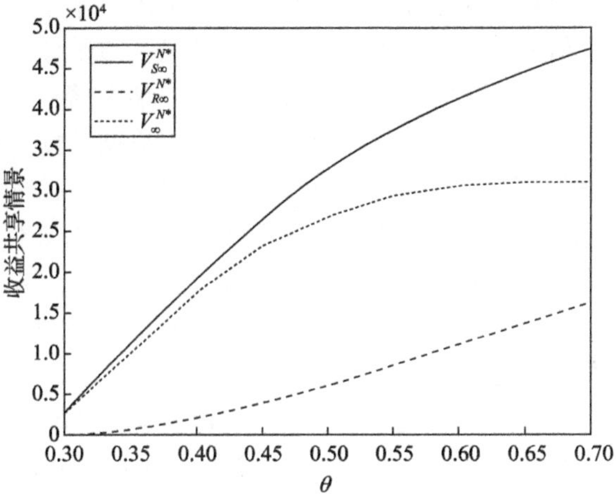

（b）

图 5.3　S_{∞}^{N*}、Q_{∞}^{N*}、G_{∞}^{N*}、$V_{S\infty}^{N*}$、$V_{R\infty}^{N*}$和V_{∞}^{N*}随θ的变化

如图 5.3（b）所示，绿色景区的利润是关于绿色旅行社收入占有比率的凹函数。这是因为当绿色旅行社收入占有比率较低时，增加的θ有效地激励了绿色景区的绿色技术活动，供给了更高绿色度水平的旅游产品，实现了更高的游客需求。此时的绿色景区拥有较高的利润分摊率，因此，其利润总是增加的。当绿色旅行社收入占有比率过高后，绿色景区只能从极低的利润分摊率中获得少量的共享利润，因此，景区利润将随着绿色旅行社收入占有比率的增加而减少。不难发现，绿色旅行社的利润总是随着其收入占有比率的增加而增加。原因在于，一方面，绿色旅游产品较高的绿色度水平和商誉水平有效地刺激了游客需求，另一方面，较高的收入占有比率为绿色旅行社保留了更多的利润。总的来说，绿色旅游

服务供应链的总利润随着绿色旅行社收入占有比率的增加而增加。这是因为绿色旅行社较高的收入占有比率有效地提升了旅游产品的绿色度水平与商誉水平，有效地激励了游客对绿色旅游产品的购买行为。上述结果表明，绿色旅行社较高的收入占有比率更有利于绿色旅游产品的开发与旅游业的绿色可持续发展。

5.5 本章小结

绿色旅游产品的零售价格、商誉水平及绿色度水平是影响游客购买行为的重要因素，另外，不可忽略的游客的绿色旅游体验也极大地影响了游客的购买行为。因此，成功的定价、广告、绿色技术投资策略及正向的游客绿色旅游体验是旅游企业有效刺激游客需求，实现旅游可持续收益的关键手段。本章考虑由绿色景区和绿色旅行社组成的绿色旅游服务供应链，分析了游客绿色旅游体验、旅游企业绿色技术投资和绿色旅行社广告努力三者间的关系，建立了集中情景、分散情景、收益共享情景等三种情景下绿色景区与旅行社的斯塔克尔伯格微分博弈模型，获得了绿色旅游服务供应链成员的最优定价、广告及绿色技术投资策略，探讨了游客绿色旅游体验关注水平、绿色景区门票价格和绿色旅行社收入占有比率对绿色景区与旅行社最优定价、广告与绿色技术投资决策、旅游产品游客需求、绿色度水平与商誉水平、绿色旅游服务供应链成员利润及旅游服务供应链总利润的影响。

本章的主要管理见解总结如下：①为满足游客对绿色旅游的渴望，绿色景区与旅行社应积极地为游客提供绿色旅游产品，迎合游客绿色旅游偏好。同时，旅游企业应积极引导游客购买绿色旅游产品，以促进旅游产业的绿色发展。②较高的游客绿色旅游体验关注水平可有效地刺激绿色景区和旅行社的绿色技术活动，鼓励绿色旅游服务供应链成员提供更高绿色度水平的旅游产品；较低的游客绿色旅游体验关注水平可激励绿色旅行社的广告活动，并为绿色景区、旅行社及整个绿色旅游服务供应链带来较高的收益。因此，适当的游客绿色旅游体验关注水平是绿色旅游服务供应链系统顺利运行的有效保障。③绿色景区的利润是关于门票价格的凹函数，随着门票价格的增加，绿色景区的利润先增加后减少；绿色旅行社及旅游服务供应链的利润是关于门票价格的单调减函数。因此，门票价格是绿色景区与旅行社的主要博弈点，绿色景区可通过设定最优的门票价格向绿色旅行社出售景区门票并实现最优收益。④绿色旅行社及旅游服务供应链的利润随旅行社收入占有比率的增加而增加；绿色景区的利润随着旅行社收入占有比率的增加，先增加稍后减少。也就是说，存在一个使绿色景区利润最优的旅行社收入占有比率。因此，绿色景区与旅行社可以围绕绿色景区的门票价格及绿色旅行社的收入占有比率两个关键点进行谈判，以实现互惠互利。⑤绿色景区与旅行社间的收益共享虽然能为绿色景区带来更高的利润，但不能为绿色旅行社及整个绿色旅游服务供应链带来更高的收益。因此，与收益共享情景相比，绿色旅行社更愿意在非合作的情景（分散情景）下单独地进行绿色旅游管理。

5.6　本 章 附 录

1. 命题 5.1 证明

证明： 对任意的 $Q^C \geqslant 0$ 和 $G^C \geqslant 0$，V^C 满足 HJB 方程：

$$rV^C = \max_{p,g,h,f}\left\{\begin{array}{l} p(a-bp)(k_1\lambda_3 + k_1\lambda_1 g + k_1\lambda_2 h + k_2 Q^C + (k_3 - k_1\varphi)G^C \\ -\dfrac{g^2}{2} - \dfrac{h^2}{2} - \dfrac{f^2}{2} + V_Q^{C'}\left(\rho_1 g + \rho_2 h - \delta Q^C\right) + V_G^{C'}\left(\xi f + \eta Q^C - \tau G^C\right)\end{array}\right\} \tag{A.5.1}$$

将式（A.5.1）分别对 p^C、g^C、h^C 和 f^C 求一阶偏导数可得

$$\begin{cases} p^{C*} = \dfrac{a}{2b} \\ g^{C*} = \dfrac{k_1\lambda_1 a^2}{4b} + V_Q^{C'}\rho_1 \\ h^{C*} = \dfrac{k_1\lambda_2 a^2}{4b} + V_Q^{C'}\rho_2 \\ f^{C*} = V_G^{C'}\xi \end{cases} \tag{A.5.2}$$

将上述最优 p^{C*}、g^{C*}、h^{C*} 及 f^{C*} 代入 HJB 方程可得

$$\begin{aligned} rV^C = &\left(\frac{a^2}{4b}k_2 - V_Q^{C'}\delta + V_G^{C'}\eta\right)Q^C \\ &+\left(\frac{a^2}{4b}(k_3 - k_1\varphi) - V_G^{C'}\tau\right)G^C \\ &+\frac{V_Q^{C'2}\rho_1^2}{2} + \frac{V_Q^{C'2}\rho_2^2}{2} + \frac{V_G^{C'2}\xi^2}{2} \\ &+\frac{k_1 a^2}{4b}(\rho_1\lambda_1 + \rho_2\lambda_2)V_Q^{C'} \\ &+\frac{a^2}{4b}\left(k_1\lambda_3 + \frac{a^2 k_1^2\lambda_1^2}{8b} + \frac{k_1^2\lambda_2^2 a^2}{8b}\right) \end{aligned} \tag{A.5.3}$$

观察式（A.5.3）可知，绿色旅游服务供应链的利润函数 V^C 是以 Q^C 与 G^C 为自变量的二元一次方程。假设绿色旅游服务供应链利润函数的一般形式为 $V^C = \alpha_{11}Q^C + \beta_{11}G^C + \gamma_{11}$，可得 $V_Q^{C'} = \alpha_{11}$ 与 $V_G^{C'} = \beta_{11}$，且式（A.5.3）可被整理为

$$
\begin{aligned}
rV^C &= \left(\frac{a^2}{4b}k_2 - \alpha_{11}\delta + \beta_{11}\eta\right)Q^C \\
&+ \left(\frac{a^2}{4b}(k_3 - k_1\varphi) - \beta_{11}\tau\right)G^C \\
&+ \frac{k_1 a^2}{4b}(\rho_1\lambda_1 + \rho_2\lambda_2)\alpha_{11} + \frac{\alpha_{11}^2\rho_1^2}{2} \\
&+ \frac{\alpha_{11}^2\rho_2^2}{2} + \frac{\beta_{11}^2\xi^2}{2} \\
&+ \frac{a^2}{4b}\left(k_1\lambda_3 + \frac{a^2 k_1^2\lambda_1^2}{8b} + \frac{k_1^2\lambda_2^2 a^2}{8b}\right)
\end{aligned} \tag{A.5.4}
$$

对式（A.5.4）进行连续求解，可得 α_{11}、β_{11} 及 γ_{11} 分别为

$$
\begin{cases}
\alpha_{11} = \dfrac{a^2\left((r+\tau)k_2 + (k_3 - k_1\varphi)\eta\right)}{4b(r+\delta)(r+\tau)} \\
\beta_{11} = \dfrac{a^2(k_3 - k_1\varphi)}{4b(r+\tau)} \\
\gamma_{11} = \dfrac{k_1 a^4(\rho_1\lambda_1 + \rho_2\lambda_2)\left((r+\tau)k_2 + (k_3 - k_1\varphi)\eta\right)}{16rb^2(r+\delta)(r+\tau)} \\
\qquad + \dfrac{a^4(\rho_1^2 + \rho_2^2)\left((r+\tau)k_2 + (k_3 - k_1\varphi)\eta\right)^2}{32rb^2(r+\delta)^2(r+\tau)^2} \\
\qquad + \dfrac{a^4(k_3 - k_1\varphi)^2\xi^2}{32rb^2(r+\tau)^2} + \dfrac{a^2}{4br}\left(k_1\lambda_3 + \dfrac{a^2k_1^2\lambda_1^2}{8b} + \dfrac{k_1^2\lambda_2^2a^2}{8b}\right)
\end{cases} \tag{A.5.5}
$$

2. 命题 5.2 证明

证明：对任意的 $Q^D \geqslant 0$ 和 $G^D \geqslant 0$，V_S^D 及 V_R^D 满足 HJB 方程：

$$
rV_S^D = \max_g \left(\begin{array}{l} w(a-bp)\left(k_1\lambda_3 + k_1\lambda_1 g + k_1\lambda_2 h + k_2Q^D + (k_3 - k_1\varphi)G^D\right) - \dfrac{g^2}{2} \\ +V_{\mathrm{SQ}}^{D'}\left(\rho_1 g + \rho_2 h - \delta Q^D\right) + V_{\mathrm{SG}}^{D'}\left(\xi f + \eta Q^D - \tau G^D\right) \end{array}\right) \tag{A.5.6}
$$

$$rV_R^D = \max_{p,h,f}\begin{pmatrix}(p-w)(a-bp)\left(k_1\lambda_3+k_1\lambda_1 g+k_1\lambda_2 h+k_2Q^D+(k_3-k_1\varphi)G^D\right)\\ -\dfrac{h^2}{2}-\dfrac{f^2}{2}+V_{\mathrm{RQ}}^{D'}\left(\rho_1 g+\rho_2 h-\delta Q^D\right)+V_{\mathrm{RG}}^{D'}\left(\xi f+\eta Q^D-\tau G^D\right)\end{pmatrix}$$

（A.5.7）

将式（A.5.6）分别对 h^D 、f^D 和 p^D 求一阶偏导数可得

$$\begin{cases}h^{D*}=\dfrac{k_1\lambda_2(a-wb)^2}{4b}+V_{\mathrm{RQ}}^{D'}\rho_2\\ f^{D*}=V_{\mathrm{RG}}^{D'}\xi\\ p^{D*}=\dfrac{a+wb}{2b}\end{cases} \tag{A.5.8}$$

因此，V_S^D 满足 HJB 方程：

$$rV_S^D=\max_g\begin{pmatrix}\dfrac{w(a-wb)}{2}\\ \left(k_1\lambda_3+k_1\lambda_1 g+\dfrac{k_1^2\lambda_2^2(a-wb)^2}{4b}+V_{\mathrm{RQ}}^{D'}k_1\lambda_2\rho_2+k_2Q^D+(k_3-k_1\varphi)G^D\right)\\ -\dfrac{g^2}{2}+V_{\mathrm{SQ}}^{D'}\left(\rho_1 g+\dfrac{k_1\lambda_2\rho_2(a-wb)^2}{4b}+V_{\mathrm{RQ}}^{D'}\rho_2^2-\delta Q^D\right)\end{pmatrix}$$

（A.5.9）

将式（A.5.7）对 g^D 求一阶偏导数可得

$$g^{D*}=\frac{w(a-wb)k_1\lambda_1}{2}+V_{\mathrm{SQ}}^{D'}\rho_1 \tag{A.5.10}$$

将上述最优 g^{D*} 、h^{D*} 、f^{D*} 及 p^{D*} 代入式（A.5.6）和式（A.5.7）可得

$$\begin{aligned}rV_R^D=&\left(\frac{(a-wb)^2}{4b}k_2-V_{\mathrm{RQ}}^{D'}\delta+V_{\mathrm{RG}}^{D'}\eta\right)Q^D+\left(\frac{(a-wb)^2}{4b}(k_3-k_1\varphi)-V_{\mathrm{RG}}^{D'}\tau\right)G^D\\&+\left(\rho_1\lambda_1 w+\frac{\rho_2\lambda_2(a-wb)}{2b}\right)\frac{k_1(a-wb)}{2}V_{\mathrm{RQ}}^{D'}+\frac{k_1\lambda_1\rho_1(a-wb)^2}{4b}V_{\mathrm{SQ}}^{D'}+\frac{V_{\mathrm{RQ}}^{D'2}\rho_2^2}{2}\\&+\frac{V_{\mathrm{RG}}^{D'2}\xi^2}{2}+V_{\mathrm{RQ}}^{D'}V_{\mathrm{SQ}}^{D'}\rho_1^2+\frac{(a-wb)^2}{4b}\left(k_1\lambda_3+\frac{w(a-wb)k_1^2\lambda_1^2}{2}+\frac{k_1^2\lambda_2^2(a-wb)^2}{8b}\right)\end{aligned}$$

（A.5.11）

$$
\begin{aligned}
rV_S^D =& \left(\frac{w(a-wb)}{2}k_2 - V_{SQ}^{D'}\delta + V_{SG}^{D'}\eta\right)Q^D + \left(\frac{w(a-wb)}{2}(k_3 - k_1\varphi) - V_{SG}^{D'}\tau\right)G^D \\
&+\left(\rho_1\lambda_1 w + \frac{\rho_2\lambda_2(a-wb)}{2b}\right)\frac{k_1(a-wb)}{2}V_{SQ}^{D'} + \frac{k_1\lambda_2\rho_2 w(a-wb)}{2}V_{RQ}^{D'} + \frac{V_{SQ}^{D'2}\rho_1^2}{2} \\
&+V_{RG}^{D'}V_{SG}^{D'}\xi^2 + V_{RQ}^{D'}V_{SQ}^{D'}\rho_2^2 \\
&+\frac{w(a-wb)}{2}\left(k_1\lambda_3 + \frac{w(a-wb)k_1^2\lambda_1^2}{4} + \frac{k_1^2\lambda_2^2(a-wb)^2}{4b}\right)
\end{aligned}
\tag{A.5.12}
$$

观察式（A.5.11）与式（A.5.12）可知，绿色景区与旅行社的利润函数V_R^D与V_S^D是以Q^D和G^D为自变量的二元一次方程。假设绿色景区与旅行社利润函数的一般形式分别为$V_S^D = \alpha_{21}Q^D + \beta_{21}G^D + \gamma_{21}$及$V_R^D = \alpha_{22}Q^D + \beta_{22}G^D + \gamma_{22}$，可得$V_{SQ}^{D'} = \alpha_{21}$、$V_{SG}^{D'} = \beta_{21}$、$V_{RQ}^{D'} = \alpha_{22}$及$V_{RG}^{D'} = \beta_{22}$，且式（A.5.11）与式（A.5.12）可被整理为

$$
\begin{aligned}
rV_S^D =& \left(\frac{w(a-wb)}{2}k_2 - \alpha_{21}\delta + \beta_{21}\eta\right)Q^D + \left(\frac{w(a-wb)}{2}(k_3 - k_1\varphi) - \beta_{21}\tau\right)G^D \\
&+\alpha_{21}\left(\rho_1\lambda_1 w + \frac{\rho_2\lambda_2(a-wb)}{2b}\right)\frac{k_1(a-wb)}{2} + \alpha_{22}\left(\frac{k_1\lambda_2\rho_2 w(a-wb)}{2}\right) + \frac{\alpha_{21}^2\rho_1^2}{2} \\
&+\beta_{21}\beta_{22}\xi^2 + \alpha_{21}\alpha_{22}\rho_2^2 \\
&+\frac{w(a-wb)}{2}\left(k_1\lambda_3 + \frac{w(a-wb)k_1^2\lambda_1^2}{4} + \frac{k_1^2\lambda_2^2(a-wb)^2}{4b}\right)
\end{aligned}
\tag{A.5.13}
$$

$$
\begin{aligned}
rV_R^D =& \left(\frac{(a-wb)^2}{4b}k_2 - \alpha_{22}\delta + \beta_{22}\eta\right)Q^D + \left(\frac{(a-wb)^2}{4b}(k_3 - k_1\varphi) - \beta_{22}\tau\right)G^D \\
&+\alpha_{22}\left(\rho_1\lambda_1 w + \frac{\rho_2\lambda_2(a-wb)}{2b}\right)\frac{k_1(a-wb)}{2} + \alpha_{21}\frac{k_1\lambda_1\rho_1(a-wb)^2}{4b} + \frac{\alpha_{22}^2\rho_2^2}{2} \\
&+\frac{\beta_{22}^2\xi^2}{2} + \alpha_{21}\alpha_{22}\rho_1^2 \\
&+\frac{(a-wb)^2}{4b}\left(k_1\lambda_3 + \frac{w(a-wb)k_1^2\lambda_1^2}{2} + \frac{k_1^2\lambda_2^2(a-wb)^2}{8b}\right)
\end{aligned}
\tag{A.5.14}
$$

对式（A.5.13）和式（A.5.14）进行连续求解，可得α_{21}、β_{21}、γ_{21}、α_{22}、β_{22}及γ_{22}分别为

$$\begin{cases}\alpha_{21}=\dfrac{w(a-wb)\left((r+\tau)k_2+(k_3-k_1\varphi)\eta\right)}{2(r+\delta)(r+\tau)}\\ \beta_{21}=\dfrac{w(a-wb)(k_3-k_1\varphi)}{2(r+\tau)}\\ \gamma_{21}=\left(\dfrac{\alpha_{21}k_1(a-wb)}{2}\left(\rho_1\lambda_1 w+\dfrac{\rho_2\lambda_2(a-wb)}{2b}\right)+\dfrac{\alpha_{22}k_1\lambda_2\rho_2 w(a-wb)}{2}+\dfrac{\alpha_{21}^2\rho_1^2}{2}\right.\\ \qquad\left.+\beta_{21}\beta_{22}\xi^2+\alpha_{21}\alpha_{22}\rho_2^2+\dfrac{w(a-wb)}{2}\left(k_1\lambda_3+\dfrac{w(a-wb)k_1^2\lambda_1^2}{4}+\dfrac{k_1^2\lambda_2^2(a-wb)^2}{4b}\right)\right)\dfrac{1}{r}\\ \alpha_{22}=\dfrac{(a-wb)^2\left((r+\tau)k_2+(k_3-k_1\varphi)\eta\right)}{4b(r+\tau)(r+\delta)}\\ \beta_{22}=\dfrac{(a-wb)^2(k_3-k_1\varphi)}{4b(r+\tau)}\\ \gamma_{22}=\left(\dfrac{\alpha_{22}k_1(a-wb)}{2}\left(\rho_1\lambda_1 w+\dfrac{\rho_2\lambda_2(a-wb)}{2b}\right)+\dfrac{\alpha_{21}k_1\lambda_1\rho_1(a-wb)^2}{4b}+\dfrac{\alpha_{22}^2\rho_2^2}{2}\right.\\ \qquad\left.+\dfrac{\beta_{22}^2\xi^2}{2}+\alpha_{21}\alpha_{22}\rho_1^2+\dfrac{(a-wb)^2}{4b}\left(k_1\lambda_3+\dfrac{w(a-wb)k_1^2\lambda_1^2}{2}+\dfrac{k_1^2\lambda_2^2(a-wb)^2}{8b}\right)\right)\dfrac{1}{r}\end{cases}$$

（A.5.15）

3. 命题 5.3 证明

证明：对任意的 $Q^N\geqslant 0$ 和 $G^N\geqslant 0$，V_S^N 及 V_R^N 满足 HJB 方程：

$$rV_S^N=\max_g\left(\begin{array}{l}\left((1-\theta)p+w\right)(a-bp)\left(k_1\lambda_3+k_1\lambda_1 g+k_1\lambda_2 h+k_2Q^N+(k_3-k_1\varphi)G^N\right)\\ +V_{\mathrm{SQ}}^{N'}\left(\rho_1 g+\rho_2 h-\delta Q^N\right)+V_{\mathrm{SG}}^{N'}\left(\xi f+\eta Q^N-\tau G^N\right)-\dfrac{g^2}{2}\end{array}\right)$$

（A.5.16）

$$rV_R^N=\max_{p,h,f}\left(\begin{array}{l}(\theta p-w)(a-bp)\left(k_1\lambda_3+k_1\lambda_1 g+k_1\lambda_2 h+k_2Q^N+(k_3-k_1\varphi)G^N\right)\\ +V_{\mathrm{RQ}}^{N'}\left(\rho_1 g+\rho_2 h-\delta Q^N\right)+V_{\mathrm{RG}}^{N'}\left(\xi f+\eta Q^N-\tau G^N\right)-\dfrac{h^2}{2}-\dfrac{f^2}{2}\end{array}\right)$$

（A.5.17）

将式（A.5.16）分别对 h^N、f^N 和 p^N 求一阶偏导数可得

$$\begin{cases} h^{N*} = \dfrac{k_1\lambda_2\left(a\theta - wb\right)^2}{4b\theta} + V_{\mathrm{RQ}}^{N'}\rho_2 \\ f^{N*} = V_{\mathrm{RG}}^{N'}\xi \\ p^{N*} = \dfrac{a\theta + wb}{2b\theta} \end{cases} \tag{A.5.18}$$

因此，V_S^N 满足 HJB 方程：

$$rV_S^N = \max_g \left(\begin{array}{l} V_{\mathrm{SG}}^{N'}\left(\xi f + \eta Q^N - \tau G^N\right) - \dfrac{g^2}{2} + \dfrac{\left(a\theta(1-\theta) + wb(1+\theta)\right)\left(a\theta - wb\right)}{4b\theta^2} \\ \times\left(k_1\lambda_3 + k_1\lambda_1 g + \dfrac{k_1^2\lambda_2^2\left(a\theta - wb\right)^2}{4b\theta} + V_{\mathrm{RQ}}^{N'}k_1\lambda_2\rho_2 + k_2 Q^N + \left(k_3 - k_1\varphi\right)G^N\right) \\ +V_{\mathrm{SQ}}^{N'}\left(\rho_1 g + \dfrac{k_1\lambda_2\rho_2\left(a\theta - wb\right)^2}{4b\theta} + V_{\mathrm{RQ}}^{N'}\rho_2^2 - \delta Q^N\right) \end{array} \right) \tag{A.5.19}$$

将式（A.5.17）对 g^N 求一阶偏导数可得

$$g^{N*} = \frac{\left(a\theta(1-\theta) + wb(1+\theta)\right)\left(a\theta - wb\right)k_1\lambda_1}{4b\theta^2} + V_{\mathrm{SQ}}^{N'}\rho_1 \tag{A.5.20}$$

令 $O = \left(a\theta(1-\theta) + wb(1+\theta)\right)\left(a\theta - wb\right)$，将上述最优 g^{N*} 、 h^{N*} 、 f^{N*} 及 p^{N*} 代入式（A.5.16）和式（A.5.27）可得

$$\begin{aligned} rV_R^N = &\left(\frac{\left(a\theta - wb\right)^2}{4b\theta}k_2 - V_{\mathrm{RQ}}^{N'}\delta + V_{\mathrm{RG}}^{N'}\eta\right)Q^N + \left(\frac{\left(a\theta - wb\right)^2}{4b\theta}\left(k_3 - k_1\varphi\right) - V_{\mathrm{RG}}^{N'}\tau\right)G^N \\ &+\left(\frac{\rho_1\lambda_1\left(a\theta(1-\theta) + wb(1+\theta)\right)}{\theta} + \rho_2\lambda_2\left(a\theta - wb\right)\right)\frac{k_1\left(a\theta - wb\right)}{4b\theta}V_{\mathrm{RQ}}^{N'} \\ &+\frac{k_1\lambda_1\rho_1\left(a\theta - wb\right)^2}{4b\theta}V_{\mathrm{SQ}}^{N'} \\ &+\frac{\left(a\theta - wb\right)^2}{4b\theta}\left(k_1\lambda_3 + \frac{k_1^2\lambda_1^2 O}{4b\theta^2} + \frac{k_1^2\lambda_2^2\left(a\theta - wb\right)^2}{8b\theta}\right) \\ &+V_{\mathrm{RQ}}^{N'}V_{\mathrm{SQ}}^{N'}\rho_1^2 + \frac{V_{\mathrm{RQ}}^{N'2}\rho_2^2}{2} + \frac{V_{\mathrm{RG}}^{N'2}\xi^2}{2} \end{aligned} \tag{A.5.21}$$

$$
\begin{aligned}
rV_S^N &= \left(\frac{O}{4b\theta^2}k_2 - V_{\mathrm{SQ}}^{N'}\delta + V_{\mathrm{SG}}^{N'}\eta\right)Q^N + \left(\frac{O}{4b\theta^2}(k_3 - k_1\varphi) - V_{\mathrm{SG}}^{N'}\tau\right)G^N \\
&+ \left(\rho_1\lambda_1\frac{\left(a\theta(1-\theta) + wb(1+\theta)\right)}{\theta} + \rho_2\lambda_2(a\theta - wb)\right)\frac{k_1(a\theta - wb)}{4b\theta}V_{\mathrm{SQ}}^{N'} \\
&+ \frac{O}{4b\theta^2}V_{\mathrm{RQ}}^{N'}k_1\lambda_2\rho_2 + \frac{O}{4b\theta^2}\left(k_1\lambda_3 + \frac{k_1^2\lambda_2^2(a\theta - wb)^2}{4b\theta} + \frac{k_1^2\lambda_1^2 O}{8b\theta^2}\right) \\
&+ \frac{V_{\mathrm{SQ}}^{N'2}\rho_1^2}{2} + V_{\mathrm{RG}}^{N'}V_{\mathrm{SG}}^{N'}\xi^2 + V_{\mathrm{RQ}}^{N'}V_{\mathrm{SQ}}^{N'}\rho_2^2
\end{aligned}
\qquad (\text{A.5.22})
$$

观察式（A.5.21）与式（A.5.22）可知，绿色景区与旅行社的利润函数 V_R^N 与 V_S^N 是以 Q^N 和 G^N 为自变量的二元一次方程。假设绿色景区与旅行社利润函数的一般形式分别为 $V_S^N = \alpha_{31}Q^N + \beta_{31}G^N + \gamma_{31}$ 及 $V_R^N = \alpha_{32}Q^N + \beta_{32}G^N + \gamma_{32}$，可得 $V_{\mathrm{SQ}}^{N'} = \alpha_{31}$、$V_{\mathrm{SG}}^{N'} = \beta_{31}$、$V_{\mathrm{RQ}}^{N'} = \alpha_{32}$ 及 $V_{\mathrm{RG}}^{N'} = \beta_{32}$，且式（A.5.21）与式（A.5.22）可被整理为

$$
\begin{aligned}
rV_S^N &= \left(\frac{Ok_2}{4b\theta^2} - \alpha_{31}\delta + \beta_{31}\eta\right)Q^N + \left(\frac{O(k_3 - k_1\varphi)}{4b\theta^2} - \beta_{31}\tau\right)G^N \\
&+ \beta_{31}\beta_{32}\xi^2 + \alpha_{31}\alpha_{32}\rho_2^2 \\
&+ \left(\frac{\rho_1\lambda_1\left(a\theta(1-\theta) + wb(1+\theta)\right)}{\theta} + \rho_2\lambda_2(a\theta - wb)\right)\frac{k_1(a\theta - wb)\alpha_{31}}{4b\theta} \\
&+ \frac{Ok_1\lambda_2\rho_2\alpha_{32}}{4b\theta^2} + \frac{\alpha_{31}^2\rho_1^2}{2} + \frac{O}{4b\theta^2}\left(k_1\lambda_3 + \frac{k_1^2\lambda_2^2(a\theta - wb)^2}{4b\theta} + \frac{k_1^2\lambda_1^2 O}{8b\theta^2}\right)
\end{aligned}
\qquad (\text{A.5.23})
$$

$$
\begin{aligned}
rV_R^N &= \left(\frac{(a\theta - wb)^2 k_2}{4b\theta} - \alpha_{32}\delta + \beta_{32}\eta\right)Q^N + \left(\frac{(a\theta - wb)^2(k_3 - k_1\varphi)}{4b\theta} - \beta_{32}\tau\right)G^N \\
&+ \frac{\alpha_{32}^2\rho_2^2}{2} + \frac{\beta_{32}^2\xi^2}{2} \\
&+ \left(\frac{\rho_1\lambda_1\left(a\theta(1-\theta) + wb(1+\theta)\right)}{\theta} + \rho_2\lambda_2(a\theta - wb)\right)\frac{k_1(a\theta - wb)\alpha_{32}}{4b\theta} \\
&+ \frac{k_1\lambda_1\rho_1(a\theta - wb)^2\alpha_{31}}{4b\theta} + \alpha_{31}\alpha_{32}\rho_1^2 \\
&+ \frac{(a\theta - wb)^2}{4b\theta}\left(k_1\lambda_3 + \frac{k_1^2\lambda_1^2 O}{4b\theta^2} + \frac{k_1^2\lambda_2^2(a\theta - wb)^2}{8b\theta}\right)
\end{aligned}
$$

（A.5.24）

对式（A.5.23）和式（A.5.24）进行连续求解，可得α_{31}、β_{31}、γ_{31}、α_{32}、β_{32}及γ_{32}分别为

$$\begin{cases}
\alpha_{31}=\dfrac{O\left((r+\tau)k_2+(k_3-k_1\varphi)\eta\right)}{4b(r+\tau)(r+\delta)\theta^2}\\
\beta_{31}=\dfrac{O(k_3-k_1\varphi)}{4b(r+\tau)\theta^2}\\
\gamma_{31}=\left(\left(\dfrac{\rho_1\lambda_1\left(a\theta(1-\theta)+wb(1+\theta)\right)}{\theta}+\rho_2\lambda_2(a\theta-wb)\right)\dfrac{k_1(a\theta-wb)\alpha_{31}}{4b\theta}+\dfrac{Ok_1\lambda_2\rho_2\alpha_{32}}{4b\theta^2}\right.\\
\qquad\left.+\dfrac{O}{4b\theta^2}\left(k_1\lambda_3+\dfrac{k_1^2\lambda_2^2(a\theta-wb)^2}{4b\theta}+\dfrac{k_1^2\lambda_1^2O}{8b\theta^2}\right)+\dfrac{\alpha_{31}^2\rho_1^2}{2}+\beta_{31}\beta_{32}\xi^2+\alpha_{31}\alpha_{32}\rho_2^2\right)\dfrac{1}{r}\\
\alpha_{32}=\dfrac{(a\theta-wb)^2\left((r+\tau)k_2+(k_3-k_1\varphi)\eta\right)}{4b(r+\tau)(r+\delta)\theta}\\
\beta_{32}=\dfrac{(a\theta-wb)^2(k_3-k_1\varphi)}{4b(r+\tau)\theta}\\
\gamma_{32}=\left(\left(\dfrac{\rho_1\lambda_1\left(a\theta(1-\theta)+wb(1+\theta)\right)}{\theta}+\rho_2\lambda_2(a\theta-wb)\right)\dfrac{k_1(a\theta-wb)\alpha_{32}}{4b\theta}\right.\\
\qquad+\dfrac{k_1\lambda_1\rho_1(a\theta-wb)^2\alpha_{31}}{4b\theta}+\dfrac{(a\theta-wb)^2}{4b\theta}\left(k_1\lambda_3+\dfrac{k_1^2\lambda_1^2O}{4b\theta^2}+\dfrac{k_1^2\lambda_2^2(a\theta-wb)^2}{8b\theta}\right)\\
\qquad\left.+\dfrac{\alpha_{32}^2\rho_2^2}{2}+\dfrac{\beta_{32}^2\xi^2}{2}+\alpha_{31}\alpha_{32}\rho_1^2\right)\dfrac{1}{r}
\end{cases}\tag{A.5.25}$$

第6章　考虑游客绿色偏好的旅游服务供应链动态决策研究

6.1　概　　述

随着国家可持续发展战略及绿色经济理念的普及，游客对绿色旅游产品表现出偏爱，并愿意支付更高费用以购买绿色旅游产品（Adriana，2009）。为获得游客青睐，进一步实践旅游经济的绿色发展战略，旅游企业积极推出绿色旅游产品，各企业间关于旅游产品绿色度水平的竞争也日趋激烈。2011 年，中国旅游景区协会评选出黄山风景区、华山风景区与九寨沟风景区等 19 个“首批全国低碳旅游示范区”，为低碳游客提供旅行建议。2016 年，国家旅游局再次在全国范围内评选“国家绿色旅游示范基地”，然而，除了黄山与九寨沟两风景名胜区外，其余 17 个“首批全国低碳旅游示范区”在此次评选中均榜上无名。上述旅游实践可知，近年来旅游企业间关于旅游产品绿色度水平的竞争一直在持续，且将随着绿色旅游经济战略的实施而不断升级（He et al.，2018）。

绿色景区通过在旅游产品的开发、设计与制造、维护、营销和消费过程中进行绿色技术投资，可有效缓解旅游资源的过度开发，减轻旅游目的地的环境污染，改善旅游目的地的生态环境，提升该旅游产品的绿色度水平。例如，旅游景区可通过投资绿色混凝土技术实现道路的绿色化修建，改善景区内的车辆噪声污染；旅行社可以通过投资绿色高分子技术实现游客用品的绿色包装，降低旅游环境的塑料污染（Lozano et al.，2016）。遗憾的是，尽管意识到绿色旅游企业的绿色技术投资是其开发绿色旅游产品，发展绿色旅游经济的关键手段，但学者们对旅游企业的绿色技术投资的相关研究依旧很薄弱。通过文献回顾表明，以往的研究从未考虑过旅行社竞争情景下的绿色旅游产品开发博弈。

本章考虑由一个绿色景区与两个绿色旅行社组成的绿色旅游服务供应链，建立竞争绿色旅行社与垄断绿色景区绿色旅游产品开发的微分博弈模型，填补上述研究空白。基于当前旅游实践，刻画与旅游企业绿色技术投资相关的旅游产品绿色度水平的状态方程，分析旅游企业间关于绿色技术投资的斯塔克尔伯格博弈与纳什 博弈，推导非合作、单边合作与双边合作等三种不同情景下绿色景区与旅行社的均衡绿色技术投资策略。更进一步地，分析游客绿色旅游偏好及绿色旅行社竞争强度对旅游产品绿色度水平、绿色旅游服务供应链均衡技术投资策略与绩效的影响。此外，通过设计一种新的双边合作机制，实现绿色旅游服务供应链的帕累托改进，为绿色旅游服务供应链协调机制的理论研究做出贡献。

6.2 模型符号与假设

随着世界各国绿色旅游经济的发展和市场需求（游客绿色旅游偏好）的推动，旅游企业越来越重视对旅游资源的绿色开发与维护，积极为游客提供绿色旅游产品，以实现旅游业的绿色可持续发展。绿色旅游产品要求绿色景区对旅游资源进行绿色开发、设计制造及维护，同时，还需要绿色旅行社对旅游资源进行绿色营销和消费。考虑由一个绿色景区和两个绿色旅行社组成的绿色旅游服务供应链，其中景区投资绿色技术以实现绿色开发、设计制造和维护旅游资源，旅行社投资绿色技术以实现旅游资源的绿色营销和消费，绿色景区和竞争旅行社共同为游客提供绿色旅游产品。本章所涉及的符号如表 6.1 所示。

表 6.1 符号说明

参数	释义
$g(t),h_1(t),h_2(t)$	绿色景区与旅行社的绿色技术投资
θ_1,θ_2	绿色景区对绿色旅行社的绿色技术补贴率
ϕ_1,ϕ_2	绿色旅行社对绿色景区的绿色技术补贴率
$Q(t)$	旅游产品的绿色度水平
$S_1(t),S_2(t)$	游客对绿色旅游产品的需求
$C(g(t)),C(h_1(t)),C(h_2(t))$	绿色景区与旅行社的绿色技术成本
$V_S(t),V_{R_1}(t),V_{R_2}(t)$	绿色景区与旅行社的收入
ρ_1,ρ_2	旅游企业绿色技术投资对旅游产品绿色度水平的有效性
$\varsigma,\gamma,\varepsilon_i$	游客需求对旅行社绿色技术投资及竞争强度、产品绿色度水平的敏感性
δ,r	旅游产品绿色度衰减率及旅游企业的折损率
m,n_1,n_2	绿色景区与旅行社的边际利润
μ_m,μ_1,μ_2	绿色技术成本系数

假设 6.1：旅游产品的绿色度水平是时间连续的状态变量，取决于任一时刻绿色景区与旅行社对旅游产品的绿色技术投资。绿色旅游企业在旅游资源的开发、设计制造、维护、营销和消费过程中的绿色技术投资，有助于提升旅游产品的绿色度水平。同时，旅游产品的绿色度水平随时间自然衰减。为刻画旅游产品的绿色度水平，引入以下微分方程：

$$\begin{cases}\dot{Q}(t)=\rho_1 g(t)+\rho_2 h_1(t)+\rho_2 h_2(t)-\delta Q(t)\\ Q(0)=Q_0\end{cases} \tag{6.1}$$

其中，$Q(t)$ 表示旅游产品在 t 时刻的绿色度水平；$g(t)$、$h_1(t)$ 和 $h_2(t)$ 分别表示绿色景区与旅行社在 t 时刻的绿色技术投资；ρ_1 和 ρ_2 测量旅游企业绿色技术投资对旅游产品绿色度水平的有效性；δ 表示旅游产品绿色度水平的自然衰减率。

假设 6.2：游客需求取决于旅游产品的绿色度水平 $Q(t)$ 以及竞争绿色旅行社的绿色技术投资 $h_i(t)(i=1,2)$，且状态变量与控制变量之间是线性相加的，即

$$S_i(t)=\varsigma h_i(t)+\gamma\big(h_i(t)-h_{3-i}(t)\big)+\varepsilon_i Q(t),\, i=1,2 \tag{6.2}$$

其中，$\varsigma>0$ 反映游客需求对旅行社绿色技术投资的敏感性；$\gamma>0$ 表示游客需求对旅行社竞争强度的敏感性；ε_i 表示旅游产品绿色度水平对游客需求的影响。游客对旅游产品的需求随着旅行社的绿色技术投资的增加而增加，与竞争旅行社的绿色技术投资呈负相关。为确保自身的绿色技术效应大于竞争对手的绿色技术效应，假设 $\varsigma>\gamma$ 始终成立。

假设 6.3：基于 Candela 和 Cellini（2006）、He 等（2020）的研究，假定绿色景区与旅行社的绿色技术成本是绿色技术投资的二次函数，即

$$C\big(g(t)\big)=\frac{1}{2}\mu_m g^2(t),\ C\big(h_i(t)\big)=\frac{1}{2}\mu_i h_i^2(t),\ i=1,2 \tag{6.3}$$

其中，μ_m、μ_1 和 μ_2 分别表示绿色旅游企业的绿色技术成本系数。

6.3　模型的构建、求解及分析

绿色景区与旅行社的绿色技术投资是时间连续的决策变量，旅游产品的绿色度水平服从时间连续的动态过程，绿色景区与旅行社是远见的利益最大化者。运用微分博弈理论刻画无限时域内绿色景区与旅行社的斯塔克尔伯格博弈行为，其中，绿色景区是斯塔克尔伯格博弈领导者，绿色旅行社是追随者，以及竞争绿色旅行社的纳什博弈行为。考虑非合作、单边合作及双边合作等三种不同的供应链

情景，探讨绿色旅游服务供应链成员的最优绿色技术投资策略，并设计绿色景区与旅行社的双边合作机制以协调供应链。针对上述三种不同的合作情景，分别用上标 N、C 和 T 表示。

6.3.1 非合作情景

在非合作情景下绿色景区与旅行社独立进行绿色技术投资，以实现自身利益最大化。作为斯塔克尔伯格博弈的领导者，绿色景区宣布非合作项目及绿色技术投资策略。考虑绿色景区的运营策略，竞争旅行社同时选择各自的绿色技术投资策略。游客绿色旅游偏好激励绿色旅游服务供应链成员的绿色技术活动。绿色景区与旅行社的目标函数分别表示为

$$\max_g V_S^N(t) = \int_0^{\infty} \mathrm{e}^{-rt} \left\{ m\sum_{i=1}^{2} S_i(t) - \frac{1}{2}\mu_m g^2(t) \right\} \mathrm{d}t \tag{6.4}$$

$$\left\{ \max_{h_i} V_{R_i}^N(= \int_0^{\infty} \mathrm{e}^{-rt} \left\{ n_i S_i(t) - \frac{1}{2}\mu_i h_i^2(t) \right\} \mathrm{d}t, i = 1,2 \right. \tag{6.5}$$

在非合作情景下绿色景区与旅行社在无限时域内的微分对策刻画为式（6.4）和式（6.5）。上述微分对策包含一个状态变量，即旅游产品的绿色度水平 $Q^N(t)$，以及三个控制变量，分别为绿色景区与旅行社的绿色技术投资 $g^N(t)$、$h_1^N(t)$ 和 $h_2^N(t)$。运用最优控制理论，可得在非合作情景下绿色景区与旅行社的均衡策略，如命题 6.1 所示。

命题 6.1：在非合作情景下绿色景区与旅行社的最优绿色技术投资分别为

$$\begin{cases} g^{N*} = \dfrac{m(\varepsilon_1 + \varepsilon_2)\rho_1}{(r+\delta)\mu_m} \\ h_1^{N*} = \dfrac{(\varsigma+\gamma)(r+\delta)n_1 + n_1\varepsilon_1\rho_2}{(r+\delta)\mu_1} \\ h_2^{N*} = \dfrac{(\varsigma+\gamma)(r+\delta)n_2 + n_2\varepsilon_2\rho_2}{(r+\delta)\mu_2} \end{cases} \tag{6.6}$$

旅游产品的最优绿色度水平为

$$Q^{N*}(t) = Q_{\infty}^{N*} + \left(Q_0 - Q_{\infty}^{N*}\right)\mathrm{e}^{-\delta t} \tag{6.7}$$

绿色景区与旅行社的最大利润为

$$V_S^{N*}(t)=\frac{m(\varepsilon_1+\varepsilon_2)}{r+\delta}\times Q_\infty^{N*}+\frac{m(\varepsilon_1+\varepsilon_2)}{r+\delta}\times\left(Q_0-Q_\infty^{N*}\right)\times\mathrm{e}^{-\delta t}+\frac{\left(\dfrac{m(\varepsilon_1+\varepsilon_2)}{r+\delta}\times\rho_1\right)^2}{2r\mu_m}$$
$$+\frac{1}{r}\left(\frac{\varsigma n_1+\gamma n_1+\dfrac{n_1\varepsilon_1}{r+\delta}\times\rho_2}{\mu_1}+\frac{\varsigma n_2+\gamma n_2+\dfrac{n_2\varepsilon_2}{r+\delta}\times\rho_2}{\mu_2}\right)\left(m\varsigma+\frac{m(\varepsilon_1+\varepsilon_2)}{r+\delta}\times\rho_2\right) \tag{6.8}$$

$$\begin{aligned}V_{R_1}^{N*}(t)&=\frac{n_1\varepsilon_1}{r+\delta}\times Q_\infty^{N*}+\frac{n_1\varepsilon_1}{r+\delta}\times\left(Q_0-Q_\infty^{N*}\right)\mathrm{e}^{-\delta t}\\&+\frac{\dfrac{m(\varepsilon_1+\varepsilon_2)}{r+\delta}\times\dfrac{n_1\varepsilon_1}{r+\delta}\times\rho_1^2}{r\mu_m}\\&+\frac{\left(\varsigma n_1+\gamma n_1+\dfrac{n_1\varepsilon_1}{r+\delta}\times\rho_2\right)^2}{2r\mu_1}\\&-\frac{\left(n_1\gamma-\dfrac{n_1\varepsilon_1}{r+\delta}\times\rho_2\right)\left(\varsigma n_2+\gamma n_2+\dfrac{n_2\varepsilon_2}{r+\delta}\times\rho_2\right)}{r\mu_2}\end{aligned} \tag{6.9}$$

$$\begin{aligned}V_{R_2}^{N*}(t)&=\frac{n_2\varepsilon_2}{r+\delta}\times Q_\infty^{N*}+\frac{n_2\varepsilon_2}{r+\delta}\times\left(Q_0-Q_\infty^{N*}\right)\mathrm{e}^{-\delta t}\\&+\frac{\dfrac{m(\varepsilon_1+\varepsilon_2)}{r+\delta}\times\dfrac{n_2\varepsilon_2}{r+\delta}\times\rho_1^2}{r\mu_m}\\&+\frac{\left(\varsigma n_2+\gamma n_2+\dfrac{n_2\varepsilon_2}{r+\delta}\times\rho_2\right)^2}{2r\mu_2}\\&-\frac{\left(n_2\gamma-\dfrac{n_2\varepsilon_2}{r+\delta}\times\rho_2\right)\left(\varsigma n_1+\gamma n_1+\dfrac{n_1\varepsilon_1}{r+\delta}\times\rho_2\right)}{r\mu_1}\end{aligned} \tag{6.10}$$

其中，

$$\begin{aligned}Q_\infty^{N*}&=\frac{m(\varepsilon_1+\varepsilon_2)\rho_1^2}{(r+\delta)\delta\mu_m}+\frac{((\varsigma+\gamma)(r+\delta)n_1+n_1\varepsilon_1)\rho_2^2}{(r+\delta)\delta\mu_1}\\&+\frac{((\varsigma+\gamma)(r+\delta)n_2+n_2\varepsilon_2)\rho_2^2}{(r+\delta)\delta\mu_2}\end{aligned} \tag{6.11}$$

6.3.2 单边合作情景

在单边合作情景下绿色景区与旅行社独立进行绿色技术投资，以最大化自身利益。作为斯塔克尔伯格博弈的领导者，绿色景区宣布与旅行社的单边合作计划，以鼓励旅行社的绿色营销和消费活动，即绿色景区先宣布对绿色旅行社绿色技术成本的单边补贴率及绿色技术投资策决策，竞争旅行社再进行各自的绿色技术投资决策。在单边合作情景下绿色景区与旅行社的目标函数分别如下：

$$\max_{g,\theta_1,\theta_2} V_S^C(t)=\int_0^{\infty}\mathrm{e}^{-rt}\left\{m\sum_{i=1}^{2}S_i(t)-\frac{1}{2}\mu_m g^2(t)-\frac{1}{2}\sum_{i=1}^{2}\theta_i\mu_i h_i^2(t)\right\}\mathrm{d}t \tag{6.12}$$

$$\left\{\max_{h_i} V_i^C(t)=\int_0^{\infty}\mathrm{e}^{-rt}\left\{n_iS_i(t)-\frac{1}{2}(1-\theta_i)\mu_i h_i^2(t)\right\}\mathrm{d}t,\ i=1,2\right. \tag{6.13}$$

在单边合作情景下绿色景区与竞争旅行社在无限时域内的微分对策刻画为式（6.12）和式（6.13）。上述微分对策包含一个状态变量，即旅游产品的绿色度水平$Q^C(t)$，以及五个控制变量，分别为绿色景区与竞争旅行社的绿色技术投资$g^C(t)$、$h_1^C(t)$和$h_2^C(t)$，绿色景区对竞争旅行社的单边绿色技术补贴率$\theta_1^C(t)$和$\theta_2^C(t)$。运用最优控制理论，可得单边合作情景下绿色景区与竞争旅行社的均衡策略如命题6.2所示。

命题 6.2：在单边合作情景下绿色景区对旅行社绿色技术成本的最优单边补贴率为

$$\begin{cases}\theta_1^{C*}=\left(\dfrac{2m\varsigma-(\varsigma+\gamma)n_1+\left(\dfrac{2m(\varepsilon_1+\varepsilon_2)-n_1\varepsilon_1}{r+\delta}\right)\rho_2}{2m\varsigma+(\varsigma+\gamma)n_1+\left(\dfrac{2m(\varepsilon_1+\varepsilon_2)+n_1\varepsilon_1}{r+\delta}\right)\rho_2}\right)^{+}\\[3ex]\theta_2^{C*}=\left(\dfrac{2m\varsigma-(\varsigma+\gamma)n_2+\left(\dfrac{2m(\varepsilon_1+\varepsilon_2)-n_2\varepsilon_2}{r+\delta}\right)\rho_2}{2m\varsigma+(\varsigma+\gamma)n_2+\left(\dfrac{2m(\varepsilon_1+\varepsilon_2)+n_2\varepsilon_2}{r+\delta}\right)\rho_2}\right)^{+}\end{cases} \tag{6.14}$$

绿色景区与旅行社的最优绿色技术投资分别为

$$\begin{cases} g^{C*} = \dfrac{m(\varepsilon_1+\varepsilon_2)\rho_1}{(r+\delta)\mu_m} \\ h_1^{C*} = \dfrac{(\varsigma+\gamma)(r+\delta)n_1 + n_1\varepsilon_1\rho_2}{(1-\theta_1)(r+\delta)\mu_1} \\ h_2^{C*} = \dfrac{(\varsigma+\gamma)(r+\delta)n_2 + n_2\varepsilon_2\rho_2}{(1-\theta_2)(r+\delta)\mu_2} \end{cases} \tag{6.15}$$

旅游产品的最优绿色度水平为

$$Q(t)^{C*} = Q_\infty^{C*} + \left(Q_0 - Q_\infty^{C*}\right)\mathrm{e}^{-\delta t} \tag{6.16}$$

绿色景区与旅行社的最大利润为

$$\begin{aligned} V_S^{C*}(t) = {} & \frac{m(\varepsilon_1+\varepsilon_2)}{r+\delta}\times Q_\infty^{C*} + \frac{m(\varepsilon_1+\varepsilon_2)}{r+\delta}\times\left(Q_0 - Q_\infty^{C*}\right)\times\mathrm{e}^{-\delta t} \\ & + \frac{\left(\dfrac{m(\varepsilon_1+\varepsilon_2)}{r+\delta}\times\rho_1\right)^2}{2r\mu_m} + \frac{\varsigma n_1 + \gamma n_1 + \dfrac{n_1\varepsilon_1}{r+\delta}\times\rho_2}{r(1-\theta_1)\mu_1} \\ & \times\frac{2\left(m\varsigma + \dfrac{m(\varepsilon_1+\varepsilon_2)}{r+\delta}\times\rho_2\right) - \left(2\left(m\varsigma + \dfrac{m(\varepsilon_1+\varepsilon_2)}{r+\delta}\times\rho_2\right) + \left(\varsigma n_1 + \gamma n_1 + \dfrac{n_1\varepsilon_1}{r+\delta}\times\rho_2\right)\right)\theta_1}{2(1-\theta_1)} \\ & + \frac{\varsigma n_2 + \gamma n_2 + \dfrac{n_2\varepsilon_2}{r+\delta}\times\rho_2}{r(1-\theta_2)\ \mu_2} \\ & \times\frac{2\left(m\varsigma + \dfrac{m(\varepsilon_1+\varepsilon_2)}{r+\delta}\times\rho_2\right) - \left(2\left(m\varsigma + \dfrac{m(\varepsilon_1+\varepsilon_2)}{r+\delta}\times\rho_2\right) + \left(\varsigma n_2 + \gamma n_2 + \dfrac{n_2\varepsilon_2}{r+\delta}\times\rho_2\right)\right)\theta_2}{2(1-\theta_2)} \end{aligned} \tag{6.17}$$

$$\begin{aligned} V_{R_1}^{C*}(t) = {} & \frac{n_1\varepsilon_1}{r+\delta}\times Q_\infty^{C*} + \frac{n_1\varepsilon_1}{r+\delta}\times\left(Q_0 - Q_\infty^{C*}\right)\mathrm{e}^{-\delta t} + \frac{\dfrac{m(\varepsilon_1+\varepsilon_2)}{r+\delta}\times\dfrac{n_1\varepsilon_1}{r+\delta}\times\rho_1^2}{r\mu_m} \\ & + \frac{\left(\varsigma n_1 + \gamma n_1 + \dfrac{n_1\varepsilon_1}{r+\delta}\times\rho_2\right)^2}{2r(1-\theta_1)\mu_1} \\ & - \frac{\left(n_1\gamma - \dfrac{n_1\varepsilon_1}{r+\delta}\times\rho_2\right)\left(\varsigma n_2 + \gamma n_2 + \dfrac{n_2\varepsilon_2}{r+\delta}\times\rho_2\right)}{r(1-\theta_2)\mu_2} \end{aligned} \tag{6.18}$$

$$
\begin{aligned}
V_{R_2}^{C*}(t) = & \frac{n_2\varepsilon_2}{r+\delta}\times Q_\infty^{C*} + \frac{n_2\varepsilon_2}{r+\delta}\times\left(Q_0 - Q_\infty^{C*}\right)\mathrm{e}^{-\delta t} \\
& + \frac{\dfrac{m(\varepsilon_1+\varepsilon_2)}{r+\delta}\times\dfrac{n_2\varepsilon_2}{r+\delta}\times\rho_1^2}{r\mu_m} \\
& + \frac{\left(\varsigma n_2 + \gamma n_2 + \dfrac{n_2\varepsilon_2}{r+\delta}\times\rho_2\right)^2}{2r(1-\theta_2)\mu_2} \\
& - \frac{\left(n_2\gamma - \dfrac{n_2\varepsilon_2}{r+\delta}\times\rho_2\right)\left(\varsigma n_1 + \gamma n_1 + \dfrac{n_1\varepsilon_1}{r+\delta}\times\rho_2\right)}{r(1-\theta_1)\mu_1}
\end{aligned}
\tag{6.19}
$$

其中，

$$
\begin{aligned}
Q_\infty^{C*} = & \frac{m(\varepsilon_1+\varepsilon_2)\rho_1^2}{(r+\delta)\delta\mu_m} + \frac{\left((\varsigma+\gamma)(r+\delta)n_1 + n_1\varepsilon_1\right)\rho_2^2}{(1-\theta_1)(r+\delta)\delta\mu_1} \\
& + \frac{\left((\varsigma+\gamma)(r+\delta)n_2 + n_2\varepsilon_2\right)\rho_2^2}{(1-\theta_2)(r+\delta)\delta\mu_2}
\end{aligned}
\tag{6.20}
$$

由命题 6.2 可知，当 m、n_1 和 n_2 满足 $\dfrac{m}{n_1} > \dfrac{(\varsigma+\gamma)(r+\delta)+\varepsilon_1\rho_2}{2\varsigma(r+\delta)-2(\varepsilon_1+\varepsilon_2)\rho_2}$ 和 $\dfrac{m}{n_2} > \dfrac{(\varsigma+\gamma)(r+\delta)+\varepsilon_2\rho_2}{2\varsigma(r+\delta)-2(\varepsilon_1+\varepsilon_2)\rho_2}$ 时，绿色景区宣布与绿色旅行社的单边合作计划。

6.3.3 双边合作情景

为鼓励绿色旅行社的绿色营销与消费活动，绿色景区对绿色旅行社实施绿色技术补贴。绿色旅行社增加的绿色技术投资提升了旅游产品绿色度水平，刺激了游客需求，进一步增加了绿色旅游服务供应链成员的收益。因此，在单边合作机制的基础上，本节设计了绿色景区与旅行社的双边合作机制，以更好地激励旅游服务供应链成员的绿色技术活动。绿色景区先宣布对竞争旅行社的绿色技术补贴率，然后，竞争旅行社同时决定对绿色景区的绿色技术补贴率，接着绿色景区宣布绿色技术投资策略，最后竞争旅行社选择各自的绿色技术投资决策。双边合作情景下绿色景区与旅行社的目标函数是

$$
\max_{g,\theta_1,\theta_2} V_S^T(t) = \int_0^\infty \mathrm{e}^{-rt}\left\{ m\sum_{i=1}^2 S_i(t) - \frac{1}{2}\left(1-\sum_{i=1}^2\phi_i\right)\mu_m g^2(t) - \frac{1}{2}\sum_{i=1}^2\theta_i\mu_i h_i^2(t)\right\}\mathrm{d}t
\tag{6.21}
$$

$$\left\{\max_{h_i,\phi_i} V_i^T(t)=\int_0^{\infty}\mathrm{e}^{-rt}\left\{n_iS_i(t)-\frac{1}{2}(1-\theta_i)\mu_ih_i^2(t)-\frac{1}{2}\phi_i\mu_mg^2(t)\right\}\mathrm{d}t,\ i=1,2\right. \tag{6.22}$$

在双边合作情景下绿色景区与竞争旅行社在无限时域内的微分对策刻画为式（6.21）和式（6.22）。上述微分对策包含一个状态变量，即旅游产品的绿色度水平 $Q^T(t)$，以及七个控制变量，即绿色景区与旅行社的绿色技术投资 $g^T(t)$、$h_1^T(t)$ 和 $h_2^T(t)$，绿色景区与旅行社对彼此绿色技术成本的双边补贴率 $\theta_1^T(t)$、$\phi_1^T(t)$、$\theta_2^T(t)$ 与 $\phi_2^T(t)$。运用最优控制理论，可得在双边合作情景下绿色景区与竞争旅行社的均衡策略如命题 6.3 所示。

命题 6.3： 在双边合作情景下绿色景区对旅行社绿色技术成本的最优补贴率为

$$\begin{cases}\theta_1^{T*}=\left(\dfrac{2m\varsigma-(\varsigma+\gamma)n_1+\left(\dfrac{2m(\varepsilon_1+\varepsilon_2)-n_1\varepsilon_1}{r+\delta}\right)\rho_2}{2m\varsigma+(\varsigma+\gamma)n_1+\left(\dfrac{2m(\varepsilon_1+\varepsilon_2)+n_1\varepsilon_1}{r+\delta}\right)\rho_2}\right)^+\\[2ex] \theta_2^{T*}=\left(\dfrac{2m\varsigma-(\varsigma+\gamma)n_2+\left(\dfrac{2m(\varepsilon_1+\varepsilon_2)-n_2\varepsilon_2}{r+\delta}\right)\rho_2}{2m\varsigma+(\varsigma+\gamma)n_2+\left(\dfrac{2m(\varepsilon_1+\varepsilon_2)+n_2\varepsilon_2}{r+\delta}\right)\rho_2}\right)^+\end{cases} \tag{6.23}$$

在双边合作情景下竞争旅行社对绿色景区绿色技术成本的最优补贴率为

$$\begin{cases}\phi_1^{T*}=\left(\dfrac{2n_1\varepsilon_1-m(\varepsilon_1+\varepsilon_2)}{2(n_1\varepsilon_1+n_2\varepsilon_2)}\right)^+\\[2ex] \phi_2^{T*}=\left(\dfrac{2n_2\varepsilon_2-m(\varepsilon_1+\varepsilon_2)}{2(n_1\varepsilon_1+n_2\varepsilon_2)}\right)^+\end{cases} \tag{6.24}$$

绿色景区与旅行社的最优绿色技术投资分别为

$$\begin{cases}g^{T*}=\dfrac{m(\varepsilon_1+\varepsilon_2)\rho_1}{(1-\phi_1-\phi_2)(r+\delta)\mu_m}\\[2ex] h_1^{T*}=\dfrac{(\varsigma+\gamma)(r+\delta)n_1+n_1\varepsilon_1\rho_2}{(1-\theta_1)(r+\delta)\mu_1}\\[2ex] h_2^{T*}=\dfrac{(\varsigma+\gamma)(r+\delta)n_2+n_2\varepsilon_2\rho_2}{(1-\theta_2)(r+\delta)\mu_2}\end{cases} \tag{6.25}$$

旅游产品的最优绿色度水平为

$$Q(t)^{T*} = Q_{\infty}^{T*} + \left(Q_0 - Q_{\infty}^{T*}\right)\mathrm{e}^{-\delta t} \tag{6.26}$$

绿色景区与旅行社的最大利润为

$$\begin{aligned}
V_S^{T*}(t) = & \frac{m(\varepsilon_1+\varepsilon_2)}{r+\delta}\times Q(t)^{T*} \\
& + \frac{m(\varepsilon_1+\varepsilon_2)}{r+\delta}\times\left(Q_0 - Q(t)^{T*}\right)\mathrm{e}^{-\delta t} \\
& + \frac{\left(\frac{m(\varepsilon_1+\varepsilon_2)}{r+\delta}\times\rho_1\right)^2}{2r(1-\phi_1-\phi_2)\mu_m} + \frac{\varsigma n_1 + \gamma n_1 + \frac{n_1\varepsilon_1}{r+\delta}\times\rho_2}{r(1-\theta_1)\mu_1} \\
& \times \frac{2\left(m\varsigma + \frac{m(\varepsilon_1+\varepsilon_2)}{r+\delta}\times\rho_2\right) - \left(2\left(m\varsigma + \frac{m(\varepsilon_1+\varepsilon_2)}{r+\delta}\times\rho_2\right) + \left(\varsigma n_1 + \gamma n_1 + \frac{n_1\varepsilon_1}{r+\delta}\times\rho_2\right)\right)\theta_1}{2(1-\theta_1)} \\
& + \frac{\varsigma n_2 + \gamma n_2 + k_{33}\rho_2}{r(1-\theta_2)\mu_2} \\
& \times \frac{2\left(m\varsigma + \frac{m(\varepsilon_1+\varepsilon_2)}{r+\delta}\times\rho_2\right) - \left(2\left(m\varsigma + \frac{m(\varepsilon_1+\varepsilon_2)}{r+\delta}\times\rho_2\right) + (\varsigma n_2 + \gamma n_2 + k_{33}\rho_2)\right)\theta_2}{2(1-\theta_2)}
\end{aligned} \tag{6.27}$$

$$\begin{aligned}
V_{R_1}^{T*}(t) = & \frac{n_1\varepsilon_1}{r+\delta}\times Q(t)^{T*} + \frac{n_1\varepsilon_1}{r+\delta}\times\left(Q_0 - Q(t)^{T*}\right)\mathrm{e}^{-\delta t} \\
& + \frac{\left(\varsigma n_1 + \gamma n_1 + \frac{n_1\varepsilon_1}{r+\delta}\times\rho_2\right)^2}{2r(1-\theta_1)\mu_1} \\
& + \left(\frac{n_1\varepsilon_1}{r+\delta}\times\rho_1 - \frac{\phi_1\frac{m(\varepsilon_1+\varepsilon_2)}{r+\delta}\times\rho_1}{2(1-\phi_1-\phi_2)}\right) \\
& \times \frac{\frac{m(\varepsilon_1+\varepsilon_2)}{r+\delta}\times\rho_1}{r(1-\phi_1-\phi_2)\mu_m} \\
& - \frac{\left(n_1\gamma - \frac{n_1\varepsilon_1}{r+\delta}\times\rho_2\right)\left(\varsigma n_2 + \gamma n_2 + \frac{n_2\varepsilon_2}{r+\delta}\times\rho_2\right)}{r(1-\theta_2)\mu_2}
\end{aligned} \tag{6.28}$$

$$
\begin{aligned}
V_{R_2}^{T*}(t)=&\frac{n_2\varepsilon_2}{r+\delta}\times Q(t)^{T*}+\frac{n_2\varepsilon_2}{r+\delta}\times\left(Q_0-Q(t)^{T*}\right)\mathrm{e}^{-\delta t}+\frac{\left(\varsigma n_2+\gamma n_2+\frac{n_2\varepsilon_2}{r+\delta}\times\rho_2\right)^2}{2r(1-\theta_2)\mu_2}\\
&+\left(\frac{n_2\varepsilon_2}{r+\delta}\times\rho_1-\frac{\phi_2\frac{m(\varepsilon_1+\varepsilon_2)}{r+\delta}\times\rho_1}{2(1-\phi_1-\phi_2)}\right)\times\frac{\frac{m(\varepsilon_1+\varepsilon_2)}{r+\delta}\times\rho_1}{r(1-\phi_1-\phi_2)\mu_m}\\
&-\frac{\left(n_2\gamma-\frac{n_2\varepsilon_2}{r+\delta}\times\rho_2\right)\left(\varsigma n_1+\gamma n_1+\frac{n_1\varepsilon_1}{r+\delta}\times\rho_2\right)}{r(1-\theta_1)\mu_1}
\end{aligned}
\tag{6.29}
$$

其中，

$$
\begin{aligned}
Q_\infty^{T*}=&\frac{m(\varepsilon_1+\varepsilon_2)\rho_1^2}{(1-\phi_1-\phi_2)(r+\delta)\delta\mu_m}+\frac{\left((\varsigma+\gamma)(r+\delta)n_1+n_1\varepsilon_1\right)\rho_2^2}{(1-\theta_1)(r+\delta)\delta\mu_1}\\
&+\frac{\left((\varsigma+\gamma)(r+\delta)n_2+n_2\varepsilon_2\right)\rho_2^2}{(1-\theta_2)(r+\delta)\delta\mu_2'}
\end{aligned}
\tag{6.30}
$$

由命题 6.3 可知，当 m、n_1 和 n_2 满足 $\frac{2\varepsilon_1}{\varepsilon_1+\varepsilon_2}>\frac{m}{n_1}>\frac{(\varsigma+\gamma)(r+\delta)+\varepsilon_1\rho_2}{2\varsigma(r+\delta)-2(\varepsilon_1+\varepsilon_2)\rho_2}$ 和 $\frac{2\varepsilon_2}{\varepsilon_1+\varepsilon_2}>\frac{m}{n_2}>\frac{(\varsigma+\gamma)(r+\delta)+\varepsilon_2\rho_2}{2\varsigma(r+\delta)-2(\varepsilon_1+\varepsilon_2)\rho_2}$ 时，绿色景区与绿色旅行社选择实施双边合作计划。

6.3.4　结果分析

本节分析对比三种不同情景下绿色景区与竞争旅行社的最优决策及绿色旅游服务供应链绩效，并从绿色技术投资、旅游产品绿色度水平、游客需求、旅游企业利润等方面给出了以下定理。本节定理可通过表 6.2 直接获得，因此，我们省略本节的定理证明。

表 6.2　不同情景下绿色旅游服务供应链的均衡解

情景	均衡解
非合作情景	$g^{N*}=\frac{m(\varepsilon_1+\varepsilon_2)\rho_1}{(r+\delta)\mu_m}$
	$h_1^{N*}=\frac{(\varsigma+\gamma)(r+\delta)n_1+n_1\varepsilon_1\rho_2}{(r+\delta)\mu_1}$

续表

情景	均衡解
非合作情景	$h_2^{N*}=\dfrac{(\varsigma+\gamma)(r+\delta)n_2+n_2\varepsilon_2\rho_2}{(r+\delta)\mu_2}$
	$Q_\infty^{N*}=\dfrac{m(\varepsilon_1+\varepsilon_2)\rho_1^2}{(r+\delta)\delta\mu_m}+\dfrac{((\varsigma+\gamma)(r+\delta)n_1+n_1\varepsilon_1)\rho_2^2}{(r+\delta)\delta\mu_1}+\dfrac{((\varsigma+\gamma)(r+\delta)n_2+n_2\varepsilon_2)\rho_2^2}{(r+\delta)\delta\mu_2}$
单边合作情景	$g^{C*}=\dfrac{m(\varepsilon_1+\varepsilon_2)\rho_1}{(r+\delta)\mu_m}$
	$h_1^{C*}=\dfrac{(\varsigma+\gamma)(r+\delta)n_1+n_1\varepsilon_1\rho_2}{(1-\theta_1)(r+\delta)\mu_1}$
	$h_2^{C*}=\dfrac{(\varsigma+\gamma)(r+\delta)n_2+n_2\varepsilon_2\rho_2}{(1-\theta_2)(r+\delta)\mu_2}$
	$Q_\infty^{C*}=\dfrac{m(\varepsilon_1+\varepsilon_2)\rho_1^2}{(r+\delta)\delta\mu_m}+\dfrac{((\varsigma+\gamma)(r+\delta)n_1+n_1\varepsilon_1)\rho_2^2}{(1-\theta_1)(r+\delta)\delta\mu_1}+\dfrac{((\varsigma+\gamma)(r+\delta)n_2+n_2\varepsilon_2)\rho_2^2}{(1-\theta_2)(r+\delta)\delta\mu_2}$
双边合作情景	$g^{T*}=\dfrac{m(\varepsilon_1+\varepsilon_2)\rho_1}{(1-\phi_1-\phi_2)(r+\delta)\mu_m}$
	$h_1^{T*}=\dfrac{(\varsigma+\gamma)(r+\delta)n_1+n_1\varepsilon_1\rho_2}{(1-\theta_1)(r+\delta)\mu_1}$
	$h_2^{T*}=\dfrac{(\varsigma+\gamma)(r+\delta)n_2+n_2\varepsilon_2\rho_2}{(1-\theta_2)(r+\delta)\mu_2}$
	$Q_\infty^{T*}=\dfrac{m(\varepsilon_1+\varepsilon_2)\rho_1^2}{(1-\phi_1-\phi_2)(r+\delta)\delta\mu_m}+\dfrac{((\varsigma+\gamma)(r+\delta)n_1+n_1\varepsilon_1)\rho_2^2}{(1-\theta_1)(r+\delta)\delta\mu_1}+\dfrac{((\varsigma+\gamma)(r+\delta)n_2+n_2\varepsilon_2)\rho_2^2}{(1-\theta_2)(r+\delta)\delta\mu_2}$

定理 6.1：三种情景下绿色景区的最优绿色技术投资策略满足关系：

$$g^{T*}>g^{C*}=g^{N*}$$

定理 6.1 比较三种情景下绿色景区的均衡绿色技术投资策略，探讨单边合作和双边合作机制对绿色景区的均衡绿色技术投资策略的影响。通过观察可得，在非合作情景下绿色景区的均衡绿色技术投资等于在单边合作情景下绿色景区的均衡绿色技术投资，即绿色景区对竞争旅行社的绿色技术补贴对绿色景区自身的旅游资源绿色开发、设计制造、维修活动没有影响。在双边合作情景中绿色景区的均衡绿色技术投资是三种情景中最大的。其原因在于绿色旅行社对旅游资源绿色开发、设计制造、维护等技术投资成本的分担激励了绿色景区的绿色技术活动。这一合作行为使得绿色景区进行更多的绿色技术投资。这表明，竞争旅行社与绿色景区间的合作有助于绿色景区绿色技术活动的开展。

定理 6.2：三种情景下竞争旅行社的最优绿色技术投资策略满足关系：

$$\begin{cases}h_1^{T*}=h_1^{C*}>h_1^{N*}\\ h_2^{T*}=h_2^{C*}>h_2^{N*}\end{cases}$$

定理 6.2 指出在单边合作情景下竞争旅行社的绿色技术投资等于在双边合作情景下竞争旅行社的绿色技术投资，且高于在非合作情景下竞争旅行社的绿色技术投资。在单边合作情景中竞争旅行社的绿色技术投资高于在非合作情景中的绿色技术投资是因为绿色景区为绿色旅行社提供的绿色技术补贴鼓励了绿色旅行社的绿色技术活动。此外，在单边合作与双边合作情景中竞争旅行社的绿色技术投资相等是因为绿色旅行社为绿色景区提供的绿色技术补贴不影响绿色旅行社自身的绿色技术投资策略。总的来说，建议绿色景区与旅行社协调边际利润，实施双边合作机制，以激励绿色旅游服务供应链成员的绿色技术活动。

定理 6.3： 三种情景下旅游产品稳态的绿色度水平满足关系：

$$Q_{\infty}^{T*} > Q_{\infty}^{C*} > Q_{\infty}^{N*}$$

其中，Q_{∞}^{*} 表示旅游产品稳态的绿色度水平，是描述旅游产品绿色度变化的关键参数。从非合作情景转向单边合作情景，再从单边合作情景转向双边合作情景，旅游产品稳态的绿色度水平逐步提高，实现了帕累托改进。相比非合作情景，在单边合作情景中的绿色旅行社得到绿色景区的绿色技术补贴，进行更多绿色技术投资以实现旅游资源的绿色营销和消费。此外，当绿色旅游服务供应链成员进行双边合作时，受绿色旅行社绿色技术补贴的正向激励，绿色景区亦加大其绿色技术投资。定理 6.3 表明，绿色景区与旅行社的双边合作机制可有效提升旅游产品稳态的绿色度水平，有利于绿色旅游产品的开发。

定理 6.4： 三种情景下稳态的游客需求满足关系：

$$S_{\infty}^{T*} > S_{\infty}^{C*} > S_{\infty}^{N*}$$

定理 6.4 表明从非合作情景到单边合作情景，再到双边合作情景，绿色旅游产品稳态的游客需求呈上升趋势。由式（6.2）可知，游客需求与旅游服务供应链成员的绿色技术投资及旅游产品的绿色度水平正相关。由定理 6.2 和定理 6.3 可知，相比非合作情景，在单边合作情景下竞争旅行社的绿色技术投资及旅游产品稳态的绿色度水平均提高。因此，该情景下游客对绿色旅游产品的需求也相应地增加。同理，在双边合作情景下绿色景区的绿色技术投资及旅游产品稳态的绿色度水平高于在单边合作情景下绿色景区的绿色技术投资及旅游产品稳态的绿色度水平。因此，在双边合作情景下稳态的游客需求是三种情景中最高的。这说明绿色旅游服务供应链成员间的合作可有效地刺激游客的购买行为。

定理 6.5： 三种情景下绿色景区、旅行社及旅游服务供应链稳态的利润满足关系：

$$V_{S\infty}^{T*} > V_{S\infty}^{C*} > V_{S\infty}^{N*}, \quad V_{R_1\infty}^{T*} > V_{R_1\infty}^{C*} > V_{R_1\infty}^{N*}, \quad V_{R_2\infty}^{T*} > V_{R_2\infty}^{C*} > V_{R_2\infty}^{N*}$$

从非合作情景转向单边合作情景，再转向双边合作情景，绿色景区与旅行社的利润在三种不同的情景中实现了帕累托改进。绿色景区对竞争旅行社的绿色技术补贴激励了绿色旅行社的绿色营销与消费活动，提升了游客对绿色旅游产品的需求，提高了绿色旅游服务供应链成员及整体的利润。此外，绿色旅行社与绿色景区的双向合作机制能更进一步激励双方的绿色技术活动，为游客提供更高绿色度水平的旅游产品。相应地，在双边合作情景下绿色旅游服务供应链成员及整体的利润高于在单边合作情景下绿色旅游服务供应链成员及整体的利润。这表明绿色旅游服务供应链成员能从双边合作机制中获得更高的利润。

6.4　数值仿真分析

为了更好地分析上述模型，本节进行数值实验及重要参数的敏感性分析。假设竞争的绿色旅行社具有对称性，即$\varepsilon_i=\varepsilon$，$n_i=n$，$\mu_i=\mu$，$S_i=S$，$h_i=h$和$V_{Ri}=V_R\left(i=1,2\right)$。参考 Zu 等（2019）、Jena 和 Meena（2019）的研究，将绿色旅游服务供应链参数设定为$\rho_1=0.7$，$\rho_2=0.6$，$\varsigma=1.5$，$\gamma=0.5$，$\varepsilon=0.7$，$\delta=0.3$，$r=0.05$，$m=2$，$n=3$，$\mu_m=1$，$\mu=1$及$Q_0=5$。本节将围绕旅游服务供应链市场环境、绿色旅行社竞争强度及旅游服务供应链成员双边补贴率对三种情景下的绿色旅游服务供应链均衡解的影响进行数值实验。

6.4.1　旅游服务供应链市场环境的影响

为明确旅游服务供应链环境对旅游产品绿色度水平、游客需求、旅游服务供应链成员绿色技术投资策略及利润的影响，本节对参数ρ_1、ρ_2、ς和ε进行敏感性分析。$\rho_1=0.5$表示旅游产品绿色水平对绿色景区的绿色技术投资具有中等敏感性，$\rho_1=0.8$表示旅游产品绿色度水平对绿色景区的绿色技术投资对具有较高的敏感性。假设旅游产品绿色度水平对绿色旅行社绿色技术投资的敏感性也遵循类似的趋势，即$\rho_2\in\left\{0.5,0.8\right\}$。$\varsigma$和$\varepsilon$都是需求的影响参数，$\varsigma$表示绿色旅行社的绿色技术投资对游客需求的影响，$\varepsilon$表示旅游产品绿色度水平对游客需求的影响。假设$\varsigma\in\left\{1.5,2.0\right\}$分别表示较低与较高的需求对绿色技术敏感性，$\varepsilon\in\left\{0.5,0.8\right\}$遵循较低与较高的需求对旅游产品绿色度水平的敏感性。

综上所述，可得到 5 组不同的参数值，如下所示：

例 1：$\left\{\rho_1=0.5,\ \rho_2=0.5,\ \varsigma=1.5,\ \varepsilon=0.5\right\}$；

例 2：$\left\{\rho_1=0.8,\ \rho_2=0.5,\ \varsigma=1.5,\ \varepsilon=0.5\right\}$；

例 3：$\left\{\rho_1=0.8,\ \rho_2=0.8,\ \varsigma=1.5,\ \varepsilon=0.5\right\}$；

例 4：$\{\rho_1 = 0.8,\ \rho_2 = 0.8,\ \varsigma = 2.0,\ \varepsilon = 0.5\}$；

例 5：$\{\rho_1 = 0.8,\ \rho_2 = 0.8,\ \varsigma = 2.0,\ \varepsilon = 0.8\}$。

图 6.1（a）显示了旅游服务供应链环境对绿色旅行社绿色技术投资的影响。绿色旅行社的绿色技术投资随着 ρ_2 的增加而增加，即当旅游产品绿色度水平对绿色旅行社的绿色技术投资的敏感性增加时，绿色旅行社选择增加绿色技术投资。相比之下，ρ_1 的变化并不影响绿色旅行社的绿色技术投资。

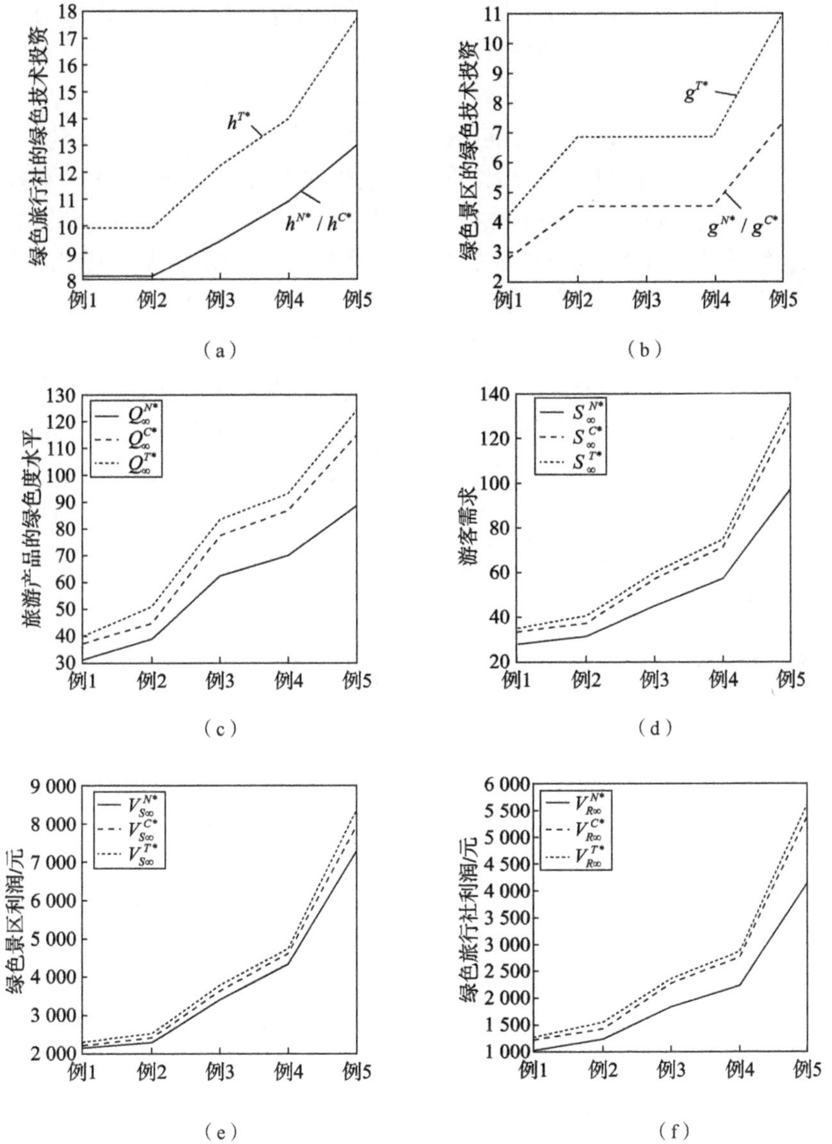

图 6.1　h^*、g^*、Q_∞^*、S_∞^*、$V_{S\infty}^*$ 和 $V_{R\infty}^*$ 随 ρ_1、ρ_2、ς 与 ε 的变化

此外，游客需求对绿色旅行社的绿色技术投资及旅游产品绿色度水平更高的敏感性也能显著地激励绿色旅行社的绿色技术活动。如图 6.1（b）所示，与绿色旅行社的情况类似，绿色景区的绿色技术投资随旅游产品绿色度水平对绿色景区的绿色技术投资的敏感性增加而增加。与绿色旅行社的情况不同的是，绿色景区的绿色技术投资并不受 ρ_2 和 ς 的影响，即绿色度水平及游客需求对竞争旅行社的绿色技术投资的敏感性不影响绿色景区的决策行为。图 6.1（c）指出，随着供应链环境参数的增加，旅游产品绿色度水平均可获得提升，且非合作情景（情景 1）下旅游产品的绿色度水平总低于单边合作情景（情景 2）下旅游产品的绿色度水平，双边合作情景（情景 3）下的旅游产品绿色度水平最高。

如图 6.1（d）所示，三种不同情景下的游客需求随着供应链环境参数的增加而增加。当旅游产品的绿色度水平对绿色景区与旅行社的绿色技术投资的敏感性增加时，绿色景区与旅行社加大对绿色技术投资，提高旅游产品的绿色度水平。随着游客需求对绿色旅行社的绿色技术投资及旅游产品绿色度水平敏感性的增加，游客对绿色旅游产品的需求也增加。这说明有效的绿色技术投资及敏感的游客绿色旅游偏好可以更好地刺激游客的购买行为。图 6.1（e）和图 6.1（f）刻画了不同情景下绿色景区与旅行社的利润。不难发现，绿色旅游服务供应链成员的利润变化轨迹与游客需求的变化轨迹相似，均随着供应链环境参数的增加而增加，且情景 3 中的绿色景区与旅行社获得更高的利润。总的来说，在旅游服务供应链成员的绿色技术投资更有效及游客的绿色旅游偏爱更明显时，绿色景区与旅行社最好加大绿色技术投资以产出更高绿色度水平的旅游产品并获得更高的收益。

6.4.2 绿色旅行社竞争强度的影响

本节探讨绿色旅行社竞争强度对旅游产品绿色度水平、游客需求、旅游服务供应链成员绿色技术投资策略及利润的影响。相对较小的 γ 表示较低的绿色旅行社竞争强度，指竞争旅游产品间较低的可替代性；相对较大的 γ 意味着竞争旅游产品间较高的可替代性，则绿色旅行社间的竞争更为激烈。

图 6.2（a）和图 6.2（b）显示了不同情景下绿色旅游服务供应链成员的绿色技术投资随绿色旅行社竞争强度的变化轨迹。图 6.2（a）指出，当绿色旅行社间的竞争强度相对较低时，绿色旅行社的绿色技术投资也相对较少。这是因为在竞争旅游产品可替代性较低的情况下，绿色旅行社较低的绿色技术投资也可保证旅游产品的销量。当绿色旅行社间的竞争激烈时，绿色旅行社加大对绿色技术的投资，为游客提供更高绿色度水平的旅游产品，防止游客转向竞争对手购买。图 6.2（b）

表示绿色景区的绿色技术投资不受绿色旅行社竞争强度的影响。观察图 6.2（c）可知旅游产品的绿色度水平随旅行社间竞争强度的增加而增加。因此，可以得出结论：当绿色旅行社间的竞争更激烈时，竞争旅行社对绿色技术的投资更多，更有利于绿色旅游产品的开发。观察图 6.2（d）可得三种不同情景下的游客需求随绿色旅行社间竞争强度的增加而增加。这是由于绿色旅行社间较高的竞争强度激励了旅行社各自的绿色技术活动，旅游产品绿色度水平得到提升，相应地，游客需求也增加。图 6.2（e）描述了不同旅行社竞争强度下绿色景区的利润变化轨迹，不难发现，随着旅行社竞争强度的增加，绿色景区的利润也增大。图 6.2（b）指出旅行社间的竞争强度不影响绿色景区的绿色技术投资，因此，绿色景区增加的收益主要源于绿色旅行社增加的技术投资的“搭便车”效应。另外，绿色景区热衷于为竞争旅行社提供绿色技术补贴以获得更高的收益。图 6.2（f）指出情景 1 中绿色旅行社的利润随着旅行社间竞争强度的增加而增加，反之，情景 2 和情景 3 中绿色旅行社的利润随着竞争强度的增加而减少。上述结果表明，绿色旅行社间的竞争有利于绿色旅游产品的开发，为上游的绿色景区带来更高的利润，但并不总利于绿色旅行社的利润提升。

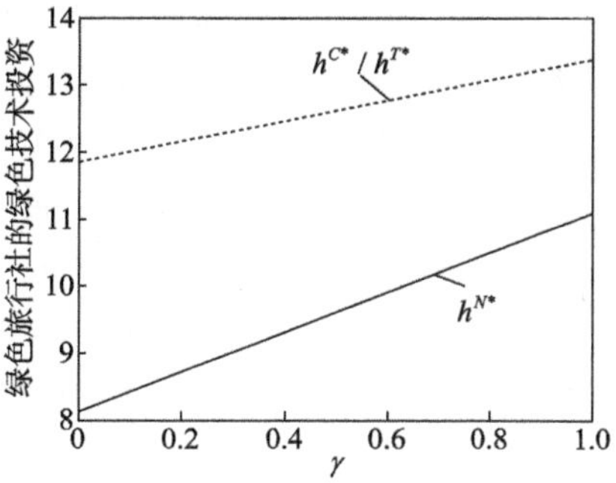

（a）

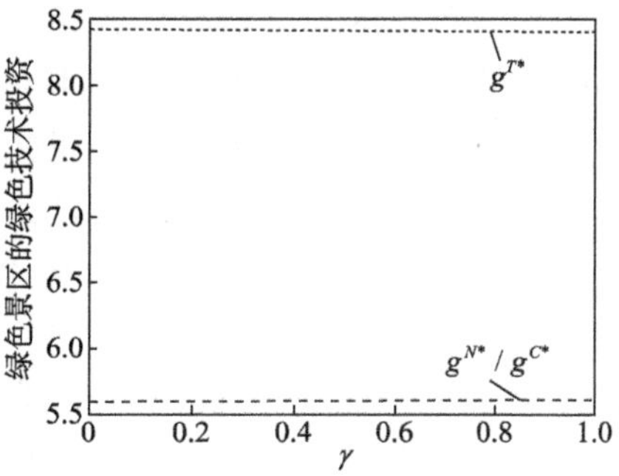

（b）

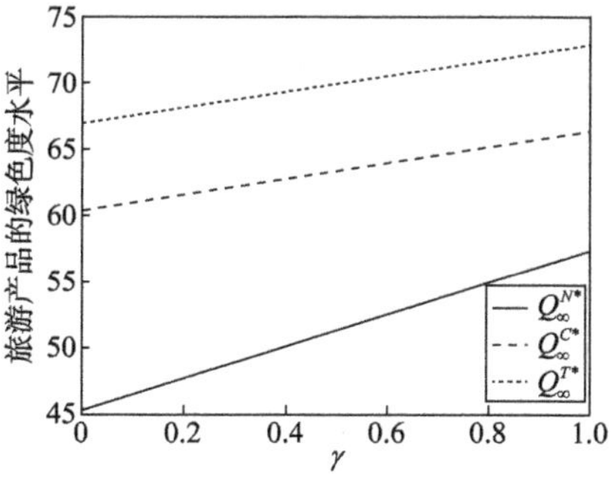

（c）

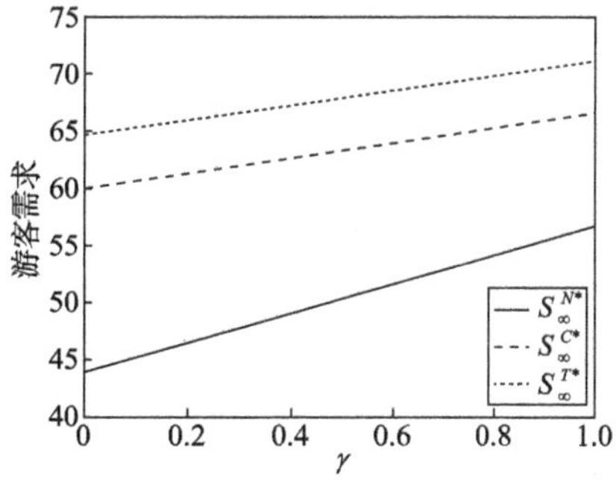

（d）

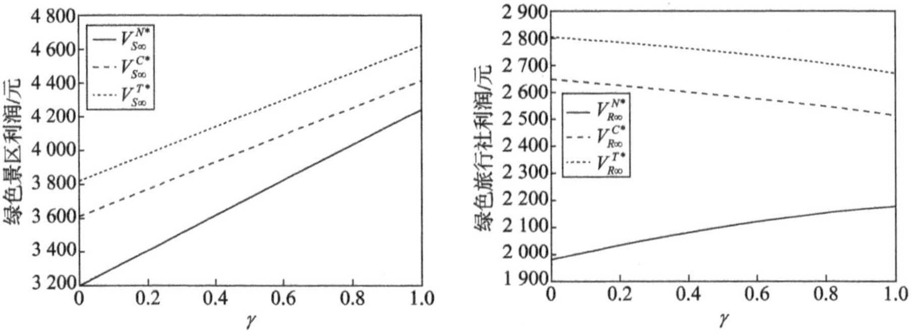

（e）（f）

图6.2 h^*、g^*、Q_∞^*、S_∞^*、$V_{S\infty}^*$和$V_{R\infty}^*$随γ的变化

6.4.3 旅游服务供应链成员双边补贴率的影响

绿色景区与旅行社的单边合作计划可有效地激励绿色旅行社的绿色技术活动，提高旅游产品的绿色度水平与旅游服务供应链成员的利润。在此基础上，更进一步提出绿色景区与旅行社的双边合作机制，以更好地开发绿色旅游产品并创造更高的收益。在6.3.3节中，绿色景区与旅行社的最优双边技术补贴率被作为决策变量，存在均衡解。本节将绿色景区与旅行社的最优双边技术补贴率作为关键参数，分析双边技术补贴率对旅游产品绿色度水平、游客需求及绿色旅游服务供应链成员最优决策及利润的影响。$\theta=0.2$表示绿色景区对绿色旅行社较低的技术补贴率，$\theta=0.25$和$\theta=0.3$表示绿色景区对绿色旅行社中等及稍高的技术补贴率。同时，绿色旅行社对绿色景区的绿色技术补贴率$\phi\in\{0.10,0.15,0.20\}$。因此，可得到5组不同的参数值，如下所示：

例6：$\{\theta=0.20,\ \phi=0.10\}$；

例7：$\{\theta=0.25,\ \phi=0.10\}$；

例8：$\{\theta=0.25,\ \phi=0.15\}$；

例9：$\{\theta=0.30,\ \phi=0.15\}$；

例10：$\{\theta=0.30,\ \phi=0.20\}$。

图6.3（a）描述了旅游产品绿色度水平随双边技术补贴率的变化轨迹，指出随着绿色景区与旅行社双边技术补贴率的增加，旅游产品绿色度水平得到提升。这是由于当θ与ϕ相对较低时，绿色景区与旅行社的绿色技术投资较低，相应地，旅游产品绿色度水平也较低。随着θ与ϕ的增加，绿色景区与旅行社加大对绿色技术的投资，旅游产品的绿色度水平也相应地增加。随着绿色旅游服务供应链成员双边技术补贴率的提高，旅游产品具有更高的绿色度水平，如图6.3（b）

所示，游客对旅游产品的需求也增加。图 6.3（c）和图 6.3（d）显示绿色旅游服务供应链成员间的双边技术补贴率对绿色景区与旅行社的利润有正面的影响，绿色景区与旅行社在较高的 θ 与 ϕ 参数设置下获得更多收益。综上所述，绿色景区与旅行社较高的双边技术补贴率有助于绿色旅游产品的开发及旅游企业的获利。

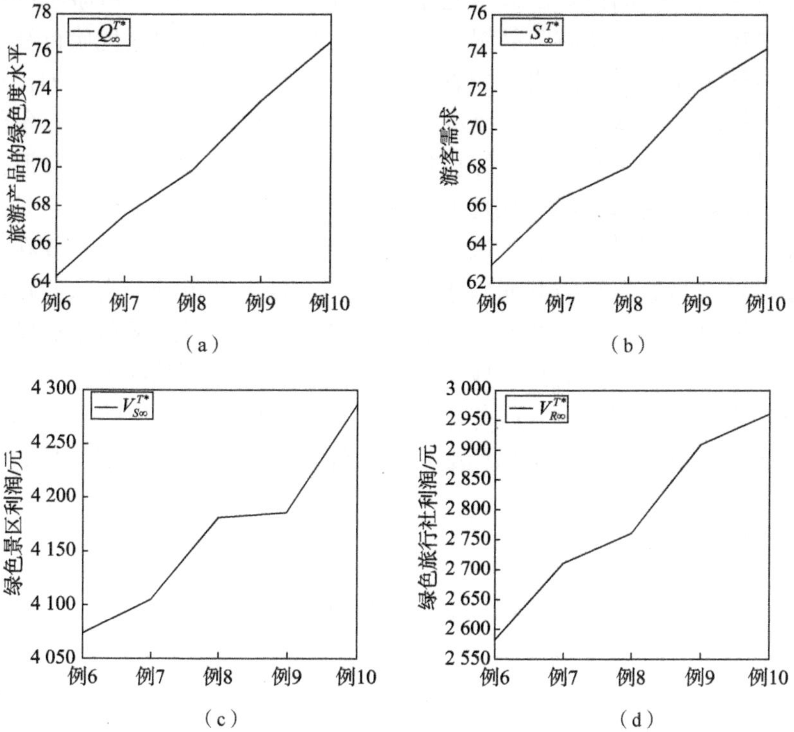

图 6.3　Q_∞^*、S_∞^*、$V_{S\infty}^*$ 和 $V_{R\infty}^*$ 随 θ 与 ϕ 的变化

6.5　本 章 小 结

基于游客、旅游企业和社会各层组织日益增强的绿色环保意识、政府绿色经济的政策法规及旅游业激烈竞争的旅游实践，本章研究了绿色景区与竞争绿色旅行社关于旅游资源绿色开发、设计和制造、维护、营销和消费的绿色技术投资策略。考虑非合作、单边合作和双边合作等三种不同的供应链情景，建立了不同情景下绿色景区与旅行社的斯塔克尔伯格微分博弈模型及竞争绿色旅行社的纳什微分博弈模型，推导了绿色旅游服务供应链的均衡解，探讨了游客绿色旅游偏好、绿色旅行社竞争强度及供应链成员双边绿色技术补贴率对绿色旅游产品开发

与绿色旅游服务供应链绩效的影响。

研究结果表明：①游客绿色旅游偏好的增加可激励绿色景区与旅行社的绿色技术投资，提高旅游产品绿色度水平、游客需求和绿色旅游服务供应链成员的利润。为更好地开发绿色旅游产品，获取更高的收益，绿色景区与旅行社应巩固并加强游客对绿色旅游的偏好。②绿色旅行社间激烈的竞争强度可激励绿色旅行社的绿色技术投资，提高旅游产品绿色度水平，却并不总能为绿色旅行社带来更高的收益。另外，绿色景区的收益随着绿色旅行社间激烈的竞争而增加，这主要源于竞争旅行社增加的绿色技术投资的“搭便车”效应。不难得出，竞争的绿色旅行社可通过合作投资，共同开发绿色旅游产品，以避免竞争带来的资源浪费。此外，发展下游竞争的绿色旅行社是上游绿色景区盈利的有效手段。这是因为当下游旅行社间竞争激烈时，绿色景区可更好地享受“搭便车”效应。③在单边合作情景下绿色景区与旅行社的利润高于在非合作情景下绿色景区与旅行社的利润。换言之，当绿色景区与旅行社的边际利润满足一定关系时，绿色景区倾向补贴绿色旅行社绿色营销和消费的技术成本。在单边合作计划的基础上，本章提出一种新的双边合作机制，即绿色景区与旅行社共享彼此的绿色技术成本。结果显示，在双边合作情景下旅游产品的绿色度水平及绿色旅游服务供应链成员的利润是三种情景中最大的。

6.6 本章附录

1. 命题 6.1 证明

证明： 对任意的 $Q^N \geqslant 0$，V_S^N、$V_{R_1}^N$ 及 $V_{R_2}^N$ 满足 HJB 方程：

$$rV_S^N = \max_g \left\{ \begin{aligned} & V_{\mathrm{SQ}}^{N'}\rho_1 g + \left(m\varsigma + V_{\mathrm{SQ}}^{N'}\rho_2\right)h_1 + \left(m\varsigma + V_{\mathrm{SQ}}^{N'}\rho_2\right)h_2 \\ & + \left(m\left(\varepsilon_1 + \varepsilon_2\right) - V_{\mathrm{SQ}}^{N'}\delta\right)Q^N - \frac{1}{2}\mu_m g^2 \end{aligned} \right\} \tag{A.6.1}$$

$$rV_{R_1}^N = \max_{h_1} \left\{ \begin{aligned} & V_{R_1Q}^{N'}\rho_1 g + \left(n_1\varsigma + n_1\gamma + V_{R_1Q}^{N'}\rho_2\right)h_1 - \left(n_1\gamma - V_{R_1Q}^{N'}\rho_2\right)h_2 \\ & + \left(n_1\varepsilon_1 - V_{R_1Q}^{N'}\delta\right)Q^N - \frac{1}{2}\mu_1 h_1^2 \end{aligned} \right\} \tag{A.6.2}$$

$$rV_{R_2}^N = \max_{h_2} \left\{ \begin{aligned} & V_{R_2Q}^{N'}\rho_1 g + \left(n_2\varsigma + n_2\gamma + V_{R_2Q}^{N'}\rho_2\right)h_2 - \left(n_2\gamma - V_{R_2Q}^{N'}\rho_2\right)h_1 \\ & + \left(n_2\varepsilon_2 - V_{R_2Q}^{N'}\delta\right)Q^N - \frac{1}{2}\mu_2 h_2^2 \end{aligned} \right\} \tag{A.6.3}$$

将式（A.6.1）~式（A.6.3）分别对 g^N、h_1^N 和 h_2^N 求一阶偏导数可得

$$\begin{cases} g^{N*} = \dfrac{V_{\text{SQ}}^{N'} \rho_1}{\mu_m} \\ h_1^{N*} = \dfrac{\varsigma n_1 + \gamma n_1 + V_{R_1 Q}^{N'} \rho_2}{\mu_1} \\ h_2^{N*} = \dfrac{\varsigma n_2 + \gamma n_2 + V_{R_2 Q}^{N'} \rho_2}{\mu_2} \end{cases} \tag{A.6.4}$$

将上述最优 g^{N*} 、h_1^{N*} 及 h_2^{N*} 代入 HJB 方程可得

$$\begin{aligned} rV_S^N = & \frac{\left(V_{\text{SQ}}^{N'} \rho_1\right)^2}{2\mu_m} + \left(\frac{\varsigma n_1 + \gamma n_1 + V_{R_1 Q}^{N'} \rho_2}{\mu_1} + \frac{\varsigma n_2 + \gamma n_2 + V_{R_2 Q}^{N'} \rho_2}{\mu_2} \right) \left(m\varsigma + V_{\text{SQ}}^{N'} \rho_2\right) \\ & + \left(m\left(\varepsilon_1 + \varepsilon_2\right) - V_{\text{SQ}}^{N'} \delta\right) Q^N \end{aligned} \tag{A.6.5}$$

$$\begin{aligned} rV_{R_1}^N = & \frac{V_{R_1 Q}^{N'} V_{\text{SQ}}^{N'} \rho_1^2}{\mu_m} + \frac{\left(\varsigma n_1 + \gamma n_1 + V_{R_1 Q}^{N'} \rho_2\right)^2}{2\mu_1} \\ & - \frac{\left(n_1 \gamma - V_{R_1 Q}^{N'} \rho_2\right)\left(\varsigma n_2 + \gamma n_2 + V_{R_2 Q}^{N'} \rho_2\right)}{\mu_2} + \left(n_1 \varepsilon_1 - V_{R_1 Q}^{N'} \delta\right) Q^N \end{aligned} \tag{A.6.6}$$

$$\begin{aligned} rV_{R_2}^N = & \frac{V_{R_2 Q}^{N'} V_{\text{SQ}}^{N'} \rho_1^2}{\mu_m} + \frac{\left(\varsigma n_2 + \gamma n_2 + V_{R_2 Q}^{N'} \rho_2\right)^2}{2\mu_2} \\ & - \frac{\left(n_2 \gamma - V_{R_2 Q}^{N'} \rho_2\right)\left(\varsigma n_1 + \gamma n_1 + V_{R_1 Q}^{N'} \rho_2\right)}{\mu_1} + \left(n_2 \varepsilon_2 - V_{R_2 Q}^{N'} \delta\right) Q^N \end{aligned} \tag{A.6.7}$$

观察式（A.6.5）~式（A.6.7）可知，绿色景区与竞争旅行社的利润函数 V_S^N 、$V_{R_1}^N$ 及 $V_{R_2}^N$ 是以 Q^N 为自变量的一元一次方程。假设绿色旅游服务供应链成员利润函数的一般形式分别为 $V_S^N = k_{11} Q^N + l_{11}$、$V_{R_1}^N = k_{12} Q^N + l_{12}$ 及 $V_{R_2}^N = k_{13} Q^N + l_{13}$，可得 $V_{\text{SQ}}^{N'} = k_{11}$ 、$V_{R_1 Q}^{N'} = k_{12}$ 及 $V_{R_2 Q}^{N'} = k_{13}$，且式（A.6.5）~式（A.6.7）可被整理为

$$\begin{aligned} r\left(k_{11} Q^N + l_{11}\right) = & \frac{\left(k_{11} \rho_1\right)^2}{2\mu_m} + \left(\frac{\varsigma n_1 + \gamma n_1 + k_{12} \rho_2}{\mu_1} + \frac{\varsigma n_2 + \gamma n_2 + k_{13} \rho_2}{\mu_2} \right) \left(m\varsigma + k_{11} \rho_2\right) \\ & + \left(m\left(\varepsilon_1 + \varepsilon_2\right) - k_{11} \delta\right) Q^N \end{aligned} \tag{A.6.8}$$

$$\begin{aligned} r\left(k_{12} Q^N + l_{12}\right) = & \frac{k_{11} k_{12} \rho_1^2}{\mu_m} + \frac{\left(\varsigma n_1 + \gamma n_1 + k_{12} \rho_2\right)^2}{2\mu_1} - \frac{\left(n_1 \gamma - k_{12} \rho_2\right)\left(\varsigma n_2 + \gamma n_2 + k_{13} \rho_2\right)}{\mu_2} \\ & + \left(n_1 \varepsilon_1 - k_{12} \delta\right) Q^N \end{aligned} \tag{A.6.9}$$

$$r\left(k_{13}Q^N + l_{13}\right) = \frac{k_{11}k_{13}\rho_1^2}{\mu_m} + \frac{\left(\varsigma n_2 + \gamma n_2 + k_{13}\rho_2\right)^2}{2\mu_2} - \frac{\left(n_2\gamma - k_{13}\rho_2\right)\left(\varsigma n_1 + \gamma n_1 + k_{12}\rho_2\right)}{\mu_1} + \left(n_2\varepsilon_2 - k_{13}\delta\right)Q^N \tag{A.6.10}$$

对上述等式进行连续求解，可得 k_{11} 、 l_{11} 、 k_{12} 、 l_{12} 、 k_{13} 、 l_{13} 分别为

$$\begin{cases} k_{11} = \dfrac{m(\varepsilon_1+\varepsilon_2)}{r+\delta} \\ l_{11} = \dfrac{\left(\dfrac{m(\varepsilon_1+\varepsilon_2)}{r+\delta}\times\rho_1\right)^2}{2r\mu_m} + \dfrac{1}{r}\left(\dfrac{\varsigma n_1 + \gamma n_1 + \dfrac{n_1\varepsilon_1}{r+\delta}\times\rho_2}{\mu_1} + \dfrac{\varsigma n_2 + \gamma n_2 + \dfrac{n_2\varepsilon_2}{r+\delta}\times\rho_2}{\mu_2}\right)\left(m\varsigma + \dfrac{m(\varepsilon_1+\varepsilon_2)}{r+\delta}\times\rho_2\right) \\ k_{12} = \dfrac{n_1\varepsilon_1}{r+\delta} \\ l_{12} = \dfrac{\dfrac{m(\varepsilon_1+\varepsilon_2)}{r+\delta}\times\dfrac{n_1\varepsilon_1}{r+\delta}\times\rho_1^2}{r\mu_m} + \dfrac{\left(\varsigma n_1 + \gamma n_1 + \dfrac{n_1\varepsilon_1}{r+\delta}\times\rho_2\right)^2}{2r\mu_1} - \dfrac{\left(n_1\gamma - \dfrac{n_1\varepsilon_1}{r+\delta}\times\rho_2\right)\left(\varsigma n_2 + \gamma n_2 + \dfrac{n_2\varepsilon_2}{r+\delta}\times\rho_2\right)}{r\mu_2} \\ k_{13} = \dfrac{n_2\varepsilon_2}{r+\delta} \\ l_{13} = \dfrac{\dfrac{m(\varepsilon_1+\varepsilon_2)}{r+\delta}\times\dfrac{n_2\varepsilon_2}{r+\delta}\times\rho_1^2}{r\mu_m} + \dfrac{\left(\varsigma n_2 + \gamma n_2 + \dfrac{n_2\varepsilon_2}{r+\delta}\times\rho_2\right)^2}{2r\mu_2} - \dfrac{\left(n_2\gamma - \dfrac{n_2\varepsilon_2}{r+\delta}\times\rho_2\right)\left(\varsigma n_1 + \gamma n_1 + \dfrac{n_1\varepsilon_1}{r+\delta}\times\rho_2\right)}{r\mu_1} \end{cases} \tag{A.6.11}$$

2. 命题 6.2 证明

证明：对任意的 $Q^C \geqslant 0$ ， V_S^C 、 $V_{R_1}^C$ 及 $V_{R_2}^C$ 满足 HJB 方程：

$$rV_S^C = \max_{g,\theta_1,\theta_2}\left\{\begin{array}{l} V_{\mathrm{SQ}}^{C'}\rho_1 g + \left(m\varsigma + V_{\mathrm{SQ}}^{C'}\rho_2\right)h_1 + \left(m\varsigma + V_{\mathrm{SQ}}^{C'}\rho_2\right)h_2 \\ +\left(m(\varepsilon_1+\varepsilon_2) - V_{\mathrm{SQ}}^{C'}\delta\right)Q^C - \dfrac{1}{2}\mu_m g^2 - \dfrac{1}{2}\theta_1\mu_1 h_1^2(t) - \dfrac{1}{2}\theta_2\mu_2 h_2^2(t) \end{array}\right\} \tag{A.6.12}$$

$$rV_{R_1}^C = \max_{h_1}\left\{\begin{array}{l} V_{R_1Q}^{C'}\rho_1 g + \left(n_1\varsigma + n_1\gamma + V_{R_1Q}^{C'}\rho_2\right)h_1 - \left(n_1\gamma - V_{R_1Q}^{C'}\rho_2\right)h_2 \\ +\left(n_1\varepsilon_1 - V_{R_1Q}^{C'}\delta\right)Q^C - \dfrac{1}{2}(1-\theta_1)\mu_1 h_1^2 \end{array}\right\} \tag{A.6.13}$$

$$rV_{R_2}^C = \max_{h_2}\left\{\begin{array}{l} V_{R_2Q}^{C'}\rho_1 g + \left(n_2\varsigma + n_2\gamma + V_{R_2Q}^{C'}\rho_2\right)h_2 - \left(n_2\gamma - V_{R_2Q}^{C'}\rho_2\right)h_1 \\ +\left(n_2\varepsilon_2 - V_{R_2Q}^{C'}\delta\right)Q^C - \dfrac{1}{2}(1-\theta_2)\mu_2 h_2^2 \end{array}\right\} \tag{A.6.14}$$

将式（A.6.12）~式（A.6.14）分别对 g^C 、 h_1^C 和 h_2^C 求一阶偏导数可得

$$\begin{cases} g^{C*} = \dfrac{V_{\mathrm{SQ}}^{C'}\rho_1}{\mu_m} \\ h_1^{C*} = \dfrac{\varsigma n_1 + \gamma n_1 + V_{R_1Q}^{C'}\rho_2}{(1-\theta_1)\mu_1} \\ h_2^{C*} = \dfrac{\varsigma n_2 + \gamma n_2 + V_{R_2Q}^{C'}\rho_2}{(1-\theta_2)\mu_2} \end{cases} \tag{A.6.15}$$

因此，V_S^C 满足 HJB 方程：

$$rV_S^C = \max_{\theta_1,\theta_2}\left\{\begin{aligned} &\frac{\left(V_{\mathrm{SQ}}^{C'}\rho_1\right)^2}{2\mu_m} + \left(\frac{\varsigma n_1 + \gamma n_1 + V_{R_1Q}^{C'}\rho_2}{(1-\theta_1)\mu_1} + \frac{\varsigma n_2 + \gamma n_2 + V_{R_2Q}^{C'}\rho_2}{(1-\theta_2)\mu_2}\right)\left(m\varsigma + V_{\mathrm{SQ}}^{C'}\rho_2\right) \\ &+\left(m(\varepsilon_1+\varepsilon_2) - V_{\mathrm{SQ}}^{C'}\delta\right)Q - \frac{\theta_1\left(\varsigma n_1 + \gamma n_1 + V_{R_1Q}^{C'}\rho_2\right)^2}{2(1-\theta_1)^2\mu_1} - \frac{\theta_2\left(\varsigma n_2 + \gamma n_2 + V_{R_2Q}^{C'}\rho_2\right)^2}{2(1-\theta_2)^2\mu_2} \end{aligned}\right\}$$

（A.6.16）

将式（A.6.16）分别对 θ_1^C 和 θ_2^C 求一阶偏导数可得

$$\begin{cases} \theta_1^{C*} = \left(\dfrac{2m\varsigma - \varsigma n_1 - \gamma n_1 + \left(2V_{\mathrm{SQ}}^{C'} - V_{R_1Q}^{C'}\right)\rho_2}{2m\varsigma + \varsigma n_1 + \gamma n_1 + \left(2V_{\mathrm{SQ}}^{C'} + V_{R_1Q}^{C'}\right)\rho_2}\right)^+ \\ \theta_2^{C*} = \left(\dfrac{2m\varsigma - \varsigma n_2 - \gamma n_2 + \left(2V_{\mathrm{SQ}}^{C'} - V_{R_2Q}^{C'}\right)\rho_2}{2m\varsigma + \varsigma n_2 + \gamma n_2 + \left(2V_{\mathrm{SQ}}^{C'} + V_{R_2Q}^{C'}\right)\rho_2}\right)^+ \end{cases} \tag{A.6.17}$$

将上述最优 g^{C*}、h_1^{C*} 及 h_2^{C*} 代入 HJB 方程可得

$$\begin{aligned} rV_S^C = &\left(\frac{\varsigma n_1 + \gamma n_1 + V_{R_1Q}^{C'}\rho_2}{(1-\theta_1)\mu_1} + \frac{\varsigma n_2 + \gamma n_2 + V_{R_2Q}^{C'}\rho_2}{(1-\theta_2)\mu_2}\right)\left(m\varsigma + V_{\mathrm{SQ}}^{C'}\rho_2\right) \\ &+\left(m(\varepsilon_1+\varepsilon_2) - V_{\mathrm{SQ}}^{C'}\delta\right)Q^C \\ &+\frac{\left(V_{\mathrm{SQ}}^{C'}\rho_1\right)^2}{2\mu_m} - \frac{\theta_1\left(\varsigma n_1 + \gamma n_1 + V_{R_1Q}^{C'}\rho_2\right)^2}{2(1-\theta_1)^2\mu_1} \\ &-\frac{\theta_2\left(\varsigma n_2 + \gamma n_2 + V_{R_2Q}^{C'}\rho_2\right)^2}{2(1-\theta_2)^2\mu_2} \end{aligned} \tag{A.6.18}$$

$$\begin{aligned} rV_{R_1}^C = &\frac{V_{R_1Q}^{C'}V_{SQ}^{C'}\rho_1^2}{\mu_m} + \frac{\left(\varsigma n_1 + \gamma n_1 + V_{R_1Q}^{C'}\rho_2\right)^2}{2(1-\theta_1)\mu_1} - \frac{\left(n_1\gamma - V_{R_1Q}^{C'}\rho_2\right)\left(\varsigma n_2 + \gamma n_2 + V_{R_2Q}^{C'}\rho_2\right)}{(1-\theta_2)\mu_2} \\ &+\left(n_1\varepsilon_1 - V_{R_1Q}^{C'}\delta\right)Q^C \end{aligned}$$

（A.6.19）

$$rV_{R_2}^C = \frac{V_{R_2Q}^{C'}V_{\mathrm{SQ}}^{C'}\rho_1^2}{\mu_m} + \frac{\left(\varsigma n_2 + \gamma n_2 + V_{R_2Q}^{C'}\rho_2\right)^2}{2(1-\theta_2)\mu_2} - \frac{\left(n_2\gamma - V_{R_2Q}^{C'}\rho_2\right)\left(\varsigma n_1 + \gamma n_1 + V_{R_1Q}^{C'}\rho_2\right)}{(1-\theta_1)\mu_1} + \left(n_2\varepsilon_2 - V_{R_2Q}^{C'}\delta\right)Q^C \quad (\text{A.6.20})$$

观察式（A.6.18）~式（A.6.20）可知绿色景区与竞争旅行社的利润函数 V_S^C 、$V_{R_1}^C$ 及 $V_{R_2}^C$ 是以 Q^C 为自变量的一元一次方程。假设绿色旅游服务供应链成员利润函数的一般形式分别为 $V_S^C = k_{21}Q^C + l_{21}$、$V_{R_1}^C = k_{22}Q^C + l_{22}$ 及 $V_{R_2}^C = k_{23}Q^C + l_{23}$，可得 $V_{\mathrm{SQ}}^{C'} = k_{21}$、$V_{R_1Q}^{C'} = k_{22}$ 及 $V_{R_2Q}^{C'} = k_{23}$，且式（A.6.18）~式（A.6.20）可被整理为

$$r\left(k_{21}Q^C + l_{21}\right) = \frac{\left(k_{21}\rho_1\right)^2}{2\mu_m} + \left(\frac{\varsigma n_1 + \gamma n_1 + k_{22}\rho_2}{(1-\theta_1)\mu_1} + \frac{\varsigma n_2 + \gamma n_2 + k_{23}\rho_2}{(1-\theta_2)\mu_2}\right)\left(m\varsigma + k_{21}\rho_2\right) + \left(m\left(\varepsilon_1 + \varepsilon_2\right) - k_{21}\delta\right)Q^C - \frac{\theta_1\left(\varsigma n_1 + \gamma n_1 + k_{22}\rho_2\right)^2}{2(1-\theta_1)^2\mu_1} - \frac{\theta_2\left(\varsigma n_2 + \gamma n_2 + k_{23}\rho_2\right)^2}{2(1-\theta_2)^2\mu_2} \quad (\text{A.6.21})$$

$$r\left(k_{22}Q^C + l_{22}\right) = \frac{k_{21}k_{22}\rho_1^2}{\mu_m} + \frac{\left((\varsigma+\gamma)n_1 + k_{22}\rho_2\right)^2}{2(1-\theta_1)\mu_1} - \frac{\left(n_1\gamma - k_{22}\rho_2\right)\left((\varsigma+\gamma)n_2 + k_{23}\rho_2\right)}{(1-\theta_2)\mu_2} + \left(n_1\varepsilon_1 - k_{22}\delta\right)Q^C \quad (\text{A.6.22})$$

$$r\left(k_{23}Q^C + l_{23}\right) = \frac{k_{21}k_{23}\rho_1^2}{\mu_m} + \frac{\left((\varsigma+\gamma)n_2 + k_{23}\rho_2\right)^2}{2(1-\theta_2)\mu_2} - \frac{\left(n_2\gamma - k_{23}\rho_2\right)\left((\varsigma+\gamma)n_1 + k_{22}\rho_2\right)}{(1-\theta_1)\mu_1} + \left(n_2\varepsilon_2 - k_{23}\delta\right)Q^C \quad (\text{A.6.23})$$

对上述等式进行连续求解，可得 k_{21}、l_{21}、k_{22}、l_{22}、k_{23} 及 l_{23} 分别为

$$
\begin{cases}
k_{21}=\dfrac{m(\varepsilon_1+\varepsilon_2)}{r+\delta} \\
l_{21}=\dfrac{\left(\dfrac{m(\varepsilon_1+\varepsilon_2)}{r+\delta}\times\rho_1\right)^2}{2r\mu_m}+\dfrac{\varsigma n_1+\gamma n_1+\dfrac{n_1\varepsilon_1}{r+\delta}\times\rho_2}{r(1-\theta_1)\mu_1} \\
\quad\times\dfrac{2\left(m\varsigma+\dfrac{m(\varepsilon_1+\varepsilon_2)}{r+\delta}\times\rho_2\right)-\left(2\left(m\varsigma+\dfrac{m(\varepsilon_1+\varepsilon_2)}{r+\delta}\times\rho_2\right)+\left(\varsigma n_1+\gamma n_1+\dfrac{n_1\varepsilon_1}{r+\delta}\times\rho_2\right)\right)\theta_1}{2(1-\theta_1)} \\
\quad+\dfrac{\varsigma n_2+\gamma n_2+\dfrac{n_2\varepsilon_2}{r+\delta}\times\rho_2}{r(1-\theta_2)\mu_2} \\
\quad\times\dfrac{2\left(m\varsigma+\dfrac{m(\varepsilon_1+\varepsilon_2)}{r+\delta}\times\rho_2\right)-\left(2\left(m\varsigma+\dfrac{m(\varepsilon_1+\varepsilon_2)}{r+\delta}\times\rho_2\right)+\left(\varsigma n_2+\gamma n_2+\dfrac{n_2\varepsilon_2}{r+\delta}\times\rho_2\right)\right)\theta_2}{2(1-\theta_2)} \\
k_{22}=\dfrac{n_1\varepsilon_1}{r+\delta} \\
l_{22}=\dfrac{\dfrac{m(\varepsilon_1+\varepsilon_2)}{r+\delta}\times\dfrac{n_1\varepsilon_1}{r+\delta}\times\rho_1^2}{r\mu_m}+\dfrac{\left(\varsigma n_1+\gamma n_1+\dfrac{n_1\varepsilon_1}{r+\delta}\times\rho_2\right)^2}{2r(1-\theta_1)\mu_1} \\
\quad-\dfrac{\left(n_1\gamma-\dfrac{n_1\varepsilon_1}{r+\delta}\times\rho_2\right)\left(\varsigma n_2+\gamma n_2+\dfrac{n_2\varepsilon_2}{r+\delta}\times\rho_2\right)}{r(1-\theta_2)\mu_2} \\
k_{23}=\dfrac{n_2\varepsilon_2}{r+\delta} \\
l_{23}=\dfrac{\dfrac{m(\varepsilon_1+\varepsilon_2)}{r+\delta}\times\dfrac{n_2\varepsilon_2}{r+\delta}\times\rho_1^2}{r\mu_m}+\dfrac{\left(\varsigma n_2+\gamma n_2+\dfrac{n_2\varepsilon_2}{r+\delta}\times\rho_2\right)^2}{2r(1-\theta_2)\mu_2} \\
\quad-\dfrac{\left(n_2\gamma-\dfrac{n_2\varepsilon_2}{r+\delta}\times\rho_2\right)\left(\varsigma n_1+\gamma n_1+\dfrac{n_1\varepsilon_1}{r+\delta}\times\rho_2\right)}{r(1-\theta_1)\mu_1}
\end{cases}
$$

（A.6.24）

3．命题 6.3 证明

证明：命题 6.3 证明过程可参考命题 6.2 证明。

第7章　考虑CSR的旅游服务供应链绿色产品引入策略

7.1　概　　述

随着社会公众对三重底线理论的逐渐熟知，越来越多的旅游企业开始意识到，提高自身的社会责任意识能很大程度改善其品牌社会形象（Cowper-Smith and de-Grosbois，2011）。CSR指的是企业在做运营决策时，往往也会考虑社会公众的相关利益或者关注生态环境保护。例如，企业会关注消费群体的购物体验，通过投入足够多的人力和物力资源来改善产品质量或服务水平，以提高顾客对品牌的忠诚度，或通过实施环境保护措施来赢得消费群体的青睐，以提升其企业的社会品牌形象，从而实现企业自身的可持续发展。有文献表明，CSR已成为旅游运营管理领域里一个非常热门的研究课题（Coles et al.，2013；陶莹，2020）。一些研究表明，越来越多的游客更喜欢从一家具有社会责任意识的旅游公司购买旅游服务产品（Kang et al.，2010）。有研究表明，越来越多的旅游企业愿意通过改善其传统的运营方式，以更好地履行其社会责任义务，从而吸引更多的游客（Arya and Mittendorf，2015）。例如，Airbnb提出了一种考虑CSR意识的竞价排名方式来对各类在线旅游企业的优先等级进行排名和产品推荐。这些现象意味着在研究旅游企业运营决策时，考虑CSR偏好具有非常重要的现实意义（胡兵等，2018）。基于现实社会背景，本书接下来的两章将引入旅游企业的社会责任偏好，并分析这种运营理念是如何具体影响旅游服务供应链定价、产品运营和契约选择的。

前六章表明，旅游服务系统的产品运营策略在很大程度上影响着水平竞争型旅游企业的定价决策和收益，但重点研究了旅游企业只出售一种（普通或绿色）旅游产品的情况，且没有考虑到旅游服务供应链上下游企业间的竞争合作关系。本章基于旅游服务供应链企业互动博弈视角，通过引入旅游服务提供商不同强度的社会责任偏好，深入探索旅游服务集成商的绿色旅游产品引入决策。具体而言，本章将考虑旅游服务集成商可能的两种产品运营策略：一种是只分销旅游服务提供商的普通旅游产品。另一种是在可持续发展背景下，考虑引入绿色旅游产品（如经认证后的绿色饭店），以履行社会责任义务，实现可持续运营。在现实商业实践中，与旅游产品分销商相比，旅游服务提供商往往更关心自身企业的社会责任形象。例如，一些地方旅游景区会推出生态旅游和绿色旅游来提高游客的消费体验价值，从而树立良好的社会口碑（魏敏，2011）。

基于此，本章将重点研究旅游服务提供商不同强度的 CSR 偏好，而忽略下游旅游服务集成商可能的社会责任偏好以突出这种相对 CSR 偏好强度的影响作用。此外，基于市场细分理论，本章主要考虑旅游服务提供商三种可能强度的社会责任偏好。第一种是旅游服务提供商只关心绿色游客的利益。本章将其称之为旅游服务提供商的绿色企业社会责任（green corporate social responsibility，GCSR）偏好。Vermeir 和 Verbeke（2006）通过研究“态度与行为间的差距”这一主题，发现很多企业在精神层面都很赞同绿色旅游消费，但是因为绿色运营需要投入大量的人力物力资源，很多公司一时半会很难完全转变他们传统的经营方式，但这并不影响他们对绿色可持续发展政策的支持。第二种则与 GCSR 相反，即旅游服务提供商只关心购买自己普通旅游产品游客的利益。本章将其视为旅游服务提供商的普通企业社会责任（regular corporate social responsibility，RCSR）偏好。第三种是旅游服务提供商关心所有（普通和绿色）游客的利益，即不区分消费者类型。本章将其称之为旅游服务提供商的全企业社会责任（all corporate social responsibility，ACSR）偏好。本章的目的之一就是研究旅游服务提供商不同强度的 CSR 偏好对旅游服务集成商绿色旅游产品引入决策的影响。

7.2　模型假设与构建

7.2.1　模型描述及假设

本章考虑了一条二级旅游服务供应链，由一家提供普通旅游产品（如未经绿色认证的酒店）的旅游服务提供商和一家为其分销产品的旅游服务集成商组成。在可持续发展背景下，旅游服务集成商受到市场消费趋势影响可能会引入绿色旅游产品。同时，基于不同的消费群体，本章重点研究了旅游服务提供商三种可能强度的 CSR 偏好。据此，本章共构建了六种产品运营决策模型：模型 GN，即旅游服务提供商具有 GCSR 偏好但旅游服务集成商不引入绿色旅游产品，即只出售普通旅游产品；模型GG，与模型GN相比，此时旅游服务集成商引入绿色旅游产品；模型RN，即旅游服务提供商具有RCSR偏好但旅游服务集成商不引入绿色旅游产品；模型RG，即旅游服务提供商具有RCSR偏好同时旅游服务集成商引入绿色旅游产品；模型 AN，即旅游服务提供商具有 ACSR 偏好但旅游服务集成商不引入绿色旅游产品；模型 AG，即旅游服务提供商具有 ACSR 偏好的同时旅游服务集成商引入绿色旅游产品。

表 7.1 总结了本章所使用到的相关数学记号及其对应的解释。本章使用记号 c_r 和 c_g 分别表示普通旅游产品和绿色旅游产品的单位成本。众所周知，绿色旅游产品往往比普通旅游产品需要投入更多的一次性垃圾处理成本。因此，本章引入可被视为绿色旅游产品附加成本的参数 c（后称绿色附加成本）来衡量它们之间的成本差距，进而得到 $c_g = c + c_r$ 。不失一般性，本章进一步假设 $c_r = 0$ 。现实中旅游服务产品的边际生产成本非常低，往往可以忽略不计，如当航空公司每额外增加一名乘客，酒店每增加一名房客时，旅游企业为此付出的成本基本为 0（鄢章华和刘蕾，2019）。此外，本章假设旅游服务集成商将承担获得绿色旅游产品的一次性许可费用 F（以下简称绿色许可费）。最后，本章假设旅游服务提供商和旅游服务集成商都是风险中性的且具有完全对称信息。

表 7.1　参数和符号说明

参数	释义
w_r^j	普通旅游产品的批发价格
p_i^j	绿色或普通旅游产品的零售价格，$i = r, g$
d_i^j	绿色或普通旅游产品的需求，或者总需求 $i = r, g$
c_i	提供绿色或普通旅游产品的单位成本，$i = r, g$
c	提供绿色旅游产品相对普通旅游产品的附加成本
u_i^j	旅客购买绿色或普通旅游产品的效用
s	普通旅游产品给旅客带来的服务体验价值，$s = 1$
θ	绿色旅游产品给旅客带来的服务体验价值（游客的环境偏好）
v	旅客对普通／绿色旅游产品基础功能的支付意愿，体现游客的异质性偏好
F	获取绿色旅游产品的一次性许可费
λ	旅游服务提供商的 CSR 偏好，$0 \leqslant \lambda \leqslant 1$
Π_k^j	在策略组合 j 下，$j = \{GN, GG, RN, RG, AN, AG\}$，链成员或整个旅游服务供应链的利润 $k = \{TSP, TSI, TSC\}$
U_k^j	在策略组合 j 下，$j = \{GN, GG, RN, RG, AN, AG\}$ 链成员或整个旅游服务供应链的效用 $k = \{TSP, TSI, TSC\}$
其他说明	上标 k 分别表示旅游服务提供商、旅游服务集成商及旅游服务供应链；上标*表示最优解；上标 j 表示不同的策略组合

旅游服务提供商和旅游服务集成商之间的博弈被视为旅游服务提供商主导的斯塔克尔伯格价格竞争博弈。其所涉及的事件博弈顺序如下所述。首先，旅游服务集成商通过观察旅游服务提供商所表现出的不同强度 CSR 偏好，以决定是否引入新的绿色旅游产品。其次，旅游服务提供商根据旅游服务集成商的产品运营策略来确定其普通旅游产品的批发价格。再次，旅游服务集成商决定其普通和/或绿色旅游产品的零售价格。最后，游客根据自身的消费偏好和市场价格实施他们的购买决策。

7.2.2　市场需求分析

当旅游服务集成商不引入绿色旅游产品时，市场上仅存在普通旅游产品。参考 Guo 和 He（2012）、林强等（2020）的研究，游客通过购买普通旅游服务产品而获得净效用为 $u_r^j = sv - p_r^j$，或者不购买任何产品而获得效用 $u_r^j = 0$。其中，v 表示旅客对普通或绿色旅游产品基础体验效用的购买支付意愿，服从在[0,1]上密度为 1 的均匀分布，体现的是游客对旅游服务产品的异质性偏好（Wang et al.，2017；Zhang et al.，2017）。参数 s 表示普通旅游产品给游客带来的服务体验价值，不失一般性，本章假设 $s = 1$，这体现了相对普通旅游产品，绿色旅游产品为旅客带来更高的服务体验价值。另外，本章假设旅客从普通和绿色旅游产品获得的基础体验效用是一致的。其中，p_r^j 表示普通旅游产品的营销价格。不失一般性，本章进一步假设该旅游服务供应链面临着市场最大容量为 1 的终端旅游消费群体。很明显，当旅客购买普通旅游产品的净效用满足 $U_r^j \geqslant 0$ 时，他们才愿意购买产品。因此，可以推导出普通旅游产品的市场需求为 $d_r^j = 1 \times \int_{p_r^j/s}^{1} \mathrm{d}v = 1 - p_r^j / s$。

当旅游服务集成商引入绿色旅游产品后，游客可以在普通和绿色旅游产品之间做选择。虽然绿色和普通旅游产品在基础体验价值上没有显著差异，但在价格和环境价值上却有所不同。众所周知，绿色旅游产品往往能给消费者带来更高的心理体验价值。据此，如果游客购买绿色旅游产品，那么他可以获得净效用 $U_g^j = \theta v - p_g^j$。其中，$\theta \in (1,2)$ 表示绿色旅游产品为旅客带来的服务体验价值，本章也将其解释为游客的环境偏好。这意味着与普通旅游产品相比，绿色旅游产品可以为游客带来更高的效用。因此，当 $U_g^j \geqslant 0$ 且 $U_g^j \geqslant U_r^j$ 时，游客会选择购买绿色旅游产品。相反，他只会在 $U_r^j \geqslant 0$ 且 $U_r^j \geqslant U_g^j$ 时购买普通旅游产品，否则什么都不买。根据 $U_g^j = U_r^j$，本章可以推出游客购买绿色或普通旅游产品的无差异点为 $v^{j*} = \left(p_g^j - p_r^j\right) / (\theta - 1)$。请注意在引入绿色旅游产品后，本章将重点研究具有正需求的情形，否则旅游企业将不参与任何商业活动。因此，可以推导出绿色和普通旅游产品的市场需求如下所示：

$$\begin{cases} d_g^j = 1 \times \int_{v^{j*}}^{1} \mathrm{d}v = 1 - \dfrac{p_g^j - p_r^j}{\theta - 1} \\ d_r^j = 1 \times \int_{p_r^j}^{v^{j*}} \mathrm{d}v = \dfrac{1}{\theta - 1}\left(p_g^j - \theta p_r^j\right) \end{cases} \tag{7.1}$$

7.2.3 CSR 分析

参考 Panda 和 Modak（2016）的研究，本章沿用消费者剩余来衡量旅游服务提供商的CSR偏好并进一步推导出其不同程度CSR偏好的表达式。根据消费者的剩余价值计算公式（Huang et al.，2019），在没有绿色旅游产品竞争的情况下，普通（或全部）消费者剩余由式（7.2）给出：

$$\mathrm{CS}_r^j = \int_{p_r^j/s}^{1} \left(sv - p_r^j\right)\mathrm{d}v = \frac{1}{2}\left(1 - p_r^j / s\right)^2 \tag{7.2}$$

当引入绿色旅游产品后，消费者剩余被分为绿色和普通消费者剩余两部分，其表达式分别如下所示：

$$\mathrm{CS}_g^j = \int_{v^{j*}}^{1} \left(\theta v - p_g^j\right)\mathrm{d}v = \frac{\left[(2-\theta)p_g^j + \theta\left(\theta - 1 - p_r^j\right)\right]\left(\theta - 1 - p_g^j + p_r^j\right)}{2(\theta-1)^2} \tag{7.3}$$

$$\mathrm{CS}_r^j = \int_{p_r^j}^{v^{j*}} \left(v - p_r^j\right)\mathrm{d}v = \frac{\left(p_g^j - \theta p_r^j\right)^2}{2(\theta-1)^2} \tag{7.4}$$

因此，普通和绿色旅游产品竞争下游客总的消费者剩余可以表示为

$$\mathrm{CS}_t^j = \mathrm{CS}_g^j + \mathrm{CS}_r^j = \frac{\left(p_g^j\right)^2 - 2p_g^j\left(\theta - 1 + p_r^j\right) + \theta\left[\theta - 1 + \left(p_r^j\right)^2\right]}{2(\theta - 1)} \tag{7.5}$$

7.3 旅游服务提供商的 GCSR 偏好

在本节中，本章旨在探讨当旅游服务提供商表现出一定的 GCSR 偏好时，旅游服务集成商的最优产品运营策略及其它们之间的相互影响。

7.3.1　模型 GN

当旅游服务集成商不引入绿色旅游产品时，游客可以购买普通旅游产品，否则什么都不购买。在这种情况下，旅游服务提供商没有任何 CSR 效用，首先设置普通旅游产品的批发价格，其次旅游服务集成商确定其普通旅游产品的市场营销价格。根据 7.2.2 节推导出的普通旅游产品需求函数，可以得到在模型 GN 下，旅游服务提供商和旅游集成商的最优化问题为

$$\max_{w_r^{\mathrm{GN}}} \Pi_{\mathrm{TSP}}^{\mathrm{GN}} = \left(w_r^{\mathrm{GN}} - c_r\right)\left(1 - p_r^{\mathrm{GN}}\right) \tag{7.6}$$

$$\begin{cases} \max_{p_r^{\mathrm{GN}}} \Pi_{\mathrm{TSI}}^{\mathrm{GN}} = \left(p_r^{\mathrm{GN}} - w_r\right)\left(1 - p_r^{\mathrm{GN}}\right) \\ \text{s.t.} \quad d_r^{\mathrm{GN}} \geqslant 0 \end{cases} \tag{7.7}$$

本章采用逆向归纳法来求解上述最优化问题，以获得模型 GN 的最优解。通过将最优批发价格和零售价格反带回到需求和利润函数中，以获得相应的最优市场需求和企业利润。为了清晰起见，本章将所有最优结果汇总到表 7.2 中。

表 7.2　模型 GN 的最优结果

w_r^{j*}	p_r^{j*}	d_r^{j*}	Π_{TSP}^{j*}	Π_{TSI}^{j*}	Π_{TSC}^{j*}
1/2	3/4	1/4	1/8	1/16	3/16

7.3.2　模型 GG

当旅游服务集成商引入绿色旅游产品后，游客可以在普通和绿色旅游产品之间进行选择，或者什么也不购买。在这种情况下，旅游服务提供商拥有 GCSR 效用且先宣布其普通旅游产品的批发价格。然后，旅游服务集成商观察到旅游服务提供商的定价决策后，决定其普通和绿色旅游服务产品的零售价格。基于先前推导的市场需求函数，可以得到旅游服务提供商的最优化问题如下所示：

$$\begin{cases} \max_{w_r^{\mathrm{GG}}} U_{\mathrm{TSP}}^{\mathrm{GG}} = \left(w_r^{\mathrm{GG}} - c_r\right)\left[\dfrac{1}{\theta - 1}\left(p_g^{\mathrm{GG}} - \theta p_r^{\mathrm{GG}}\right)\right] + \lambda \mathrm{CS}^{\mathrm{GG}} \\ \text{s.t.} \quad \mathrm{CS}^{\mathrm{GG}} = \dfrac{\left[(2-\theta)\, p_g^{\mathrm{GG}} + \theta\left(\theta - 1 - p_r^{\mathrm{GG}}\right)\right]\left(\theta - 1 - p_g^{\mathrm{GG}} + p_r^{\mathrm{GG}}\right)}{2(\theta - 1)^2} \end{cases} \tag{7.8}$$

同样地，模型 GG 下旅游服务集成商的最优化问题可由式（7.9）给出：

$$\begin{cases}\max_{p_r^{GG},\ p_g^{GG}} \Pi_{TSI}^{GG}=\left(p_r^{GG}-w_r\right)\left[\dfrac{1}{\theta-1}\left(p_g^{GG}-\theta p_r^{GG}\right)\right]+\left(p_g^{GG}-c_g\right)\left(1-\dfrac{p_g^{GG}-p_r^{GG}}{\theta-1}\right)-F \\ \text{s.t.}\ \ d_r^{GG}\geqslant 0;\ \ d_g^{GG}\geqslant 0;\ \ c_g=c+c_r\end{cases} \tag{7.9}$$

与模型 GN 类似，本章可以通过采用逆向归纳法以求得模型 GG 的最优解，如表 7.3 所示。为确保绿色和普通旅游产品共存，本章假设绿色旅游产品的附加成本满足条件：$0<c\leqslant c_{01}=\dfrac{\theta(4\theta-4+\lambda)}{(4\theta-2+\lambda)}$。此假设是合理且必要的，因为太高的绿色附加成本意味着旅游企业将无法通过营销绿色旅游产品而盈利。根据表 7.3，本章通过对最优价格和需求取关于 λ 的一阶导数来获得旅游服务提供商的 GCSR 偏好对它们的影响。

表 7.3 模型 GG 下的最优结果

记号	最优解
w_r^{j*}	$\dfrac{c(2\theta-2+\lambda)}{\theta(4\theta-4+\lambda)}$
d_r^{j*}	$\dfrac{c}{4\theta-4+\lambda}$
d_g^{j*}	$\dfrac{\theta(4\theta-4+\lambda)-c(4\theta-2+\lambda)}{2\theta(4\theta-4+\lambda)}$
U_{TSP}^{j*}	$\dfrac{\theta^2\lambda(4\theta-4+\lambda)+c^2\left(4+4(\theta-1)\lambda+\lambda^2\right)-2c\theta\lambda(4\theta-4+\lambda)}{8\theta(4\theta-4+\lambda)}$
Π_{TSI}^{j*}	$\dfrac{\theta^2(4\theta-4+\lambda)^2-2c\theta(4\theta-4+\lambda)^2+c^2\left(12+16\theta^2-8\lambda+\lambda^2-4\theta(7-2\lambda)\right)}{4\theta(4\theta-4+\lambda)^2}$
U_{TSC}^{j*}	$\dfrac{1}{8\theta(4\theta-4+\lambda)^2}\left(\theta^2(2+\lambda)(4\theta-4+\lambda)^2-2c\theta(2+\lambda)(4\theta-4+\lambda)^2+c^2\left(8+4\lambda-6\lambda^2+\lambda^3+16\theta^2(2+\lambda)-8\theta\left(4+2\lambda-\lambda^2\right)\right)\right)$
p_r^{j*}	$\dfrac{c(2\theta-2+\lambda)+\theta(4\theta-4+\lambda)}{2\theta(4\theta-4+\lambda)}$
p_g^{j*}	$\dfrac{c+\theta}{2}$

命题 7.1：在模型 GG 下，旅游服务提供商的 GCSR 偏好对价格和需求的影响如下所示：

（1）$\dfrac{\partial w_r^{GG}}{\partial\lambda}>0$；$\dfrac{\partial p_r^{GG}}{\partial\lambda}>0$；$\dfrac{\partial p_g^{GG}}{\partial\lambda}=0$。

（2）$\frac{\partial d_r^{GG}}{\partial \lambda}<0$；$\frac{\partial d_g^{GG}}{\partial \lambda}>0$。

当旅游服务集成商引入绿色旅游产品之后，可以发现，当旅游服务提供商具有更高的 GCSR 偏好时，普通旅游产品的批发价格和零售价格将会更高，但其不会影响绿色旅游产品的零售价格。其背后的原因是，具有 GCSR 偏好的旅游服务提供商意味着她可以通过关心绿色游客的利益来支持绿色旅游产品的发展。由于产品间的竞争，旅游服务提供商可以通过提高批发价格来降低普通旅游产品的竞争力，从而反映出更高的零售价格。由于旅游服务集成商可以通过调整普通旅游产品的零售价格来响应旅游服务提供商的批发价格决策，进而其绿色旅游产品的价格将不会随着旅游服务提供商 GCSR 偏好的改变而改变。价格调整的最后结果是，随着旅游服务提供商 GCSR 偏好的增加，普通旅游产品的需求将会减少，而绿色旅游产品的需求将会增加。总之，旅游服务提供商的 GCSR 偏好往往会促进绿色旅游产品的发展，但会抑制普通旅游产品的营销。

7.3.3　比较分析

接下来，本节旨在探讨旅游服务集成商的产品运营决策是如何影响旅游服务供应链最优价格、需求、利润或效用的。通过比较模型 GN 和模型 GG 下的最优价格和需求以获得如下结论。

命题 7.2：与模型 GN 相比，旅游服务集成商的绿色旅游产品引入策略对价格和需求的影响如下所示：

（1）$w_r^{GG}-w_r^{GN}<0$；$p_r^{GG}-p_r^{GN}<0$。

（2）当 $0<c\leqslant\min(c_1,c_{01})$ 时，$d_r^{GG}-d_r^{GN}\leqslant 0$；当 $\max(0,c_1)<c\leqslant\min(1,c_{01})$ 时，$d_r^{GG}-d_r^{GN}>0$；$d_t^{GG}-d_t^{GN}>0$，其中，$c_1=\frac{1}{4}(4\theta-4+\lambda)$。

从命题 7.2 可以发现，旅游服务提供商和旅游服务集成商在引入绿色旅游产品后将设定比模型 GN 更低的普通旅游产品批发价格和零售价格。原因很简单，因为产品竞争将促使旅游企业降低市场价格以争取更多的市场份额。此外，本章发现随着绿色旅游产品的引入，由于普通旅游产品的零售价格降低了，从而总的市场份额增加了。有趣的是，当旅游服务提供商具有 GCSR 偏好时，较低的普通旅游产品零售价格并不意味着较高的普通旅游产品市场份额，有时候需求反而会更少。更重要的是，旅游服务提供商也有可能从绿色产品引入策略中获得更大的普通消费者市场份额。例如，与没有绿色旅游产品竞争情形相比，当绿色附加成本相对较高时，普通旅游产品的市场份额更大。这是因为绿色旅游产品在某种程度上提高了游客的效用，而较低的普通旅游产品价格将会诱使一些原本什么也不购买的游客在引入绿色旅游产品后，产生了购买意愿。更具体地说，由于产品竞争，普通旅游产品需求的增加量超过了绿色旅游产品竞争而导致的减少量。

接下来，本章将重点分析旅游服务集成商的绿色旅游产品引入策略是如何影响整个旅游服务供应链的运营绩效及其成员收益的。

命题 7.3：与模型 GN 相比，旅游服务集成商的绿色旅游产品引入策略对整个旅游服务供应链及其成员的收益影响如下：

（1）当 $0<c\leqslant c_2$ 时，$U_{\mathrm{TSP}}^{\mathrm{GG}}-\Pi_{\mathrm{TSP}}^{\mathrm{GN}}\geqslant 0$；当 $\max(0,c_2)<c\leqslant c_{01}$ 时，$U_{\mathrm{TSP}}^{\mathrm{GG}}-\Pi_{\mathrm{TSP}}^{\mathrm{GN}}<0$。

（2）当 $0<F\leqslant F_1$ 时，$\Pi_{\mathrm{TSI}}^{\mathrm{GG}}-\Pi_{\mathrm{TSI}}^{\mathrm{GN}}\geqslant 0$；当 $F_1<F$ 时，$\Pi_{\mathrm{TSI}}^{\mathrm{GG}}-\Pi_{\mathrm{TSI}}^{\mathrm{GN}}<0$。

（3）当 $0<F\leqslant F_2$ 时，$U_{\mathrm{TSC}}^{\mathrm{GG}}-\Pi_{\mathrm{TSC}}^{\mathrm{GN}}\geqslant 0$；当 $F_2<F$ 时，$U_{\mathrm{TSC}}^{\mathrm{GG}}-\Pi_{\mathrm{TSC}}^{\mathrm{GN}}<0$。其中，$c_2=\dfrac{4\theta^2\lambda+\theta(\lambda-4)\lambda-\sqrt{\theta(2-\lambda)^2(4\theta-4+\lambda)}}{4+4(\theta-1)\lambda+\lambda^2}$，$F_1$ 和 F_2 如下所示：

$$F_1=\frac{\theta(4\theta-1)(4\theta-4+\lambda)^2-8c\theta(4\theta-4+\lambda)^2+4c^2\left[12+16\theta^2-8\lambda+\lambda^2-4\theta(7-2\lambda)\right]}{16\theta(4\theta-4+\lambda)^2}$$

$$F_2=\frac{1}{16\theta(4\theta-4+\lambda)^2}\begin{Bmatrix}\theta(4\theta-4+\lambda)^2\left[2\theta(2+\lambda)-3\right]-4c\theta(2+\lambda)(4\theta-4+\lambda)^2\\+2c^2\left[8+4\lambda-6\lambda^2+\lambda^3+16\theta^2(2+\lambda)-8\theta\left(5+2\lambda-\lambda^2\right)\right]\end{Bmatrix}$$

图 7.1 用于帮助本章的陈述和读者的理解。与传统观点相反，从命题 7.3 中可以发现引入绿色旅游产品并不总是会对具有 GCSR 偏好的旅游服务提供商造成伤害。具体来说，当绿色附加成本极低时，旅游服务集成商的绿色旅游产品引入策略可以使旅游服务提供商受益。当其相对较高时，旅游服务提供商将遭受损失[图 7.1（a）]。命题 7.3 可以很好地说明这一点，即旅游服务提供商在某些情况下可以吸引更多的普通旅游产品消费者。尽管普通旅游产品的零售价格降低了，但在某些情况下需求的增长可能会超过价格的下降，从而使得旅游服务提供商可能从中受益。命题 7.3 表明，旅游服务集成商的绿色旅游产品引入策略对他和整个旅游服务供应链运营绩效的影响是相似的。总体而言，绿色许可费对旅游服务集成商和旅游服务供应链的产品运营偏好具有重要影响。很明显，当绿色许可费较低时，他们都想引入绿色旅游产品。相反，他们更喜欢只出售普通旅游产品[图 7.1（b）]。此外，本章发现较高的旅游服务提供商 GCSR 偏好会扩大其受益区域，进而更有机会从绿色旅游产品引入策略中获益（即 c_2 递增），且会激励整个旅游服务供应链引入绿色旅游产品（即 F_2 递增）。相反，旅游服务集成商引入绿色旅游产品的动力将会降低（即 F_1 递减）。

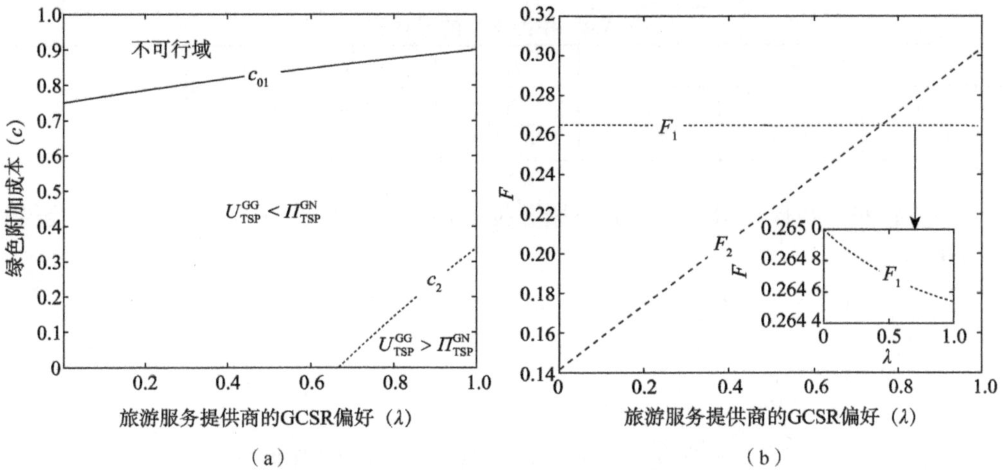

图 7.1　在 TSP 的 GCSR 偏好下绿色产品引入策略的影响

7.4　旅游服务提供商的 RCSR 偏好

本节旨在研究当旅游服务提供商表现出一定 RCSR 偏好时，旅游服务集成商的产品运营决策。接下来分析模型 RN。

7.4.1　模型 RN

在没有绿色旅游产品竞争的情况下，游客可以购买普通旅游产品，或者什么也不购买。在模型 RN 下，旅游服务提供商首先确定其批发价格，其次旅游服务集成商决定其普通旅游产品的零售价格。根据 7.2 节中推导出的普通旅游产品需求函数，可以将模型 RN 下旅游服务提供商的最优化问题表示为

$$\max_{w_r} U_{\mathrm{TSP}}^{\mathrm{RN}} = \left(w_r^{\mathrm{RN}} - c_r\right)\left(1 - p_r^{\mathrm{RN}}\right) + \lambda \frac{1}{2}\left(1 - p_r^{\mathrm{RN}}\right)^2 \tag{7.10}$$

模型 RN 下旅游服务集成商的最优化问题由式（7.11）给出：

$$\begin{cases} \max_{p_r^{\mathrm{RN}}} \Pi_{\mathrm{TSI}}^{\mathrm{RN}} = \left(p_r^{\mathrm{RN}} - w_r^{\mathrm{RN}}\right)\left(1 - p_r^{\mathrm{RN}}\right) \\ \text{s.t.} \quad d_r^{\mathrm{RN}} \geqslant 0 \end{cases} \tag{7.11}$$

与模型 GG 相似，本章可以通过使用逆向归纳法以获得模型 RN 的最优解。通过将最优价格重新带回到需求、利润和效用函数中，可以获得如表 7.4 所示的最优结果。

表 7.4 模型 RN 的最优解

$w_r^{j^*}$	$p_r^{j^*}$	$d_r^{j^*}$	$U_{\text{TSP}}^{j^*}$	$\Pi_{\text{TSI}}^{j^*}$	$U_{\text{TSC}}^{j^*}$
$\frac{2-\lambda}{4-\lambda}$	$\frac{3-\lambda}{4-\lambda}$	$\frac{1}{4-\lambda}$	$\frac{1}{8-2\lambda}$	$\frac{1}{(4-\lambda)^2}$	$\frac{6-\lambda}{2(4-\lambda)^2}$

命题 7.4： 在模型 RN 下，旅游服务提供商的 RCSR 偏好对价格和需求的影响如下所示：

（1）$\frac{\partial w_r^{\text{RN}}}{\partial \lambda}<0$；$\frac{\partial p_r^{\text{RN}}}{\partial \lambda}<0$。

（2）$\frac{\partial d_r^{\text{RN}}}{\partial \lambda}>0$。

与命题7.1相反，本节发现当旅游服务提供商的RCSR偏好增加时，普通旅游产品的批发价格和零售价格将下降，而普通旅游产品的需求却会增加。其原因是与 GCSR 相比，旅游服务提供商的 RCSR 偏好对普通旅游产品的营销产生了积极的影响。也就是说，旅游服务提供商的 GCSR 偏好意味着她支持绿色旅游产品。相比之下，旅游服务提供商的 RCSR 偏好意味着她只喜欢推广自己的普通旅游产品。因此，旅游服务提供商可以通过降低普通旅游产品的批发价格，以吸引更多的普通游客。

7.4.2 模型 RG

当旅游服务集成商实施绿色旅游产品引入策略后并且旅游服务提供商具有 RCSR 偏好时，游客可以选择购买普通或绿色旅游产品，或什么都不购买。在这种情况下，他们之间的博弈顺序如下：旅游服务提供商宣布普通旅游产品的批发价格。在观察到旅游服务提供商的定价后，旅游服务集成商同时确定其普通和绿色旅游产品的零售价格。基于前面推导的需求函数，模型 RG 下旅游服务提供商的最优化问题可表述如下：

$$\max_{w_r^{\text{RG}}} U_{\text{TSP}}^{\text{RG}}=\left(w_r^{\text{RG}}-c_r\right)\left[\frac{1}{\theta-1}\left(p_g^{\text{RG}}-\theta p_r\right)\right]+\lambda\frac{\left(p_g^{\text{RG}}-\theta p_r\right)^2}{2(\theta-1)^2} \tag{7.12}$$

模型 RN 下旅游服务集成商的最优化问题可以表示为

$$\begin{cases}\max_{p_r^{\text{RG}},p_g^{\text{RG}}} \Pi_{\text{TSI}}^{\text{RG}}=\left(p_r^{\text{RG}}-w_r^{\text{RG}}\right)\left[\frac{1}{\theta-1}\left(p_g^{\text{RG}}-\theta p_r^{\text{RG}}\right)\right]+\left(p_g^{\text{RG}}-c_g\right)\left(1-\frac{p_g^{\text{RG}}-p_r^{\text{RG}}}{\theta-1}\right)\\ \text{s.t. } d_r^{\text{RG}}\geqslant 0;\ d_g^{\text{RG}}\geqslant 0;\ c_g=c+c_r\end{cases} \tag{7.13}$$

同样地，采用逆向归纳法，获得模型 RG 下的最优批发价格和零售价格，然后通过将最优价格重新代入需求、利润或效用函数，以获得如表 7.5 所示的最优结果。为了确保绿色旅游产品与普通旅游产品共存，本章假设绿色附加成本满足以下条件：$0<c\leqslant c_{02}=\dfrac{\theta\left(\theta(4-\lambda)-4\right)}{\left(\theta(4-\lambda)-2\right)}$ 且 $0<\lambda\leqslant\lambda_{01}=\dfrac{2(\theta-1)}{\theta}$。

表 7.5　模型 RG 的最优解

记号	最优结果
w_r^{j*}	$\dfrac{c(2-2\theta+\theta\lambda)}{\theta(4-4\theta+\theta\lambda)}$
d_r^{j*}	$\dfrac{c}{\theta(4-\lambda)-4}$
d_g^{j*}	$\dfrac{c\left(2-\theta(4-\lambda)\right)+\theta\left(\theta(4-\lambda)-4\right)}{2\theta\left(\theta(4-\lambda)-4\right)}$
Π_{TSI}^{j*}	$\dfrac{\theta^2\left(\theta(4-\lambda)-4\right)^2-2c\theta\left(\theta(4-\lambda)-4\right)^2+c^2\left(12+\theta^2(4-\lambda)^2-4\theta(7-2\lambda)\right)}{4\theta\left(\theta(4-\lambda)-4\right)^2}$
U_{TSC}^{j*}	$\dfrac{\theta^2\left(\theta(4-\lambda)-4\right)^2-2c\theta\left(\theta(4-\lambda)-4\right)^2+c^2\left(4+\theta^2(4-\lambda)^2-\theta(20-6\lambda)\right)}{4\theta\left(\theta(4-\lambda)-4\right)^2}$
p_r^{j*}	$\dfrac{\theta\left(4-\theta(4-\lambda)\right)+c\left(2-\theta(2-\lambda)\right)}{2\theta\left(4-\theta(4-\lambda)\right)}$
p_g^{j*}	$\dfrac{c+\theta}{2}$
U_{TSP}^{j*}	$\dfrac{c^2}{2\theta\left(\theta(4-\lambda)-4\right)}$

命题 7.5：在模型 RG 下，旅游服务提供商的 RCSR 偏好对价格和需求的影响如下所示：

（1）$\dfrac{\partial w_r^{\text{RG}}}{\partial\lambda}<0$；$\dfrac{\partial p_r^{\text{RG}}}{\partial\lambda}<0$；$\dfrac{\partial p_g^{\text{RG}}}{\partial\lambda}=0$。

（2）$\dfrac{\partial d_r^{\text{RG}}}{\partial\lambda}>0$；$\dfrac{\partial d_g^{\text{RG}}}{\partial\lambda}<0$。

与命题 7.4 相似，本节发现当旅游服务集成商引入绿色旅游产品后，旅游服务提供商的 RCSR 偏好对最优价格和普通旅游产品需求的影响与模型 RN 相似。与命题 7.1 相似，旅游服务提供商的 RCSR 偏好也不会影响绿色旅游产品的价格。不同的是，较高的旅游服务提供商 RCSR 偏好会减少绿色旅游产品的市场需求。其背后的原因可以部分归咎于普通旅游产品的竞争。尽管绿色旅游产品的价格不会随着旅游服务提供商 RCSR 偏好强度的变化而变化，但普通旅游产品的零售价格会降低。因此，一些游客因为低价而更愿意购买普通旅游产品，从而导致绿色旅游产品市场需求的下降。

7.4.3 比较分析

在以下分析中，本节旨在讨论在旅游服务提供商具有 RCSR 偏好下旅游服务集成商的绿色旅游产品引入策略是如何影响整个旅游服务供应链及其成员收益的。本节比较模型 RN 和模型 RG 之间的价格和需求，以获得如下结论。

命题 7.6：与模型 RN 相比，旅游服务集成商的绿色旅游产品引入策略对价格和需求的影响如下所示：

（1）$w_r^{\mathrm{RG}} - w_r^{\mathrm{RN}} < 0$；$p_r^{\mathrm{RG}} - p_r^{\mathrm{RN}} < 0$。

（2）当 $0 < c \leqslant c_3$ 时，$d_r^{\mathrm{RG}} - d_r^{\mathrm{RN}} \leqslant 0$；当 $c_3 < c \leqslant c_{02}$ 时，$d_r^{\mathrm{RG}} - d_r^{\mathrm{RN}} > 0$；$d_t^{\mathrm{RG}} - d_t^{\mathrm{RN}} > 0$，其中，$c_3 = \dfrac{4\theta - \theta\lambda - 4}{4 - \lambda}$。

与命题 7.2 相似，本节发现旅游服务提供商在模型 RG 下提供比在模型 RN 下更低的普通旅游产品批发价格，这促使旅游服务集成商设定更低的零售价格。此外，绿色旅游产品的引入可以扩大总的市场份额。从命题 7.6（2）中可以看出，当绿色附加成本相对较低时，游客对普通旅游产品的需求在模型 RG 下要比在模型 RN 下的低。这是因为较低的绿色附加成本意味着较高的绿色旅游产品优势。当旅游服务提供商具有 RCSR 偏好时，她会站在绿色旅游产品的对立面，从而导致较低的普通旅游产品市场份额。

命题 7.7：与模型 RN 相比，旅游服务集成商的绿色旅游产品引入策略对整个旅游服务供应链及其成员收益的影响如下所示：

（1）$U_{\mathrm{TSP}}^{\mathrm{RG}} - U_{\mathrm{TSP}}^{\mathrm{RN}} < 0$。

（2）当 $0 < F \leqslant F_3$ 时，$\Pi_{\mathrm{TSI}}^{\mathrm{RG}} - \Pi_{\mathrm{TSI}}^{\mathrm{RN}} \geqslant 0$；当 $F_3 < F$ 时，$\Pi_{\mathrm{TSI}}^{\mathrm{RG}} - \Pi_{\mathrm{TSI}}^{\mathrm{RN}} < 0$。

（3）如果 $0 < F \leqslant F_4$，$U_{\mathrm{TSC}}^{\mathrm{RG}} - U_{\mathrm{TSC}}^{\mathrm{RN}} \geqslant 0$；当 $F_4 < F$ 时，$U_{\mathrm{TSC}}^{\mathrm{RG}} - U_{\mathrm{TSC}}^{\mathrm{RN}} < 0$。

其中，$c_4 = \dfrac{\sqrt{\theta}\sqrt{4\theta - 4 - \theta\lambda}}{\sqrt{4-\lambda}}$，$F_3$ 和 F_4 如下所示：

$$F_3 = \frac{1}{\left(4\theta\left(4-\theta(4-\lambda)\right)^2(4-\lambda)^2\right)}\left\{\begin{array}{l}\theta\left(4-\theta(4-\lambda)\right)^2\left[\theta(4-\lambda)^2-4\right]-2c\theta\left(4-\theta(4-\lambda)\right)^2(4-\lambda)^2 \\ +c^2(4-\lambda)^2\left[12+\theta^2(4-\lambda)^2-4\theta(7-2\lambda)\right]\end{array}\right\}$$

$$F_4 = \frac{1}{4\theta\left(4-\theta(4-\lambda)\right)^2(4-\lambda)^2}\left\{\begin{array}{l}\theta\left(4-\theta(4-\lambda)\right)^2\left[\theta(4-\lambda)^2-2(6-\lambda)\right]-2c\theta\left(4-\theta(4-\lambda)\right)^2(4-\lambda)^2 \\ +c^2(4-\lambda)^2\left[4+\theta^2(4-\lambda)^2-\theta(20-6\lambda)\right]\end{array}\right\}$$

根据命题 7.7，当旅游服务提供商具有 RCSR 偏好时，旅游服务集成商引入绿色旅游产品总会伤害上游企业的利益。此外，本章发现随着旅游服务提供商 RCSR 偏好的增加，旅游服务提供商在模型 RN 与模型 RG 之间的效用差距将会扩大。这意味着更高的 RCSR 将加强旅游服务提供商阻止旅游服务集成商引入绿色旅游产品的意愿。与命题 7.3 相似，当绿色许可费相对较低时，整个旅游服务供应链和旅游服务集成商将更喜欢经营两种类型产品，否则只营销普通旅游产品。此外，图 7.2（b）表明，如果旅游服务提供商的 RCSR 偏好极低，那么旅游服务集成商和整个旅游服务供应链就可能完全没有动力引入绿色旅游产品。如果有的话，那么旅游服务集成商通常比整个旅游服务供应链更有动力引入绿色旅游产品。与 GCSR 不同，图 7.2（b）还揭示随着旅游服务提供商的 RCSR 偏好增加，旅游服务集成商更有动力实施绿色旅游产品引入策略，而其对旅游服务供应链产品运营决策偏好的影响则与图 7.1（b）相似。

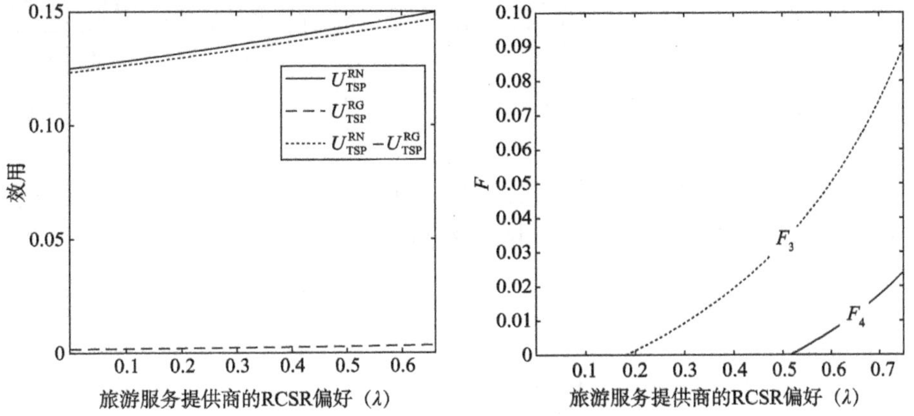

（a）　　　　（b）

图 7.2　在 TSP 的 RCSR 偏好下绿色产品引入策略的影响

7.5　旅游服务提供商的 ACSR 偏好

本节着重在旅游服务提供商具有 ACSR 偏好的情况下构建旅游服务集成商的产品运营决策模型。请注意，当旅游服务集成商不引入绿色旅游产品时，旅游服务提供商 ACSR 偏好下的最优化问题（模型 AN）与模型 RN 下的最优化问题相同。因此，本节只需分析旅游服务集成商同时出售普通和绿色旅游产品的情形。

7.5.1 模型 AG

当旅游服务集成商引入绿色旅游产品后，游客可以选择购买普通旅游产品或绿色旅游产品，或者什么都不够买。在这种情况下，事件博弈顺序与模型 RG 相同。根据 7.2 节给出的需求函数，可以将模型 AG 下旅游服务提供商的最优化问题表示为

$$\begin{cases}\max_{w_r^{\mathrm{AG}}} U_{\mathrm{TSP}}^{\mathrm{AG}}=\left(w_r^{\mathrm{AG}}-c_r\right)\left[\dfrac{1}{\theta-1}\left(p_g^{\mathrm{AG}}-\theta p_r\right)\right]+\lambda \mathrm{CS}^{\mathrm{AG}}\\ \text{s.t. } \mathrm{CS}^{\mathrm{AG}}=\dfrac{\left(p_g^{\mathrm{AG}}\right)^2-2p_g^{\mathrm{AG}}\left(\theta-1+p_r^{\mathrm{AG}}\right)+\theta\left[\theta-1+\left(p_r^{\mathrm{AG}}\right)^2\right]}{2(\theta-1)}\end{cases} \tag{7.14}$$

同样，模型 AG 下旅游服务集成商的最优化问题由式（7.15）给出：

$$\begin{cases}\max_{p_r^{\mathrm{AG}},p_g^{\mathrm{AG}}} \Pi_{\mathrm{TSI}}^{\mathrm{AG}}=\left(p_r^{\mathrm{AG}}-w_r^{\mathrm{AG}}\right)\left[\dfrac{1}{\theta-1}\left(p_g^{\mathrm{AG}}-\theta p_r\right)\right]+\left(p_g^{\mathrm{AG}}-c_g\right)\left(1-\dfrac{p_g^{\mathrm{AG}}-p_r^{\mathrm{AG}}}{\theta-1}\right)\\ \text{s.t. } d_r^{\mathrm{AG}}\geqslant 0;\ d_g^{\mathrm{AG}}\geqslant 0;\ c_g=c+c_r\end{cases} \tag{7.15}$$

通过使用逆向归纳法，本章可以获得模型 AG 的最优解，进而得到最优的需求、利润或效用。为了方便起见，本章将它们总结在表 7.6 中。同样地，本章假设绿色附加成本满足条件 $0<c\leqslant c_{03}=\dfrac{(\theta-1)\theta(4-\lambda)}{(\theta(4-\lambda)+\lambda-2)}$，以确保绿色旅游产品和普通旅游产品共存。

表 7.6 模型 AG 的最优解

记号	最优结果
w_r^{j*}	$\dfrac{c(2-\lambda)}{\theta(4-\lambda)}$
d_r^{j*}	$\dfrac{c}{(\theta-1)(4-\lambda)}$
d_g^{j*}	$\dfrac{(\theta-1)\theta(4-\lambda)+c(2-\theta(4-\lambda)-\lambda)}{2\theta(\theta-1)(4-\lambda)}$
U_{TSP}^{j*}	$\dfrac{2c(1-\theta)\theta(4-\lambda)\lambda+(\theta-1)\theta^2(4-\lambda)\lambda+c^2\left(4+4(\theta-1)\lambda-(\theta-1)\lambda^2\right)}{8\theta(\theta-1)(4-\lambda)}$
Π_{TSI}^{j*}	$\dfrac{2c(1-\theta)\theta(4-\lambda)^2+(\theta-1)\theta^2(4-\lambda)^2+c^2\left(\theta(4-\lambda)^2-12+8\lambda-\lambda^2\right)}{4\theta(\theta-1)(4-\lambda)^2}$

续表

记号	最优结果
U_{TSC}^{j*}	$\frac{1}{8\theta(\theta-1)(4-\lambda)^2}\left(2c(1-\theta)\theta(4-\lambda)^2(2+\lambda)+(\theta-1)\theta^2(4-\lambda)^2(2+\lambda)+c^2\left(6\lambda^2-8-4\lambda-\lambda^3+\theta(4-\lambda)^2(2+\lambda)\right)\right)$
p_r^{j*}	$\frac{\theta(4-\lambda)+c(2-\lambda)}{2\theta(4-\lambda)}$
p_g^{j*}	$\frac{c+\theta}{2}$

命题 7.8：在模型 AG 下，旅游服务提供商的 ACSR 偏好对价格和需求的影响如下所示：

（1）$\frac{\partial w_r^{\mathrm{AN}}}{\partial \lambda}<0$；$\frac{\partial p_r^{\mathrm{AN}}}{\partial \lambda}<0$；$\frac{\partial p_g^{\mathrm{AN}}}{\partial \lambda}=0$。

（2）$\frac{\partial d_r^{\mathrm{AN}}}{\partial \lambda}>0$；$\frac{\partial d_g^{\mathrm{AN}}}{\partial \lambda}<0$。

命题7.8表明，在价格和需求方面，旅游服务提供商的ACSR偏好与旅游服务提供商的 RCSR 偏好有着相似的性质。但是，除了绿色旅游产品零售价格外，它与旅游服务提供商的 GCSR 偏好所起的作用相反。这意味着当旅游服务集成商引入绿色旅游产品后，较高的旅游服务提供商 ACSR 偏好通常会促进普通旅游产品的营销，而抑制绿色旅游产品的营销。其原因可能是旅游服务提供商不仅可以从销售普通旅游产品获利，同时也拥有关注普通旅游产品游客利益的效用，这要比从绿色旅游产品游客那里获得单一的社会责任偏好效用高。为精简起见，请读者参阅命题 7.5，以获取更多类似的性质和管理启示。

7.5.2　比较分析

本小节将重点回答以下问题：旅游服务集成商的绿色旅游产品引入策略是如何影响整个旅游服务供应链的定价决策、需求和收益的？命题 7.9 揭示了旅游服务集成商引入绿色旅游产品对价格和需求的影响。

命题 7.9：与模型 AN 相比，旅游服务集成商的绿色旅游产品引入策略对价格和需求的影响如下所示：

（1）$w_r^{\mathrm{AG}}-w_r^{\mathrm{AN}}<0$；$p_r^{\mathrm{AG}}-p_r^{\mathrm{AN}}<0$。

（2）当 $0<c\leqslant c_5$ 时，$d_r^{\mathrm{AG}}-d_r^{\mathrm{AN}}\leqslant 0$；当 $c_5<c\leqslant c_0$ 时，$d_r^{\mathrm{AG}}-d_r^{\mathrm{AN}}>0$。$d_t^{\mathrm{AG}}-d_t^{\mathrm{AN}}>0$，其中，$c_5=\theta-1$。

从命题7.9可以得出结论，在旅游服务提供商具有ACSR偏好下旅游服务集成商的绿色产品引入策略对价格和需求的影响与在旅游服务提供商具有 GCSR 或 RCSR 偏好下类似。在普通旅游产品需求方面，通过比较命题 7.2、命题 7.6 和命题 7.9 下的绿色附加成本关键阈值，可以得到以下结论。

推论 7.1： $c_1 > c_5 > c_3$。

推论7.1表明，当旅游服务集成商引入绿色产品后，具有RCSR偏好的旅游服务提供商拥有最大的机会吸引更多的游客，其次是当她具有 ACSR 偏好时，当她具有 GCSR 偏好时，则拥有最小的机会获得更多的游客。具体而言，与没有绿色旅游产品竞争的情形相比，在旅游服务集成商引入绿色产品后：当绿色附加成本极低时，具有任何强度 CSR 偏好的旅游服务提供商总是获取更少的市场需求，当它极高时，情况则恰恰相反[图 7.3（R_1）和（R_4）]；此外，如果绿色附加成本相对较低，则具有 GCSR 或 ACSR 偏好的旅游服务提供商将吸引更少的游客，当她具有 RCSR 偏好时，则将获得更多的游客；如果绿色附加成本相对较高，则具有GCSR偏好的旅游服务提供商将获得较少的市场份额，而当她具有ACSR或RCSR偏好时，将可以获得更多的市场需求[图 7.3（R_2）和（R_3）]。综上所述，无论旅游服务提供商拥有何种强度的 CSR 偏好，只要绿色附加成本足够高，旅游服务集成商的绿色产品引入策略始终可以帮助旅游服务提供商获得更高的普通旅游产品市场需求。

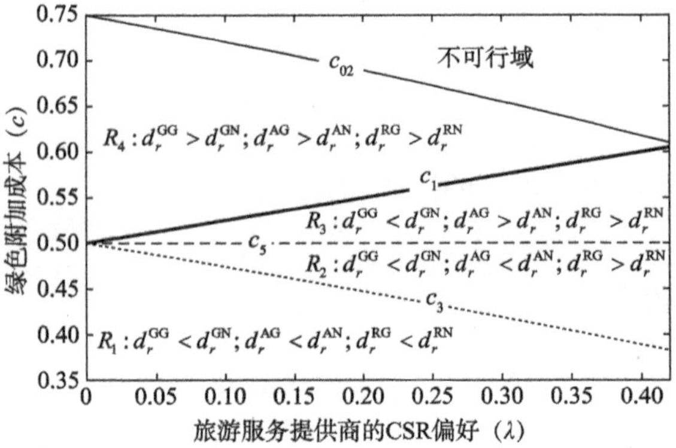

图 7.3　在 TSP 具有 CSR 偏好下绿色产品引入策略对需求的影响

命题 7.10： 与模型 AN 相比，旅游服务集成商的绿色旅游产品引入策略对整个旅游服务供应链及其成员收益的影响如下所示：

（1）当$0 < c \leqslant c_6$时，$U_{\text{TSP}}^{\text{AG}} - \Pi_{\text{TSP}}^{\text{AN}} \geqslant 0$；当$c_6 < c \leqslant c_{03}$时，$U_{\text{TSP}}^{\text{AG}} - \Pi_{\text{TSP}}^{\text{AN}} < 0$。

（2）当$0 < F \leqslant F_5$时，$\Pi_{\text{TSI}}^{\text{AG}} - \Pi_{\text{TSI}}^{\text{AN}} \geqslant 0$；当$F_5 < F$时，$\Pi_{\text{TSI}}^{\text{AG}} - \Pi_{\text{TSI}}^{\text{AN}} < 0$。

（3）当$0 < F \leqslant F_6$时，$U_{\text{TSC}}^{\text{AG}} - U_{\text{TSC}}^{\text{AN}} \geqslant 0$；当$F_6 < F$时，$U_{\text{TSC}}^{\text{AG}} - U_{\text{TSC}}^{\text{AN}} < 0$。

其中，$c_6 = \dfrac{2\sqrt{(\theta-1)\theta(2-\lambda)^2} + \theta(4-\lambda)\lambda - \theta^2(4-\lambda)\lambda}{(\theta-1)\lambda^2 - 4 - 4(\theta-1)\lambda}$，$F_5$ 和 F_6 的表达式如下所示：

$$F_5 = \frac{1}{4\theta(\theta-1)(4-\lambda)^2}\left\{\begin{array}{l}2c(1-\theta)\theta(4-\lambda)^2 + c^2\left[\theta(4-\lambda)^2 - 12 + 8\lambda - \lambda^2\right] \\ +\theta\left[4+\theta^2(4-\lambda)^2 - \theta\left(20 - 8\lambda + \lambda^2\right)\right]\end{array}\right\}$$

$$F_6 = \frac{1}{8(\theta-1)\theta(4-\lambda)^2}\left\{\begin{array}{l}2c(1-\theta)\theta(4-\lambda)^2(2+\lambda) \\ +c^2\left[6\lambda^2 - 8 - 4\lambda - \lambda^3 + \theta(4-\lambda)^2(2+\lambda)\right] \\ +\theta\left[4(6-\lambda) + \theta^2(4-\lambda)^2(2+\lambda) - \theta\left(56 - 4\lambda - 6\lambda^2 + \lambda^3\right)\right]\end{array}\right\}$$

根据命题 7.10 可以得到如下结论：在旅游服务提供商具有 ACSR 偏好下，旅游服务提供商、旅游服务集成商及整个旅游服务供应链对产品运营策略的偏好与在旅游服务提供商具有 GCSR 偏好下的相似（请参阅命题 7.3）（图 7.4）。通过比较命题 7.3 和命题 7.10 下绿色附加成本的关键阈值，可以得到以下推论。

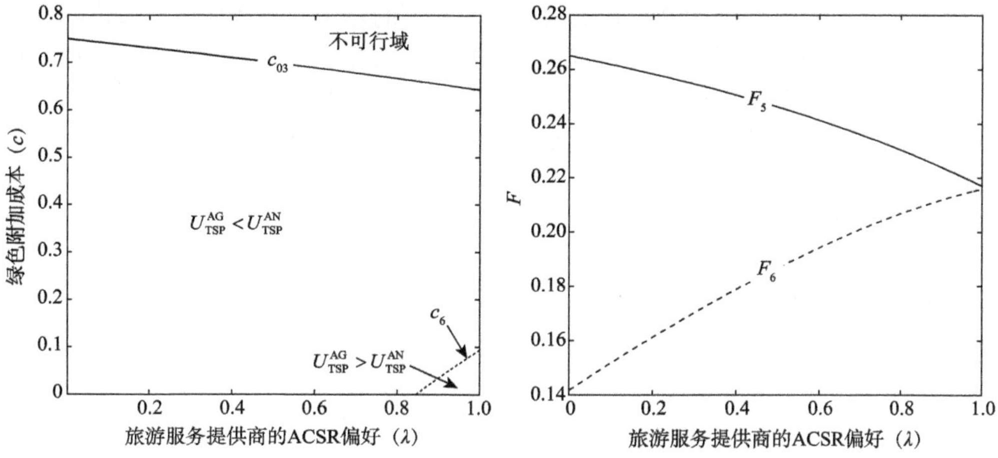

图 7.4　在 TSP 的 ACSR 偏好下绿色产品引入策略的影响

推论 7.2： $c_2 > c_6$。

推论 7.2 表明，与旅游服务提供商具有 ACSR 偏好相比，当她具有 GCSR 偏好时，可以增加她受益于旅游服务集成商绿色旅游产品引入策略的范围。因此，可以建议当旅游服务集成商引入绿色旅游服务产品后，当绿色附加成本适中时（$c_6 < c < c_2$），旅游服务提供商可以将其社会责任偏好从 ACSR 转变为 GCSR。

因为与没有绿色旅游产品竞争相比，这一变化可以确保她拥有更多的机会获得更多的总效用。

7.6 本章小结

本章研究了在旅游服务提供商具有不同强度CSR偏好下旅游服务集成商的绿色产品引入决策。本章首先根据消费者效用理论，推导出了不同情形下旅游服务供应链的市场需求函数。其次构建了不同的产品运营决策模型，并给出了旅游服务提供商和旅游服务集成商的最优定价决策，以及对应的最优需求、利润和效用。此外，本章还分析了旅游服务提供商不同强度的CSR偏好对价格和需求的影响，通过比较不同模型下旅游服务供应链及其成员的利润或效用，辨别了他们的产品运营策略偏好。通过以上的分析，本章得到了如下研究结论及旅游服务供应链运营管理启示。

首先，本章表明旅游服务提供商的不同强度CSR偏好在旅游服务提供商和旅游服务集成商的定价决策中起着不同且至关重要的作用。具体而言，较高的旅游服务提供商的GCSR偏好总是会激励她和旅游服务集成商设定更高的普通旅游产品批发价格和零售价格。相反，较高的旅游服务提供商RCSR或ACSR偏好会促使他们设置更低的普通旅游产品批发价格和零售价格。值得注意的是，旅游服务提供商的CSR偏好对绿色旅游产品的零售价格没有任何影响。此外，本章的研究结果表明，更高的旅游服务提供商GCSR偏好将会导致更低的普通旅游产品市场需求，但会增加绿色旅游产品市场需求。相反，随着旅游服务提供商的RCSR或ACSR偏好的增加，普通旅游产品的市场需求将会增加，而绿色旅游产品的市场需求将会减少。

其次，在旅游服务提供商具有任何强度的CSR偏好下，旅游服务集成商的绿色产品引入策略总是使得旅游服务提供商和他自己制定更低的普通旅游产品批发价格与零售价格，并总是带来更大的总市场份额。值得注意的是，旅游服务集成商的绿色产品引入策略并不总是减少普通旅游产品的销量，有时反而会促进普通旅游产品的销售。例如，当绿色附加成本较高时，旅游服务提供商在引入绿色产品后将获得更多的普通游客。更重要的是，本章指出绿色旅游产品的入侵并不总是伤害旅游服务提供商。特别地，当绿色附加成本相对较低时，具有GCSR或ACSR偏好的旅游服务提供商可以从旅游服务集成商的绿色产品引入策略中受益，但是当此成本相对较高时，则会对旅游服务提供商造成伤害。

最后，研究表明绿色许可费在旅游服务集成商和整个旅游服务供应链的产品运营偏好中起着至关重要的作用。具体而言，当此费用相对较低时，旅游服务集成商和旅游服务供应链都倾向引入绿色旅游产品。相反，则他们都不愿意引入绿色旅游产品。

7.7 本章附录

7.7.1 最优解的求解证明

在模型 GN 下，本章先通过逆向归纳法求解旅游服务集成商的最优反应定价决策。取函数 $\Pi_{\text{TSI}}^{\text{GN}}$ 相对于 p_r^{GN} 的二阶导数得到 $\dfrac{d^2\Pi_{\text{TSI}}^{\text{GN}}}{d\left(p_r^{\text{GN}}\right)^2}=-2<0$。这意味着旅游服务集成商的最优化问题具有唯一最优解，通过求解一阶条件为 0 的条件式，本章得到 $p_r^{\text{GN}}=\dfrac{1}{2}\left(1+w_r^{\text{GN}}\right)$。将此最优反应价格代入旅游服务提供商的最优化问题之中，并对 $\Pi_{\text{TSP}}^{\text{GN}}$ 取 w_r^{GN} 的二阶导数，本章可以得到 $\dfrac{d^2\Pi_{\text{TSP}}^{\text{GN}}}{d\left(w_r^{\text{GN}}\right)^2}=-1<0$，这表明最优解存在且唯一，通过一阶条件等于 0，可以得到最优解 $w_r^{\text{GN}*}=1/2$。本章将 $w_r^{\text{GN}*}$ 返带回到旅游服务集成商的最佳反应定价决策中，以获得最优零售价格 $p_r^{\text{GN}*}=3/4$。然后，本章将最优解 $w_r^{\text{GN}*}$ 和 $p_r^{\text{GN}*}$ 分别代入旅游服务供应链成员的需求、利润或效用函数中，进而可以得到相应的需求、利润或效用。

其他模型下的具体证明与模型 GN 相似，因此本章在此省略了其具体的求解过程，接下来只提供保证最优解存在且唯一的条件。

在模型 GG 下，$\dfrac{\partial^2\Pi_{\text{TSI}}^{\text{GG}}}{\partial p_r^{\text{GG}^2}}=\dfrac{-2\theta}{\theta-1}<0$。其海赛矩阵如式（A.7.1）所示，这意味着相应的最优化问题具有唯一最优解。

$$H^{\text{GG}}=\begin{bmatrix}\dfrac{2\theta}{1-\theta} & \dfrac{2}{\theta-1}\\ \dfrac{2}{\theta-1} & \dfrac{2}{1-\theta}\end{bmatrix}=\frac{4}{\theta-1}>0 \tag{A.7.1}$$

同样地，我们可以得到 $\dfrac{\partial^2 U_{\text{TSP}}^{\text{GG}}}{\partial w_r^{\text{GG}^2}}=\dfrac{\theta(4\theta-4+\lambda)}{-4(\theta-1)^2}<0$。

类似地，在模型 RN 下，本章可以得到 $\frac{\partial^2 \Pi_{\mathrm{TSI}}^{\mathrm{RN}}}{\partial p_r^{\mathrm{RN}^2}}=-2<0$ 及 $\frac{\partial^2 U_{\mathrm{TSP}}^{\mathrm{RN}}}{\partial w_r^{\mathrm{RN}^2}}=\frac{1}{4}(\lambda-4)<0$。

在模型 RG 下，$\frac{\partial^2 \Pi_{\mathrm{TSI}}^{\mathrm{RG}}}{\partial p_r^{\mathrm{RG}^2}}=-2<0$。另外，本章可以得到与式（A.7.1）相同的海赛矩阵及 $\frac{\partial^2 U_{\mathrm{TSP}}^{\mathrm{RG}}}{\partial w_r^{\mathrm{RG}^2}}=\frac{\theta(\lambda-4)}{4(\theta-1)}<0$。

类似地，在模型 AG 下，$\frac{\partial^2 \Pi_{\mathrm{TSI}}^{\mathrm{AG}}}{\partial p_r^{\mathrm{AG}^2}}=-2<0$。本章还可以得到与式（A.7.1）相同的海赛矩阵及 $\frac{\partial^2 U_{\mathrm{TSP}}^{\mathrm{AG}}}{\partial w_r^{\mathrm{AG}^2}}=\frac{\theta(4-\theta(4-\lambda))}{4(\theta-1)^2}<0$。

7.7.2 命题及推论的证明

1. 命题 7.1 的证明

在模型 GG 下，通过取价格与需求相对于参数λ的一阶导数，本章可以得到 $\frac{\partial w_r^{\mathrm{GG*}}}{\partial \lambda}=\frac{2c(\theta-1)}{\theta(4\theta-4+\lambda)^2}>0$；$\frac{\partial p_r^{\mathrm{GG*}}}{\partial \lambda}=\frac{c(\theta-1)}{\theta(4\theta-4+\lambda)^2}>0$；$\frac{\partial p_g^{\mathrm{GG*}}}{\partial \lambda}=0$；$\frac{\partial d_r^{\mathrm{GG*}}}{\partial \lambda}=\frac{-c}{(4\theta-4+\lambda)^2}<0$；$\frac{\partial d_g^{\mathrm{GG*}}}{\partial \lambda}=\frac{c}{\theta(4\theta-4+\lambda)^2}>0$。

2. 命题 7.2 的证明

通过比较模型 GN 和模型 GG 下的最优价格和需求，本章可以得到如下结果：

$$w_r^{\mathrm{GG*}}-w_r^{\mathrm{GN*}}=\frac{2c(2\theta-2+\lambda)-\theta(4\theta-4+\lambda)}{2\theta(4\theta-4+\lambda)}<0;$$

$$p_r^{\mathrm{GG*}}-p_r^{\mathrm{GN*}}=\frac{2c(2\theta-2+\lambda)-\theta(4\theta-4+\lambda)}{4\theta(4\theta-4+\lambda)}<0;$$

$$d_r^{\mathrm{GG*}}-d_r^{\mathrm{GN*}}=\frac{4+4c-4\theta-\lambda}{4(4\theta-4+\lambda)};$$

$$d_t^{\mathrm{GG*}}-d_t^{\mathrm{GN*}}=\frac{\theta(4\theta-4+\lambda)-2c(2\theta-2+\lambda)}{4\theta(4\theta-4+\lambda)}>0。$$

根据普通旅游产品需求的比较结果，本章定义 $f_1(c)=4+4c-4\theta-\lambda$，并进

一步根据 $f_1(c)=0$ 推导出 $c_1=(4\theta-4+\lambda)/4$ 。因此，当 $0<c\leqslant c_1$ 时，$d_r^{GG}-d_r^{GN}\leqslant 0$；当 $c_1<c\leqslant c_0$ 时，$d_r^{GG}-d_r^{GN}>0$。

3. 命题7.3的证明

通过比较模型GN和GG下旅游服务供应链及其成员的利润或效用，本章得到以下表达式。

$$U_{\text{TSP}}^{\text{GG}*}-\Pi_{\text{TSP}}^{\text{GN}*}=\frac{c^2\left(4+4(\theta-1)\lambda+\lambda^2\right)-2c\theta\lambda(4\theta-4+\lambda)+\theta\left(4-\lambda+4\theta^2\lambda-\theta\left(4+4\lambda-\lambda^2\right)\right)}{8\theta(4\theta-4+\lambda)} \tag{A.7.2}$$

本章定义 $f_2(c)=c^2\left(4+4(\theta-1)\lambda+\lambda^2\right)-2c\theta\lambda(4\theta-4+\lambda)+\theta\left(4-\lambda+4\theta^2\lambda-\theta\left(4+4\lambda-\lambda^2\right)\right)$。由此可以发现，当 $f_2(c)\geqslant 0$ 时，$U_{\text{TSP}}^{\text{GG}*}\geqslant \Pi_{\text{TSP}}^{\text{GN}*}$。通过求解方程 $f_2(c)=0$，可以推导出 $c_2=\dfrac{4\theta^2\lambda+\theta(\lambda-4)\lambda-\sqrt{\theta(2-\lambda)^2(4\theta-4+\lambda)}}{4+4(\theta-1)\lambda+\lambda^2}$ 和 $c_2'=\dfrac{4\theta^2\lambda+\theta(\lambda-4)\lambda+\sqrt{\theta(2-\lambda)^2(4\theta-4+\lambda)}}{4+4(\theta-1)\lambda+\lambda^2}<0$（删除）。综上所述，当 $0<c\leqslant c_2$ 时，$U_{\text{TSP}}^{\text{GG}*}\geqslant \Pi_{\text{TSP}}^{\text{GN}*}$；当 $\max(0,c_2)<c\leqslant c_{01}$ 时，$U_{\text{TSP}}^{\text{GG}*}<\Pi_{\text{TSP}}^{\text{GN}*}$。

同样地，本章可以证明其他类似结论，本章在此只提供 $\Pi_{\text{TSI}}^{\text{GG}}$ 和 $\Pi_{\text{TSI}}^{\text{GN}}$、$U_{\text{TSC}}^{\text{GG}}$ 和 $U_{\text{TSC}}^{\text{GN}}$ 作差的表达式。

$$\Pi_{\text{TSI}}^{\text{GG}}-\Pi_{\text{TSI}}^{\text{GN}}=\frac{1}{16\theta(4\theta-4+\lambda)^2}\begin{pmatrix}\theta(4\theta-1)(4\theta-4+\lambda)^2-8c\theta(4\theta-4+\lambda)^2\\+4c^2\left(12+16\theta^2-8\lambda+\lambda^2-4\theta(7-2\lambda)\right)\end{pmatrix}-F \tag{A.7.3}$$

$$U_{\text{TSC}}^{\text{GG}}-\Pi_{\text{TSC}}^{\text{GN}}=\frac{1}{16\theta(4\theta-4+\lambda)^2}\begin{pmatrix}\theta(4\theta-4+\lambda)^2\left(2\theta(2+\lambda)-3\right)-4c\theta(2+\lambda)(4\theta-4+\lambda)^2\\+2c^2\left(8+4\lambda-6\lambda^2+\lambda^3+16\theta^2(2+\lambda)-8\theta\left(5+2\lambda-\lambda^2\right)\right)\end{pmatrix}-F \tag{A.7.4}$$

通过求解方程 $\Pi_{\text{TSI}}^{\text{GG}}-\Pi_{\text{TSI}}^{\text{GN}}=0$ 和 $U_{\text{TSC}}^{\text{GG}}-\Pi_{\text{TSC}}^{\text{GN}}=0$，本章可以得到其相应的阈值 F_1 和 F_2。

4. 命题7.4的证明

在模型RN下，通过取最优价格和需求关于参数 λ 的一阶导数，本章可以得

到 $\frac{\partial w_r^{\mathrm{RN}*}}{\partial\lambda}=\frac{-2}{(4-\lambda)^2}<0$；$\frac{\partial p_r^{\mathrm{RN}*}}{\partial\lambda}=\frac{-1}{(4-\lambda)^2}<0$；$\frac{\partial d_r^{\mathrm{RN}*}}{\partial\lambda}=\frac{1}{(4-\lambda)^2}>0$。

5. 命题 7.5 的证明

类似地，通过取在模型 RG 下最优价格和需求关于参数 λ 的一阶导数，可以得到 $\frac{\partial w_r^{\mathrm{RG}*}}{\partial\lambda}=\frac{-2c(\theta-1)}{(4-\theta(4-\lambda))^2}<0$；$\frac{\partial p_r^{\mathrm{RG}*}}{\partial\lambda}=\frac{-c(\theta-1)}{(4-\theta(4-\lambda))^2}<0$；$\frac{\partial p_g^{\mathrm{RG}*}}{\partial\lambda}=0$；$\frac{\partial d_r^{\mathrm{RG}*}}{\partial\lambda}=\frac{c\theta}{(4-\theta(4-\lambda))^2}>0$；$\frac{\partial d_g^{\mathrm{RG}*}}{\partial\lambda}=\frac{-c}{(4-\theta(4-\lambda))^2}<0$。

6. 命题 7.6 的证明

通过比较模型 RN 和模型 RG 下的最优价格和需求，可以得到如下表达式。

$$w_r^{\mathrm{RG}*}-w_r^{\mathrm{RN}*}=\frac{c(2-\theta(2-\lambda))(4-\lambda)-\theta(4-\theta(4-\lambda))(2-\lambda)}{\theta(4-\theta(4-\lambda))(4-\lambda)}<0;$$

$$p_r^{\mathrm{RG}*}-p_r^{\mathrm{RN}*}=\frac{c(2-\theta(2-\lambda))(4-\lambda)-\theta(4-\theta(4-\lambda))(2-\lambda)}{2\theta(4-\theta(4-\lambda))(4-\lambda)}<0;$$

$$d_r^{\mathrm{RG}*}-d_r^{\mathrm{RN}*}=\frac{4+c(4-\lambda)-\theta(4-\lambda)}{(4-\theta(4-\lambda))(\lambda-4)};$$

$$d_t^{\mathrm{RG}*}-d_t^{\mathrm{RN}*}=\frac{\theta(4-\theta(4-\lambda))(2-\lambda)-c(2-\theta(2-\lambda))(4-\lambda)}{2\theta(4-\theta(4-\lambda))(4-\lambda)}>0。$$

本节定义 $f_3(c)=4+c(4-\lambda)-\theta(4-\lambda)$，通过求解方程 $f_3(c)=0$，可以得到其对应的阈值 $c_3=\frac{4\theta-\theta\lambda-4}{4-\lambda}$。因此，当 $0<c\leqslant c_3$ 时，$d_r^{\mathrm{RG}*}-d_r^{\mathrm{GN}}\leqslant 0$；当 $c_3<c\leqslant c_0$ 时，$d_r^{\mathrm{RG}*}-d_r^{\mathrm{RN}*}>0$。

7. 命题 7.7 的证明

与命题 7.3 的证明相似，通过比较模型 RN 和模型 RG 下旅游服务供应链和其成员的利润或效用，本章得到如下表达式，其结果可以直接证明这一命题。

$$U_{\mathrm{TSP}}^{\mathrm{RG}*}-U_{\mathrm{TSP}}^{\mathrm{RN}*}=\frac{\theta(4-\theta(4-\lambda))+c^2(4-\lambda)}{-2\theta(4-\theta(4-\lambda))(4-\lambda)} \tag{A.7.5}$$

$$\Pi_{\mathrm{TSI}}^{\mathrm{RG}*}-\Pi_{\mathrm{TSI}}^{\mathrm{RN}*}=\frac{1}{\left(4\theta\left(4-\theta(4-\lambda)\right)^2(4-\lambda)^2\right)}\left(\begin{array}{l}\theta\left(4-\theta(4-\lambda)\right)^2\left(\theta(4-\lambda)^2-4\right)-2c\theta\left(4-\theta(4-\lambda)\right)^2(4-\lambda)^2\\+c^2(4-\lambda)^2\left(12+\theta^2(4-\lambda)^2-4\theta(7-2\lambda)\right)\end{array}\right)-F \tag{A.7.6}$$

$$U_{\mathrm{TSC}}^{\mathrm{RG}*}-U_{\mathrm{TSC}}^{\mathrm{RN}*}=\frac{1}{\left(4\theta\left(4-\theta(4-\lambda)\right)^2(4-\lambda)^2\right)}\left(\begin{array}{l}\theta\left(4-\theta(4-\lambda)\right)^2\left(\theta(4-\lambda)^2-2(6-\lambda)\right)-2c\theta\left(4-\theta(4-\lambda)\right)^2(4-\lambda)^2\\+c^2(4-\lambda)^2\left(4+\theta^2(4-\lambda)^2-\theta(20-6\lambda)\right)\end{array}\right)-F \tag{A.7.7}$$

根据式（A.7.5），本章定义 $f_4(c)=\theta\left(4-\theta(4-\lambda)\right)+c^2(4-\lambda)$，进而得到其两个根为 $c_4=\frac{\sqrt{\theta}\sqrt{4\theta-4-\theta\lambda}}{\sqrt{4-\lambda}}>c_{02}$ 和 $c_4'=-\frac{\sqrt{\theta}\sqrt{4\theta-4-\theta\lambda}}{\sqrt{4-\lambda}}<0$。根据式（A.7.6）和式（A.7.7），可以得到其相应的阈值 F_3 和 F_4。

8. 命题 7.8 的证明

类似地，通过取在模型 AG 下最优价格和需求关于参数 λ 的一阶导数，本章可以得到 $\frac{\partial w_r^{\mathrm{AG}*}}{\partial\lambda}=\frac{-2c}{\theta(4-\lambda)^2}<0$；$\frac{\partial p_r^{\mathrm{AG}*}}{\partial\lambda}=\frac{-c}{\theta(4-\lambda)^2}<0$；$\frac{\partial p_g^{\mathrm{AG}*}}{\partial\lambda}=0$；$\frac{\partial d_r^{\mathrm{AG}*}}{\partial\lambda}=\frac{c}{(\theta-1)(4-\lambda)^2}>0$；$\frac{\partial d_g^{\mathrm{AG}*}}{\partial\lambda}=\frac{-c}{(\theta-1)\theta(4-\lambda)^2}<0$。

9. 命题 7.9 的证明

因为模型 AN 的最优解与模型 RN 的最优解相同，所以通过比较该两个模型下的最优价格和需求，本章可以得到如下结果：

$$w_r^{\mathrm{AG}*}-w_r^{\mathrm{AN}*}=\frac{(c-\theta)(2-\lambda)}{\theta(4-\lambda)}<0;$$

$$p_r^{\mathrm{AG}*}-p_r^{\mathrm{AN}*}=\frac{(c-\theta)(2-\lambda)}{2\theta(4-\lambda)}<0;$$

$$d_r^{\mathrm{AG}*}-d_r^{\mathrm{AN}*}=\frac{\theta-1-c}{(1-\theta)(4-\lambda)};$$

$$d_t^{AG*} - d_t^{AN*} = \frac{(\theta - c)(2-\lambda)}{2\theta(4-\lambda)} > 0。$$

根据模型AG和AN下普通旅游产品需求的差，本章定义 $f_5(c) = \theta - 1 - c$，从而得到 $c_5 = \theta - 1$。因此，当 $0 < c \leqslant c_5$ 时，$d_r^{AG*} - d_r^{AN*} \leqslant 0$；当 $c_5 < c \leqslant c_0$ 时，$d_r^{AG*} - d_r^{AN*} > 0$。

推论 7.1 可以通过比较阈值点 c_1、c_3 和 c_5 得到。

10. 命题 7.10 的证明

相似地，本章通过比较模型 AG 和模型 AN 下旅游服务供应链及其成员的利润或效用，可以得到如下表达式。

$$U_{TSP}^{AG*} - U_{TSP}^{AN*} = \frac{1}{8(\theta-1)\theta(\lambda-4)} \begin{pmatrix} 2c(\theta-1)\theta(4-\lambda)\lambda + c^2\left((\theta-1)\lambda^2 - 4 - 4(\theta-1)\lambda\right) \\ +\theta\left(\theta\left(4+4\lambda-\lambda^2\right) - 4 - \theta^2(4-\lambda)\lambda\right) \end{pmatrix}$$

$$\Pi_{TSI}^{AG*} - \Pi_{TSI}^{AN*} = \frac{1}{4\theta(\theta-1)(4-\lambda)^2} \begin{pmatrix} 2c(1-\theta)\theta(4-\lambda)^2 + c^2\left(\theta(4-\lambda)^2 - 12 + 8\lambda - \lambda^2\right) \\ +\theta\left(4 + \theta^2(4-\lambda)^2 - \theta\left(20 - 8\lambda + \lambda^2\right)\right) \end{pmatrix}$$

$$U_{TSC}^{AG*} - U_{TSC}^{AN*} = \frac{1}{8(\theta-1)\theta(4-\lambda)^2}$$

$$\begin{pmatrix} 2c(1-\theta)\theta(4-\lambda)^2(2+\lambda) + c^2\left(6\lambda^2 - 8 - 4\lambda - \lambda^3 + \theta(4-\lambda)^2(2+\lambda)\right) \\ +\theta\left(4(6-\lambda) + \theta^2(4-\lambda)^2(2+\lambda) - \theta\left(56 - 4\lambda - 6\lambda^2 + \lambda^3\right)\right) \end{pmatrix} - F$$

通过求解 $U_{TSP}^{AG*} - U_{TSP}^{AN*} = 0$ 可以得到

$$c_6 = \frac{2\sqrt{(\theta-1)\theta(2-\lambda)^2} + \theta(4-\lambda)\lambda - \theta^2(4-\lambda)\lambda}{(\theta-1)\lambda^2 - 4 - 4(\theta-1)\lambda}$$

。通过求解 $\Pi_{TSI}^{AG*} - \Pi_{TSI}^{AN*} = 0$ 和 $U_{TSC}^{AG*} - U_{TSC}^{AN*} = 0$，可以得到阈值 F_5 和 F_6。

推论 7.2 的证明可以通过比较阈值点 c_2 和 c_6 得到。至此，第 7 章的所有相关证明证毕。

第8章　考虑CSR的旅游服务供应链成本分担契约研究

8.1　概　　述

2000~2010 年，在环境污染威胁人类生存和健康的驱动下，低碳旅游服务已日益成为社会关注的热点和研究的焦点（汪宇明，2010）。现有的研究表明，各行各业的碳排放是全球变暖的主要来源（Achtnicht，2012；Liu and Song，2017；Sayed et al.，2017；Xia et al.，2018；Yang et al.，2018）。为了抑制企业的碳排放量，全世界许多国家已制定并颁布了各种各样的低碳政策和法规（如碳限额与碳交易、绿色补贴和碳税等）。2009 年 5 月，在哥本哈根会议上，世界经济论坛在《迈向低碳旅游业》中首次提出了“低碳旅游”的概念。此后，低碳旅游得到了学者广泛的传播和沿用。中国政府也宣布到2020年国内单位生产总值碳排放量与 2005 年相比要减少 40%~45%（Yang and Chen，2018）。旅游服务业作为我国最大且发展最快的经济产业之一，是我国低碳经济发展的重要组成部分，目前已受到社会各界的高度关注和重视（赵黎明等，2015）。随着低碳出行的宣传，人们的环保意识逐步得到提高，越来越多的游客愿意为低碳旅游服务支付更高的费用，而低碳旅游服务往往能够给游客带来更高的心理体验价值（陈喆芝等，2016）。在低碳经济下，越来越多的旅游企业会在制定战略和产品运营决策时考虑自身商业活动对自然环境的影响（罗玉杰等，2018）。正如 Yang 和 Chen（2018）指出的那样，许多企业确实自愿公布其产品和服务的碳足迹，并承诺努力减少碳排放量。由此可见，低碳旅游是一种能有效缓解我国旅游高速发展与生态环境破坏之间重重矛盾的重要途径之一（李晓琴和银元，2012）。

当谈及旅游企业的可持续运营管理时，CSR 是影响企业产品定价或服务决策的重要因素之一（Font et al.，2012）。CSR 在这里意味着企业自愿承担其商业活动对社会、消费者或环境所产生的负面影响（Andersen and Skjoett-Larsen，2009）。一些学者表明，CSR 可以显著影响消费者的综合满意度及对企业的忠诚度（Eisingerich et al.，2011）。如今，一些旅游企业（如Travelocity、Airbnb和携程）越来越愿意将 CSR 纳入其战略决策，以改善其品牌社会责任形象。此外，政府的环境法规（如生产者责任延伸制、碳税和绿色补贴等）和游客渴望绿色旅游服务的意愿也促使旅游企业在做运营决策时，考虑社会公众福利。由此可见，旅游服务运营管理领域迫切需要加强 CSR 行为对旅游服务供应链运营绩效影响的研究。

受实际商业问题的启发，本章考虑了一条具有 CSR 偏好的旅游服务供应链，该旅游服务供应链由一家负责碳减排和提供旅游产品的服务提供商（service provider，SP）和一家负责低碳广告宣传的旅游服务集成商（service integrator，SI）构成。许多学者指出，上游公司分担下游公司的广告费用往往要优于不分担的情形（Zhou et al.，2016）。据此，本章将集中讨论 SP 总是分担 SI 的广告费用而忽略不分担的情形。因此，在 SP 分担广告成本的前提下，根据 SI 不同的成本分担决策，本章提出了三种不同的成本分担契约：①SI 不承担 SP 的任何费用（契约 PA）；②SI 分担 SP 的碳减排成本[契约 PAIE（perform，achieve，improvement，Establish，执行，成就，提升，建立）]；③SI 分担 SP 的服务成本（契约PAIS）。本章的目的之一是探索旅游企业具有CSR偏好下低碳旅游服务供应链的最优决策和契约抉择。具体来说，主要研究以下运营问题：①在不同的成本分担契约下，旅游服务供应链成员的最佳契约抉择是什么？②对于整个旅游服务供应链及其成员或环境来说，哪种契约是最优的？③关键的旅游服务供应链系统影响因素，尤其是与 CSR 相关的因素是如何影响低碳旅游服务供应链的产品运营决策和契约抉择的？

为了解决上述问题，本章构建了三种 SP-斯塔克尔伯格微分博弈模型，以研究在旅游企业具有 CSR 偏好下，SP 的服务改善和碳减排决策及 SI 的广告决策。基于以上成本分担契约，本章推导出各成员的最佳服务水平、碳减排和低碳广告宣传努力及他们的最佳成本分担率。本章从不同旅游服务供应链成员角度，对三种契约的优劣性进行了对比分析，并进一步研究了 CSR 相关因素对 SP 和 SI 最佳决策的影响。

8.2 模型假设与构建

本章主要考虑了一条由上游旅游 SP 和下游旅游 SI 组成的二级旅游服务供应

链，其成员都具有一定的 CSR 偏好。为了减少旅游消费过程中的碳排放量以提高品牌的社会形象和游客的低碳消费效用，SP 负责碳减排和服务改善，SI 则负责低碳广告宣传。如 8.1 节中所述，本章假设 SP 始终提供广告费用分担契约以激励 SI 实施低碳广告宣传（Balachandran and Radhakrishnan，2005）。在这种情况下，本章构建了三种成本分担契约决策模型：①模型 PA，即仅 SP 分担 SI 的广告费用；②模型 PAIE，即 SP 分担 SI 的广告成本且 SI 分担 SP 的碳减排成本；③模型 PAIS，与契约 PAIE 相比，SI 则直接分担 SP 的服务改善成本。请注意，在文中契约 PA 也被称为“单向契约”，而契约 PAIE 或契约 PAIS 也被称为“双向契约”。参考 Zhang 等（2017）、Xia 等（2018）、Zu 等（2019）的研究，本章也假设所有参与者的信息都是完全透明的。表 8.1 总结了本章所使用到的相关数学记号及其相应解释。

表 8.1　参数和符号说明

参数	释义
$S(t)$	SP 的基础服务努力
$E(t)$	SP 的碳减排努力
$A(t)$	SI 的广告宣传努力
$\psi(t)$	SP 对 SI 广告成本的分担率，$0\leqslant\psi(t)\leqslant1$
$\phi(t)$	SI 对 SP 服务成本或碳减排成本的分担率，$0\leqslant\phi(t)\leqslant1$
$U(t)$	在 t 时刻游客整体低碳消费效用 $t\in[0,+\infty)$，且初始值为 $U(t)\vert_{t=0}=U_0\geqslant0$
R_i	SP 或 SI 的边际收益，$i=\text{SP,SI}$
μ_a/μ_e	SP 碳减排努力和 SI 广告宣传努力对低碳消费效用的敏感系数 $\mu_a(\mu_e)>0$
μ_g	游客低碳消费效用衰减系数
$D(t)$	在 t 时刻的需求
$\alpha/\beta/\gamma$	SI 广告宣传努力和 SP 服务努力、低碳消费效用对需求的敏感系数，$\alpha>0$，$\beta>0$，$\gamma>0$
k_j	SP 服务努力和碳减排努力以及 SI 广告宣传努力的成本敏感系数，$j=s,e,a$
θ	旅游服务供应链的 CSR 偏好
λ	SI 相对 SP 的 CSR 偏好，$1-\lambda$ 表示 SP 相对 SI 的 CSR 偏好
$U_i^l(t)$	SP、SI 或 SC 在契约 l 下的效用，$i=\text{SP,SI,SC}$；$l=\text{PA,PAIE,PAIS}$
$V_i^l(t)$	SP 或 SI 在契约 l 下的净值函数，$i=\text{SP,SI}$；$l=\text{PA,PAIE,PAIS}$
ρ	时间效用折扣率

注：上标*表示最佳反馈解，上标 PA、PAIE、PAIS 代表不同的成本分担契约

本章假设旅游企业们的碳减排活动能给游客带来一定的低碳消费效用 $U(t)$，它往往受 SP 的碳减排努力和 SI 的低碳广告宣传努力的共同影响。如果旅游企业不付出任何努力，该低碳消费效用将随着时间推移而发生衰减。因此，刻画旅游企业碳减排努力和低碳宣传努力给游客带来的低碳消费效用的微分方程可以表示为

$$\begin{cases}\dot{U}(t)=\mu_e E(t)+\mu_a A(t)-\mu_g U(t)\\ U(0)=U_0 \geqslant 0\end{cases} \tag{8.1}$$

其中，$U(t)$表示在时间t时刻游客整体的低碳消费效用水平；U_0表示游客的初始低碳消费效用；$E(t)$和$A(t)$分别表示 SP 在时间t时刻的碳减排和 SI 的低碳广告宣传努力；参数μ_e和μ_a表示对应于碳减排和广告宣传努力对低碳消费效用的敏感系数；参数μ_g表示游客的低碳消费效用随时间的衰减率。

根据 Zhang 等（2013，2017）的研究，本章假设旅游服务供应链成员是价格接受者，即旅游产品市场价格在长期市场均衡下是恒定的。另外，本章假定SP可以在必要时调整其服务水平。例如，旅游景点或饭店可以雇用假日兼职工以应对临时的需求变化。因此，本章可以推导出游客对旅游产品的需求为$D(S(t),E(t),U(t),p)=d_0-bp+\alpha S(t)+\beta A(t)+\gamma U(t)$，其中，$d_0$表示基本需求；$p$表示长期市场均衡零售价格；$b$表示价格敏感系数。在不失一般性的前提下，定义$D_0 \equiv d_0-bp$，并进一步假设$D_0=0$以简化数理模型，这对本章的主要研究结论没有明显的影响（Chutani and Sethi，2018）。本章使用记号$R_i, i=\text{SP},\text{SI}$表示 SP 或 SI 的边际利润，从而需求函数可以简化为以下表达式：

$$D(S(t),A(t),U(t))=\alpha S(t)+\beta A(t)+\gamma U(t) \tag{8.2}$$

其中，系数α、β和γ分别表示对 SP 的服务努力、SI 的广告宣传努力和游客低碳消费效用对需求的敏感系数。请注意，γ也可以被视为游客的低碳环境偏好。

与 Jorgensen 等（2001）、Zhang 等（2013）的研究相一致，本章利用二次函数来刻画旅游企业的各种努力成本。因此在时间t时刻的服务、碳减排和广告宣传方面的努力成本可以表示为

$$\begin{cases}C_S(S(t))=k_s S^2(t)/2\\ C_E(E(t))=k_e E^2(t)/2\\ C_A(A(t))=k_a A^2(t)/2\end{cases} \tag{8.3}$$

其中，$k_j\,(j=s,e,a)$分别表示对SP的服务努力和碳减排努力及SI的广告宣传努力的成本敏感系数。

本章使用符号$\theta \in [0,1]$表示整个旅游服务供应链关注 CSR 相对于关注经济获利能力的比例。参考 Panda 和 Modak（2016）的研究，用比例$\lambda \in [0,1]$表示 SI 相对于 SP 的相对 CSR 偏好（简称相对 CSR），而$1-\lambda$则表示 SP 相对于 SI 的相对 CSR 偏好。当$0 \leqslant \lambda < 0.5$时，表示 SI 的 CSR 偏好比 SP 低，相反则类似。$\lambda=0.5$表示两家旅游企业之间没有明显 CSR 偏好差异。因此，当 SP 和 SI 之间没签订任何成本分担契约时，上游 SP 和下游 SI 的效用函数满足以下微分方程：

$$U_{\mathrm{SP}}=\int_0^{\infty}\mathrm{e}^{-\rho t}\left\{R_{\mathrm{SP}}D\left[s(t),A(t),U(t)\right]+(1-\lambda)\theta U(t)-\frac{k_sS^2(t)}{2}-\frac{k_eE^2(t)}{2}\right\}\mathrm{d}t \quad (8.4)$$

$$U_{\mathrm{SI}}=\int_0^{\infty}\mathrm{e}^{-\rho t}\left\{R_{\mathrm{SI}}D\left[S(t),A(t),G(t)\right]+\lambda\theta U(t)-\frac{k_aA^2(t)}{2}\right\}\mathrm{d}t \quad (8.5)$$

其中，ρ 刻画的是旅游服务供应链成员效用随着时间的流逝；U_{SP} 和 U_{SI} 的第一项表示销售收入，第二项表示 SP 和 SI 的 CSR 效用，第三项表示 SP 和 SI 的各种努力成本。

8.3　模型求解及分析

本节将构建三个基于成本分担契约的微分博弈模型，并求解出各个模型的最优反馈解。此外，本节进一步分析了环境偏好相关因素对最优解的影响。由于博弈是在无限时间周期内进行的，故寻求稳态的反馈斯塔克尔伯格解是合理的。许多学者认为，这种反馈控制策略比开环控制策略更有意义（Piga，2000；Cellini and Lambertini，2004）。

8.3.1　模型 PA（契约 PA）

在此种情形下，只有 SP 分担 SI 的广告费用。此时的博弈顺序如下：SP 首先确定其广告成本分担率，其次制定其服务水平和碳减排努力，最后 SI 决定他的广告宣传努力。根据式（8.4）和式（8.5），SP 和 SI 的最优控制问题可以表示如下：

$$\max_{S,E,\varphi}U_{\mathrm{SP}}^{\mathrm{PA}}=\int_0^{\infty}\mathrm{e}^{-\rho t}\left\{\begin{array}{l}R_{\mathrm{SP}}D\left[S(t),A(t),U(t)\right]+(1-\lambda)\theta U(t)\\-\dfrac{k_sS^2(t)}{2}-\dfrac{k_eE^2(t)}{2}-\dfrac{\varphi(t)\ k_aA^2(t)}{2}\end{array}\right\}\mathrm{d}t \quad (8.6)$$

$$\max_{A}U_{\mathrm{SI}}^{\mathrm{PA}}=\int_0^{\infty}\mathrm{e}^{-\rho t}\left\{R_{\mathrm{SI}}D\left[S(t),A(t),U(t)\right]+\lambda\theta U(t)-\frac{\left(1-\varphi(t)\right)k_aA^2(t)}{2}\right\}\mathrm{d}t \quad (8.7)$$

约束条件为

$$\begin{cases}D\left(S(t),A(t),U(t)\right)=\alpha S(t)+\beta A(t)+\gamma U(t)\\ \dot{U}(t)=\mu_aA(t)+\mu_eE(t)-\mu_gU(t)\\ U(0)=U_0\geqslant 0\end{cases} \quad (8.8)$$

为简化起见，本章此后在不产生混淆的情况下省略时间因素记号。同时，本章使用符号$V_{\mathrm{SP}}^{l}\left(V_{\mathrm{SI}}^{l}\right)$表示在经历时间 t 之后 SP（SI）净效用的 HJB 方程。在模型 PA 中，$V_{\mathrm{SP}}^{\mathrm{PA}}$和$V_{\mathrm{SI}}^{\mathrm{PA}}$应满足以下方程式：

$$\rho V_{\mathrm{SP}}^{\mathrm{PA}}=\max_{S,E,\varphi\geqslant 0}\left[\begin{array}{l}R_{\mathrm{SP}}\left(\alpha S+\beta A+\gamma U\right)+\left(1-\lambda\right)\theta U-\dfrac{k_s S^2}{2}\\-\dfrac{k_e E^2}{2}-\dfrac{\varphi k_a A^2}{2}+V_{\mathrm{SP}}^{\mathrm{PA}\prime}\left(\mu_a A+\mu_e E-\mu_g U\right)\end{array}\right] \tag{8.9}$$

$$\rho V_{\mathrm{SI}}^{\mathrm{PA}}=\max_{A\geqslant 0}\left[R_{\mathrm{SI}}\left(\alpha S+\beta A+\gamma U\right)+\lambda\theta U-\frac{\left(1-\varphi\right)k_a A^2}{2}+V_{\mathrm{SI}}^{\mathrm{PA}\prime}\left(\mu_a A+\mu_e E-\mu_g U\right)\right] \tag{8.10}$$

本章通过采取逆向归纳法求解以上最优控制问题。对 HJB 方程取关于S、E、A 和φ的导数，可以得到如下最佳响应服务水平、碳减排和广告宣传努力及成本分担率：

$$\begin{cases}S=\dfrac{\alpha R_{\mathrm{SP}}}{k_s}\\A=\dfrac{\beta R_{\mathrm{SI}}+\mu_a V_{\mathrm{SI}}^{\mathrm{PA}\prime}}{\left(1-\varphi\right)k_a}\\E=\dfrac{\mu_e V_{\mathrm{SP}}^{\mathrm{PA}\prime}}{k_e}\\\varphi=\dfrac{\beta\left(2R_{\mathrm{SP}}-R_{\mathrm{SI}}\right)+\mu_a\left(2V_{\mathrm{SP}}^{\mathrm{PA}\prime}-V_{\mathrm{SI}}^{\mathrm{PA}\prime}\right)}{\beta\left(2R_{\mathrm{SP}}+R_{\mathrm{SI}}\right)+\mu_a\left(2V_{\mathrm{SP}}^{\mathrm{PA}\prime}+V_{\mathrm{SI}}^{\mathrm{PA}\prime}\right)}\end{cases} \tag{8.11}$$

通过将式（8.11）代入式（8.9）和式（8.10）可知，依赖于 U 的最优函数是 HJB 方程的解。根据式（8.9）~式（8.11），本章可以将这些函数的一般形式设置为线性表达式$V_{\mathrm{SP}}^{\mathrm{PA}}=a_1U+b_1$和$V_{\mathrm{SI}}^{\mathrm{PA}}=c_1U+d_1$，其中，$a_1$、$b_1$、$c_1$和$d_1$是常量，有待求解。对一般形式进行求导，可以得到$V_{\mathrm{SP}}^{\mathrm{PA}\prime}=a_1$和$V_{\mathrm{SI}}^{\mathrm{PA}\prime}=c_1$，从而可以进一步得到如下所示的 SP 和 SI 的最佳净效用：

$$\begin{aligned}V_{\mathrm{SP}}^{\mathrm{PA}*}&=a_1U+b_1\\&=\left[\theta\left(1-\lambda\right)+\gamma R_{\mathrm{SP}}-a_1\mu_g\right]U\\&\quad+\frac{4\alpha^2k_ak_eR_{\mathrm{SP}}^2+k_ek_s\left[2\beta R_{\mathrm{SP}}+\beta R_{\mathrm{SI}}+\left(2a_1+c_1\right)\mu_a\right]^2+4a_1^2k_ak_s\mu_e^2}{8k_ak_ek_s}\end{aligned} \tag{8.12}$$

$$V_{\mathrm{SI}}^{\mathrm{PA}*}=c_1U+d_1=\left(\theta\lambda+\gamma R_{\mathrm{SI}}-c_1\mu_g\right)U+\frac{4\alpha^2k_ak_eR_{\mathrm{SP}}R_{\mathrm{SI}}}{4k_ak_ek_s}$$
$$+\frac{k_ek_s\left(\beta R_{\mathrm{SI}}+c_1\mu_a\right)\left[2\beta R_{\mathrm{SP}}+\beta R_{\mathrm{SI}}+\left(2a_1+c_1\right)\mu_a\right]+4a_1c_1k_ak_s\mu_e^2}{4k_ak_ek_s}\tag{8.13}$$

求解上述关于 a_1、b_1、c_1 和 d_1 的线性方程，可以得到如引理 8.1 所示模型 PA 的最优反馈解。本章所有求解过程均在附录中提供。

引理 8.1：在模型 PA 下，最优的反馈解如下：

$$\begin{cases}S^{\mathrm{PA}*}=\dfrac{\alpha R_{\mathrm{SP}}}{k_s}\\ E^{\mathrm{PA}*}=\dfrac{\mu_e\left[(1-\lambda)\theta+\gamma R_{\mathrm{SP}}\right]}{k_e\left(\rho+\mu_g\right)}\\ A^{\mathrm{PA}*}=\dfrac{\theta(2-\lambda)\mu_a+\left[\gamma\mu_a+\beta\left(\rho+\mu_g\right)\right](2R_{\mathrm{SP}}+R_{\mathrm{SI}})}{2k_a\left(\rho+\mu_g\right)}\\ \varphi^{\mathrm{PA}*}=\dfrac{\theta(2-3\lambda)\mu_a+(2R_{\mathrm{SP}}-R_{\mathrm{SI}})\left[\gamma\mu_a+\beta\left(\rho+\mu_g\right)\right]}{\theta(2-\lambda)\mu_a+(2R_{\mathrm{SP}}+R_{\mathrm{SI}})\left[\gamma\mu_a+\beta\left(\rho+\mu_g\right)\right]}\end{cases}\tag{8.14}$$

将最优解式（8.14）代入式（8.1）得到以下结果：

$$\dot{U}(t)^{\mathrm{PA}*}=\frac{\mu_a\left[\beta\left(\rho+\mu_g\right)R_{\mathrm{SI}}+\mu_a\left(\lambda\theta+\gamma R_{\mathrm{SP}}\right)\right]}{\left(1-\varphi^{\mathrm{PA}*}\right)\left(\rho+\mu_g\right)k_a}+\frac{\mu_e^2\left[(1-\lambda)\theta+\gamma R_{\mathrm{SP}}\right]}{k_e\left(\rho+\mu_g\right)}-\mu_gU(t)^{\mathrm{PA}*}\tag{8.15}$$

根据低碳消费效用的状态方程（8.15），可以获得如下最优低碳消费效用：

$$U(t)^{\mathrm{PA}*}=U_\infty^{\mathrm{PA}*}+\left(U_0-U_\infty^{\mathrm{PA}*}\right)\mathrm{e}^{-\mu_gt}\tag{8.16}$$

其中，$U_0=U(0)$ 和 $U_\infty^{\mathrm{PA}*}$ 表示稳态的低碳消费效用水平，可以被表示为 $U_\infty^{\mathrm{PA}*}=\left(\mu_e/\mu_g\right)E^{\mathrm{PA}*}+\left(\mu_a/\mu_g\right)A^{\mathrm{PA}*}$。$U_\infty^{\mathrm{PA}*}$ 的具体表达如式（8.17）所示：

$$U_\infty^{\mathrm{PA}*}=\frac{2k_a\left[\theta(1-\lambda)+\gamma R_{\mathrm{SP}}\right]\mu_e^2+k_e\mu_a\left\{\theta(2-\lambda)\mu_a+2R_{\mathrm{SP}}\left[\gamma\mu_a+\beta\left(\rho+\mu_g\right)\right]+R_{\mathrm{SI}}\left[\gamma\mu_a+\beta\left(\rho+\mu_g\right)\right]\right\}}{2\gamma k_ak_e\left(\rho+\mu_g\right)}\tag{8.17}$$

然后，将上述最优反馈解和状态方程代入 SP 和 SI 的目标函数，可以得到在契约 PA 下的最优效用，见式（8.18）和式（8.19）。为了书写方便，本章做出如下定义：$M_1\equiv\theta(1-\lambda)+\gamma R_{\mathrm{SP}}$；$M_2\equiv\theta(2-\lambda)\mu_a+(2R_{\mathrm{SP}}+R_{\mathrm{SI}})\left[\gamma\mu_a+\beta\left(\rho+\mu_g\right)\right]$；$M_3\equiv\theta(1+\lambda)+\gamma R_m+2\gamma R_r$；$M_4\equiv(2+\gamma)\theta\lambda\mu_a+\gamma R_r\left[(2+\gamma)\mu_a+\beta\left(\rho+\mu_g\right)\right]$；

$M_5 \equiv 2\gamma R_m\left[\theta(\gamma+2\lambda+\gamma\lambda)+2\gamma(1+\gamma)R_r\right]$ ； $M_6 \equiv \theta^2(1+\lambda)(\gamma+4\lambda+\gamma\lambda)+\gamma^3R_m^2+4\gamma\theta(1+\gamma+3\lambda+\gamma\lambda)R_r+4\gamma^2(2+\gamma)R_r^2$ 。

$$U_{\mathrm{SP}}^{\mathrm{PA}*}=\frac{\mathrm{e}^{-\rho t}\left\{\left[4M_1\left(2k_aM_1\mu_e^2+k_e\mu_aM_2\right)\right]/\gamma+\left\{4k_a\left[k_sM_1^2\mu_e^2+\alpha^2k_eR_m^2\left(\rho+\mu_g\right)^2\right]+k_ek_sM_2^2\right\}/k_s\right\}}{8k_ak_e\left(\rho+\mu_g\right)^2} \tag{8.18}$$

$$U_{\mathrm{SI}}^{\mathrm{PA}*}=\frac{\mathrm{e}^{-\rho t}\left\{4k_a\left\{(1+\gamma)k_sM_1\left(\theta\lambda+\gamma R_r\right)\mu_e^2+\alpha^2\gamma k_eR_mR_r\left(\rho+\mu_g\right)^2\right\}+k_ek_sM_2M_4\right\}}{4\gamma k_ak_ek_s\left(\rho+\mu_g\right)^2} \tag{8.19}$$

根据引理 8.1 可以得到以下命题。它揭示了环境相关因素（即λ、θ和γ）对最优解的影响。

命题 8.1：最佳服务水平、碳减排努力、广告宣传努力及 SP 的成本分担率具有如下性质：

（1）$\partial S^{\mathrm{PA}*}/\partial\theta=0$；$\partial S^{\mathrm{PA}*}/\partial\lambda=0$；$\partial S^{\mathrm{PA}*}/\partial\gamma=0$。

（2）$\partial E^{\mathrm{PA}*}/\partial\theta>0$；$\partial E^{\mathrm{PA}*}/\partial\lambda<0$；$\partial E^{\mathrm{PA}*}/\partial\gamma>0$。

（3）$\partial E^{\mathrm{PA}*}/\partial\theta>0$；$\partial A^{\mathrm{PA}*}/\partial\lambda<0$；$\partial A^{\mathrm{PA}*}/\partial\gamma>0$。

（4）当 $R_{\mathrm{SP}}/R_{\mathrm{SI}}<(1-\lambda)/\lambda$ 时，$\partial\varphi^{\mathrm{PA}*}/\partial\theta>0$ 且 $\partial\varphi^{\mathrm{PA}*}/\partial\gamma<0$，否则 $\partial\varphi^{\mathrm{PA}*}/\partial\theta<0$ 且 $\partial\varphi^{\mathrm{PA}*}/\partial\gamma>0$；$\partial\varphi^{\mathrm{PA}*}/\partial\lambda<0$。

命题 8.1 的第一部分表明 SP 决定其服务水平时并未考虑 CSR、SI 的相对 CSR 和游客的低碳偏好等因素。这是因为基础服务独立于因素λ、θ和γ，并且在此契约的假设下 SP 和 SI 之间并没有服务成本的转移。从命题 8.1 可以明显看出，最佳的碳减排和广告宣传努力会随着旅游服务供应链的 CSR（θ）和游客低碳偏好（γ）的增加而增加。这是因为随着θ和γ的增加，旅游服务供应链成员可以吸引更多的游客。相反，随着相对 CSR 的增加，旅游企业的碳减排和广告投入都会减少。较高的λ意味着 SP 的 CSR 偏好相对较低，因此 SP 不太愿意参与低碳旅游活动。这使得碳减排投入减少，从而降低了 SI 的广告宣传效率。根据命题 8.1，很容易发现较高的λ会减少 SP 分享广告成本的动机。这进一步解释了为什么 SI 会随着λ的增加而减少广告投入。SP 的双重减少效应比 SI 从 CSR 偏好中获得的效用增加更为明显。$R_{\mathrm{SP}}/R_{\mathrm{SI}}<(1-\lambda)/\lambda$意味着与 SI 相比，SP 可以从 CSR 中获得相对较高的效用，但从销售旅游产品中获得相对较低的边际利润。因此，当θ增加时，SP 的相对优势将增加。当γ增加时，将导致更高的需求，从而带动 SI 进行广告投资。这就是 SP 会随着游客对低碳偏好的增加而降低成本分担率的原因。当$R_{\mathrm{SP}}/R_{\mathrm{SI}}>(1-\lambda)/\lambda$时，以上结论对于 SP 恰好相反。

8.3.2　模型 PAIE（契约 PAIE）

契约 PAIE 下的博弈顺序可以描述如下：首先 SP 和 SI 都公布其成本分担率。其次 SP 决定她的最佳服务水平和碳减排努力。最后为响应 SP 的最佳反应，SI 做出广告宣传决策。旅游服务供应链成员的最优控制问题如下所示：

$$\max_{S,E,\varphi} U_{\text{SP}}^{\text{PAIE}} = \int_0^{\infty} \mathrm{e}^{-\rho t} \begin{Bmatrix} R_{\text{SP}} D\left[S(t), A(t), U(t)\right] + (1-\lambda)\theta U(t) - \dfrac{k_s S^2(t)}{2} \\ -\dfrac{\left(1-\phi(t)\right)k_e E^2(t)}{2} - \dfrac{\varphi(t) k_a A^2(t)}{2} \end{Bmatrix} \mathrm{d}t \tag{8.20}$$

$$\max_{A,\phi} U_{\text{SI}}^{\text{PAIE}} = \int_0^{\infty} \mathrm{e}^{-\rho t} \begin{Bmatrix} R_{\text{SI}} D\left[S(t), A(t), U(t)\right] + \lambda\theta U(t) \\ -\dfrac{\left(1-\varphi(t)\right)k_a A^2(t)}{2} - \dfrac{\phi(t)\ k_e E^2(t)}{2} \end{Bmatrix} \mathrm{d}t \tag{8.21}$$

两者都受限于约束条件（8.8）。

使用类似的数学记号，SP 和 SI 的最优净效用应当满足以下 HJB 方程：

$$\rho V_{\text{SP}}^{\text{PAIE}} = \max_{S,E,\varphi\geqslant 0} \begin{bmatrix} R_{\text{SP}}(\alpha S + \beta A + \gamma U) + (1-\lambda)\theta U - \dfrac{k_s S^2}{2} \\ -\dfrac{(1-\phi)k_e E^2}{2} - \dfrac{\varphi k_a A^2}{2} + V_{\text{SP}}^{\text{PAIE}\prime}\left(\mu_a A + \mu_e E - \mu_g U\right) \end{bmatrix} \tag{8.22}$$

$$\rho V_{\text{SI}}^{\text{PAIE}} = \max_{A,\phi\geqslant 0} \begin{bmatrix} R_{\text{SI}}(\alpha S + \beta A + \gamma U) + \lambda\theta U \\ -\dfrac{(1-\varphi)k_a A^2}{2} - \dfrac{\phi k_e E^2}{2} + V_{\text{SI}}^{\text{PAIE}\prime}\left(\mu_a A + \mu_e E - \mu_g U\right) \end{bmatrix} \tag{8.23}$$

通过求解一阶条件，可以获得如式（8.24）所示的旅游企业的最佳响应决策：

$$\begin{cases} A = \dfrac{\beta R_{\text{SI}} + \mu_a V_{\text{SI}}^{\text{PAIE}\prime}}{(1-\varphi)k_a} \\ E = \dfrac{\mu_e V_{\text{SP}}^{\text{PAIE}\prime}}{(1-\phi)k_e} \\ S = \dfrac{\alpha R_{\text{SP}}}{k_s} \\ \varphi = \dfrac{\beta(2R_{\text{SP}} - R_{\text{SI}}) + \mu_a\left(2V_{\text{SP}}^{\text{PAIE}\prime} - V_{\text{SI}}^{\text{PAIE}\prime}\right)}{\beta(2R_{\text{SP}} + R_{\text{SI}}) + \mu_a\left(2V_{\text{SP}}^{\text{PAIE}\prime} + V_{\text{SI}}^{\text{PAIE}\prime}\right)} \\ \phi = \dfrac{2V_{\text{SI}}^{\text{PAIE}\prime} - V_{\text{SP}}^{\text{PAIE}\prime}}{2V_{\text{SI}}^{\text{PAIE}\prime} + V_{\text{SP}}^{\text{PAIE}\prime}} \end{cases} \tag{8.24}$$

通过将式（8.24）代入式（8.22）和式（8.23），可以得到引理 8.2 所示的静态斯塔克尔伯格反馈解。

引理 8.2：在模型 PAIE 中，反馈均衡解由式（8.25）给出：

$$\begin{cases} S^{\text{PAIE*}}=\dfrac{\alpha R_{\text{SP}}}{k_s} \\ E^{\text{PAIE*}}=\dfrac{\left[\theta(1+\lambda)+\gamma R_{\text{SP}}+2\gamma R_r\right]\mu_e}{2k_e\left(\rho+\mu_g\right)} \\ A^{\text{PAIE*}}=\dfrac{\beta\left(\rho+\mu_g\right)R_{\text{SI}}+\mu_a\left(\lambda\theta+\gamma R_{\text{SP}}\right)}{\left(1-\varphi^{\text{PAIE*}}\right)\left(\rho+\mu_g\right)k_a} \\ \varphi^{\text{PAIE*}}=\dfrac{\theta(2-3\lambda)\mu_a+\left(2R_{\text{SP}}-R_{\text{SI}}\right)\left[\gamma\mu_a+\beta\left(\rho+\mu_g\right)\right]}{\theta(2-\lambda)\mu_a+\left(2R_{\text{SP}}+R_{\text{SI}}\right)\left[\gamma\mu_a+\beta\left(\rho+\mu_g\right)\right]} \\ \phi^{\text{PAIE*}}=\dfrac{\gamma\left(2R_{\text{SI}}-R_{\text{SP}}\right)-\theta(1-3\lambda)}{\theta(1+\lambda)+\gamma\left(2R_{\text{SI}}+R_{\text{SP}}\right)} \end{cases} \tag{8.25}$$

将上述最优反馈解代入低碳消费效用方程（8.1）的微分函数中，可以按式（8.26）得到在契约 PAIE 下的最优 $U(t)^{\text{PAIE*}}$：

$$\begin{cases} U(t)^{\text{PAIE*}}=U_{\infty}^{\text{PAIE*}}+\left(U_0-U_{\infty}^{\text{PAIE*}}\right)\mathrm{e}^{-\mu_g t} \\ U_0=U(0)\geqslant 0 \end{cases} \tag{8.26}$$

类似地，$U_{\infty}^{\text{PAIE*}}=\left(\mu_e/\mu_g\right)E^{\text{PAIE*}}+\left(\mu_a/\mu_g\right)A^{\text{PAIE*}}$。为了便于阅读，本章省略了具体的表达式并将其转移到附录中，从而可以进一步得到各个旅游企业的最佳效用如下所示：

$$U_{\text{SP}}^{\text{PAIE*}}=\frac{\mathrm{e}^{-\rho t}\left\{\dfrac{\left\{2k_a\left[k_sM_1M_3\mu_e^2+2\alpha^2k_eR_m^2\left(\rho+\mu_g\right)^2\right]+k_ek_sM_2^2\right\}}{k_s}+\left[4M_1\left(k_aM_3\mu_e^2+k_e\mu_aM_2\right)\right]/\gamma\right\}}{8k_ak_e\left(\rho+\mu_g\right)^2} \tag{8.27}$$

$$U_{\text{SI}}^{\text{PAIE*}}=\frac{\mathrm{e}^{-\rho t}\left\{k_a\left[k_s\mu_e^2\left(M_5+M_6\right)+8\alpha^2\gamma k_eR_mR_r\left(\rho+\mu_g\right)^2\right]+2k_ek_sM_2M_4\right\}}{8\gamma k_ak_ek_s\left(\rho+\mu_g\right)^2} \tag{8.28}$$

以下命题 8.2 描述了参数 θ 、λ 和 γ 对旅游服务供应链成员均衡解的影响。由于此模型中的某些结论与模型 PA 中的相似，在这里仅给出一些不同的结论。

命题 8.2：最佳的碳减排努力和 SI 的成本分担率具有如下特性：

（1）$E^{\mathrm{PAIE}^*}/\partial\theta>0$；$\partial E^{\mathrm{PAIE}^*}/\partial\lambda>0$；$\partial E^{\mathrm{PAIE}^*}/\partial\gamma>0$。

（2）当 $R_{\mathrm{SP}}/R_{\mathrm{SI}}>(1-\lambda)/\lambda$ 时，$\partial\phi^{\mathrm{PAIE}^*}/\partial\theta>0$ 且 $\partial\phi^{\mathrm{PAIE}^*}/\partial\gamma<0$；否则 $\partial\phi^{\mathrm{PAIE}^*}/\partial\theta<0$ 且 $\partial\phi^{\mathrm{PAIE}^*}/\partial\gamma>0$，$\partial\phi^{\mathrm{PAIE}^*}/\partial\lambda>0$。

根据命题 8.2，随着相对 CSR 和游客低碳偏好的增加，SP 会提高它的最佳碳减排努力。此外，可以得知 SI 的碳减排成本分担契约可以将其 CSR 偏好转移给合作伙伴，因此随着 λ 的增加 SP 更愿意进行碳减排投资，从而提高了整个旅游服务供应链的环境效益。由此可见，契约 PAIE 确实可以促进两个成员之间的合作。命题 8.2 表明当 SI 可以通过实施低碳努力获得的效用多于销售旅游产品的收入时，随着 θ 的增加或 γ 的减少，他将为 SP 提供更高的成本分担率。同样地，较高的相对 CSR 会促使 SI 提供更高的成本分担率。

命题 8.3：在模型 PAIE 中，SP 和 SI 的成本分担契约抉择如表 8.2 所示，其中 $\overline{\theta}_1=\dfrac{(2R_{\mathrm{SP}}-R_{\mathrm{SI}})\left[\gamma\mu_a+\beta(\rho+\mu_g)\right]}{(3\lambda-2)\mu_a}$ 和 $\overline{\theta}_2=\dfrac{\gamma(2R_{\mathrm{SI}}-R_{\mathrm{SP}})}{(1-3\lambda)}$。

表 8.2　PAIE 模型下旅游服务供应链成员的最佳契约抉择区域

边际利润	相对 CSR	SP 的契约抉择	SI 的契约抉择
$R_{\mathrm{SI}}\leqslant\dfrac{R_{\mathrm{SP}}}{2}$	$0<\lambda\leqslant\dfrac{1}{3}$	是	否
	$\dfrac{1}{3}<\lambda\leqslant\dfrac{2}{3}$	否	$\theta\geqslant\overline{\theta}_2$（是） $\theta<\overline{\theta}_2$（否）
	$\dfrac{2}{3}<\lambda\leqslant1$	$\theta\leqslant\overline{\theta}_1$（是） $\theta>\overline{\theta}_1$（否）	$\theta\geqslant\overline{\theta}_2$（是） $\theta<\overline{\theta}_2$（否）
$\dfrac{R_{\mathrm{SP}}}{2}<R_{\mathrm{SI}}\leqslant2R_{\mathrm{SP}}$	$0<\lambda\leqslant\dfrac{1}{3}$	是	$\theta\leqslant\overline{\theta}_2$（是） $\theta>\overline{\theta}_2$（否）
	$\dfrac{1}{3}<\lambda\leqslant\dfrac{2}{3}$	是	是
	$\dfrac{2}{3}<\lambda\leqslant1$	$\theta\leqslant\overline{\theta}_1$（是） $\theta>\overline{\theta}_1$（否）	是
$R_{\mathrm{SI}}>2R_{\mathrm{SP}}$	$0<\lambda\leqslant\dfrac{1}{3}$	$\theta\geqslant\overline{\theta}_1$（是） $\theta<\overline{\theta}_1$（否）	$\theta\leqslant\overline{\theta}_2$（是） $\theta>\overline{\theta}_2$（否）
	$\dfrac{1}{3}<\lambda\leqslant\dfrac{2}{3}$	$\theta\geqslant\overline{\theta}_1$（是） $\theta<\overline{\theta}_1$（否）	是
	$\dfrac{2}{3}<\lambda\leqslant1$	否	是

本章使用图 8.1 来帮助读者进行理解。命题 8.3 表明，CSR、相对 CSR 和旅游服务供应链成员的边际利润对 SP 和 SI 的契约抉择有很大影响。一般而言，当 CSR 和相对 CSR 的共同影响相对较低时，SP 愿意提供广告成本分担契约，但 SI 始终不提供任何契约[区域 1：图 8.1（LR_1）、（MR_1）和（HR_1）]；当其适中时，SP 和 SI 都将执行成本分担契约[区域 2：图 8.1（LR_2）、（MR_2）和（HR_2）]。当其相对较高时，SP 和 SI 的契约抉择与较低情况下的契约抉择恰好相反[区域 3：图 8.1（LR_3）、（MR_3）和（HR_3）]。从边际利润的角度来看，当 SI 的边际利润足够低时，此时区域 3 最小（请参阅 LR_3）。这意味着它将激励 SP 提供正的成本分担率，而 SI 则不希望执行成本分担契约。如果 SP 和 SI 的边际利润之间没有太大差异，此时区域 2 最大（请参阅 MR_2）。在这种情况下，边际收益差异较小的公司们更有可能就双向契约达成一致（即契约 PAIE）。此外，当 SI 具有足够高的边际利润时，此时区域 1 最小（请参见 HR_1）。在这种情况下，SI 最意愿分担碳减排成本，而 SP 最不愿意分担广告宣传成本。

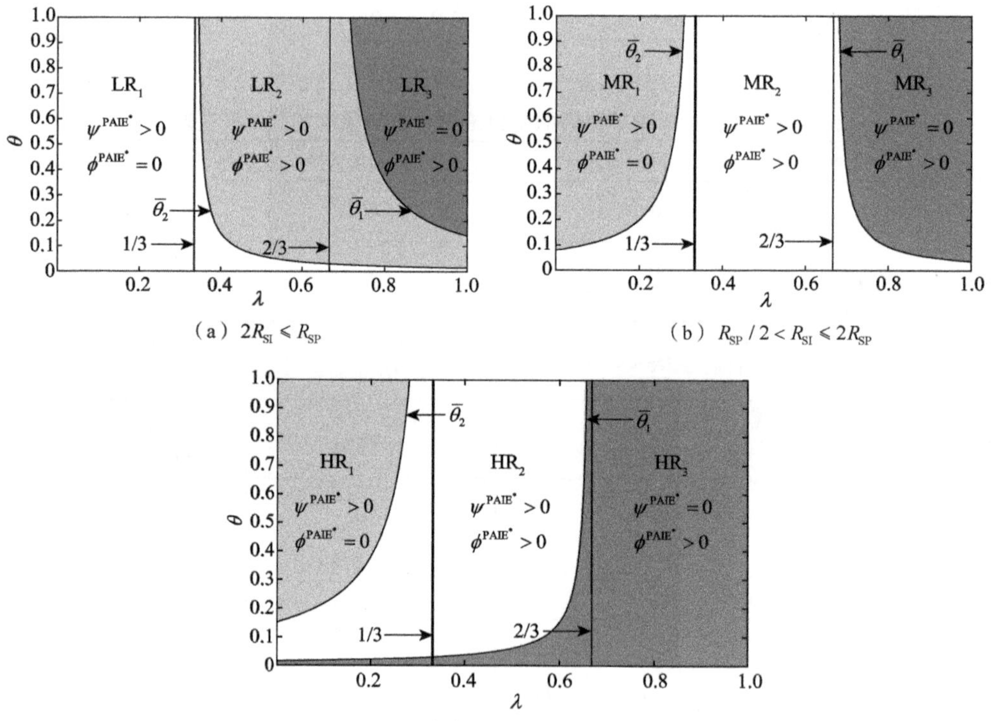

（a）$2R_{SI} \leqslant R_{SP}$

（b）$R_{SP}/2 < R_{SI} \leqslant 2R_{SP}$

（c）$R_{SI} > 2R_{SP}$

图 8.1 模型 PAIE 下旅游服务供应链成员的最佳契约抉择区间

根据引理 8.2 和命题 8.3，当两者均执行成本分担契约时，本章通过比较 SP

和 SI 的成本分担率可以得到如下结论。

推论 8.1：当 SP 和 SI 都提供成本分担契约时：如果 $0<\lambda\leqslant\min\left(\overline{\lambda}_1,1\right)$，则 SP 提供的成本分担费率要高于 SI（即 $\varphi^{\mathrm{PAIE}*}\geqslant\phi^{\mathrm{PAIE}*}$）；如果 $\max\left(0,\overline{\lambda}_1\right)<\lambda\leqslant 1$，则 SP 提供的成本分担率要低于 SI（即 $\varphi^{\mathrm{PAIE}*}<\phi^{\mathrm{PAIE}*}$），其中，

$$\overline{\lambda}_1=\frac{\theta^2\mu_a+\gamma R_{\mathrm{SP}}^2\left[\gamma\mu_a+\beta\left(\rho+\mu_g\right)\right]-\gamma R_{\mathrm{SI}}^2\left[\gamma\mu_a+\beta\left(\rho+\mu_g\right)\right]+\theta R_{\mathrm{SP}}\left[2\gamma\mu_a+\beta\left(\rho+\mu_g\right)\right]}{\theta\left\{2\theta\mu_a+\left(R_{\mathrm{SP}}+R_{\mathrm{SI}}\right)\left[2\gamma\mu_a+\beta\left(\rho+\mu_g\right)\right]\right\}}$$

推论 8.1 揭示了相对 CSR 对 SP 和 SI 最佳成本分担率的影响。可以得知，当 SI 的相对 CSR 较低时，SP 希望为 SI 提供相对较高的成本分担率。相反，SI 倾向提供更高的成本分担率。原因很直观，当旅游服务供应链成员的 CSR 偏好越高时，他们从 CSR 获得的效用就越多，因此他们更有可能参与低碳合作。通常，具有较高 CSR 的供应链成员更有可能分担其合作伙伴的成本，这与 Panda 和 Modak（2016）的研究结果相似。

8.3.3　模型 PAIS（契约 PAIS）

在契约 PAIS 下，SP 和 SI 首先分别确定各自的成本分担率。其次 SP 制定其最优的基础服务水平和碳减排努力。最后 SI 设定其最佳的广告宣传努力。在契约 PAIS 下，它们的最优控制问题如下所示：

$$\max_{S,E,\varphi}U_{\mathrm{SP}}^{\mathrm{PAIS}}=\int_0^{\infty}\mathrm{e}^{-\rho t}\left\{\begin{array}{l}R_{\mathrm{SP}}D\left[S(t),A(t),U(t)\right]+(1-\lambda)\theta U(t)\\-\dfrac{\left(1-\psi(t)\right)k_sS^2(t)}{2}-\dfrac{k_eE^2(t)}{2}-\dfrac{\phi(t)k_aA^2(t)}{2}\end{array}\right\}\mathrm{d}t \tag{8.29}$$

$$\max_{A,\phi}U_{\mathrm{SI}}^{\mathrm{PAIS}}=\int_0^{\infty}\mathrm{e}^{-\rho t}\left\{\begin{array}{l}R_{\mathrm{SI}}D\left[S(t),A(t),U(t)\right]+\lambda\theta U(t)\\-\dfrac{\left(1-\psi(t)\right)_{k_a}A^2(t)}{2}-\dfrac{\phi(t)k_sS^2(t)}{2}\end{array}\right\}\mathrm{d}t \tag{8.30}$$

两者都受限于约束条件（8.8）。

类似地，在模型 PAIS 中，SP 和 SI 的最佳净效用函数应该满足以下 HJB 方程：

$$\rho V_{\mathrm{SP}}^{\mathrm{PAIS}}=\max_{S,E,\varphi\geqslant 0}\left[\begin{array}{l}R_{\mathrm{SP}}\left(\alpha S+\beta A+U\right)+(1-\lambda)\theta U-\dfrac{(1-\phi)k_sS^2}{2}\\-\dfrac{k_eE^2}{2}-\dfrac{\psi k_aA^2}{2}+V_{\mathrm{SP}}^{\mathrm{PAIS}'}\left(\mu_aA+\mu_eE-\mu_gU\right)\end{array}\right] \tag{8.31}$$

$$\rho V_{\mathrm{SI}}^{\mathrm{PAIS}}=\max_{A,\phi\geqslant 0}\left[\begin{array}{l}R_{\mathrm{SI}}\left(\alpha S+\beta A+\gamma U\right)+\lambda\theta U-\dfrac{\left(1-\psi\right)k_{a}A^{2}}{2}\\-\dfrac{\phi k_{s}S^{2}}{2}+V_{\mathrm{SI}}^{\mathrm{PAIS}'}\left(\mu_{a}A+\mu_{e}E-\mu_{g}U\right)\end{array}\right]\tag{8.32}$$

根据其一阶条件，本节可以得到旅游服务供应链成员的最佳响应决策，如式（8.33）所示：

$$\begin{cases}A=\dfrac{\beta R_{\mathrm{SI}}+\mu_{a}V_{\mathrm{SI}}^{\mathrm{PAIS}'}}{\left(1-\varphi\right)k_{a}}\\S=\dfrac{\alpha R_{\mathrm{SP}}}{\left(1-\phi\right)k_{s}}\\E=\dfrac{\mu_{e}V_{\mathrm{SP}}^{\mathrm{PAIS}'}}{k_{e}}\\\varphi=\dfrac{\beta\left(2R_{\mathrm{SP}}-R_{\mathrm{SI}}\right)+\mu_{a}\left(2V_{\mathrm{SP}}^{\mathrm{PAIS}'}-V_{\mathrm{SI}}^{\mathrm{PAIS}'}\right)}{\beta\left(2R_{\mathrm{SP}}+R_{\mathrm{SI}}\right)+\mu_{a}\left(2V_{\mathrm{SP}}^{\mathrm{PAIS}'}+V_{\mathrm{SI}}^{\mathrm{PAIS}'}\right)}\\\phi=\dfrac{\left(2R_{\mathrm{SI}}-R_{\mathrm{SP}}\right)}{\left(2R_{\mathrm{SI}}+R_{\mathrm{SP}}\right)}\end{cases}\tag{8.33}$$

将式（8.33）代入式（8.31）和式（8.32），可以得到稳态的斯塔克尔伯格反馈解，如引理 8.3 所示。

引理 8.3：在 PAIS 模型中，反馈均衡解表示如下：

$$\begin{cases}S^{\mathrm{PAIS}*}=\dfrac{\alpha R_{\mathrm{SP}}}{\left(1-\phi^{\mathrm{PAIS}*}\right)k_{s}}\\E^{\mathrm{PAIS}*}=\dfrac{\mu_{e}\left[\left(1-\lambda\right)\theta+\gamma R_{\mathrm{SP}}\right]}{k_{e}\left(\rho+\mu_{g}\right)}\\A^{\mathrm{PAIS}*}=\dfrac{\beta\left(\rho+\mu_{g}\right)R_{\mathrm{SI}}+\mu_{a}\left(\lambda\theta+\gamma R_{\mathrm{SP}}\right)}{\left(1-\varphi^{\mathrm{PAIS}*}\right)\left(\rho+\mu_{g}\right)k_{a}}\\\varphi^{\mathrm{PAIS}*}=\dfrac{\theta\left(2-3\lambda\right)\mu_{a}+\left(2R_{\mathrm{SP}}-R_{\mathrm{SI}}\right)\left[\gamma\mu_{a}+\beta\left(\rho+\mu_{g}\right)\right]}{\theta\left(2-\lambda\right)\mu_{a}+\left(2R_{\mathrm{SP}}+R_{\mathrm{SI}}\right)\left[\gamma\mu_{a}+\beta\left(\rho+\mu_{g}\right)\right]}\\\phi^{\mathrm{PAIS}*}=\dfrac{\left(2R_{\mathrm{SI}}-R_{\mathrm{SP}}\right)}{\left(2R_{\mathrm{SI}}+R_{\mathrm{SP}}\right)}\end{cases}\tag{8.34}$$

通过将上述反馈均衡解代入式（8.1）来推导出最优的低碳消费效用，从而得到 $U(t)^{\mathrm{PAIS}*}=U_{\infty}^{\mathrm{PAIS}*}+\left(U_{0}-U_{\infty}^{\mathrm{PAIS}*}\right)\mathrm{e}^{-\mu_{g}t}$，其中，$U_{\infty}^{\mathrm{PAIS}*}=\left(\mu_{e}/\mu_{g}\right)E^{\mathrm{PAIS}*}+\left(\mu_{a}/\mu_{g}\right)$

$A^{\text{PAIS*}}$。将上述均衡解和状态方程代入目标函数式（8.29）和式（8.30），可以得到旅游服务供应链成员的最优效用，如下所示：

$$U_{\text{SP}}^{\text{PAIS*}}=\frac{\mathrm{e}^{-\rho t}\left\{\begin{array}{l}\dfrac{\left\{2k_a\left[2k_sM_1^2\mu_e^2+\alpha^2k_eR_m\left(R_m+2R_r\right)\left(\rho+\mu_g\right)^2\right]+k_ek_sM_2^2\right\}}{k_s}\\+\left[4M_1\left(2k_aM_1\mu_e^2+k_e\mu_aM_2\right)\right]/\gamma\end{array}\right\}}{8k_ak_e\left(\rho+\mu_g\right)^2} \tag{8.35}$$

$$U_{\text{SI}}^{\text{PAIS*}}=\frac{\mathrm{e}^{-\rho t}\left\{k_a\left[\begin{array}{l}8(1+\gamma)k_sM_1\left(\theta\lambda+\gamma R_r\right)\mu_e^2\\+\alpha^2\gamma k_e\left(R_m+2R_r\right)^2\left(\rho+\mu_g\right)^2\end{array}\right]+2k_ek_sM_2M_4\right\}}{8\gamma k_ak_ek_s\left(\rho+\mu_g\right)^2} \tag{8.36}$$

从引理 8.3 中可以发现，游客的低碳偏好、CSR 和相对 CSR 不会影响 SI 的服务成本分担率，但是，SP 和 SI 的边际利润起着重大的作用。具体来说，SI 会随着自身边际利润的增加而增加其服务成本分担率，但会因为SP边际利润的增加而降低其服务成本分担率。因此，当 SI 采用契约 PAIS 时，他只需要关心自己和 SP 的边际利润即可确定其服务成本分担率。

命题 8.4： 在模型 PAIS 中，SP 和 SI 的成本分担率决策可以总结如下，其中，$\overline{\theta}_1=\dfrac{\left(2R_{\text{SP}}-R_{\text{SI}}\right)\left[\gamma\mu_a+\beta\left(\rho+\mu_g\right)\right]}{(3\lambda-2)\mu_a}$。

（1）当 $R_{\text{SI}}\leqslant R_{\text{SP}}/2$ 时，如果 $2/3<\lambda\leqslant1$，SI 始终不分担服务成本。对于 SP，如果 $0\leqslant\lambda\leqslant2/3$，她总是分担广告成本；如果 $2/3<\lambda\leqslant1$ 且 $\theta\leqslant\overline{\theta}_1$，则她将分担广告成本，否则不分担。

（2）当 $R_{\text{SP}}/2<R_{\text{SI}}\leqslant2R_{\text{SP}}$ 时，SI 总是分担服务成本。对于 SP，如果 $0\leqslant\lambda\leqslant2/3$，则她总是分担广告成本；如果 $2/3<\lambda\leqslant1$ 且 $\theta\leqslant\overline{\theta}_1$，SP 将分担广告成本，否则不分担。

（3）当 $R_{\text{SI}}>2R_{\text{SP}}$ 时，SI 总是分担服务成本。对于 SP，如果 $0\leqslant\lambda\leqslant2/3$ 且 $\theta\geqslant\overline{\theta}_1$，则她将分担广告成本，否则不分担；如果 $2/3<\lambda\leqslant1$，则 SP 将不分担任何广告成本。

图 8.2 有助于本命题的阐述。从命题 8.4 可以了解到旅游企业边际利润、CSR 和相对 CSR 在旅游服务供应链契约抉择中起着至关重要的作用。从边际利润的角度来看，当 SI 的边际利润足够低时，他永远不会分担 SP 的服务成本。在这种情况下，SP 会在大多数情况下提供成本分担契约，除 CSR 和相对 CSR 都较高之外。当 SP 和 SI 的边际利润之间没有较大差距时，SI 总是分担服务成本，此时 SP

的契约抉择与前一种情况相似。当 SI 的边际利润足够高时，他也总是提供成本分担契约。但是，仅当旅游服务供应链系统的CSR相对较高且相对CSR足够低时，SP 才愿意提供正的成本分担率。在这种情况下，SP 将以最低的动机执行成本分担契约。总之，只有满足边际利润条件：SI 的边际利润至少是 SP 的一半，SI 才会支持 SP 的碳减排活动。

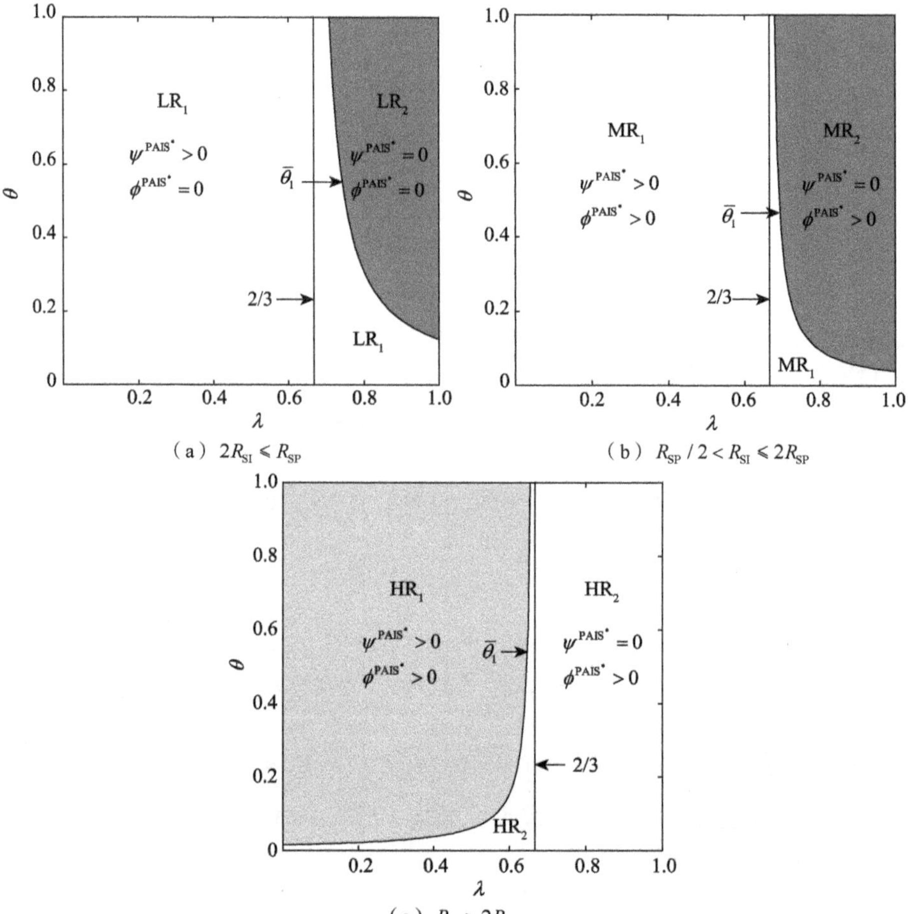

（a）$2R_{SI} \leqslant R_{SP}$　（b）$R_{SP}/2 < R_{SI} \leqslant 2R_{SP}$　（c）$R_{SI} > 2R_{SP}$

图 8.2　模型 PAIS 下旅游服务供应链成员的最佳契约抉择区域

比较契约 PAIS 下 SP 和 SI 的成本分担率，可以得出推论 8.2。请读者参考推论 8.1 以获得更多相似的管理启示。

推论 8.2：当 SP 和 SI 都提供成本分担契约时，如果 $0 < \lambda \leqslant \min\left(\overline{\lambda}_2, 1\right)$，则 SP 提供的成本分担率要高于 SI（即 $\varphi^{\text{PAIS*}} \geqslant \phi^{\text{PAIS*}}$）；如果 $\max\left(0, \overline{\lambda}_2\right) < \lambda \leqslant 1$，则 SP 提供的成本分担率要低于 SI（即 $\varphi^{\text{PAIS*}} < \phi^{\text{PAIS*}}$），其中，

$$\bar{\lambda}_2 = \frac{\theta\mu_a R_{SP} + \left(R_{SP}^2 - R_{SI}^2\right)\left[\gamma\mu_a + \beta\left(\rho + \mu_g\right)\right]}{\theta\left(R_{SP} + R_{SI}\right)\mu_a}$$ 。

8.4　不同成本分担契约间的比较分析

本节主要比较以上模型的反馈均衡解，目的是探索不同成本分担契约是如何影响旅游企业的最优决策的。在接下来的分析中，本章比较三种模型之间的最佳服务水平、碳减排和广告宣传努力以得到命题 8.5。

命题 8.5：最佳服务水平、碳减排和广告宣传努力具有如下关系：

（1）当 $2R_{SI} \geqslant R_{SP}$ 时，$S^{PAIS*} \geqslant S^{PA*} = S^{PAIE*}$。当 $2R_{SI} < R_{SP}$ 时，$\phi^{PAIS*} = 0$，进而 $S^{PA*} = S^{PAIE*} = S^{PAIS*}$。

（2）当 $0 \leqslant \lambda \leqslant \frac{1}{3} \& \theta \leqslant \min\left(\bar{\theta}_2, 1\right)$ 或 $\frac{1}{3}\lambda \leqslant 1 \& \theta > \max\left(0, \bar{\theta}_2\right)$ 时，$E^{PAIE*} \geqslant E^{PA*} = E^{PAIS*}$，否则 $\phi^{PAIE*} = 0$ 且 $E^{PA*} = E^{PAIS*} = E^{PAIE*}$。

（3）在三种模型下，$A^{PA*} = A^{PAIE*} = A^{PAIS*}$。

根据命题 8.5，可以得知不同的合作方式不会改变 SP 的广告成本分担率，但是在某些条件下，不同的合作契约将会影响最佳服务水平和碳减排努力。具体而言，命题 8.5 强调指出，当 SI 拥有足够高的边际利润时，其服务成本分担契约可以鼓励 SP 提供更高的服务水平。当 CSR 和相对 CSR 的共同效应相对较低或较高时，SI 分担 SP 的碳减排成本可以促使 SP 提供比模型 PA 更高的碳减排努力；否则 SI 将不会提供碳减排成本分担契约，从而导致相同的碳减排努力。简而言之，当 SI 愿意提供正的成本分担率时，双向契约的确可以提高相应的服务水平和鼓励旅游企业减少碳排放量。

推论 8.3：当 $0 \leqslant \lambda \leqslant \frac{1}{3} \& \theta \leqslant \min\left(\bar{\theta}_2, 1\right)$ 或 $\frac{1}{3} < \lambda \leqslant 1 \& \theta > \max\left(0, \bar{\theta}_2\right)$ 时，$U^{PAIE*} \geqslant U^{PA*} = U^{PAIS*}$，否则 $\phi^{PAIE*} = 0$ 且 $U^{PA*} = U^{PAIS*} = U^{PAI*}$。

从推论 8.3 中可以发现，模型 PA 和模型 PAIS 下游客的整体低碳消费效用始终相等。与碳减排努力类似，如果 SI 的相对 CSR 和旅游服务供应链的 CSR 都足够低或足够高时，则 SI 分担 SP 的碳减排成本会更有利于改善环境，从而提高游客的整体低碳消费效用。当两者都适中时，SI 没有动力分担碳减排成本。特殊情况：当 SI 的边际利润等于 SP 的一半时，只有当相对 CSR 足够高（$\lambda \geqslant 1/3$）时，契约 PAIE 才能有利于减少碳排放量。在下面的分析中，本章将探讨旅游服务供应链成员在不同契约下是如何确定自己的成本分担率的。

命题 8.6：SP 和 SI 的最佳成本分担率有如下关系：

（1）$\varphi^{\text{PA*}} = \varphi^{\text{PAIE*}} = \varphi^{\text{PAIS*}}$。

（2）当$R_{\text{SP}} / R_{\text{SI}} \geqslant (1-\lambda)/\lambda$时，$\phi^{\text{PAIE*}} \geqslant \phi^{\text{PAIS*}}$，否则$\phi^{\text{PAIE*}} < \phi^{\text{PAIS*}}$。

从命题 8.6 得知，SP 始终采用相同的广告成本分担率。这主要是因为本章专注于调查 SI 的不同成本分担契约。在这种情况下，SP 可以根据 SI 的契约抉择调整其服务水平或碳减排努力，而不必调整其成本分担率。从命题 8.6 可以清楚地发现，SP 和 SI 之间的边际利润比率和相对 CSR 比率对 SI 的成本分担契约抉择有显著影响。特别地，如果边际利润比率不低于相对社会责任偏好比率，SI 在契约 PAIE 下的成本分担率要高于在契约 PAIS 下的成本分担率。相反，当相对 CSR 比率超过其边际利润比率时，他将提供较低的成本分担率。其背后的原因是，较高的边际利润比率意味着 SI 具有 CSR 的相对优势，但具有边际利润的相对劣势。因此，SI 更有动力提供更高的碳减排成本分担率，以刺激 SP 开展碳减排活动。否则，直接提供更高的服务成本分担率对 SI 更好。

接下来，本章将重点转向比较旅游服务供应链及其成员的效用。从命题 8.4 可知，当$R_{\text{SP}} > 2R_{\text{SI}}$时，SI 始终不承担服务成本。本章着眼于在三个契约可以共存的情况下（即$R_{\text{SP}} \leqslant 2R_{\text{SI}}$），探讨哪个契约对于旅游企业来说是最佳的选择。为了便于说明，本章定义通用集$\Omega \equiv \{(\lambda,\theta) \mid 0 \leqslant \lambda \leqslant 1, 0 \leqslant \theta \leqslant 1\}$。

命题 8.7： 当$R_{\text{SP}} \leqslant 2R_{\text{SI}}$且$(\lambda,\theta) \in \Omega$时，SP 的最佳效用满足以下关系：

（1）当$(\lambda,\theta) \in R_1$时，如果$k_s \leqslant \overline{k}_{s_1}$，则$U_{\text{SP}}^{\text{PAIS*}} \geqslant U_{\text{SP}}^{\text{PAIE*}} \geqslant U_{\text{SP}}^{\text{PA*}}$，如果$k_s > \overline{k}_{s_1}$，则$U_{\text{SP}}^{\text{PAIE*}} > U_{\text{SP}}^{\text{PAIS*}} \geqslant U_{\text{SP}}^{\text{PA*}}$。当$(\lambda,\theta) \in R_2$时，$\phi^{\text{PAIE*}} = 0$且$U_{\text{SP}}^{\text{PAIS*}} > U_{\text{SP}}^{\text{PA*}} = U_{\text{SP}}^{\text{PAIE*}}$。

（2）当$(\lambda,\theta) \in R_3$时，如果$k_s \leqslant \overline{k}_{s_1}$，则$U_{\text{SP}}^{\text{PAIS*}} \geqslant U_{\text{SP}}^{\text{PAIE*}} \geqslant U_{\text{SP}}^{\text{PA*}}$，如果$k_s > \overline{k}_{s_1}$，则$U_{\text{SP}}^{\text{PAIE*}} > U_{\text{SP}}^{\text{PAIS*}} \geqslant U_{\text{SP}}^{\text{PA*}}$。

其中，$\overline{k}_{s_1} = \dfrac{\alpha^2 k_e R_{\text{SP}}(2R_{\text{SI}} - R_{\text{SP}})(\rho+\mu_g)^2}{[\theta(1-\lambda)+\gamma R_{\text{SP}}][\gamma(2R_{\text{SI}} - R_{\text{SP}}) - \theta(1-3\lambda)]\mu_e^2}$，$R_1 \equiv \{(\lambda,\theta) | 0 \leqslant \lambda \leqslant \frac{1}{3}, 0 < \theta \leqslant \min(1,\overline{\theta}_2)\}$，$R_2 \equiv \left\{(\lambda,\theta) | 0 \leqslant \lambda \leqslant \frac{1}{3}, \max(0,\overline{\theta}_2) < \theta < 1\right\}$和$R_3 \equiv \left\{(\lambda,\theta) | \frac{1}{3} < \lambda \leqslant 1 0 \leqslant \theta \leqslant 1\right\}$。

命题 8.7 指出了使得 SP 可以获得更多效用的条件。当 SI 的边际利润较高时，签订契约 PAIS 或契约 PAIE 可能是 SP 的最佳选择。另外，可以得知 CSR、相对 CSR 和 SP 的服务效率显著影响 SP 的最佳效用。更具体地说，当 CSR 和相对 CSR 的共同影响足够低时，SI 可以通过提供双向契约中的任何一种来使 SP 受益。在这种情况下，如果 SP 的服务效率越高，则契约 PAIS 对于 SP 越好。契约 PAIE 在较低的服务效率下对 SP 更有利。注意，如果 CSR 足够高，SI 将没有动力采用成本分担契约。从命题 8.7 可以发现，无论参数θ取何值，当 SI 具有足够高的 CSR

偏好时，他总是愿意提供双向契约。

命题 8.8：SI 在这三种模型中的最优效用具有如下关系，其中 $\overline{k}_{s_2}=\dfrac{\alpha^2 k_e\left(R_{\mathrm{SP}}-2R_{\mathrm{SI}}\right)^2\left(\rho+\mu_g\right)^2}{\left[\theta(1-3\lambda)+\gamma\left(R_{\mathrm{SP}}-2R_{\mathrm{SI}}\right)\right]^2\mu_e^2}$。

（1）若 $0<k_s\leqslant\overline{k}_{s_2}$，则 $U_{\mathrm{SI}}^{\mathrm{PAIS}^*}\geqslant U_{\mathrm{SI}}^{\mathrm{PAIE}^*}\geqslant U_{\mathrm{SI}}^{\mathrm{PA}^*}$。

（2）若 $k_s>\overline{k}_{s_2}$，则 $U_{\mathrm{SI}}^{\mathrm{PAIE}^*}>U_{\mathrm{SI}}^{\mathrm{PAIS}^*}\geqslant U_{\mathrm{SI}}^{\mathrm{PA}^*}$。

命题 8.8 强调指出，无论选择哪种成本分担契约，SI 提供成本分担契约（即 $\phi^*>0$）总使得自己受益，更具体地说，当 SP 的服务成本效率足够高时（即 k_s 较低），SI 将根据服务成本分担契约向 SP 提供成本补贴。但是，如果 SP 的服务成本效率较低（即 k_s 较高），那么对于 SI 来说，契约 PAIE 更好。综上所述，SI 可以根据 SP 的基础服务成本敏感系数做出契约抉择。

根据命题 8.7 和命题 8.8，本节可以得到如下结论，揭示了 SP 和 SI 的均衡契约抉择。

推论 8.4：给定 $R_{\mathrm{SP}}\leqslant 2R_{\mathrm{SI}}$ 和 $(\lambda,\theta)\in\Omega$，SP 和 SI 在以下条件能实现均衡契约：

（1）当 $(\lambda,\theta)\in R_1$，如果 $k_s\leqslant\overline{k}_{s_1}$，契约 PAIS 是均衡契约；如果 $k_s>\overline{k}_{s_2}$，契约 PAIE 是均衡契约。

（2）当 $(\lambda,\theta)\in R_2$ 且 $k_s\leqslant\overline{k}_{s_2}$，契约 PAIS 是均衡契约。

（3）当 $(\lambda,\theta)\in R_3$ 且 $R_{\mathrm{SP}}/R_{\mathrm{SI}}\leqslant(1-\lambda)/\lambda$，如果 $k_s\leqslant\overline{k}_{s_1}$，契约 PAIS 是均衡契约；如果 $k_s>\overline{k}_{s_2}$，契约 PAIE 是均衡契约。

（4）当 $(\lambda,\theta)\in R_3$ 且 $(1-\lambda)/\lambda<R_{\mathrm{SP}}/R_{\mathrm{SI}}$，如果 $k_s<\overline{k}_{s_2}$，契约 PAIS 是均衡契约；如果 $k_s>\overline{k}_{s_1}$，契约 PAIE 是均衡契约。

推论 8.4 指出在 $R_{\mathrm{SP}}\leqslant 2R_{\mathrm{SI}}$ 前提下，SP 和 SI 具有相同契约偏好的条件。换句话说，SP 和 SI 都可以从均衡契约中获益更多，这可以确保它们能实现长期的合作。通常而言，当 SP 具有相对较高的服务成本效率（即 k_s 较低）时，契约 PAIS 将是均衡契约。当 SP 的服务成本效率较低（即 k_s 较高）时，契约 PAIE 将是均衡契约。注意当参数 λ 较低但 θ 较高时，SI 将没有动力提供契约 PAIE，此时只有契约 PAIS 将是潜在的均衡契约。

命题 8.9：给定 $R_{\mathrm{SP}}\leqslant 2R_{\mathrm{SI}}$ 且 $(\lambda,\theta)\in\Omega$，整个旅游服务供应链的效用满足如下关系：

（1）当 $(\lambda,\theta)\in R_1$ 时，如果 $k_s\leqslant\overline{k}_{s_3}$，则 $U_{\mathrm{SC}}^{\mathrm{PAIS}^*}\geqslant U_{\mathrm{SC}}^{\mathrm{PAIE}^*}\geqslant U_{\mathrm{SC}}^{\mathrm{PA}^*}$；如果 $k_s>\overline{k}_{s_3}$，则 $U_{\mathrm{SC}}^{\mathrm{PAIE}^*}>U_{\mathrm{SC}}^{\mathrm{PAIS}^*}\geqslant U_{\mathrm{SC}}^{\mathrm{PA}^*}$。当 $(\lambda,\theta)\in R_2$ 时，$U_{\mathrm{SC}}^{\mathrm{PAIS}^*}\geqslant U_{\mathrm{SC}}^{\mathrm{PA}^*}=U_{\mathrm{SC}}^{\mathrm{PAIE}^*}$。

（2）当$(\lambda,\theta)\in R_3$时，如果$k_s \leqslant \bar{k}_{s_3}$，则$U_{SC}^{PAIS*} \geqslant U_{SC}^{PAIE*} > U_{SC}^{PA*}$；如果$k_s > \bar{k}_{s_3}$，则$U_{SC}^{PAIE*} > U_{SC}^{PAIS*} \geqslant U_{SC}^{PA*}$。

其中，$\bar{k}_{s_3} = \dfrac{\alpha^2 k_e\left(R_{SP}^2 - 4R_{SI}^2\right)\left(\rho+\mu_g\right)^2}{\left[\theta^2(1+\lambda)(1-3\lambda)+2\gamma\theta(1-\lambda)R_{SP}+\gamma^2R_{SP}^2-8\gamma\theta\lambda R_{SI}-4\gamma^2R_r^2\right]\mu_e^2}$。

根据命题 8.9，本节确定了使得整个旅游服务供应链获得更高效用的条件。根据命题 8.9，当 SI 可以赚取更高的边际利润并且 CSR 和相对 CSR 都相对较低时，只要 SI 愿意提供双向成本分担契约，该旅游服务供应链可以获得更多的效用。在这种情况下，具有更高服务成本效率的旅游服务提供商能从契约PAIS中获得比契约 PAIE 更多的收益。在较小的情况下即$(\lambda,\theta)\in R_2$，SI 不愿提供契约 PAIE，因此只有契约 PAIS 可能对整个旅游服务供应链有利。与命题 8.7 相似，当 SI 具有足够高的 CSR 时（即$\lambda \geqslant 1/3$），无论参数θ是多少，选择双向契约始终对整个旅游服务供应链更有利。

接下来，本章将考虑$R_{SP} > 2R_{SI}$的情况。在这种情况下，只需要比较契约 PA 和契约 PAIE。

命题 8.10：给定$R_{SP} > 2R_{SI}$且$(\lambda,\theta)\in \Omega$，SP、SI 和整个旅游服务供应链的最优效用关系如下：当$(\lambda,\theta)\in R_1$时，$U_i^{PAIE*} \geqslant U_i^{PA*}$；当$(\lambda,\theta)\in R_2$时，$\phi^{PAIE*}=0$，从而$U_i^{PAIE*} = U_i^{PA*}$；当$(\lambda,\theta)\in R_3$时，$U_i^{PAIE*} > U_i^{PA*}$，其中，$i=\text{SP,SI,SC}$。

命题 8.10 表明，当 SI 的边际收益足够低时，他没有动力采用契约 PAIS。在这种情况下，SI 使用契约 PAIE 将始终使整个旅游服务供应链及其成员受益。换句话说，当$R_{SP} > 2R_{SI}$时，契约 PAIE 在大多数情况下都是占优契约，除了当参数λ较低且θ相对较高以外，此时 SI 没有动力采用契约 PAIE。在这种较小的情况下，只有契约 PA 可能是该旅游服务供应链的可行契约。因此当 SI 的边际利润相对较低时，只要 SI 愿意提供此契约，旅游服务供应链成员应采用契约 PAIE 以实现帕累托改进。否则，契约 PA 是唯一的潜在选择。

8.5 数值仿真及敏感性分析

本节将进行数值仿真实验和敏感性分析，以更好地理解一些其他系统参数对理论研究结果的影响。参考一些先前的研究（Zhang et al.，2017；Zu et al.，2019）和本章的基本假设，本节将一些特定参数取值如下：$R_{SP}=0.8$，$\lambda=0.5$，$\alpha=0.5$，$\beta=0.3$，$\gamma=0.5$，$\rho=0.1$，$\mu_e=0.6$，$\mu_a=0.7$，$\mu_g=0.1$，$k_a=0.4$，

$k_e = 0.3$， $k_s = 0.4$， $R_{\text{SI}} = 0.6$ 和 $\theta = 0.5$。在此基础上，本节将递增变动一些系统参数值以观察其影响。

8.5.1　低碳消费效用相关因素敏感性分析

本小节旨在研究低碳消费效用相关因素 μ_a、 μ_e 和 μ_g 对旅游服务供应链成员的效用和整个旅游服务供应链运营绩效的影响。

从图 8.3 和图 8.4 可以清楚地发现，与低碳消费效用状态方程有关的因素显著地影响整个旅游服务供应链的运营绩效及其链成员的效用。更具体地说，敏感系数 μ_a 和 μ_e 在提高旅游服务供应链成员效用和整个旅游服务供应链运营绩效方面发挥着积极作用，而参数 μ_g 则起到消极作用。换句话说，当 SI 的广告和 SP 的碳减排努力越有利于提高游客的整体低碳消费效用时，旅游公司越有动力参与到碳减排活动中。相反，较高的低碳消费效用衰减率将抑制低碳旅游项目的实施。因此，政府应该加强对低碳旅游的宣传，以提高游客的环境保护意识。

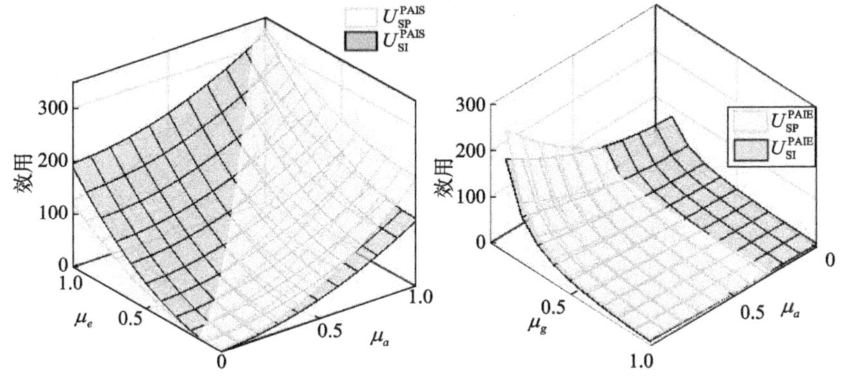

（a）　　（b）

图 8.3　参数 μ_a、 μ_e 和 μ_g 对 SP 和 SI 效用的影响

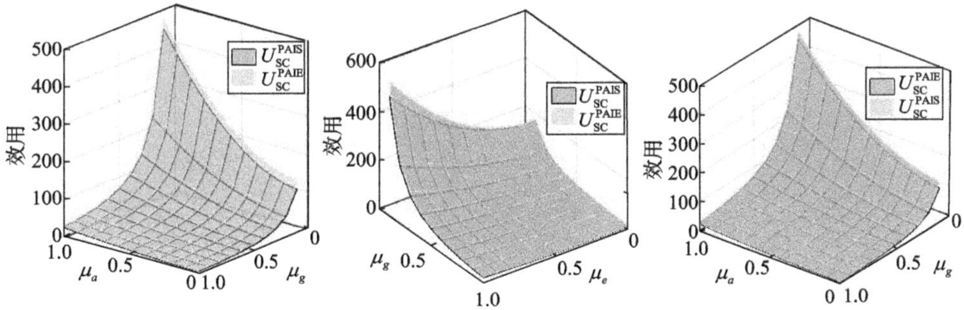

（a）　　（b）　　（c）

图 8.4　参数 μ_a、 μ_e 和 μ_g 对旅游服务供应链绩效的影响

8.5.2　需求相关因素敏感性分析

同样地，使用相同的基本参数设置，本节接下来将重点研究需求相关因素 α 、β 和 γ 对游客低碳消费效用和旅游服务供应链成员效用的影响。本节在这里只提供一些代表性的插图，而省略一些非常相似的数值分析结论。

从图 8.5 和图 8.6 可以发现，较高的基础服务敏感度系数几乎不会对低碳消费效用产生任何影响，但确实可以改善旅游服务供应链成员的效用。换句话说，当游客对基础服务越敏感时，有助于提高旅游公司的效用，但并不能促进低碳活动。此外，低碳消费效用敏感系数和广告敏感系数对低碳消费效用和旅游服务供应链成员的效用有着显著的影响。特别地，随着因素 β 和 γ 的增加，累计碳减排量将急剧增加，从而提高游客的低碳消费效用。这意味着，当游客对广告宣传和旅游企业的碳减排努力更加敏感时，就更有可能促进低碳旅游业的发展。类似地，当因素 β 和 γ 增加时，旅游服务供应链成员可以获得更多的效用，从而提高了整个旅游服务供应链的运营绩效。

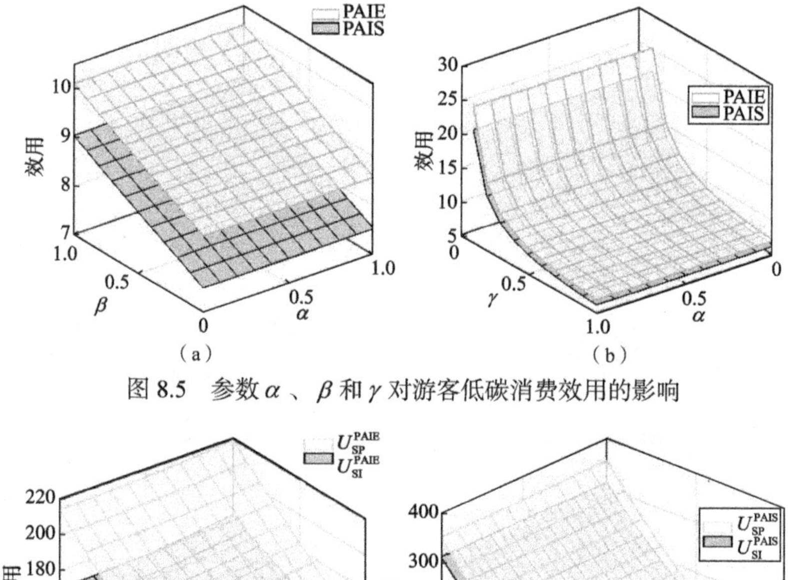

（a）　（b）

图 8.5　参数 α 、β 和 γ 对游客低碳消费效用的影响

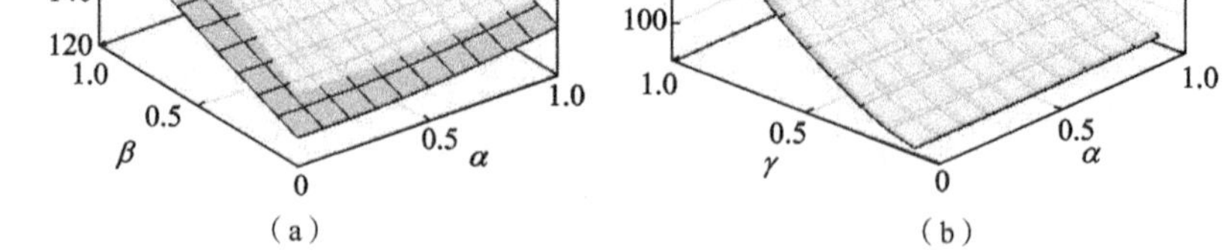

（a）　（b）

图 8.6　参数 α 、β 和 γ 对旅游服务供应链成员效用的影响

8.5.3　努力成本相关因素敏感性分析

本小节将基于前面的参数设置，重点研究努力成本相关因素k_s、k_a和k_e的影响作用，具体如图 8.7 和图 8.8 所示。

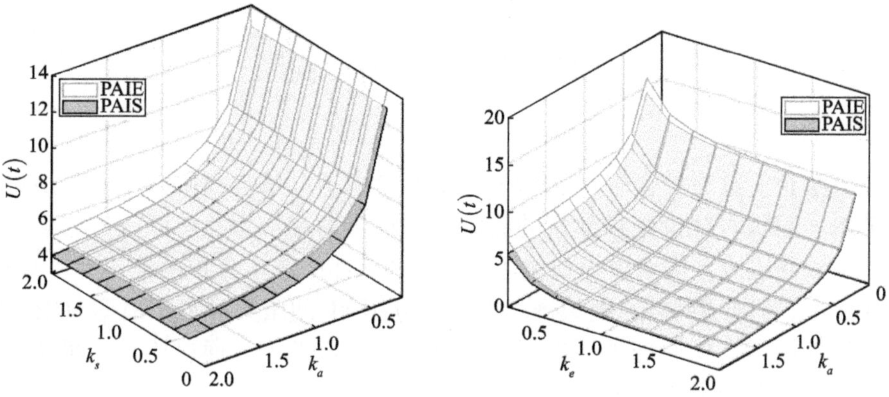

（a）　　　　　　　　（b）

图 8.7　参数 k_s 、 k_a 和 k_e 对游客低碳消费效用的影响

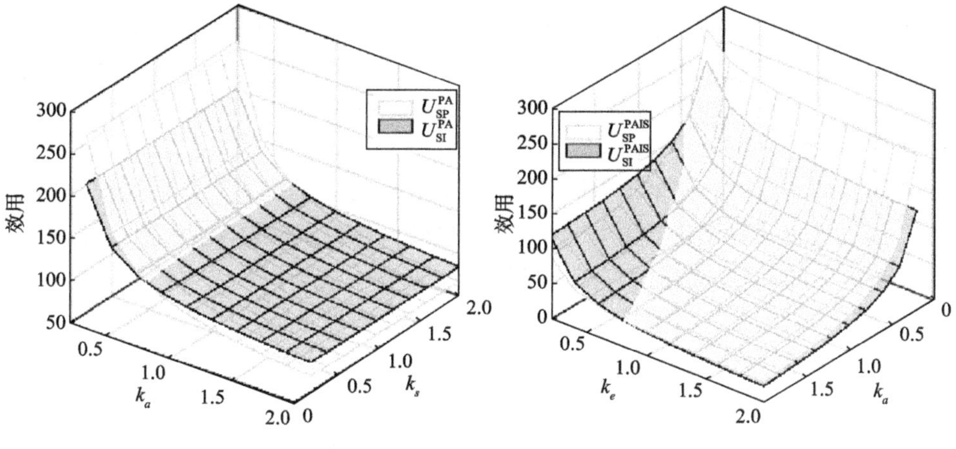

（a）　　　　　　　　（b）

图 8.8　参数 k_s 、 k_a 和 k_e 对旅游服务供应链成员效用的影响

从图 8.7 和图 8.8 可以明显看出，SP 的服务成本效率和游客的低碳偏好及 SI 的广告成本效率在很大程度上影响着游客整体低碳消费效用和旅游服务供应链成员的效用，且他们的影响非常相似。总体而言，当成本效率变差时（即较高的 k_a 或 k_e ），每个旅游服务供应链成员的效用和游客的整体低碳消费效用都将变低。

就 SP 的服务成本效率k_s而言，本节可以清楚地看到它并不影响游客的整体低碳消费效用，但是它确实能影响整个旅游服务供应链及其成员的效用。这些结果相对直观，因为在较高的服务效率下需要较少的成本投资给游客带来同等的低碳消费效用。

8.6 本章小结

在旅游企业具有社会责任意识下，本章考虑了一条二级旅游服务供应链。该供应链由一家负责减少碳排放量的旅游服务提供商和一家负责低碳广告宣传的旅游服务集成商组成。本章重点讨论了 SI 三种可能的成本分担决策，即不分担 SP 的任何成本、只分担 SP 的碳减排成本、只分担 SP 的服务成本。根据 HJB 方程，本章根据效用最大化原理推导出了各模型的最优反馈解。通过比较三种不同契约下的均衡解，得到了如下主要研究结论和管理见解。

首先，该研究从微分博弈的角度将游客的低碳偏好纳入低碳旅游服务供应链管理当中。研究证明最佳的碳减排和低碳宣传努力总是与游客的低碳偏好成正比。因此，旅游企业应加强低碳/生态友好型活动相关信息的传播，以提高游客的环保意识。与先前的研究不同，本章的结论进一步表明，旅游服务供应链成员的最佳成本分担率和游客的低碳偏好不是成简单的单调相关关系，而是相对复杂的关系。这表明旅游公司应根据不同游客的低碳偏好为其合作伙伴设计合适的成本分担比率。

其次，考虑旅游公司的 CSR 行为偏好为旅游服务供应链管理中以利润最大化为目的提供了另一种研究途径。不同于利润最大化原则，本章从有限理性视角证实了旅游企业的 CSR 偏好行为对最佳服务水平、碳减排和广告宣传努力有着重大影响。研究结果表明，较高的 CSR 总是会激励旅游服务供应链成员根据三类契约提供更高的碳减排和广告投入。这意味着整个旅游服务供应链的 CSR 确实为低碳经济的发展做出了贡献。此外，与契约 PA 和契约 PAIS 相比，SI 采用契约 PAIE 可以改变 SI 相对 CSR 偏好的影响趋势，在契约 PA 和契约 PAIS 中，较高的 CSR 会导致较低的碳减排和广告宣传努力。在契约 PAIE 下，二者会随着 CSR 的增加而增加。这意味着契约 PAIE 可以消除旅游服务供应链上下游旅游企业之间的环境偏好冲突，这有利于旅游服务供应链成员就同一契约达成一致。

最后，本章的研究结果为旅游企业提供了一些关于设置服务水平、碳减排和低碳广告宣传努力的建议，并为旅游服务供应链成员具有 CSR 偏好的低碳旅游服务供应链成本分担契约设计提供了理论参考依据。结论表明双向成本分担契约可能对整个旅游服务供应链及其成员更有利，但这并不意味着决策者总是愿意采用双向契约。有时契约 PA 可能是唯一可行的契约。当 SI 愿意接受双向契约时，本章发现服务成本敏感系数是影响契约设计的主要因素。具体而言，当SP的服务效率较低时，SI 倾向采用契约 PAIE。否则，契约 PAIS 对他来说更好。更重要的是，当 SI 的边际利润较高时，契约 PAIS 和契约 PAIE 将是潜在的均衡契约。当 SI 的边际利润较低时，契约 PAIE 和契约 PA 都可能是均衡契约。因此，本章建议旅游服务供应链成员可以根据其边际利润、CSR、相对 CSR、服务成本效率及游客的低碳偏好来选择适当的契约，以最大化其社会总效用。

8.7　本 章 附 录

8.7.1　引理的证明

1. 引理 8.1 的证明

根据式（8.10）可知，$\frac{\partial^2 U_{\mathrm{SI}}^{\mathrm{PA}}}{\partial A^2}=-(1-\varphi)k_a<0$，表明 SI 的效用函数是凹函数。SP 的效用函数的海赛矩阵为 $H(S,E)_{\mathrm{SP}}^{\mathrm{PA}}=\begin{bmatrix}-k_s & 0\\ 0 & -k_e\end{bmatrix}$。因此，本章推导出 $\left|H(S,E)_{\mathrm{SP}}^{\mathrm{PA}}\right|>0$，并且一阶序列主子式为负。本章可以通过求解如下一阶条件而获得式（8.11）。

$$k_s S-\alpha R_{\mathrm{SP}}=0；\ (1-\varphi)k_a A-\beta R_{\mathrm{SI}}+\mu_a V_{\mathrm{SI}}^{\mathrm{PA}'}=0；\ k_e E-\mu_e V_{\mathrm{SP}}^{\mathrm{PA}'}=0$$

$$\frac{\left(\beta R_{\mathrm{SI}}+V_{\mathrm{SI}}^{\mathrm{PA}'}\mu_a\right)\left\{2\beta(1-\varphi)R_{\mathrm{SP}}-\beta(1+\varphi)R_{\mathrm{SI}}+\left[2(1-\varphi)V_{\mathrm{SP}}^{\mathrm{PA}'}-(1+\varphi)V_{\mathrm{SI}}^{\mathrm{PA}'}\right]\mu_a\right\}}{2(1-\varphi)^3 k_a}=0$$

通过求解线性方程组式（8.12）和式（8.13），本章可以得到 a_1、b_1、c_1 和 d_1 的值，如下所示：

$$a_1=\frac{(1-\lambda)\theta+\gamma R_{\mathrm{SP}}}{\rho+\mu_g}$$

$$b_1=\frac{\left\{\begin{array}{l}4k_a\left\{k_s\mu_e^2\left\{\theta(1-\lambda)+\gamma R_{\mathrm{SP}}\right\}^2+\alpha^2 k_e R_{\mathrm{SP}}^2\left(\rho+\mu_g\right)^2\right\}\\+k_e k_s\left\{\theta(2-\lambda)\mu_a+\left[\gamma\mu_a+\beta\left(\rho+\mu_g\right)\right](2R_{\mathrm{SP}}+R_{\mathrm{SI}})\right\}^2\end{array}\right\}}{8\rho k_a k_e k_s\left(\rho+\mu_g\right)^2}$$

$$c_1=\frac{\lambda\theta+\gamma R_{\mathrm{SI}}}{\rho+\mu_g}$$

$$d_1=\frac{\left\{\begin{array}{l}4k_a\mu_e^2\left\{k_s\left[\theta(1-\lambda)+\gamma R_m\right](\theta\lambda+\gamma R_{\mathrm{SI}})+\alpha^2k_eR_{\mathrm{SP}}R_{\mathrm{SI}}\left(\rho+\mu_g\right)^2\right\}+\\ k_ek_s\left\{\theta\lambda\mu_a+R_{\mathrm{SI}}\left[\gamma\mu_a+\beta\left(\rho+\mu_g\right)\right]\right\}\\ \left\{\theta(2-\lambda)\mu_a+\left[\gamma\mu_a+\beta\left(\rho+\mu_g\right)\right](2R_{\mathrm{SP}}+R_{\mathrm{SI}})\right\}\end{array}\right\}}{4\rho k_ak_ek_s\left(\rho+\mu_g\right)^2}$$

通过将以上值代入式（8.11），本章可以得到引理 8.1。

2. 引理 8.2 的证明

与引理 8.1 相似，本章省略其相关求解过程，在此只列出了参数 a_2、b_2、c_2 和 d_2 的值，具体如下所示：

$$a_2=\frac{\lambda\theta+\gamma R_{\mathrm{SI}}}{\rho+\mu_g}$$

$$b_2=\frac{\left\{\begin{array}{l}2k_a\left\{k_s\left[\theta(1-\lambda)+\gamma R_{\mathrm{SP}}\right](\theta+\theta\lambda+\gamma R_{\mathrm{SP}}+2\gamma R_{\mathrm{SI}})\mu_e^2+2\alpha^2k_eR_{\mathrm{SP}}^2\left(\rho+\mu_g\right)^2\right\}\\ +k_ek_s\left\{\theta(2-\lambda)\mu_a+(2R_{\mathrm{SP}}+R_{\mathrm{SI}})\left[\gamma\mu_a+\beta\left(\rho+\mu_g\right)\right]\right\}^2\end{array}\right\}}{8\rho k_ak_ek_s\left(\rho+\mu_g\right)^2}$$

$$c_2=\frac{(1-\lambda)\theta+\gamma R_{\mathrm{SP}}}{\rho+\mu_g}$$

$$d_2=\frac{\left\{\begin{array}{l}k_a\left[k_s\left(\theta+\theta\lambda+\gamma R_{\mathrm{SP}}+2\gamma R_{\mathrm{SI}}\right)^2\mu_e^2+8\alpha^2k_eR_{\mathrm{SP}}R_{\mathrm{SI}}\left(\rho+\mu_g\right)^2\right]\\ +2k_ek_s\left\{\theta\lambda\mu_a+R_{\mathrm{SI}}\left[\gamma\mu_a+\beta\left(\rho+\mu_g\right)\right]\right\}\\ \left\{\theta(2-\lambda)\mu_a+\left[\gamma\mu_a+\beta\left(\rho+\mu_g\right)\right](2R_{\mathrm{SP}}+R_{\mathrm{SI}})\right\}\end{array}\right\}}{8\rho k_ak_ek_s\left(\rho+\mu_g\right)^2}$$

游客整体低碳消费效用的具体表达式为

$$U_\infty^{\mathrm{PAIE}*}=\frac{k_a\left(\theta+\theta\lambda+\gamma R_{\mathrm{SP}}+2\gamma R_{\mathrm{SI}}\right)\mu_e^2+k_e\mu_a\left\{\theta(2-\lambda)\mu_a+(2R_{\mathrm{SP}}+R_{\mathrm{SI}})\left[\gamma\mu_a+\beta\left(\rho+\mu_g\right)\right]\right\}}{2\gamma k_ak_e\left(\rho+\mu_g\right)}$$

3. 引理 8.3 的证明

类似地，在此本章只给出参数 a_3、b_3、c_3 和 d_3 的表达式，如下所示。

$$a_3 = \frac{(1-\lambda)\theta + \gamma R_{\mathrm{SP}}}{\rho + \mu_g}$$

$$b_3 = \frac{\left\{\begin{aligned} &2k_a\left\{2k_s\mu_e^2\left[\theta(1-\lambda)+\gamma R_{\mathrm{SP}}\right]^2 + \alpha^2 k_e R_{\mathrm{SP}}\left(R_{\mathrm{SP}}+2R_{\mathrm{SI}}\right)\left(\rho+\mu_g\right)^2\right\} \\ &+k_e k_s\left\{\theta(2-\lambda)\mu_a + \left[\gamma\mu_a + \beta\left(\rho+\mu_g\right)\right]\left(2R_{\mathrm{SP}}+R_{\mathrm{SI}}\right)\right\}^2 \end{aligned}\right\}}{8\rho k_a k_e k_s\left(\rho+\mu_g\right)^2}$$

$$c_3 = \frac{\lambda\theta + \gamma R_{\mathrm{SI}}}{\rho + \mu_g}$$

$$d_3 = \frac{\left\{\begin{aligned} &k_a\left\{8k_s\mu_e^2\left[\theta(1-\lambda)+\gamma R_{\mathrm{SP}}\right]\left(\theta\lambda+\gamma R_{\mathrm{SI}}\right) + \alpha^2 k_e\left(R_{\mathrm{SP}}+2R_{\mathrm{SI}}\right)^2\left(\rho+\mu_g\right)^2\right\} \\ &+2k_e k_s\left\{\theta\lambda\mu_a + R_{\mathrm{SI}}\left[\gamma\mu_a+\beta\left(\rho+\mu_g\right)\right]\right\} \\ &\left\{\theta(2-\lambda)\mu_a + \left[\gamma\mu_a+\beta\left(\rho+\mu_g\right)\right]\left(2R_{\mathrm{SP}}+R_{\mathrm{SI}}\right)\right\} \end{aligned}\right\}}{8\rho k_a k_e k_s\left(\rho+\mu_g\right)^2}$$

游客整体低碳消费效用的具体表达式为

$$U_\infty^{\mathrm{PAIS}*} = \frac{2k_a\left(\theta-\theta\lambda+\gamma R_{\mathrm{SP}}\right)\mu_e^2 + k_e\mu_a\left\{\theta(2-\lambda)\mu_a + \left(2R_{\mathrm{SP}}++R_{\mathrm{SI}}\right)\left[\gamma\mu_a+\beta\left(+\mu_g\right)\right]\right\}}{2\gamma k_a k_e\left(\rho+\mu_g\right)}$$

8.7.2　命题和推论的证明

1. 命题 8.1 的证明

容易发现 $S^{\mathrm{PA}*}$ 与参数 θ 、λ 和 γ 无关，因此本章可以得出命题 8.1。另外，本章取 $E^{\mathrm{PA}*}$ 、$A^{\mathrm{PA}*}$ 和 $\varphi^{\mathrm{PA}*}$ 关于 θ 、λ 和 γ 的一阶偏导数，可以得到如下表达式：

$$\frac{\partial E^{\mathrm{PA}*}}{\partial\theta} = \frac{\mu_e(1-\lambda)}{k_e\left(\rho+\mu_g\right)} > 0\text{，}\quad \frac{\partial E^{\mathrm{PA}*}}{\partial\lambda} = \frac{-\mu_e\theta}{k_e\left(\rho+\mu_g\right)} < 0\text{，}\quad \frac{\partial E^{\mathrm{PA}*}}{\partial\gamma} = \frac{\mu_e R_{\mathrm{SP}}}{k_e\left(\rho+\mu_g\right)} > 0\text{；}$$

$$\frac{\partial A^{\mathrm{PA}*}}{\partial\theta} = \frac{(2-\lambda)\mu_a}{2k_a\left(\rho+\mu_g\right)} > 0\text{，}\quad \frac{\partial A^{\mathrm{PA}*}}{\partial\lambda} = \frac{-\theta\mu_a}{2k_a\left(\rho+\mu_g\right)} < 0\text{，}\quad \frac{\partial A^{\mathrm{PA}*}}{\partial\gamma} = \frac{2R_{\mathrm{SP}}\mu_a + R_{\mathrm{SI}}\mu_a}{2k_a\left(\rho+\mu_g\right)} > 0\text{；}$$

$$\frac{\partial\varphi^{\mathrm{PA}*}}{\partial\theta} = \frac{-4\left[\lambda R_{\mathrm{SP}}-(1-\lambda)R_{\mathrm{SI}}\right]\mu_a\left[\gamma\mu_a+\beta\left(\rho+\mu_g\right)\right]}{\left\{\theta(2-\lambda)\mu_a + \left(2R_{\mathrm{SP}}+R_{\mathrm{SI}}\right)\left[\gamma\mu_a+\beta\left(\rho+\mu_g\right)\right]\right\}^2}\text{；}$$

$$\frac{\partial\varphi^{\mathrm{PA}*}}{\partial\lambda}=\frac{-4\theta\mu_a\left\{\theta\mu_a+\left[\gamma\mu_a+\beta\left(\rho+\mu_g\right)\right]\left(R_{\mathrm{SP}}+R_{\mathrm{SI}}\right)\right\}}{\left\{\theta(2-\lambda)\mu_a+\left[\gamma\mu_a+\beta\left(\rho+\mu_g\right)\right]\left(2R_{\mathrm{SP}}+R_{\mathrm{SI}}\right)\right\}^2};$$

$$\frac{\partial\varphi^{\mathrm{PA}*}}{\partial\gamma}=\frac{4\theta\left(\lambda R_{\mathrm{SP}}-(1-\lambda)R_{\mathrm{SI}}\right)\mu_a^2}{\left\{\theta(2-\lambda)\mu_a+\left[\gamma\mu_a+\beta\left(\rho+\mu_g\right)\right]\left(2R_{\mathrm{SP}}+R_{\mathrm{SI}}\right)\right\}^2}。$$

通过讨论上述每个表达式的符号，本章可以得到命题 8.1。

2. 命题 8.2 的证明

通过观察最佳的碳减排努力，显然有 $\partial E^{\mathrm{PAIE}*}/\partial\theta>0$，$\partial E^{\mathrm{PAIE}*}/\partial\lambda>0$ 和 $\partial E^{\mathrm{PAIE}*}/\partial\gamma>0$。与命题 8.1 相似，本章可以得到如下表达式：

$$\frac{\partial\phi^{\mathrm{PAIE}*}}{\partial\theta}=\frac{4\gamma\left[\lambda R_{\mathrm{SP}}-(1-\lambda)R_{\mathrm{SI}}\right]}{\left(\theta+\theta\lambda+\gamma R_{\mathrm{SP}}+2\gamma R_{\mathrm{SI}}\right)^2},\quad \frac{\partial\phi^{\mathrm{PAIE}*}}{\partial\lambda}=\frac{4\theta\left(\theta+\gamma R_{\mathrm{SP}}+\gamma R_{\mathrm{SI}}\right)}{\left(\theta+\theta\lambda+\gamma R_{\mathrm{SP}}+2\gamma R_{\mathrm{SI}}\right)^2}>0;$$

$$\frac{\partial\phi^{\mathrm{PAIE}*}}{\partial\gamma}=\frac{-4\theta\left[\lambda R_{\mathrm{SP}}-(1-\lambda)R_{\mathrm{SI}}\right]}{\left(\theta+\theta\lambda+\gamma R_{\mathrm{SP}}+2\gamma R_{\mathrm{SI}}\right)^2}。$$

因此，本章可以通过讨论上述每个表达式的符号来获得命题 8.2。

3. 命题 8.3 的证明

根据引理 8.2，本章可以得到 $\varphi^*=\dfrac{\theta(2-3\lambda)\mu_a+\left(2R_{\mathrm{SP}}-R_{\mathrm{SI}}\right)\left[\gamma\mu_a+\beta\left(\rho+\mu_g\right)\right]}{\theta(2-\lambda)\mu_a+\left(2R_{\mathrm{SI}}+R_{\mathrm{SP}}\right)\left[\gamma\mu_a+\beta\left(\rho+\mu_g\right)\right]}$ 和 $\phi^*=\dfrac{\gamma\left(2R_{\mathrm{SI}}-R_{\mathrm{SP}}\right)-\theta(1-3\lambda)}{\theta(1+\lambda)+\gamma\left(2R_{\mathrm{SI}}+R_{\mathrm{SP}}\right)}$。通过讨论 φ^* 和 ϕ^* 的符号，本章可以推导出命题 8.3。

4. 推论 8.1 的证明

根据引理 8.2，本章可以得到 $\varphi^{\mathrm{PAIE}*}$ 与 $\phi^{\mathrm{PAIE}*}$ 之间的差如下：

$$\varphi^{\mathrm{PAIE}*}-\phi^{\mathrm{PAIE}*}=\frac{\left\{\begin{array}{l}4\left\{\theta^2(1-2\lambda)\mu_a+\left(R_{\mathrm{SP}}^2-R_{\mathrm{SI}}^2\right)\gamma\left[\gamma\mu_a+\beta\left(\rho+\mu_g\right)\right]\right.\\ \left.+\theta(1-\lambda)R_{\mathrm{SP}}\left[2\gamma\mu_a+\beta\left(\rho+\mu_g\right)\right]+\theta\lambda R_{\mathrm{SI}}\left[2\gamma\mu_a+\beta\left(\rho+\mu_g\right)\right]\right\}\end{array}\right\}}{\left(\theta+\theta\lambda+\gamma R_{\mathrm{SP}}+2\gamma R_{\mathrm{SI}}\right)\left\{\theta(2-\lambda)\mu_a+\left[\gamma\mu_a+\beta\left(\rho+\mu_g\right)\right]\left(2R_{\mathrm{SP}}+R_{\mathrm{SI}}\right)\right\}}。$$

因此，当 $0<\lambda\leqslant\min\left(\bar{\lambda}_1,1\right)$ 时，$\varphi^{\mathrm{PAIE}*}\geqslant\phi^{\mathrm{PAIE}*}$，反之亦反。

命题 8.4 的证明与命题 8.3 相似。

推论 8.2 的证明与推论 8.1 相似。

5. 命题 8.5 的证明

可以很容易地发现 $S^{\mathrm{PA}*}=S^{\mathrm{PAIE}*}$，$E^{\mathrm{PA}*}=E^{\mathrm{PAIS}*}$ 和 $A^{\mathrm{PA}*}=A^{\mathrm{PAIE}*}=A^{\mathrm{PAIS}*}$。通过对契约 PAIE 和契约 PAIS 下的服务水平和碳减排努力的比较，本章得到如下表达式。

$$S^{\mathrm{PAIE}*}-S^{\mathrm{PAIS}*}=\frac{\alpha\left(R_{\mathrm{SP}}-2R_{\mathrm{SI}}\right)}{2k_s}，\ E^{\mathrm{PAIE}*}-E^{\mathrm{PAIS}*}=\frac{\left[\theta(1-3\lambda)+\gamma\left(R_{\mathrm{SP}}-2R_{\mathrm{SI}}\right)\right]\mu_e}{-2k_e\left(\rho+\mu_g\right)}。$$

因此，通过讨论上述表达式的符号可以推导出命题 8.5。

6. 推论 8.3 的证明

通过计算三个成本分担契约下游客低碳消费效用之间的差异，本章可以得到如下表达式：$U^{\mathrm{PA}*}-U^{\mathrm{PAIS}*}=0$，$U^{\mathrm{PAIS}*}-U^{\mathrm{PAIE}*}=\dfrac{\left[\theta(1-3\lambda)+\gamma\left(R_{\mathrm{SP}}-2R_{\mathrm{SI}}\right)\right]\mu_e^2}{2\gamma k_e\left(\rho+\mu_g\right)}$。

因此，通过讨论这些表达式的符号，本章可以很容易得到推论 8.3。

7. 命题 8.6 的证明

与命题 8.5 的证明相似，本章有 $\phi^{\mathrm{PAIE}*}-\phi^{\mathrm{PAIS}*}=\dfrac{4\theta\left[\lambda R_{\mathrm{SP}}-(1-\lambda)R_{\mathrm{SI}}\right]}{\left(R_{\mathrm{SP}}+2R_{\mathrm{SI}}\right)\left(\theta+\theta\lambda+\gamma R_{\mathrm{SP}}+2\gamma R_{\mathrm{SI}}\right)}$。当 $\lambda R_{\mathrm{SP}}\geqslant(1-\lambda)R_{\mathrm{SI}}$ 时，$\phi^{\mathrm{PAIE}*}\geqslant\phi^{\mathrm{PAIS}*}$，反之亦反。

8. 命题 8.7 的证明

通过比较三个成本分摊契约下 SP 的最优效用，本章可以得到如下表达式。

$$U_{\mathrm{SP}}^{\mathrm{PAIE}*}-U_{\mathrm{SP}}^{\mathrm{PA}*}=\frac{\left[\theta(1-\lambda)+\gamma R_{\mathrm{SP}}\right]\left[\gamma\left(2R_{\mathrm{SI}}-R_{\mathrm{SP}}\right)-\theta(1-3\lambda)\right]\mu_e^2}{4k_e\left(\rho+\mu_g\right)^2}$$

$$U_{\mathrm{SP}}^{\mathrm{PAIS}*}-U_{\mathrm{SP}}^{\mathrm{PAIE}*}$$
$$=\frac{\left\{\alpha^2k_eR_{\mathrm{SP}}\left(2R_{\mathrm{SI}}-R_{\mathrm{SP}}\right)\left(\rho+\mu_g\right)^2-k_s\left[\theta(1-\lambda)+\gamma R_{\mathrm{SP}}\right]\left[\gamma\left(2R_{\mathrm{SI}}-R_{\mathrm{SP}}\right)-\theta(1-3\lambda)\right]\mu_e^2\right\}}{4k_ek_s\left(\rho+\mu_g\right)^2}$$

$$U_{\mathrm{SP}}^{\mathrm{PAIS}*}-U_{\mathrm{SP}}^{\mathrm{PA}*}=\frac{\alpha^2R_{\mathrm{SP}}\left(2R_{\mathrm{SI}}-R_{\mathrm{SP}}\right)}{4k_s}$$

通过讨论以上表达式的符号，本章可以验证该命题。

9. 命题 8.8 的证明

与命题 8.7 的证明相似，本章在此仅提供如下对应的各差值表达式。

$$U_{\mathrm{SI}}^{\mathrm{PAIE}^*}-U_{\mathrm{SI}}^{\mathrm{PA}^*}=\frac{\left[\theta(1-3\lambda)+\gamma\left(R_{\mathrm{SP}}-2R_{\mathrm{SI}}\right)\right]^2\mu_e^2}{8k_e\left(\rho+\mu_g\right)^2}，\quad U_{\mathrm{SI}}^{\mathrm{PAIS}^*}-U_{\mathrm{SI}}^{\mathrm{PA}^*}=\frac{\alpha^2\left(R_{\mathrm{SP}}-2R_{\mathrm{SI}}\right)^2}{8k_s},$$

$$U_{\mathrm{SI}}^{\mathrm{PAIS}^*}-U_{\mathrm{SI}}^{\mathrm{PAIE}^*}=\frac{\alpha^2k_e\left(R_{\mathrm{SP}}-2R_{\mathrm{SI}}\right)^2\left(\rho+\mu_g\right)^2-k_s\left(\theta-3\theta\lambda+\gamma R_{\mathrm{SP}}-2\gamma R_{\mathrm{SI}}\right)^2\mu_e^2}{8k_ek_s\left(\rho+\mu_g\right)^2}。$$

10. 推论 8.4 的证明

通过对阈值$\overline{k}_{s_1}$和$\overline{k}_{s_2}$进行求差，产生以下结果。

$$\overline{k}_{s_1}-\overline{k}_{s_2}=\frac{2\alpha^2\theta k_e\left(2R_{\mathrm{SI}}-R_{\mathrm{SP}}\right)\left[\lambda R_{\mathrm{SP}}-(1-\lambda)R_{\mathrm{SI}}\right]\left(\rho+\mu_g\right)^2}{\left[\theta(1-\lambda)+\gamma R_{\mathrm{SP}}\right]\left[\theta(1-3\lambda)-2\gamma R_{\mathrm{SI}}+\gamma R_{\mathrm{SP}}\right]^2\mu_e^2}$$

基于上面的等式及命题 8.7 和命题 8.8，本章可以通过找出 SP 和 SI 对最优契约具有相同偏好时的相同参数区域来推导出推论 8.4。

11. 命题 8.9 的证明

同样地，本章在这里仅提供相应的比较结果，如下所示：

$$U_{\mathrm{SC}}^{\mathrm{PAIE}^*}-U_{\mathrm{SC}}^{\mathrm{PA}^*}=\frac{\left[\gamma\left(2R_{\mathrm{SI}}-R_{\mathrm{SP}}\right)-\theta(1-3\lambda)\right]\left[\theta(1+\lambda)+\gamma\left(R_{\mathrm{SP}}+2R_{\mathrm{SI}}\right)\right]\mu_e^2}{8k_e\left(\rho+\mu_g\right)^2}$$

$$U_{\mathrm{SC}}^{\mathrm{PAIS}^*}-U_{\mathrm{SC}}^{\mathrm{PAIE}^*}=\frac{\left\{\begin{array}{c}k_s\left\{\theta^2\left(1-2\lambda-3\lambda^2\right)+2\gamma\theta\left[(1-\lambda)R_{\mathrm{SP}}-4\lambda R_{\mathrm{SI}}\right]+\gamma^2\left(R_{\mathrm{SP}}^2-4R_{\mathrm{SI}}^2\right)\right\}\mu_e^2\\-\alpha^2k_e\left(R_{\mathrm{SP}}^2-4R_{\mathrm{SI}}^2\right)\left(\rho+\mu_g\right)^2\end{array}\right\}}{8k_ek_s\left(\rho+\mu_g\right)^2}$$

$$U_{\mathrm{SC}}^{\mathrm{PAIS}^*}-U_{\mathrm{SC}}^{\mathrm{PA}^*}=\frac{\alpha^2\left(4R_{\mathrm{SI}}^2-R_{\mathrm{SP}}^2\right)}{8k_s}$$

命题 8.10 的证明类似于命题 8.7~命题 8.9，在此省略。

第9章　考虑游客环境偏好和政府监管的旅游服务系统演化分析

9.1　概　　述

2000年以来，保护环境、提高资源和能源利用率以及实现人与自然和谐共处，推行可持续旅游发展已引起全世界人民的高度关注（刘佳和安珂珂，2020）。我国旅游产业的蓬勃发展为经济发展带来了巨大的贡献，但与传统制造业类似，旅游消费也对我国生态环境造成了严重的污染（刘孝娟和王彩妮，2020）。由于旅游消费产品的特性，旅游活动会消耗大量的水资源和非再生能源，并产生大量的一次性消耗品垃圾（如一次性牙刷、面巾和餐具等），这严重污染了生态大气层、海洋、土壤、生物、淡水等。此外，原材料的提取、旅游产品的加工和一次性废旧垃圾的处理也在很大程度上破坏了人们赖以生存的自然环境（魏敏，2011；Chu and Chung，2016）。尽管中国1995年以来就非常重视环境保护，但如何在环境问题和旅游经济增长之间做出合理的权衡仍然是当今中国社会和旅游企业面临的最棘手问题之一。

幸运的是，随着环保知识的普及，越来越多的游客愿意改变其自身不环保的消费方式，愿意为绿色旅游产品或服务支付更高的费用以减少对环境的污染。例如，英国绿色消费者自愿支出380亿英镑的额外费用来寻求非绿色产品的替代品。正如Su和Swanson（2017）所指出的那样，游客对绿色旅游的需求一直在增长。这意味着旅游公司的绿色运营决策对于维持自身的核心竞争力和赢得更大的市场份额至关重要。为此，越来越多的旅游企业通过努力提供新的环保型产品或绿色旅游服务（如申请认证绿色酒店）来吸引更多的环境偏好型游客（Chen and Chai，2010；刘孝娟和王彩妮，2020）。然而，绿色旅游企业往往比传统旅游企业面临着更高的环境保护成本和更长的资金投资回报期。例如，我国一些星级酒店通过投入巨额资金引进国外先进的环保材料、技术设备和绿色酒店管理实践经验来增强自身的绿色服务能力（王广全，2015）。总体而言，可持续旅游在我国起步相对较晚，发展也相较缓慢，绿色旅游相关法律法规较为缺乏，得到政府的资助也较少。例如，我国一些地方政府为了完成年度发展任务，往往对经济指标的关注远远超过对环境保护的重视。由此可见，当前中国迫切需要某种有效的激励机制，以确保旅游利益相关者以积极的心态参与到推进我国旅游业可持续发展的事业中来。

基于上述现实背景，本章拟构建一种动态演化博弈模型来探索以上所提出的关键问题。具体而言，本章旨在通过建立地方政府、旅游企业和游客之间的三重演化博弈模型，以寻求一种有效的政府绿色旅游激励机制，从而促使我国传统旅游向绿色旅游运营方向转型。本章对地方政府的绿色旅游监管策略、旅游企业的绿色创新策略及游客的绿色旅游购买策略进行了演化稳定性分析，并给出了相应的演化稳定条件。另外，本章还分别探讨了在有和没有政府参与博弈下，旅游企业和游客间的长期演化稳定策略。通过数理建模解析和数值仿真分析，本章将为政府和旅游企业提供可持续旅游发展政策制定和产品运营管理的参考依据。

9.2 模型假设与构建

本小节首先阐述了本章所涉及的基本假设和数学记号。其次结合企业运营和基本假设给出了各个旅游利益相关者的收益矩阵。基于博弈方的收益矩阵，最终建立了各参与者的复制动态方程。

9.2.1 模型假设

在中国，政府经常代表公共利益分配者，即在公共行政区域内进行公共治理和公共资源分配（赵黎明等，2015）。正如 Huang 和 Chen（2005）所言，缺乏有效的监管和完善的法律制度会过度使用公共资源而导致公地悲剧。为了鼓励旅游企业采用绿色运营模式，地方政府部门（如环保局等）需要投入一定量的人力物力资源，以监管旅游企业的绿色运营或碳排放等商业行为。在不失一般性的前提下，本章假设给定的一般旅游产品的绿色标准为 $g_0 = 0$ ，该标准用于政府区分旅游企业的绿色环保行为。当旅游公司产品的绿色度高于给定标准时（ $g > 0$ ），政府监管部门（以下称地方政府）将给予该企业相应的单位产品绿色补贴 T 作为奖励（此后将 T 称为绿色激励强度）。当旅游产品被认定为非绿色时（ $g < 0$ ），旅

游企业将受到单位产品惩罚金 T（黄晓杏等，2015）。例如，地方政府会对排污比较严重的饭店收取环境治理费用。由于积极的绿色旅游监管行为，地方政府可以在支付监管成本 C_g 的情况下获得额外的收益 U_g（后称绿色政策支持）。中央政府通常以各种形式提供绿色政策支持，如给予财政支持或肯定地方政府的工作绩效，以鼓励当地政府对可持续发展政策的积极响应。显然，绿色政策支持与地方政府的绿色监管行为有关，但因素 U_g 和 C_g 往往与市场需求 Q 无关。如果地方政府不实施绿色旅游监管，则他们将无法从中获得这种支持。此时地方政府由于旅游企业的绿色创新决策而获得不同的收益 0 或 $-C_w$，其中，C_w 表示传统旅游业的污染行为而导致的地方政府的额外环境治理成本。

在现实运营管理中，旅游企业一方面会根据自身运营成本和营销收入来制定业务发展目标和运营计划；另一方面，他们对游客的看法和政府的发展政策比较敏感。在实践中，许多企业认为承担社会责任可以使他们受益，因为这可以给他们的品牌带来不可估量的价值（Cowper-Smith and de-Grosbois，2011；Panda et al.，2015；Su and Swanson，2017）。由此可见，如何确保利益相关者对旅游企业的长期支持已成为大多数旅游经理人的一个重要决策问题。如果旅游公司采取绿色旅游创新策略（即承担社会责任），他们可以获得单位产品的额外平均预期收益 b（后称为品牌收益），这往往是以受到公众赞赏或产品购买支持来体现的。由于品牌效益的复杂性，本章在这里主要关注品牌收益的均值，这可以通过问卷调查研究评估而获得。值得注意的是，这里的公众不仅指游客，也可能指当地居民和其他利益相关者。例如，当地居民往往会向游客推荐令其敬佩的旅游企业。由此可见，参数 b 与旅游公司的绿色决策有关，但与游客的购买行为无关。由于绿色运营或碳排放控制等行为，绿色旅游企业必须支付额外的费用 c。不失一般性，本章将非绿色产品的单位生产成本标准化 0，即 $c_0 = 0$。在现实中不同于实体有形产品，单位旅游服务成本往往非常低甚至可以忽略不计，如酒店每新增一名访客的边际服务成本基本为 0（鄢章华和刘蕾，2019）。据此，旅游企业根据自身销售期间的运营策略选择，可以从地方政府获得相应的补贴 tQ 或罚款 $-tQ$。另外，他们还可能从游客的产品购买中赚取总的销售收入 p_1Q 或 p_2Q 或 0，其中 $p_i(i=1,2)$ 分别表示绿色或非绿色旅游服务产品的单位价格。由于绿色旅游产品需要额外的成本，故假设 $p_1 > p_2$ 是合理的。

对于游客来说，如果他们购买绿色旅游产品，他们可以获得基本旅游服务体验价值 U。许多研究表明，购买绿色产品的游客通常会认为旅游企业绿色服务因其环保效益会给他们带来额外的绿色心理效用价值 $r \geqslant 0$（Jinsoo et al.，2010；Lin and Huang，2012）。特别地，如果地方政府采取可以改善生态环境的绿色旅游监管策略，则包括游客在内的所有公民都可以获得额外的社会环境效益 U_c，如身体健康。因此，在地方政府实施绿色旅游监管的条件下，游客在购买绿色旅游产品时可以获得旅游期间的总收益$(U-p_1+r)Q$和社会环境效益U_c。在没有地方政府监管的情况下，他们可以购买传统旅游产品而获得收入$(U-p_2)Q$。在确保经济收益的情况下，本章假设$U>p_2$恒成立，但由于绿色旅游产品的额外成本，p_1可能比U大。基于以上假设，可以得到如图9.1所示的旅游利益相关者的收益矩阵。

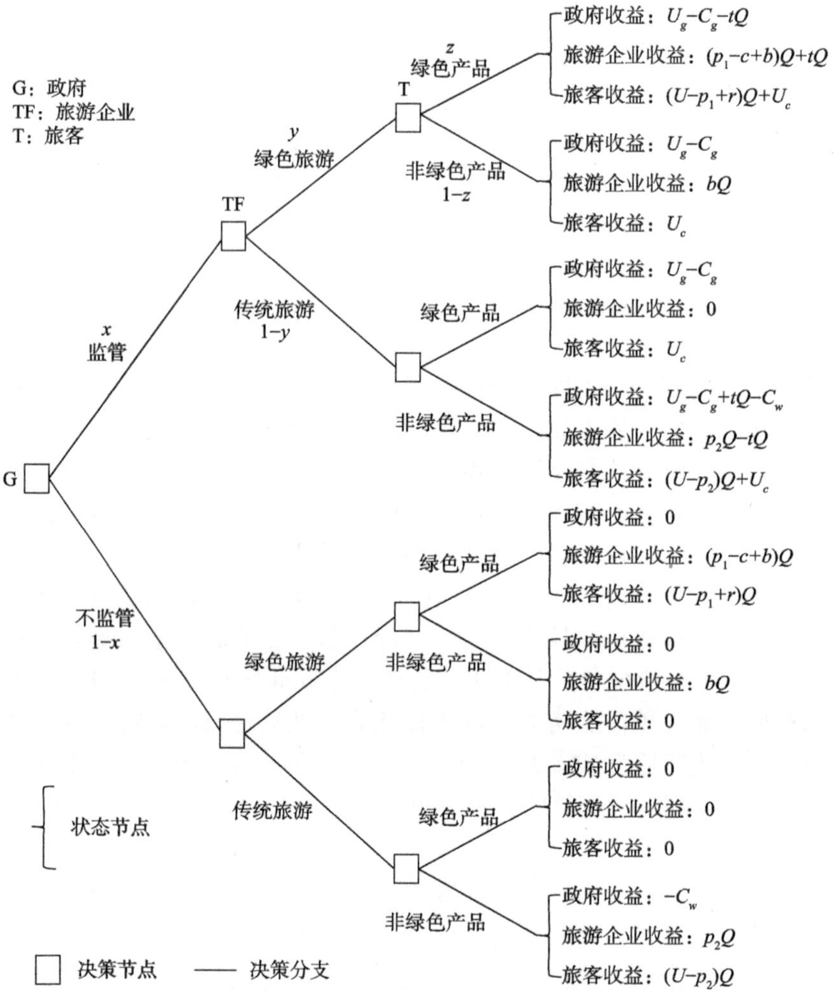

图9.1　旅游利益相关者的收益矩阵

决策树是一种决策支持工具，它是包含了决策树及其可能决策结果的决策模型，主要包括决策节点、方案分支、机会事件结果（状态节点）和收益（效用）

9.2.2　模型构建

根据复制动态分析法，本章使用 x 表示地方政府实施绿色旅游监管策略的概率，因此 $1-x$ 表示地方政府不实施绿色旅游监管策略的概率。同样地，旅游企业的绿色（传统）旅游策略比例分别为 y 和 $1-y$。此外，参数 z 和 $1-z$ 分别代表游客购买绿色旅游产品和普通产品的比例。根据图 9.1 所示的收益矩阵，本章可以将地方政府的预期收入和平均收入用式（9.1）来表示：

$$\begin{cases} E\Pi_g^x = y\big(z\big(U_g - C_g - TQ\big) + (1-z)\big(U_g - C_g\big)\big) \\ \qquad\quad + (1-y)\big(z\big(U_g - C_g\big) + (1-z)\big(U_g + TQ - C_g - C_w\big)\big) \\ E\Pi_g^{1-x} = y\big(z\times 0 + (1-z)\times 0\big) + (1-y)\big(z\times 0 + (1-z)C_w\big) \\ E\overline{\Pi}_g = x\Pi_g^x + (1-x)\,\Pi_g^{1-x} \end{cases} \tag{9.1}$$

从式（9.1）可以推出地方政府绿色监管决策的复制动态方程，如式（9.2）所示：

$$F(x) = \frac{\mathrm{d}x}{\mathrm{d}t} = x\big(E\Pi_g^x - E\overline{\Pi}_g\big) = x(1-x)\big[U_g - C_g + (1-y-z)QT\big] \tag{9.2}$$

其中，$F(x)$ 代表地方政府选择绿色旅游监管策略的变化率。当 $F(x)$ 小于 0 时，表示地方政府选择绿色旅游监管策略的比例 x 最终将演变为 0，当 $F(x)$ 大于 0 时，表示 x 随着时间的推移将会演变为 1。可以发现，政府策略的变化率不但与初始比例有关，而且与地方政府采用绿色旅游监管策略的预期收益与平均预期收益之间的差有关。

与地方政府复制动态方程的建模过程类似，本章可以获得旅游企业的预期收益和平均收益及相应的复制动态方程，分别如式（9.3）和式（9.4）所示：

$$\begin{cases} E\Pi_f^y = x\big(z(p_1 - c + b + T)Q + (1-z)bQ\big) \\ \qquad\quad + (1-x)\big(z(p_1 - c + b)Q + (1-z)bQ\big) \\ E\Pi_f^{1-y} = x(1-z)(p_2 - T)Q + (1-x)(1-z)\,p_2Q \\ E\overline{\Pi}_f = y\Pi_f^y + (1-y)\,\Pi_f^{1-y} \end{cases} \tag{9.3}$$

$$F(y) = \frac{\mathrm{d}y}{\mathrm{d}t} = y\big(E\Pi_f^y - E\overline{\Pi}_f\big) = y(1-y)Q\big[Tx + z(p_2 + p_1 - c) + b - p_2\big] \tag{9.4}$$

按照上述类似的逻辑，游客的预期收入和平均收入如下：

$$\begin{cases} E\Pi_c^z = x\left(y\left((U-p_1+r)Q+U_c\right)+(1-y)U_c\right)+(1-x)\left(y(U-p_1+r)Q\right) \\ E\Pi_c^{1-z} = x\left(yU_c+(1-y)\left((U-p_2)Q+U_c\right)\right)+(1-x)(1-y)(U-p_2)Q \\ E\overline{\Pi}_c = z\Pi_c^z+(1-z)\Pi_c^{1-z} \end{cases} \tag{9.5}$$

因此，关于游客购买策略的复制动态方程可以由式（9.6）给出：

$$F(z)=\frac{\mathrm{d}z}{\mathrm{d}t}=z\left(E\Pi_c^z-E\overline{\Pi}_c\right)=(1-z)zQ\left[y(2U+r-p_1-p_2)-(U-p_2)\right] \tag{9.6}$$

通过观察旅游利益相关者的复制动态方程，即式（9.2）、式（9.4）和式（9.6），可以得到如下的观察结果。

引理 9.1：

（1）地方政府的绿色旅游监管政策对旅游企业的绿色旅游创新决策有着重大影响，但不能直接影响游客的购买行为。旅游企业和游客的决策在一定程度上会影响地方政府的绿色旅游监管决策。

（2）社会环境效益 U_c 和额外的环境治理成本 C_w 不会影响旅游利益相关者的长期策略决策。

引理 9.1 阐述了旅游利益相关者之间的策略互动，也指明了参与者应该重点关注的系统因素。因为其中一些因素往往只能影响决策者的短期决策，但从长远的角度来看，并不会影响该动态旅游服务系统的稳定性，如社会环境效益和额外的环境治理成本。实际上，政府往往认为在污染发生之前进行控制而不是在污染发生后再对其进行治理更有效，这也体现了可持续发展的先进环境管理理念。

9.3 模型分析

本节将深入探讨各旅游利益相关者策略的稳定性以及该旅游动态系统的长期演化稳定策略。利用复制动态分析法对每个旅游利益相关者的策略稳定性进行分析。

9.3.1 地方政府的策略稳定性分析

从引理 9.1 可以发现，地方政府的决策受旅游企业绿色创新策略和游客的购买决策的影响。为了便于分析，本章定义 $y'=\frac{U_g-C_g+QT(1-z)}{QT}$ 或

$z' = \dfrac{U_g - C_g + QT(1-y)}{QT}$ 表示 $F(x)=0$ 除了 $x=0$ 或 $x=1$ 以外的根。可以很容易地发现 y' 和 z' 具有对称性，因此本节以 y' 为例来分析地方政府的策略稳定性。

当 $y=y'$ 时，很明显 $F(x)\equiv 0$ 适用于任何 x。这意味着当前地方政府的任何监管策略都具有稳定性。该策略保留在初始时刻，并且不会随时间而发生转移。也就是说，绿色旅游不能随着时间的推移而得到推广。当 $y \neq y'$ 时，本章可以获得两个可能的演化稳定点：$x_1=0$ 和 $x_2=1$。通过取 $F(x)$ 相对于 x 的一阶导数，可以得到式（9.7）：

$$F'(x)=(1-2x)\left[U_g - C_g + (1-y-z)QT\right] \tag{9.7}$$

由于 $0 \leqslant y$，$z \leqslant 1$，本章可以得到 $(1-y-z)QT \geqslant -QT$。根据式（9.7）可以推出 $U_g > C_g + QT$，进而 $U_g - C_g + (1-y-z)QT > 0$。这表明对于任何的 y 和 z，$F'(x)|_{x=1} < 0$ 始终成立。同样地，当 $U_g > C_g + QTy$ 时，可以推出 $U_g - C_g - yQT + (1-z)QT > 0$。因此，进一步可以推出 $F'(x)|_{x=1} < 0$ 始终成立。当 $C_g - (1-z)QT < U_g < C_g + QTy$ 时，假设 $y < \min(1, y')$，进而可以得到 $F'(x)|_{x=1} < 0$；但如果 $\max(0, y') < y < 1$，则 $F'(x)|_{x=0} < 0$ 成立。最后，当 $U_g < C_g - (1-z)QT$ 时，可以推出 $U_g - C_g + (1-z)QT - yQT < 0$，这表明对于任何的 y，$F'(x)|_{x=0} < 0$ 始终成立；当 $U_g < C_g - QT$ 时，对于任何的 y 和 z，$U_g - C_g + (1-z)QT - yQT < 0$ 始终成立，此时 $F'(x)|_{x=0} < 0$。根据以上分析，可以得到如下结论：

命题 9.1：

（1）当 $U_g > C_g + QT$ 时，对于任何的 y 和 z，$x=1$ 是地方政府的演化稳定策略。

（2）当 $U_g > C_g + QTy$ 时，对于任何的 z，$x=1$ 是地方政府的演化稳定策略。

（3）当 $C_g - (1-y)QT < U_g < C_g + QTy$ 时，如果 $y < \min(1, y')$，$x=1$ 是地方政府的演化稳定策略；如果 $\max(0, y') < y < 1$，$x=0$ 是地方政府的演化稳定策略。

（4）当 $U_g < C_g - (1-y)QT$ 时，对于任何的 z，$x=0$ 是地方政府的演化稳定策略。

（5）当 $U_g < C_g - QT$ 时，对于任何的 y 和 z，$x=0$ 是地方政府的演化稳定策略。

本节利用图 9.2 来帮助读者观察地方政府绿色旅游监管策略的演化趋势。如命题 9.1 所示，当地方政府通过实施绿色旅游监管可以获得足够高的绿色政策支持时，地方政府将在不考虑旅游企业和游客决策行为的情况下推进绿色旅游的发展

[图 9.2（a）]。例如，中央政府向地方政府提供足够高的财政支持。命题 9.1 表明，旅游企业的绿色创新策略可以在一定条件下独立地影响地方政府的绿色旅游监管策略稳定性[图 9.2（b）]。此外，旅游企业采用绿色旅游创新的初始意愿比例越低，地方政府采取绿色旅游监管策略的可能性就越大。因此，在绿色旅游市场形成初期，对于绿色旅游企业相对较少的地域，地方政府应该积极采取绿色旅游监管策略。命题 9.1 指明，当U_g适中时，旅游公司和游客的决策将共同影响地方政府的策略稳定性。特别地，旅游企业从事绿色旅游的意愿越强，地方政府实施绿色旅游监管的动机就越高。命题 9.1 证明，当绿色监管政策支持相对较低$\left(U_g < C_g - (1-y)QT\right)$时，地方政府可能不考虑游客的决定[图 9.2（c）]。如命题 9.1 所示，如果绿色政策支持非常低，则地方政府没有动力实施绿色旅游监管机制[图 9.2（d）]。此时，中央政府应提供更高的财政支持或加强对地方政府工作绩效的管理。

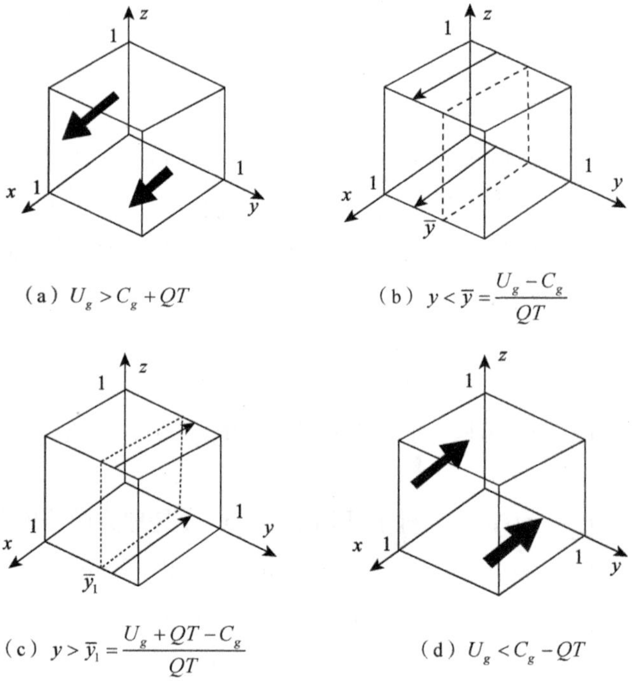

（a）$U_g > C_g + QT$　（b）$y < \overline{y} = \dfrac{U_g - C_g}{QT}$

（c）$y > \overline{y}_1 = \dfrac{U_g + QT - C_g}{QT}$　（d）$U_g < C_g - QT$

图 9.2　地方政府绿色旅游监管策略的演化趋势图

箭头表示策略的演化趋势方向

9.3.2　旅游企业的策略稳定性分析

根据式（9.4）可以清楚地发现，地方政府和游客的决策共同影响着旅游企业的决策。为了便于分析说明，本节定义 $x'=\dfrac{z(c-p_1-p_2)+p_2-b}{T}$ 和 $z''=\dfrac{p_2-b-Tx}{p_1+p_2-c}$ 是除了 $y=0$ 或 $y=1$ 之外的 $F(y)=0$ 的一个根。

如果 $x=x'$ 或 $z=z''$，则 $F(y)\equiv 0$ 适用于任何 y。这意味着旅游企业的任何绿色旅游创新策略都是稳定策略。如果 $x\neq x'$ 和 $z\neq z''$，则由 $F(y)$ 的一阶导数，可以得到式（9.8）：

$$F'(y)=(1-2y)Q\left[Tx+z(p_2+p_1-c)+b-p_2\right] \tag{9.8}$$

假定旅游企业的绿色创新成本不会太高即 $c\leqslant p_1+p_2$，否则所有旅游利益相关者都将不会参与到绿色旅游商业活动中来，也包括政府。也就是说，本章不考虑 $c>p_1+p_2$ 的情况。通过观察式（9.8），如果 $b>p_2$，可以推出 $\left[Tx+z(p_2+p_1-c)+b-p_2\right]>0$ 对于任何的 x 和 z 都成立，进而有 $F'(y)|_{y=1}<0$。当 $b<p_2$，如果 $z(p_2+p_1-c)+b>p_2$，则 $\left[Tx+z(p_2+p_1-c)+b-p_2\right]>0$ 对于任何的 x 都成立，这表明 $F'(y)|_{y=1}<0$。同样地，如果 $Tx+b>p_2$，可以推出对于任何的 z，式子 $F'(y)|_{y=1}<0$ 始终成立。另外，当 $z(p_2+p_1-c)+b<p_2$ 或者 $Tx+b<p_2$ 时，可以推出 $x<\min(1,x')$ 或者 $z<\min(1,z'')$，那么 $F'(y)|_{y=0}<0$；但是如果 $\max(0,x')<x<1$ 或 $\max(0,z'')<z<1$，可以得到 $F'(y)|_{y=1}<0$；根据确保 $F'(y)|_{y=1}<0$ 的上述条件，本节可以得出如下命题。

命题 9.2：

（1）当 $b>p_2$ 时，对于任何的 x 和 z，$y=1$ 是旅游企业的演化稳定策略。

（2）当 $b<p_2$ 时，如果 $z(p_2+p_1-c)+b>p_2$，对于任何的 x，$y=1$ 是旅游企业的演化稳定策略；如果 $Tx+b>p_2$，对于任何的 z，$y=1$ 是旅游企业的演化稳定策略。

（3）当 $z(p_2+p_1-c)+b<p_2$ 时，如果 $x<\min(1,x')$，$y=0$ 是旅游企业的演化稳定策略；如果 $\max(0,x')<x<1$，$y=1$ 是旅游企业的演化稳定策略。

（4）当 $Tx+b<p_2$ 时，如果 $z<\min(1,z'')$，$y=0$ 是旅游企业的演化稳定策略；如果 $\max(0,z'')<z<1$，$y=1$ 是旅游企业的演化稳定策略。

图 9.3 表明了在不同条件下旅游企业策略的演化路径。命题 9.2 表明，只要旅游企业的品牌收益超过非绿色旅游产品的单位价格，该旅游企业就会自发地采取绿色旅游创新策略[图 9.3（a）]。因此地方政府可以通过提高企业品牌收益，以刺激旅游企业采取绿色旅游运营模式，而不仅是采用监管政策。例如，地方政府可以授予旅游企业绿色认证资格，以提高其社会品牌责任形象。命题 9.2 指出，当旅游企业的品牌收益适中时，地方政府的绿色监管策略或游客的购买策略可以

在其采取绿色策略的概率足够高的情况下各自独立地激励旅游企业进行绿色旅游创新[图 9.3（b）]。根据命题 9.2，本节得出结论，当企业品牌收益相对较低时，旅游企业的决策会受到地方政府和游客策略的影响[图9.3（c）和图9.3（d）]。只有在地方政府采取绿色旅游监管的概率和游客购买绿色旅游产品的概率都足够高的情况下，旅游企业才会选择绿色旅游运营模式。

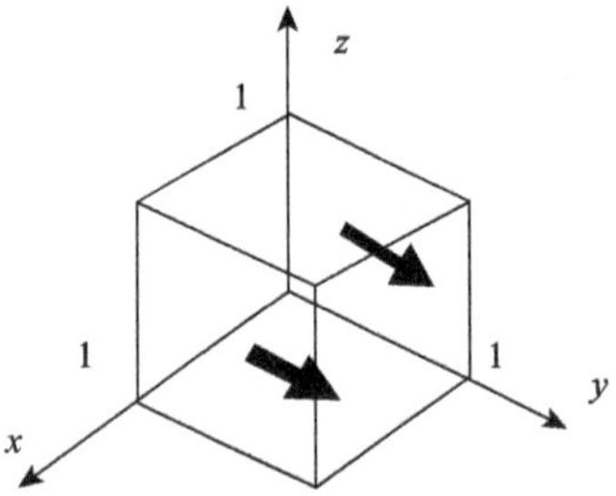

（a）$b > p_2$

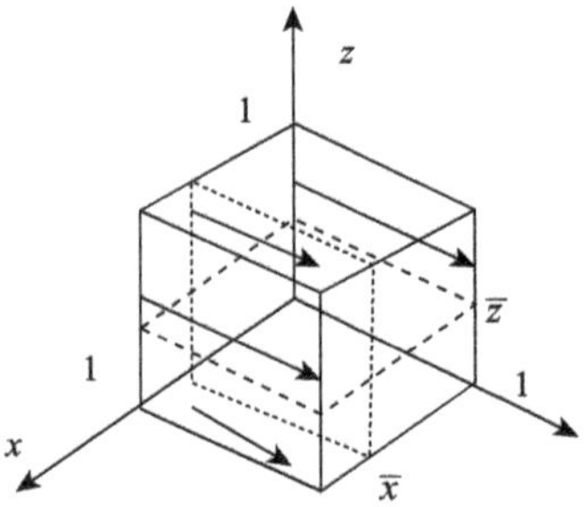

（b）$b < p_2$ 和 $x > \overline{x} = \frac{p_2 - b}{T}$ 或 $z > \overline{z} = \frac{p_2 - b}{(p_2 + p_1 - c)}$

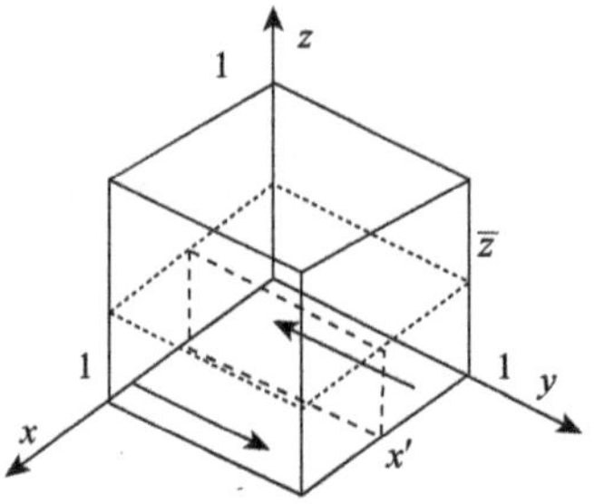

（c）$z < \overline{z} = \frac{p_2 - b}{(p_2 + p_1 - c)}$

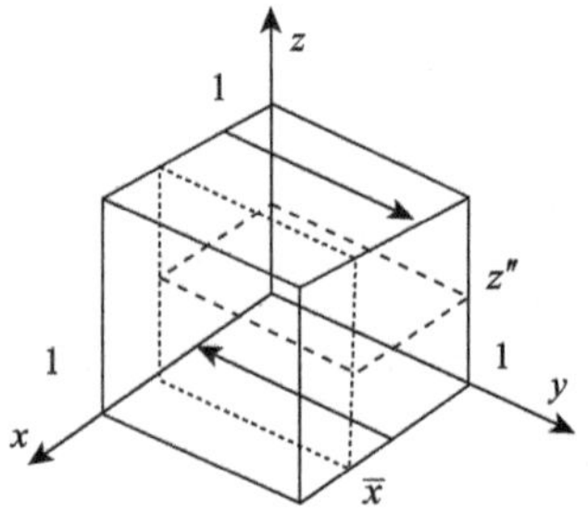

（d）$x < \overline{x} = \frac{p_2 - b}{T}$

图 9.3　旅游企业绿色创新策略的演化趋势图

箭头表示各个策略的演化趋势方向；$x' = \frac{z(c - p_1 - p_2) + p_2 - b}{T}$，$z'' = \frac{p_2 - b - Tx}{p_1 + p_2 - c}$

9.3.3　游客的购买策略稳定性分析

根据式（9.6），很容易发现游客的购买决策只与旅游企业的决策有关。它清楚地表明，游客的购买决策主要是根据自己的购买效用做出的，往往独立于地方政府的决策，这与实际情况相一致。为了便于书写，本节定义 $y'' = \frac{U - p_2}{2U + r - p_1 - p_2}$，是除了 $z = 0$ 或 $z = 1$ 以外，$F(z) = 0$ 的根之一。

如果 $y = y''$，则 $F(z) \equiv 0$ 适用于任何 z。这意味着游客的任何初始购买策略都是稳定策略，也就是说该策略的比例不会随时间发生变化。如果 $y \neq y''$，本节可以从 $F(z)=0$ 获得两个可能的稳定点 $z_1=0$ 或 $z_2=1$。取 $F(z)$ 的一阶导数，可得到式（9.9）：

$$F'(z)=(1-2z)Q\left[y(2U+r-p_1-p_2)-(U-p_2)\right] \tag{9.9}$$

观察式（9.9），可以推出如果 $2U+r<p_1+p_2$，又因为 $U>p_2$，所以对于任何的 y，$\left[y(2U+r-p_1-p_2)-(U-p_2)\right]<0$ 恒成立，此时 $F'(z)|_{z=0}<0$。当 $2U+r>p_1+p_2$ 时，如果 $y<\min(1,y'')$，则 $\left[y(2U+r-p_1-p_2)-(U-p_2)\right]<0$ 成立，进而 $F'(z)|_{z=0}<0$；但是若 $\max(0,y'')<y<1$，则 $\left[y(2U+r-p_1-p_2)-(U-p_2)\right]>0$，进而 $F'(z)|_{z=1}<0$。由此，本节可以得到如下命题。

命题 9.3：

（1）当 $2U+r<p_1+p_2$ 时，对于任何的 y，$z=0$ 是游客的演化稳定策略。

（2）当 $2U+r>p_1+p_2$ 时，若 $0<y<\min(1,y'')$，$z=0$ 是游客的演化稳定策略。

（3）当 $2U+r>p_1+p_2$ 时，若 $\max(0,y'')<y<1$，$z=1$ 是游客的演化稳定策略。

读者可以借助图 9.4 来了解游客购买决策的演变趋势。从命题 9.3 可以看出，当游客的环境偏好相对较小时，就无法激励游客接受绿色旅游模式。这将导致更多的旅游企业采用传统旅游模式[图 9.4（a）]。这意味着游客的环境偏好是可以刺激旅游企业进行绿色创新的重要因素之一。由此可见，增加旅客购买绿色产品的意愿对发展可持续旅游业具有重要意义。命题 9.3 证实，当游客对绿色旅游产品的偏好较高时，旅游企业的绿色旅游创新策略是鼓励游客接受绿色旅游的关键因素之一。具体而言，如果旅游企业采取绿色旅游运营的概率越大，游客选择绿色旅游消费方式的可能性也就越大[图 9.4（b）]。

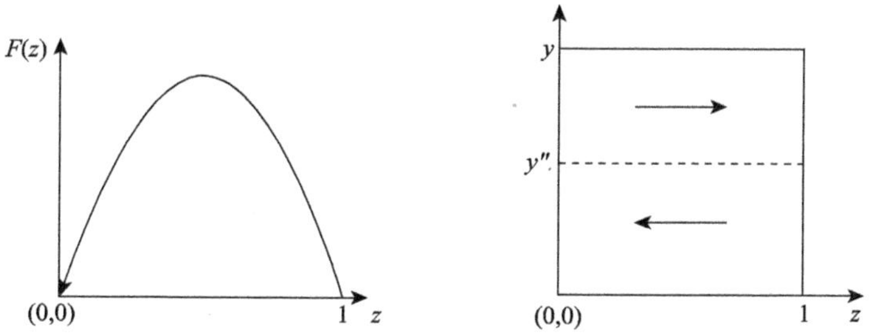

（a）$2U+r<p_1+p_2$　　（b）$2U+r>p_1+p_2$

图 9.4　游客购买策略的演化趋势图

箭头方向表示策略演化趋势；$y''=\dfrac{U-p_2}{2U+r-p_1-p_2}$

9.4 旅游利益相关者间的演化稳定策略分析

9.4.1 无政府监管策略分析

根据以上对每个旅游利益相关者的策略稳定性分析，可以明确地发现该旅游服务系统的稳定策略在不同情况下是不同的。例如，如果旅游企业的品牌收益和游客的环境偏好足够高时，即使地方政府不实施绿色旅游监管政策，绿色旅游产品也将被所有旅游利益相关者所青睐。因此，本章分析在没有政府绿色旅游监管的情况下，旅游企业和游客之间的长期演化稳定策略。

$$J=\begin{bmatrix}\dfrac{\partial F(y)}{\partial y} & \dfrac{\partial F(y)}{\partial z}\\ \dfrac{\partial F(z)}{\partial y} & \dfrac{\partial F(z)}{\partial z}\end{bmatrix}=\begin{bmatrix}(1-2y)Q[Tx+zE+A] & (1-y)yQE\\ (1-z)zQ(B+C) & (1-2z)Q[y(B+C)-B]\end{bmatrix} \tag{9.10}$$

从复制动态方程，即式（9.4）和式（9.6），可以得出该动态旅游服务系统具有可能的局部均衡点为（0,0）、（0,1）、（1,0）和（1,1）。当$0<y''$，$z''<1$，(y'',z'')也是一个可能的局部均衡策略。基于微分方程的稳定性定理：当雅可比矩阵的行列式 det$J$ 和迹 tr$J$ 满足条件 det$J$>0 与 tr$J$<0 时，对应的策略是演化稳定策略（Friedman，1991）。因此，本章可以得出旅游企业和游客复制动态方程的雅可比矩阵 J 如式（9.10）所示。其中的参数分别为 $A=b-p_2$，$B=U-p_2$，$C=U+r-p_1$，$D=p_1-c+b$，$E=p_2+p_1-c$。从式（9.1），本节可以得出其对应的迹 $\mathrm{tr}J=a_{11}+a_{22}$ 和行列式 $\det J=a_{11}a_{22}-a_{12}a_{21}$，如式（9.11）所示：

$$\begin{cases}\mathrm{tr}J=(1-2y)Q[Tx+zE+A]+(1-2z)Q[y(B+C)-B]\\ \det J=(1-2y)(1-2z)Q^2[Tx+zE+A][y(B+C)-B]\\ \qquad -(1-y)y(1-z)zQ^2E(B+C)\end{cases} \tag{9.11}$$

假设地方政府没有实施绿色旅游激励机制，旅游企业理所当然会设置足够高的单位绿色旅游产品销售价格，即 $p_1-c+b>0$。从雅可比矩阵J中，本节可以分析均衡策略的稳定性，并得到如表 9.1 中所示的相应条件，其中在前面的小节中定义了 y'' 和 z''。其中（0,0）、（1,0）和（1,1）三个点是该动态系统的渐进演化稳定策略。对应于旅游企业和游客的策略组合：采用传统旅游和购买非绿色产品；采用绿色旅游和购买非绿色（或绿色）服务产品。均衡点（0,1）或(y'',z'')

表示该旅游服务系统处于暂时稳定状态，随着时间的推移将偏离该状态。从表 9.1 可以推导出命题 9.4，该命题指出了旅游企业与游客间的长期演化稳定策略。

表 9.1　没有政府旅游监管下旅游服务系统的策略稳定性和条件

策略集合	det$J$	符合	tr$J$	符合	稳定性	条件
(0,0)	$-Q^2AB$	+	$(b-U)Q$	−	ESS	$A<0$
(0,1)	$-Q^2AC$	+	$-(A-B)Q$	−	ESS	$A>0$ 和 $C<0$
(1,0)	Q^2DB	+	$Q(D+B)$	+	不稳定	任何条件
(1,1)	Q^2DC	+	$-Q(C+D)$	−	ESS	$C>0$
(y'',z'')	0		$-(1-y)y(1-z)zQ^2E(B+C)$	不确定	鞍点	任何条件

注：$A=b-p_2$，$B=U-p_2$，$C=U+r-p_1$，$D=p_1-c+b$

命题 9.4：在地方政府不实施绿色旅游监管的前提下（$T=0$ 或 $x=0$）：

（1）当 $b<p_2$ 时，$(y,z)=(0,0)$ 是长期演化稳定策略。

（2）当 $b>p_2$ 且 $U+r<p_1$ 时，$(y,z)=(1,0)$ 是长期演化稳定策略。

（3）策略 $(y,z)=(0,1)$ 在任何条件下都不是长期演化稳定策略。

（4）当 $r>p_1-U$ 时，策略 $(y,z)=(1,1)$ 是长期演化稳定策略。

命题 9.4 表明，当品牌收益相对较小时，所有旅游企业最终都不会采取绿色旅游运营模式，从而导致游客无法购买绿色旅游产品。这也可以解释为什么在任何情况下 $(y,z)=(0,1)$ 都不是 ESS。命题 9.4 表明，如果参数 b 足够大，则旅游企业就有动力采用绿色旅游创新策略。但是，由于环境偏好较低，游客最终选择了非绿色旅游产品。请注意，即使本章从理论上证明了这种情况的存在，但在现实中也是很难实现的。因为当游客不购买绿色产品时，条件 $b>p_2$ 是不太可能发生的。命题 9.4 很容易理解，因为当旅游企业不提供绿色旅游产品时，游客就没有绿色产品可供选择。命题 9.4 强调，当游客具有足够高的环境偏好时，无论品牌收益如何，该动态旅游服务系统都将演变到 ESS（1,1）。

为了验证上述分析的普适性，本章使用 Matlab2016 软件对其进行数值仿真分析，以演示策略的动态演化过程。同时，为旅游相关部门提出一些重要的运营决策建议。因为本节专注于检验策略的动态演化趋势，所以将需求归一化为单位 1。其他基本参数由 $U=10$，$r=1$，$p_1=12$，$p_2=8$，$c=5$ 给出，且满足条件 $U+r<p_1$。为了检验品牌收益的影响，本节假设 b 以步长 0.9 在区间[2，15.5]中进行迭代更新（图 9.5）。

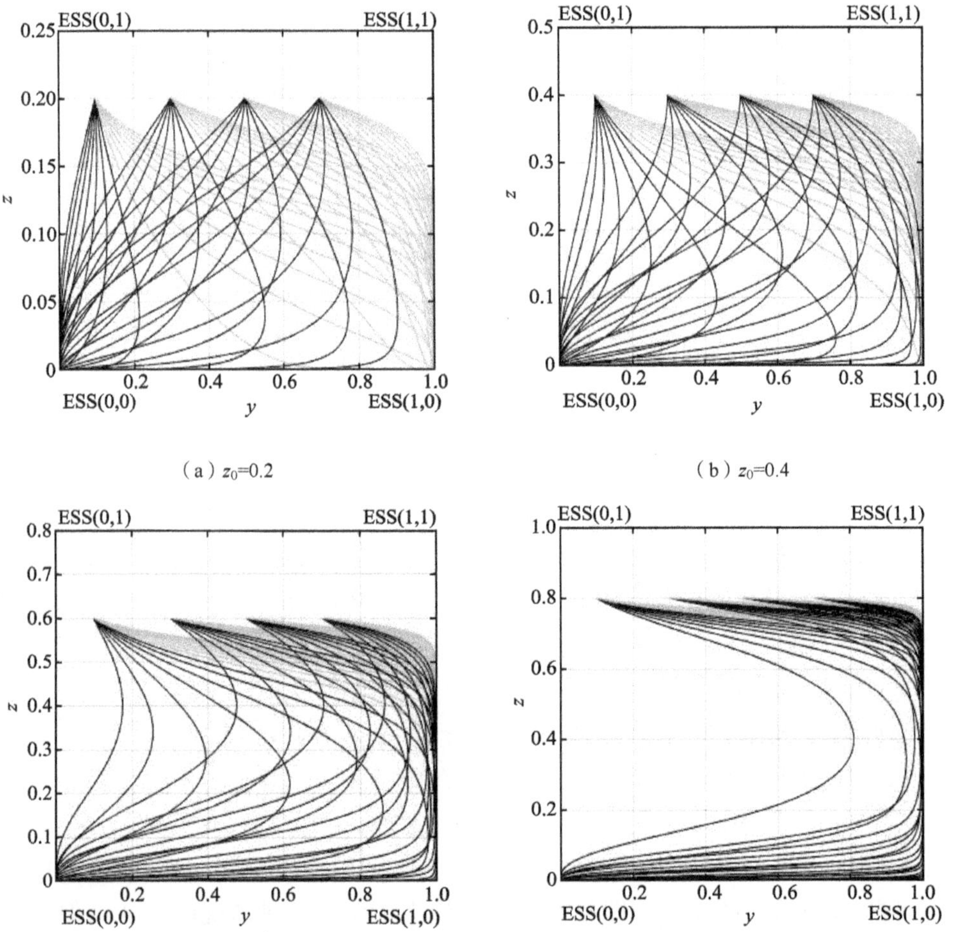

（a）z_0=0.2　（b）z_0=0.4

（c）z_0=0.6　（d）z_0=0.8

图 9.5　b 变化对旅游企业和游客策略的动态演化趋势的影响

图 9.5 说明了当旅游企业品牌收益相对较小（黑线）时，旅游企业最终没有动力实施绿色旅游创新策略。相反，当它超过 p_2（灰线）时，旅游企业将采用绿色旅游创新策略。此外，当初始状态 y_0 和 z_0 都非常低时，该旅游服务系统会单调演化到 ESS（0,0），如初始策略集 $\left(y_0,z_0\right)=\left(0.1,0.2\right)$。当其中至少一个足够高时，由于成员的模仿行为，该旅游服务系统首先具有向 ESS（1,1）演变的趋势，但最终将演变到 ESS（0,0）。这意味着旅游利益相关者的初始行为可以在短期内显著地相互影响。另外，如果旅游利益相关者进行绿色创新行为的初始意愿越强，那么他们间的相互模仿行为就越强。

本节将基本参数值设为 $U=10$， $p_1=14$， $p_2=7$， $b=8$， $c=8$，以满足条

件 $b > p_2$。本章按步长 0.9 让游客的环境偏好 r 在 0 和 13.5 之间变化，以观察其对旅游公司和游客间长期演化稳定策略的具体影响（图 9.6）。图 9.6 表明即使游客具有较低的环境偏好，但由于相对较高的企业品牌收益，该动态系统最终也将演变到 ESS（1,0）。当游客的环境偏好足够高时，该动态旅游服务系统的演化路径最终将稳定到 ESS（1,1）。另外，图 9.6 具有与图 9.5 相似的演化特征，这里不再详细叙述。

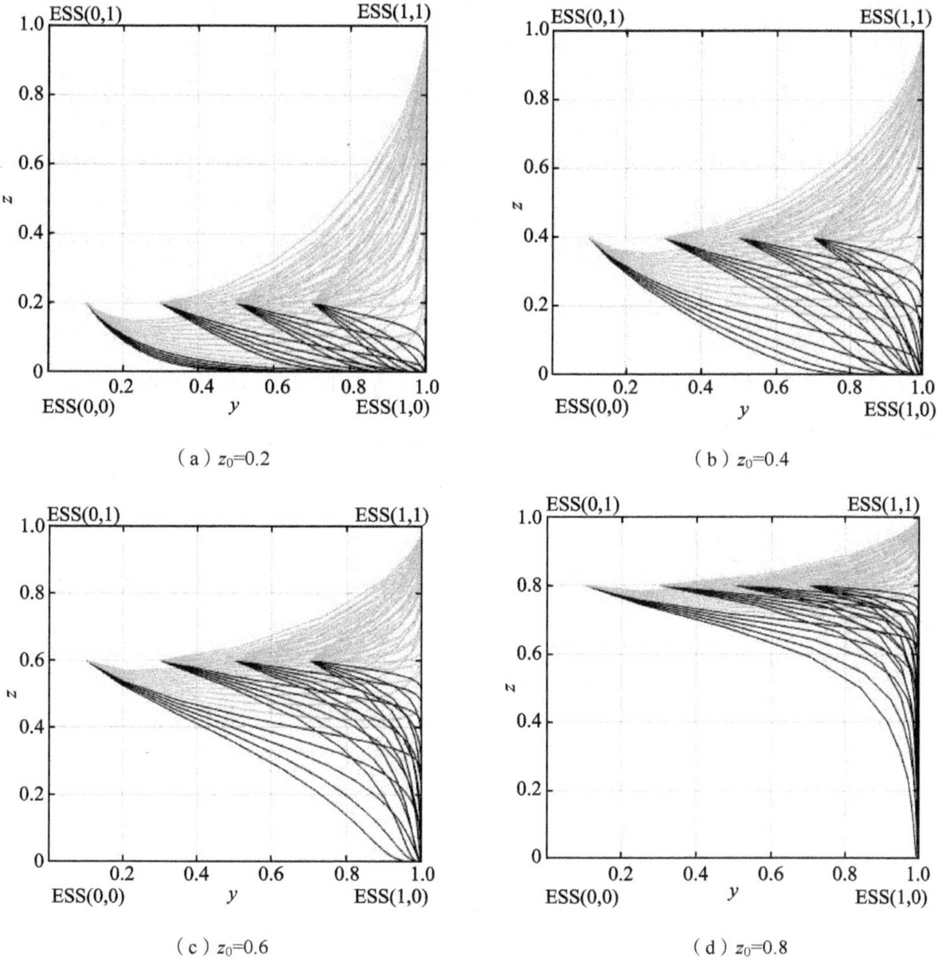

（a）z_0=0.2　（b）z_0=0.4

（c）z_0=0.6　（d）z_0=0.8

图 9.6　r 变化对旅游企业和游客策略动态演化趋势的影响

9.4.2　政府监管策略分析

从命题 9.4 可以发现，当旅游企业的品牌收益和游客的环境偏好相对较低时，就不太可能同时保证旅游企业采取绿色旅游运营模式且游客购买绿色旅游产品。在某些发展中国家的绿色旅游市场形成初期，这种情况并不少见。考虑到中国目前的公众环保意识还不是很高的情况，中央政府不可避免地需要建立绿色旅游激励机制来促进我国旅游业的可持续发展。通过前面对每个旅游利益相关者的策略稳定性分析，可以得知地方政府的监管政策在很大程度上会影响旅游企业的运营决策。此外，当游客的环境偏好满足条件$U+r>p_1$时，旅游企业足够高的绿色运营偏好可以长期驱动游客购买绿色旅游产品。接下来，本节将分析政府绿色旅游监管机制是如何影响旅游企业与游客之间的长期策略稳定性。

地方政府实施绿色旅游监管机制的主要目的是刺激旅游公司采用绿色旅游创新，同时鼓励游客购买绿色旅游产品，即促进该动态旅游服务系统演化到 ESS（1,1）。在这里，本节仅确定可以促使该动态系统演变为理想的绿色旅游模式 ESS（1,1,1）的条件。从式（9.11）可以得到在 ESS（1,1）下，$\det J_s = Q^2\left[Tx+p_1-c+b\right]\left(U+r-p_1\right)$ 和 $\mathrm{tr} J_s = -Q\left(Tx-c+b+U+r\right)$。因此，地方政府通过实施绿色旅游监管机制来引导旅游企业降低绿色旅游产品单价，以确保 $p_1<U+r$，进而保证 $Tx+p_1-c+b>0$。通过将 $y=1$ 和 $z=1$ 代入式（9.7），得到 $F'(x)=(1-2x)\left(U_g-C_g-QT\right)$。为了确保地方政府也有动力实施绿色旅游监管机制，必须满足条件 $(1-2x)\left(U_g-C_g-QT\right)|_{x=1}<0$，即 $U_g-C_g>QT$。因此，本节可以得到如下命题。

命题 9.5： 中央政府可以引导地方政府实施 T 满足以下条件的绿色激励机制：$\left(c-b-p_1\right)/x<T<\left(U_g-C_g\right)/Q$ 以推动该旅游服务系统演变到理想的绿色旅游状态 ESS（1,1,1）。

命题 9.5 确定了有助于绿色旅游业发展的条件。基于对表达式 $\left(c-b-p_1\right)/x$ 的观察，可以发现其下界随 x 的减小而增加。这表明随着旅游企业采用绿色旅游策略的初始概率越低，政府需要给予的绿色激励强度也就越强。这意味着地方政府实施绿色旅游监管越严格，就越能促使绿色旅游激励机制的实施。同样，地方政府实施绿色旅游激励机制的上限随着市场需求的减少而增加。这表明中央政府应率先在旅游业规模较小的地区实施该激励机制，这可以降低总的财政支出，提高该机制的运用效率。为了确保地方政府有动力实施绿色旅游激励机制，中央政府应该提供足够高的绿色政策支持，即 $U_g>\left(c-b-p_1\right)Q/x+C_g$。否则，该政策有可能只是短期有效而并不能从长期上促使整个社会向可持续旅游方向发展。

图 9.7 根据参数值 $U=10$，$b=3$，$r=1$，$p_1=10$，$p_2=8$，$c=18$，$x_0=1$ 检验了地方政府绿色旅游激励机制的作用。本节使参数 T 以步长 0.75 在区间[0,12]上变化。从图 9.7 可以发现，当绿色激励强度相对较低时（黑线），地方政府无

法驱使旅游企业和游客同时选择绿色旅游模式。相反，当绿色激励强度足够高时（灰线），绿色旅游激励机制可以有效地激励传统旅游转变为发展绿色旅游。地方政府可以根据上述分析，制定合理的绿色旅游激励政策。

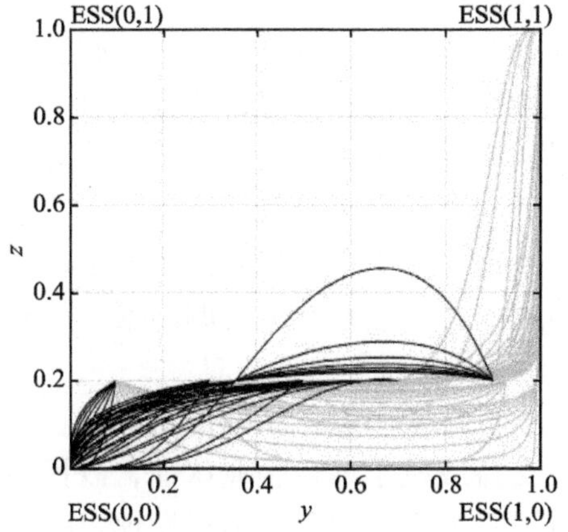

（a）z_0=0.2

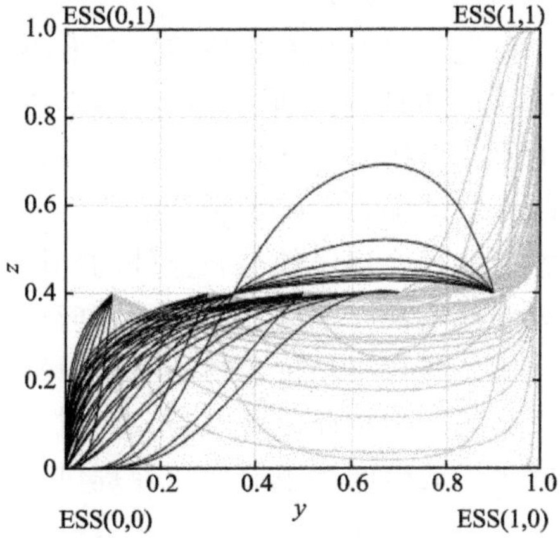

（b）z_0=0.4

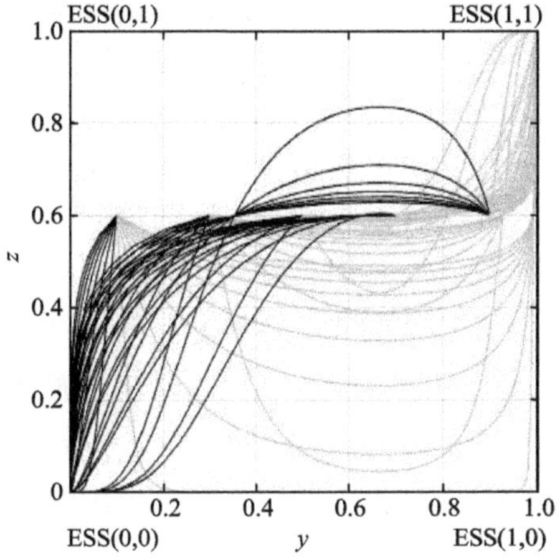

（c）z_0=0.6

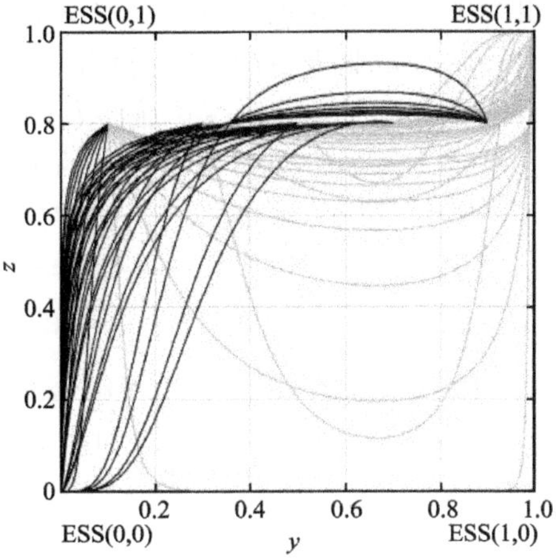

（d）z_0=0.8

图 9.7　T 变化对旅游服务系统动态演化趋势的影响

9.5　本章小结

在有限理性假设下，本章结合政府的绿色旅游监管政策、旅游企业的品牌收益和游客的环境偏好，通过考虑地方政府、旅游企业和游客间的相互博弈，建立了三方动态演化博弈模型。本章讨论了每个旅游利益相关者策略的演变过程，并探索了地方政府是如何有效促进绿色旅游的发展。通过数值实验，分析了一些重要因素对每个旅游利益相关者决策的影响。通过演化博弈分析，得到的主要研究结论和管理见解如下：

首先，地方政府的决策同时取决于旅游企业和游客的决策。同样，旅游企业的决策也同时受到地方政府和游客决策的影响。值得注意的是，地方政府的监管行为不能直接影响游客的购买决策，但可以通过激励旅游企业售卖绿色旅游产品来间接驱动游客购买绿色产品。研究还表明，即使存在于现实环境中的一些影响因素（如社会环境效益和额外的环境治理成本等）并不会影响旅游服务系统的长期策略稳定性。因此，地方政府应该集中力量关注一些相对重要的因素，如旅游企业的品牌收益和游客的环境偏好等。

其次，当企业品牌收益较高时，旅游企业自愿采用绿色旅游创新策略。地方政府可以通过向绿色旅游企业提供一些政策支持或授予绿色企业认证，以提高其品牌收益，从而激发旅游公司采取绿色旅游运营模式。由此，本章发现当游客对绿色旅游产品的偏好足够高时，即使地方政府不执行绿色旅游监管政策，旅游企业也会主动采取绿色旅游策略。这意味着游客的环境偏好可以通过市场机制独立地引导旅游企业进行绿色旅游创新。这表明加强环保知识的宣传，提高游客的环保意识是有效促进我国绿色旅游发展的重要途径之一。

最后，各个旅游利益相关者的策略演化过程受初始状态和相应稳定条件的影响。旅游利益相关者参与绿色旅游活动的初始意愿可以影响参与者的短期决策，但是演化稳定条件可以影响每个参与者的长期决策。对于旅游企业和地方政府来说，可以参考命题 9.5 做出明智的决策。在给定绿色激励条件$(c-b-p_1)/x<T<(U_g-C_g)/Q$，本章指出该动态旅游服务系统可以演变为理想的绿色旅游状态 ESS（1,1,1）。因此所有旅游利益相关者必须共同努力，以实现我国绿色旅游的可持续稳健发展。为了刺激地方政府自愿履行职责，中央政府应通过提供财政补贴或肯定地方政府的工作来加强对绿色旅游政策的推进。地方政府可以通过支持旅游企业的绿色技术开发、产品设计、能源供应、人员培训等相关工作，促进绿色旅游运营模式的发展，特别是要为旅游企业制定合理的绿色激励强度。最重要的是，建议政府可以在旅游规模相对较小的地区实施绿色激励机制，这可以在很大程度上缩小财政支出以达到相似的目的。

第 10 章　考虑游客环境偏好的竞争型旅游服务系统演化分析

10.1 概　　述

在商业实践中，产品运营策略对公司的生存和发展至关重要，它往往决定着公司业务的前进方向。与实体产品企业类似，旅游企业通常也采用低价或产品差异化等策略来提高自身的核心竞争力，从而争夺更多的市场份额。随着人们生活水平的不断提高，当今人们对旅游的消费需求与日俱增（Chan et al.，2014）。在政府的环境保护倡导下，人们也越来越喜欢绿色旅游（黄和平等，2019）。在现实商业运营中，成功的旅游企业通常要求其职业经理人在做决策时不仅要考虑旅游产品的服务质量，同时也要考虑一些其他的外界因素，如游客的环境偏好等。迄今为止，已有许多旅游企业采用绿色运营策略来达到或超过预期的社会环境标准，如很多旅游胜地为游客提供绿色认证酒店（刘孝娟和王彩妮，2020）。然而，提供绿色服务产品的旅游公司在绿色旅游创新或废物处理方面，往往面临着更高的运营成本。例如，旅游景区采用充电代步车替换油耗机动车、在景区布置分类环保垃圾箱、开发设计绿色环保型旅游产品、推行绿色低碳酒店运营模式等活动都需要投入大量的人力物力资源（谢园方和赵媛，2010）。因此，旅游企业必须在绿色旅游运营收益和环境保护成本之间进行权衡，以决定是否实施绿色旅游策略。与实体有形产品不同，旅游服务产品往往在游客消费时生效。也就是说，游客不仅是服务的购买者，同时还是旅游服务价值的共同创造者。因此额外的绿色旅游服务成本（如单位的排污处理成本）通常与市场需求量有关，这与实物产品绿色创新的情况有所不同。

在第 9 章的研究基础上，基于有限理性假设理论，本章将进一步分析旅游企业间的产品竞争策略是如何影响我国旅游企业可持续运营管理的。具体而言，本章主要研究两类竞争型旅游运营商（tourism operator，TO）在做传统旅游和绿色旅游抉择时的策略稳定性问题。本章试图构建竞争型演化博弈模型来解决以下重要实践问题：面向环境偏好型游客，竞争型旅游运营商在什么情况下会采用绿色旅游策略？竞争型旅游运营商在不同的策略组合下是如何制定产品价格的？该竞争型旅游服务系统的长期演化稳定策略是什么？政府如何有效地激励竞争型旅游运营商同时采取绿色旅游运营模式？通过回答这些问题，本章将为旅游企业和政府提供产品运营决策建议和促进绿色旅游发展的政策制定参考依据。

为了解决上述问题，本章基于经典的 Hotelling 模型，将游客的环境偏好纳入游客的服务体验价值效用函数中以推导出不同竞争情形下的市场需求函数，并建立了一次性双寡头博弈模型和由两个不对称型旅游运营商组成的市场竞争型演化博弈模型。通过对模型的求解和分析，推导出旅游运营商的最优价格、需求和利润，并探讨了他们产品运营策略的演化稳定性。另外，本章进一步提出可能的政府补贴机制，从而有效地激励竞争型旅游运营商都愿意实施绿色旅游运营模式。

10.2　模型假设与构建

本节首先对研究问题和相关假设进行了阐述，其次基于古典 Hotelling 竞争模型推导出不同市场竞争环境下的市场需求函数。与传统的 Hotelling 模型不同，本章考虑了游客环境偏好的影响。

10.2.1　问题描述

本章考虑了两类向具有环境偏好型游客出售旅游产品的横向竞争型旅游运营商。每个旅游运营商都可以在传统旅游策略（策略 T）和绿色旅游策略（策略 G）之间进行战略性选择。当两家旅游运营商都采用传统的旅游策略（TT）时，它们之间仅存在价格竞争。当有且只有其中一家旅游企业选择绿色旅游策略（TG 或 GT）时，很显然采用策略 G 的旅游运营商对具有环境偏好的游客更具有吸引力。假设这两类旅游运营商间进行纳什博弈，他们可以通过观察和学习竞争对手的策略来不断调整自己的策略决策。本章假设所有信息对所有参与者都是完全透明的（赵黎明和陈喆芝，2018），并且政府仅补贴绿色旅游创新型旅游企业。

10.2.2　市场需求分析

接下来，本节将推导出不同产品竞争情形下旅游企业的市场需求函数。假设双寡头旅游运营商具有线性运输成本和完全的市场覆盖能力，其游客均匀分布在密度为 1 的[0,1]区间上（Hotelling，1929）。假设竞争力较强的旅游运营商（TO_1）位于位置 0 处，而较弱的旅游运营商（TO_2）位于位置 1 处。此外，本章假设每个游客只购买单位的绿色或非绿色旅游服务产品，从而享有如下的净效用：

$$\begin{cases} u_1^j = v + mke - p_1^j - tx^j \\ u_2^j = v + nke - p_2^j - t\left(1 - x^j\right) \end{cases} \tag{10.1}$$

其中，$u_i^j\,(i=1,2;\,j=\mathrm{TT},\mathrm{GT},\mathrm{TG},\mathrm{GG})$表示游客在不同产品竞争情形下，通过从 TO_1 或 TO_2 处购买旅游产品的效用；记号 v 表示旅游产品的基本体验价值，这对所有游客而言都是相同的；记号 p_i^j 表示由 TO_i 设定的销售价格；x^j 表示游客到 TO_1 的距离，可以解释为游客对不同旅游企业产品的相对喜爱程度；$t>0$ 表示游客交通旅行成本或产品差异化的边际成本（Hotelling，1929）；mke 和 nke 部分刻画的是旅游运营商通过提供绿色旅游服务对游客带来的效用提升，其中，m 和 n 是二元指示变量。$m=0(n=0)$表示 TO_1（TO_2）采用策略 T，而 $m=1(n=1)$表示 TO_1（TO_2）采用策略 G。参数 e 表示由旅游运营商所提供的绿色服务水平。请注意，本章只考虑相同且外生的绿色服务水平，以重点讨论每个旅游运营商的不同绿色旅游服务创新能力的影响。参数 k 表示游客的环境偏好，k 值越大表明游客更加喜欢绿色旅游服务产品。

在完全市场覆盖的假设下，当旅游运营商仅在价格上竞争时，游客通过从 TO_1 和 TO_2 处购买传统旅游产品获得的效用分别为 $u_1^{\mathrm{TT}} = v - p_1^{\mathrm{TT}} - tx^{\mathrm{TT}}$ 和 $u_2^{\mathrm{TT}} = v - p_2^{\mathrm{TT}} - t\left(1 - x^{\mathrm{TT}}\right)$。此外，市场需求的推导需要确定位于 $x^{\mathrm{TT}*}$ 处的无差异消费者，即使得 $u_1^{\mathrm{TT}} = u_2^{\mathrm{TT}}$。由 $v - p_1^{\mathrm{TT}} - tx^{\mathrm{TT}*} = v - p_2^{\mathrm{TT}} - t\left(1 - x^{\mathrm{TT}*}\right)$，可以推导出 TO_1 的需求为 $D_1^{\mathrm{TT}} = x^{\mathrm{TT}*} = \dfrac{p_2^{\mathrm{TT}} + t - p_1^{\mathrm{TT}}}{2t}$，$TO_2$ 的需求为 $D_2^{\mathrm{TT}} = 1 - x^{\mathrm{TT}*} = 1 - \dfrac{p_2^{\mathrm{TT}} + t - p_1^{\mathrm{TT}}}{2t}$。当 TO_1 采用策略 G 而 TO_2 选择策略 T 时，游客从 TO_1 购买绿色旅游服务产品的效用满足 $u_2^{\mathrm{GT}} = u_2^{\mathrm{TT}}$，而 $u_1^{\mathrm{GT}} = v + ke - p_1^{\mathrm{GT}} - tx^{\mathrm{GT}}$。根据 $u_1^{\mathrm{GT}} = u_2^{\mathrm{GT}}$，可以得出每个旅游运营商的需求函数为 $D_1^{\mathrm{GT}} = x^{\mathrm{GT}*} = \dfrac{p_2^{\mathrm{GT}} + t + ke - p_1^{\mathrm{GT}}}{2t}$ 和 $D_2^{\mathrm{GT}} = 1 - x^{\mathrm{GT}*} = 1 - \dfrac{p_2^{\mathrm{GT}} + t + ke - p_1^{\mathrm{GT}}}{2t}$。在策略 TG 组合中，可以得到游客的效用分别是 $u_1^{\mathrm{TG}} = u_1^{\mathrm{TT}}$ 和 $u_2^{\mathrm{TG}} = v + ke - p_2^{\mathrm{TG}} - t\left(1 - x^{\mathrm{TG}}\right)$。使用类似的推导思路，可以得到 TO_1 的需求为 $D_1^{\mathrm{TG}} = x^{\mathrm{TG}*} = \dfrac{p_2^{\mathrm{TG}} + t - ke - p_1^{\mathrm{TG}}}{2t}$，而 TO_2 的需求为 $D_2^{\mathrm{TG}} = 1 - x^{\mathrm{TG}*} = 1 -$

$\frac{p_2^{\mathrm{TG}}+t-ke-p_1^{\mathrm{TG}}}{2t}$。在策略GG组合下，从$\mathrm{TO_1}$和$\mathrm{TO_2}$购买旅游产品的游客的效用分别是$u_1^{\mathrm{GG}}=u_1^{\mathrm{GT}}$和$u_2^{\mathrm{GG}}=u_2^{\mathrm{TG}}$。最后，本节可以推导出如下的市场需求函数：$D_1^{\mathrm{GG}}=x^{\mathrm{GG}*}=\frac{p_2^{\mathrm{GG}}+t-p_1^{\mathrm{GG}}}{2t}$和$D_2^{\mathrm{GG}}=1-x^{\mathrm{GG}*}=1-\frac{p_2^{\mathrm{GG}}+t-p_1^{\mathrm{GG}}}{2t}$。

10.3 竞争型旅游企业间的一次性博弈

本节将对旅游运营商之间的一次性双寡头博弈进行建模，并得出在不同产品竞争情形下绿色和非绿色旅游产品的最优定价决策。如前所述，绿色旅游产品的成本通常与游客的数量有关，如控制碳排放或处理一次性旅游废弃物。参考前人文献，本章将旅游业的绿色创新单位可变成本用二次函数$\mu_i e^2\left(i=1,2\right)$来刻画，其中$\mu_i$是成本系数，代表着旅游运营商的绿色创新能力。$\mu_i$值越高，旅游运营商的绿色创新效率越低。该二次成本函数已被广泛证明是合理的，并被许多研究人员所使用（Guo et al.，2013；Zhu and He，2016）。本章进一步假设$\mu_1<\mu_2$，这意味着 $\mathrm{TO_1}$ 与 $\mathrm{TO_2}$ 相比具有绿色旅游创新成本优势。假设除绿色旅游创新成本外，传统/绿色旅游产品的其他成本为c_0，则传统（绿色）旅游产品的单位平均成本为$c_0\left(c_0+\mu_i e^2\right)$。由于参数$c_0$不会影响模型的主要研究结论，不失一般性地，本章假设c_0=0以简化数学模型。在某些实际情况下，旅游管理者在做出运营决策时往往会忽略边际旅游服务成本，如飞机座位和酒店房间等，因为这些都是沉没的投资成本。因此，这种简化在旅游行业里体现更加普遍和合理。除此之外，因为旅游服务产品不可存储性和易逝性，我们不考虑在某一特定周期内其未卖出去时候的遗留残值。

本章将使用上标*来表示最优解，π_i^j表示不同策略组合下 TO_i 的利润。接下来，本章研究在策略TT组合下$\mathrm{TO_1}$和$\mathrm{TO_2}$之间的价格竞争。根据前面推导出的需求函数，可以得到两个旅游运营商的最优化问题如下：

$$\begin{cases}\max_{p_1^{\mathrm{TT}}}\pi_1^{\mathrm{TT}}=p_1^{\mathrm{TT}}\left(\dfrac{p_2^{\mathrm{TT}}+t-p_1^{\mathrm{TT}}}{2t}\right)\\ \max_{p_2^{\mathrm{TT}}}\pi_2^{\mathrm{TT}}=p_2^{\mathrm{TT}}\left(1-\dfrac{p_2^{\mathrm{TT}}+t-p_1^{\mathrm{TT}}}{2t}\right)\end{cases}\tag{10.2}$$

通过求解最优化问题，即模型（10.2），可以得到旅游运营商的均衡价格为

$p_1^{TT*}=p_2^{TT*}=t$，进而旅游运营商的利润为 $\pi_1^{TT*}=\pi_2^{TT*}=\frac{t}{2}$。这意味着两家旅游运营商将设置相同的销售价格，从而获得相等的市场份额和利润。为了方便正文书写，本章附录中提供了求解这四种策略组合模型的所有详细证明。

在可持续发展背景下，一些旅游企业可能被激励实施绿色旅游创新，以吸引更多的环保型游客。假设 TO_1 选择了策略 G，而 TO_2 选择了策略 T。基于上小节给出的需求函数，本节可以得到以下旅游运营商的利润函数：$\pi_1^{GT}=\left(p_1^{GT}-\mu_1e^2\right)\left(\frac{p_2^{GT}+t-p_1^{GT}+ke}{2t}\right)$ 和 $\pi_2^{GT}=p_2^{GT}\left(1-\frac{p_2^{GT}+t-p_1^{GT}+ke}{2t}\right)$。与策略 GT 相反，如果 TO_1 选择策略 T 而 TO_2 采用策略 G，则两家旅游运营商的利润函数为 $\pi_1^{TG}=p_1^{TG}\left(\frac{p_2^{TG}+t-p_1^{TG}-ke}{2t}\right)$ 和 $\pi_2^{TG}=\left(p_2^{TG}-\mu_2e^2\right)\left(1-\frac{p_2^{TG}+t-p_1^{TG}-ke}{2t}\right)$。如果两家旅游运营商都采用策略 G，则它们的利润函数可以表示为 $\pi_1^{GG}=\left(p_1^{GG}-\mu_1e^2\right)\left(\frac{p_2^{GG}+t-p_1^{GG}}{2t}\right)$ 和 $\pi_2^{GG}=\left(p_2^{GG}-\mu_2e^2\right)\left(1-\frac{p_2^{GG}+t-p_1^{GG}}{2t}\right)$。使用与之前类似的求解方法，本章可以获得上述三种情况下旅游运营商的最优价格、需求和利润，并将它们归纳总结在表 10.1 中。

表 10.1　不同竞争情况下的均衡解

均衡解	策略 TT	策略 GT	策略 TG	策略 GG
p_1^*	t	$\frac{\left(ek+3t+2e^2\mu_1\right)}{3}$	$\frac{\left(3t+e^2\mu_2-ek\right)}{3}$	$\frac{\left(3t+2e^2\mu_1+e^2\mu_2\right)}{3}$
p_2^*	t	$\frac{\left(3t+e^2\mu_1-ek\right)}{3}$	$\frac{\left(ek+3t+2e^2\mu_2\right)}{3}$	$\frac{\left(3t+e^2\mu_1+2e^2\mu_2\right)}{3}$
q_1^*	1/2	$\frac{ek+3t-e^2\mu_1}{6t}$	$\frac{3t+e^2\mu_2-ek}{6t}$	$\frac{3t-e^2\mu_1+e^2\mu_2}{6t}$
q_2^*	1/2	$\frac{3t+e^2\mu_1-ek}{6t}$	$\frac{ek+3t-e^2\mu_2}{6t}$	$\frac{3t+e^2\mu_1-e^2\mu_2}{6t}$
π_1^*	$\frac{t}{2}$	$\frac{\left(ek+3t-e^2\mu_1\right)^2}{18t}$	$\frac{\left(3t+e^2\mu_2-ek\right)^2}{18t}$	$\frac{\left(3t+e^2\mu_2-e^2\mu_1\right)^2}{18t}$
π_2^*	$\frac{t}{2}$	$\frac{\left(3t+e^2\mu_1-ek\right)^2}{18t}$	$\frac{\left(ek+3t-e^2\mu_2\right)^2}{18t}$	$\frac{\left(e^2\mu_1+3t-e^2\mu_2\right)^2}{18t}$

为了确保在四种竞争环境（TT、GT、TG 和 GG）下旅游运营商的均衡解都为非负值，本章假设游客的环境偏好满足 $\left(\mu_2e^2-3t\right)/e\leqslant k\leqslant\left(\mu_1e^2+3t\right)/e$ 且 $e^2\mu_2\leqslant 3t+e^2\mu_1$。这两个条件保证两类旅游运营商均有动力参与到旅游商业中来。通过比较不同竞争环境下的最优解，可以得到如下命题。

命题 10.1：在一次性双寡头博弈中：

（1）当游客的环境偏好非常高时（对于 TO_1，$k > \left(\mu_1 e^2 + 3t\right)/e$；对于 TO_2，$k > \left(\mu_2 e^2 + 3t\right)/e$），绿色旅游创新先驱者有机会通过实施策略 G 垄断市场。

（2）当两家旅游运营商都采用策略 G 时，环保型游客将为绿色产品支付更高的价格（$p_1^{TT*} < p_1^{GG*}$ 和 $p_2^{TT*} < p_2^{GG*}$），旅游运营商的绿色服务创新能力越强，越能获得更多的游客（$q_1^{GG*} > \dfrac{1}{2} > q_2^{GG*}$）。

通过比较表10.1中所示的均衡解，命题10.1很容易得到证明。命题10.1（1）表明，当游客的环境偏好足够高时，绿色旅游创新先驱者有机会垄断市场。因此，面向环境友好型游客的旅游运营商应及早采用绿色旅游创新，否则很可能会被挤出市场。命题10.1（2）表明，两家旅游运营商都可能将部分绿色旅游创新成本转嫁给游客，从而导致更高的市场销售价格，这使得企业必须投入更多的资源以促进可持续旅游发展，而环境友好型游客往往也愿意为此付出更高的费用。凭借其成本优势，TO_1 将以较低的价格赢得更大的市场份额，从而获得更大的利润。这意味着，保持较强的创新能力始终有益于旅游企业应对不断变化的市场环境。请注意，在策略GG组合下，两家旅游运营商的利润均低于策略TT组合。其原因是他们必须承担一定的绿色旅游创新成本。由于较强的竞争，他们并不能将所有的成本进行转移。

10.4 旅游企业绿色创新策略演化稳定性分析

如前所述，在有限理性的假设下，参与博弈的玩家的决策是相互依赖的，一次性博弈策略并不一定适用于所有的旅游运营商。他们往往通过不断学习和模仿竞争对手的策略，最终确定其最佳且稳定的策略。因此，有必要分析每位参与者策略的演变过程。接下来，本章将建立演化博弈模型来研究旅游运营商间的长期策略互动关系。在 TT 情况下旅游运营商的利润是对称的，为简单起见，本章令 $\pi_1^{TT*} = \pi_2^{TT*} = \pi^{TT}$。因此，可以建立其相应的收益矩阵，如表 10.2 所示。

表 10.2　旅游企业的收益矩阵

TO_1	TO_2	
	策略 G（y）	策略 T（$1-y$）
策略 G（x）	$\left(\pi_1^{GG}, \pi_2^{GG}\right)$	$\left(\pi_1^{GT}, \pi_2^{GT}\right)$
策略 T（$1-x$）	$\left(\pi_1^{TG}, \pi_2^{TG}\right)$	$\left(\pi^{TT}, \pi^{TT}\right)$

假设 TO_1 采用策略 G 的概率为 x，那么 TO_1 选择策略 T 的概率为 $1-x$。同样，本章用 y 和 $1-y$ 分别表示 TO_2 采纳策略 G 和策略 T 的概率。根据复制动态方程，TO_1 采用策略 G 的增长率 $\frac{\mathrm{d}x/\mathrm{d}t}{x}$ 等于收益 $a \times A_1 \times (y,1-y)^{\mathrm{T}}$ 与平均收益 $(x,1-x)\times A_1 \times (y,1-y)^{\mathrm{T}}$ 的差。其中，$a=(1,0)$ 表示 TO_1 采用策略 G 的概率为 1，而 A_1 表示收益矩阵 $\begin{bmatrix} \pi_1^{\mathrm{GG}} & \pi_1^{\mathrm{GT}} \\ \pi_1^{\mathrm{TG}} & \pi^{\mathrm{TT}} \end{bmatrix}$（Yi and Yang，2017）。由此，可以推导出 TO_1 的复制动态方程为

$$F(x)=\frac{\mathrm{d}x}{\mathrm{d}t}=x\big(a-(x,1-x)\big)\times A_1 \times (y,1-y)^{\mathrm{T}} \tag{10.3}$$

其中，$F(x)$ 表示 TO_1 使用策略 G 的变化率。$F'(0)<0$ 表明 TO_1 选择策略 G 的比例随时间演变为 0，而 $F'(1)<0$ 表示它将演变为 1。式（10.3）表明，旅游运营商会通过模仿和学习竞争对手的行为以获得更高的利润。如果旅游运营商采用策略 G 所获得的利润高于其他策略的平均收益，则他选择该策略的比例会增加；否则，将会下降。根据表 10.2，本节可以推导出式（10.3）的具体表达式，并将其最终化简为

$$F(x)=\frac{\mathrm{d}x}{\mathrm{d}t}=x(1-x)\left\{\left(\pi_1^{\mathrm{GG}}+\pi^{\mathrm{TT}}-\pi_1^{\mathrm{GT}}-\pi_1^{\mathrm{TG}}\right)y+\pi_1^{\mathrm{GT}}-\pi^{\mathrm{TT}}\right\} \tag{10.4}$$

同样地，TO_2 的复制动态方程可以表示为

$$F(y)=\frac{\mathrm{d}y}{\mathrm{d}t}=y(1-y)\left\{\left(\pi_2^{\mathrm{GG}}+\pi^{\mathrm{TT}}-\pi_2^{\mathrm{GT}}-\pi_2^{\mathrm{TG}}\right)x+\pi_2^{\mathrm{TG}}-\pi^{\mathrm{TT}}\right\} \tag{10.5}$$

具体的简化过程在本章附录中给出。

10.4.1 旅游运营商 1 的策略稳定性分析

本节首先分析 TO_1 策略的动态演化过程。为了清楚和简单起见，本章定义 $\Delta L \overset{\mathrm{def}}{=} \pi_1^{\mathrm{GG}}-\pi_1^{\mathrm{TG}}$，$\Delta n \overset{\mathrm{def}}{=} \pi_1^{\mathrm{GT}}-\pi^{\mathrm{TT}}$。将 ΔL 与 Δn 之差定义为 $\Delta m \overset{\mathrm{def}}{=} \Delta L-\Delta n = \pi_1^{\mathrm{GG}}+\pi^{\mathrm{TT}}-\pi_1^{\mathrm{GT}}-\pi_1^{\mathrm{TG}}$。本章令 $y^*=-\frac{\Delta n}{\Delta m}$ 为 $F(x)=0$ 的一个根。从以上定义可以得出 $\left|y^*\right| \leqslant 1$ 始终成立。从表 10.1 可以得到 $\Delta L=\frac{-e(k-e\mu_1)(ek-6t+e^2\mu_1-2e^2\mu_2)}{18t}$、$\Delta n=\frac{e(k-e\mu_1)(ek+6t-e^2\mu_1)}{18t}$ 和 $\Delta m=-\frac{e^2(k-e\mu_1)(k-e\mu_2)}{9t}$，其中，$\Delta L$ 用于旅游运营商判断当竞争对手采用策略 G 时，是否应该采用策略 G。符号 Δn 表示当竞

争对手采用策略 T 时，旅游运营商是否应该采用策略 G 的决策方程。Δm 表示 $F(x)$ 和 y 间的变化关系。由此，可以得到命题 10.2，辨别了 TO_1 的演化稳定策略。

命题 10.2：

（1）当 $\frac{e^2\mu_2-3t}{e}<k<e\mu_1$ 时，$x^*=0$ 是演化稳定策略；当 $e\mu_1<k<e\mu_2$ 时，$x^*=1$ 是演化稳定策略。

（2）当 $e\mu_2<k<\frac{e^2\mu_1+3t}{e}$ 时，如果 $y>y^*$，$x^*=0$ 是演化稳定策略；如果 $y<y^*$，$x^*=1$ 是演化稳定策略。

（3）当 $e\mu_2<k<\frac{e^2\mu_1+3t}{e}$ 且 $y=y^*$ 时，TO_1 会保持初始策略不变。

TO_1 策略的动态演化路径如图 10.1 所示。

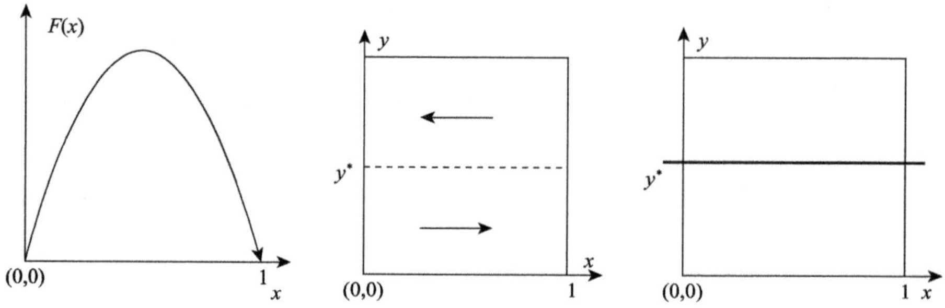

（a）$e\mu_1<k<e\mu_2$　（b）$e\mu_2<k<\frac{e^2\mu_1+3t}{e}$　（c）$e\mu_2<k<\frac{e^2\mu_1+3t}{e}, y=y^*$

图 10.1　TO_1 策略的动态演化路径图

箭头方向表示策略演化趋势

从命题 10.2 可以得到以下结论，本节使用图 10.1 来帮助读者进行理解。对式（10.5）求解 x 的一阶导数，可以得到 $F'(x)=(1-2x)\{\Delta my+\Delta n\}$。首先，当 $(e^2\mu_2-3t)/e<k<e\mu_1$ 时，可以证明 $\Delta my+\Delta n<0$ 对于任何 y 为真，所以 $F'(x)|_{x=0}<0$。在这种情况下，无论 TO_2 选择何种策略，TO_1 最终都会采用策略 T。当 $e\mu_1<k<e\mu_2$ 时，可以发现 $\Delta my+\Delta n>0$ 对于任何 y 成立，进而 $F'(x)|_{x=1}<0$。这意味着从长远来看，TO_1 将选择策略 G。在以上两种情况下，市场竞争因素将不会影响 TO_1 的绿色旅游创新决策。换句话说，在这些情况下 TO_1 可以在不考虑竞争对手策略的情况下做出产品运营决策。其次，当 $e\mu_2<k<(e^2\mu_1+3t)/e$ 且 $y\neq y^*$ 时，可以推断出竞争对手的策略可能会影响 TO_1 的决策。具体而言，如果 TO_2 采用策略 G 的初始概率越高，那么 TO_1 采用策略 G 的概率越

低，即 TO_1 将采用与 TO_2 相反的策略。在这种情况下，较强的旅游运营商必须考虑竞争对手的非理性决策。其原因可能是，当游客的环境偏好很高时，由于较弱的旅游运营商的不理性行为，可能会采用破坏性的价格策略来争夺一些市场份额。此时，较强的旅游运营商应该适当放弃部分市场份额，以免遭受更大的非理性竞争。最后，当 $e\mu_2 < k < \left(e^2\mu_1 + 3t\right)/e$ 且 $y = y^*$ 时，TO_1 的任何策略都是稳定的。这意味着 TO_1 采用策略 G 的比例将不会随时间而发生改变。综上所述，TO_1 做出绿色旅游创新的决策取决于他自身的营利能力，而较少受到其竞争对手策略的影响，除非遇到恶性竞争。

10.4.2 旅游运营商 2 的策略稳定性分析

与前小节类似，本节定义 $\Delta\overline{L} \overset{\text{def}}{=} \pi_2^{\text{GG}} - \pi_2^{\text{GT}}$，$\Delta\overline{n} \overset{\text{def}}{=} \pi_2^{\text{TG}} - \pi^{\text{TT}}$ 及将 $\Delta\overline{L}$ 和 $\Delta\overline{n}$ 之间的差定义为 $\Delta\overline{m} \overset{\text{def}}{=} \Delta\overline{L} - \Delta\overline{n} = \pi_2^{\text{GG}} + \pi^{\text{TT}} - \pi_2^{\text{GT}} - \pi_2^{\text{TG}}$。此外，本节假设 $x^* = -\dfrac{\Delta\overline{n}}{\Delta\overline{m}}$ 是除了 $y=0$ 或 $y=1$ 之外 $F(y)=0$ 的一个根，可以证明 $\left|x^*\right| \leqslant 1$ 始终成立。根据表 10.1，再经过一些简化，可以得到 $\Delta\overline{L} = \dfrac{-e\left(k - e\mu_2\right)\left(ek - 6t + e^2\mu_2 - 2e^2\mu_1\right)}{18t}$、$\Delta\overline{n} = \dfrac{e\left(k - e\mu_2\right)\left(ek + 6t - e^2\mu_2\right)}{18t}$ 和 $\Delta\overline{m} = -\dfrac{e^2\left(k - e\mu_1\right)\left(k - e\mu_2\right)}{9t}$。

命题 10.3：

（1）当 $\left(e^2\mu_2 - 3t\right)/e < k < e\mu_1$ 时，$y=0$ 是演化稳定策略。

（2）当 $e\mu_1 < k < e\mu_2$ 时，如果 $x > x^*$，$y=1$ 是演化稳定策略；如果 $x < x^*$，$y=0$ 是演化稳定策略。

（3）当 $e\mu_2 < k < \left(e^2\mu_1 + 3t\right)/e$ 时，如果 $x > x^*$，$y=0$ 是演化稳定策略；如果 $x < x^*$，$y=1$ 是演化稳定策略。

（4）当 $e\mu_1 < k < e\mu_2$ 或 $e\mu_2 < k < \left(e^2\mu_1 + 3t\right)/e$ 时，如果 $x = x^*$，TO_2 保持初始策略不变。

图 10.2 用于可视化本命题的结论。命题 10.3（1）表明当游客的环境偏好非常低时，TO_2 最终会采用传统旅游策略，且不考虑 TO_1 策略的影响。这一结果相对直观，因为具有成本劣势的旅游运营商无法获得足够多的市场份额来弥补其绿色创新成本。当 $e\mu_1 < k < e\mu_2$（或 $e\mu_2 < k < \left(e^2\mu_1 + 3t\right)/e$）且 $y \neq y^*$ 时，可以发现 TO_1 的策略将显著影响 TO_2 的决策。具体而言，当 $e\mu_1 < k < e\mu_2$ 时，TO_2 将采取与

TO_1相同的策略，即在环境偏好适度的情况下，TO_2将跟随TO_1实施绿色旅游创新策略。相反，当$e\mu_2 < k < \left(e^2\mu_1 + 3t\right)/e$时，可以发现 TO_1 采用策略 G 的初始意愿越高，TO_2 采用策略 G 的意愿越低。这表明当环境偏好较高时，TO_2 采用策略 G 的比例与 TO_1 采用策略 G 的比例呈负相关。最后，当$e\mu_1 < k < e\mu_2$或$e\mu_2 < k < \left(e^2\mu_1 + 3t\right)/e$ $(\Delta\bar{m} \times \Delta\bar{n} < 0)$且$x = x^*$时，$TO_2$ 的任何初始策略都是稳定的。也就是说，此时 TO_2 采取策略 G 或策略 T 的比例将不会随时间而发生变化。综上所述，与 TO_1 相反，TO_2 采取何种产品运营策略很大程度上取决于 TO_1 的决策。

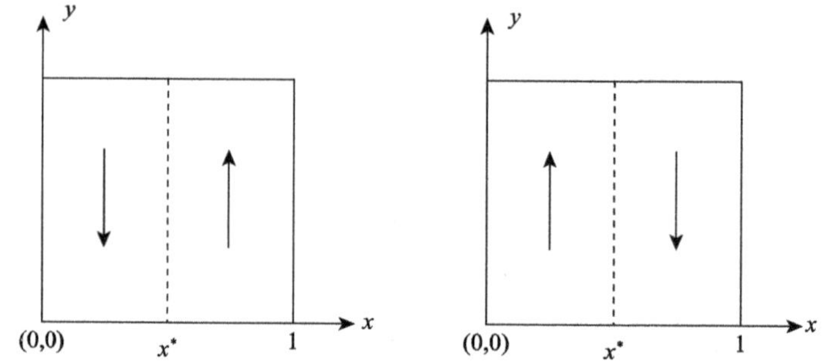

（a）$e\mu_1 < k < e\mu_2$　　（b）$e\mu_2 < k < \left(e^2\mu_1 + 3t\right)/e$

图 10.2　TO_2 策略的演化路径图

10.4.3　旅游企业间的演化稳定策略分析

根据以上对每类旅游运营商策略稳定性的分析，可以发现每个参与者的决策在一定程度上受到竞争对手策略的影响。在本小节中，重点讨论不同竞争情形下旅游运营商的长期演化稳定策略。根据复制动态方程（10.4）和方程（10.5），可以发现此动态旅游服务系统具有五个可能的平衡点，即（0,0）、（0,1）、（1,0）、（1,1）和$\left(x^*, y^*\right)$。根据微分方程的稳定性定理，当雅可比矩阵的迹 tr$J$ 和行列式 det$J$ 满足条件 tr$J < 0$ 和 det$J > 0$ 时，该策略为演化稳定策略（Friedman，1991）。因此，可以推断出旅游运营商的复制动态方程的雅可比矩阵 J 如下：

$$J = \begin{bmatrix} \dfrac{\partial F(x)}{\partial x} & \dfrac{\partial F(x)}{\partial y} \\ \dfrac{\partial F(y)}{\partial x} & \dfrac{\partial F(y)}{\partial y} \end{bmatrix} = \begin{bmatrix} (1-2x)(\Delta m y + \Delta n) & x(1-x)\Delta m \\ y(1-y)\Delta\bar{m} & (1-2y)(\Delta\bar{m}x + \Delta\bar{n}) \end{bmatrix} \quad (10.6)$$

从雅可比矩阵 J，可以得到 tr$J$ 和 det$J$ 如下：

$$\begin{cases}\mathrm{tr}J=(1-2x)(\Delta my+\Delta n)+(1-2y)(\Delta\bar{m}x+\Delta\bar{n})\\ \det J=(1-2x)(\Delta my+\Delta n)(1-2y)(\Delta\bar{m}x+\Delta\bar{n})-x(1-x)\Delta my(1-y)\Delta\bar{m}\end{cases}\tag{10.7}$$

通过判断 tr$J$ 和 det$J$ 的符号，可以得到如下结论，该结论总结了旅游运营商的长期演化稳定策略。

命题 10.4：

（1）当$(e^2\mu_2-3t)/e<k<e\mu_1$时，$(x,y)=(0,0)$是演化稳定策略。

（2）当$e\mu_1<k<e\mu_2$时，$(x,y)=(1,0)$是演化稳定策略。

（3）当$e\mu_2<k<(e^2\mu_1+3t)/e$时，$(x,y)=(1,1)$是演化稳定策略。

（4）在任何条件下，策略集$(x,y)=(0,1)$或(x^*,y^*)都不是演化稳定策略。

命题 10.4 指明了该旅游服务系统的局部稳定性及其相应条件。从长远来看，当游客的环境偏好较低或适中时，两个旅游运营商都不太可能采用策略 G。在长期重复博弈下，当游客环境偏好非常低时，两家旅游运营商都会采用策略 T。当游客环境偏好足够高时，两家旅游运营商都会选择策略 G。原因是当游客环境偏好非常低时，两家旅游运营商不能吸引足够多的游客来弥补他们的绿色创新成本，因此没有旅游运营商愿意参与到绿色旅游当中来。这种现象在游客对价格相对敏感，而其环保意识薄弱的发展中国家并不少见。相反，如果游客具有较高的环保意识，旅游企业将在市场竞争机制下自发地实施绿色旅游。请注意，当游客环境偏好适中时，较强的旅游运营商将采用策略 G，而较弱的旅游运营商可能会尝试选择策略 T，以避免直接与较强的旅游运营商竞争。其潜在的原因是，较弱的旅游运营商往往倾向边缘市场，而对较强竞争公司的策略却更为敏感。一些研究表明，采用产品差异化策略可以提高公司的竞争力和生存能力（Agrawal and Bellos，2016；Yi and Yang，2017）。命题 10.3 也可以解释这一结果，该命题表明 TO_1 的决策始终会影响 TO_2 的决策。但是，较强的旅游运营商更加关注自身的营利能力。经过长期的模仿和学习行为，TO_1 将因其成本优势而进行绿色旅游创新。了解到 TO_1 的决定后，TO_2 将采用相反的策略。在实际的运营管理中，相对较弱的旅游运营商有时将重点放在一些小市场上以求生存。表 10.3 给出了满足命题 10.4（1）中旅游运营商稳定策略及相应的稳定条件。其他证明及其条件请参见本章附录。

表 10.3　在（$e^2\mu_2-3t$）/$e<k<e\mu_1$ 下局部均衡点的稳定性分析

平衡点	det$J$	符合	tr$J$	符合	稳定性
（0,0）	$\Delta n\times\Delta\bar{n}$	+	$\Delta n+\Delta\bar{n}$	−	ESS
（0,1）	$-\Delta L\times\Delta\bar{n}$	−	$\Delta L-\Delta\bar{n}$	±	鞍点

续表

平衡点	det$J$	符合	tr$J$	符合	稳定性
(1,0)	$-\Delta\bar{L}\times\Delta n$	−	$\Delta\bar{L}-\Delta n$	±	鞍点
(1,1)	$\Delta L\times\Delta\bar{L}$	+	$-(\Delta L+\Delta\bar{L})$	+	不稳定

为了验证上述理论结果并探寻更多的管理建议，本章通过使用数值仿真案例来描绘该动态旅游服务系统的演化路径。根据命题 10.4，本章将相关的参数设置为$t=0.1$，$e=1$，$\mu_1=0.4$和$\mu_2=0.6$。为了更好地观察游客环境偏好的影响，本章让参数 k 在[0.3,0.73]区间内变化，而初始状态 x_0 以步长 0.2 从 0.1 变为 0.9。将初始状态 y_0 分别设置为 0.2、0.4、0.6 和 0.8，由此可以得到图 10.3。

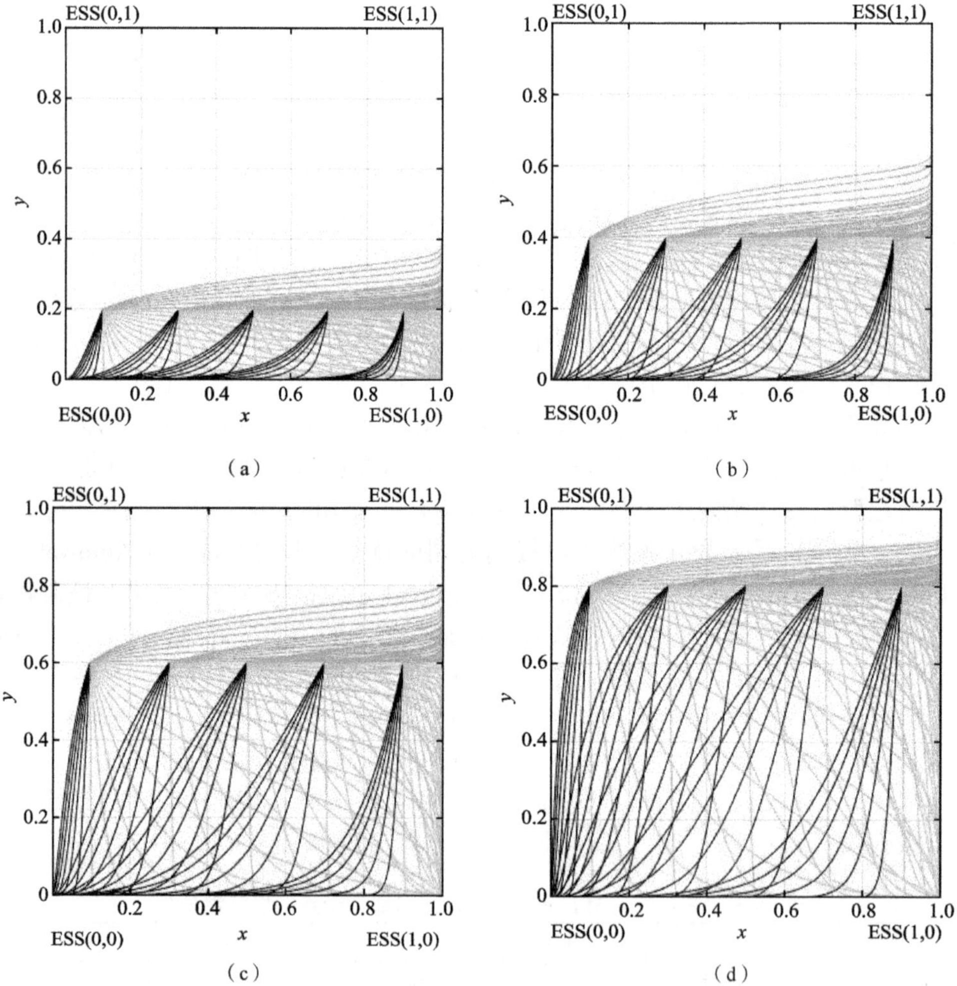

图 10.3 旅游服务系统的动态演化路径图

从图 10.3 可以看出，随着游客环境偏好 k 的变化，该动态旅游服务系统最终将演变到 ESS（0,0）、ESS（1,0）或 ESS（1,1）。更具体地说，当游客环境偏好非常低时，该动态旅游服务系统将演变到局部稳定点（0,0）。当游客的环境偏好适中时，它将演变到局部稳定点（1,0）。当游客环境偏好很高时，该旅游服务系统最终将演变到 ESS（1,1）。此外，每个旅游运营商采用绿色旅游创新策略的初始状态不会影响该系统的最终演化状态，但可能会影响其演化轨迹。注意当初始概率相对较低时，该动态旅游服务系统演化到 ESS（0,0）的速度相对较快。相反，它以更快的速度演化到稳定状态 ESS（1,1）。另外，数值分析发现每个旅游运营商初始选择策略 T 或策略 G 的概率都会影响其竞争对手策略的演化速度和演化路径，但是从长远来看，该动态旅游服务系统最终将演化到相应的稳定状态。

10.5　政府补贴下旅游企业间的演化稳定策略分析

10.5.1　模型构建及分析

根据目前的分析和讨论，可以发现当游客环境偏好较低或中等时，仅由于市场竞争机制，很难激励两类旅游运营商同时实施绿色旅游运营策略。这将阻碍我国绿色旅游的进一步发展。因此，政府必须通过给予其相应的资助以实现绿色旅游的高速发展。本章用参数 s 表示政府对绿色旅游企业实施的补贴。表 10.4 给出了具有政府绿色补贴的旅游运营商的收益矩阵。

表 10.4　政府补贴下旅游企业的收益矩阵

TO_1	TO_2	
	策略 G（y）	策略 T（$1-y$）
策略 G（x）	$\left(\pi_1^{GG}+s,\pi_2^{GG}+s\right)$	$\left(\pi_1^{GT}+s,\pi_2^{GT}\right)$
策略 T（$1-x$）	$\left(\pi_1^{TG},\pi_2^{TG}+s\right)$	$\left(\pi^{TT},\pi^{TT}\right)$

根据表 10.4，使用与之前类似的方法，可以得到政府补贴下旅游运营商的复制动态方程，如式（10.8）所示：

$$\begin{cases} F(x)_s = x(1-x)\left\{\left(\pi_1^{GG}+\pi^{TT}-\pi_1^{GT}-\pi_1^{TG}\right)y+\pi_1^{GT}+s-\pi^{TT}\right\} \\ F(y)_s = y(1-y)\left\{\left(\pi_2^{GG}+\pi^{TT}-\pi_2^{GT}-\pi_2^{TG}\right)x+\pi_2^{TG}+s-\pi^{TT}\right\} \end{cases} \tag{10.8}$$

本章附录给出了式（10.8）的雅可比矩阵 J_s 及对其迹 $\mathrm{tr}J_s$ 和行列式 $\det J_s$ 的简

化过程。通过检验 $\mathrm{tr}J_s$ 和 $\det J_s$ 的符号，可以得到命题 10.5，该命题揭示了在不同政府补贴下旅游运营商的长期演化稳定策略。

命题 10.5： 在政府补贴下，该动态旅游服务系统的演化稳定策略情况如下：

（1）当 $\left(e^2\mu_2-3t\right)/e<k<e\mu_1$ 时，如果 $s<-\Delta n$，政府补贴几乎无效；如果 $-\Delta n<s<-\Delta\bar{L}$，则政府补贴仅对较强旅游运营商有效。只有当 $s>-\Delta\bar{L}$ 时，该动态系统才能演化到 ESS（1,1）。

（2）当 $e\mu_1<k<e\mu_2$ 时，政府应该主要补贴较弱旅游运营商，并确保补贴满足 $s>-\Delta\bar{L}$，以便 $(x,y)=(1,1)$ 为 ESS。

根据命题 10.5，政府补贴可以在一定程度上影响旅游运营商的决策。具体来说，当政府补贴非常低时，它可能只会在短期内影响旅游运营商的行为，而不会影响其长期策略稳定性，使得旅游运营商仍然从事传统旅游。在政府补贴适度的情况下，政府可以有效激励具有较强绿色旅游服务创新能力的企业，而对较弱的企业没有显著的效果。因此，当政府预算不足以资助所有旅游企业进行绿色旅游运营时，应该更多地关注那些具有较高绿色服务创新能力的企业，以便实现其他旅游企业由于市场竞争而自发地实施绿色旅游运营策略。在这种情况下，政府提供的最低补贴为 $-\Delta n$。当政府补贴相对较高，足以补偿企业的绿色旅游创新成本时，即使很弱的旅游企业也愿意进行绿色旅游创新。根据命题 10.5（2），发现当游客环境偏好适中时，政府应集中精力鼓励较弱旅游运营商实施绿色旅游。此时，政府的最佳补贴为 $-\Delta L$，这刚好可以补偿较弱旅游运营商的绿色旅游创新成本。因此，政府有必要针对不同的市场情况制订不同的补贴计划。综上所述，在游客环境偏好相对较低的情况下，政府应该激励创新能力较强的旅游企业。相反，在游客环境偏好较高的情况下，政府应主要补贴较弱的旅游企业，从而更加高效地促进我国绿色旅游的蓬勃发展。

10.5.2 数值仿真分析

为了进一步观察旅游运营商策略的演变路径和政府补贴的影响，本节采用数值仿真实验来更好地解释本章的理论发现。根据命题 10.5，本节采用与 10.4 节中所使用的相同基本参数值，同时假设 $k=0.35$ 以得到图 10.4（a），假设 $k=0.5$ 以得到图 10.4（b）。为了分析政府补贴对旅游运营商决策的影响，本节在三种可能的情况下改变其补贴水平 s，以观察政府补贴的有效性，即 s 非常低（图 10.4 黑线）或中等[图 10.4（a）下灰线和图 10.4（b）灰线]或相对高[图 10.4（a）上灰线]。

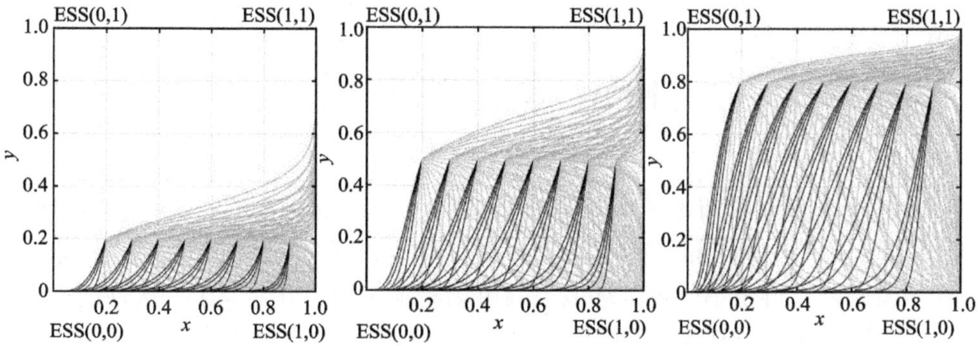

（a）$\left(e^2\mu_2-3t\right)/e<k<e\mu_1$

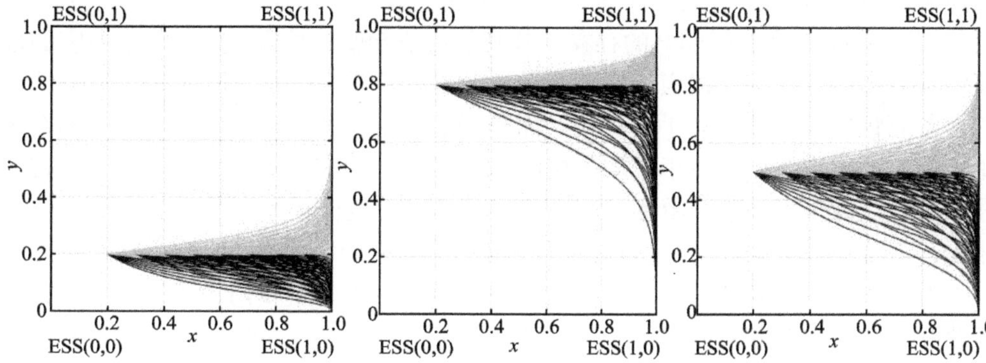

（b）$e\mu_1<k<e\mu_2$

图 10.4　具有政府补贴下的旅游服务系统的演化路径图

由图 10.4，本节可以获得如下的管理见解。当政府补贴非常低时，它无法更改旅游企业初始的运营状态，这意味着政府补贴在这种情况下是无效的。但是，当补贴足够高时，补贴政策会在一定程度上起作用。特别地，当绿色补贴适中时，该旅游服务系统最终会演变到 ESS（1,0）。在这种情况下，政府的补贴政策只能激励绿色创新能力较强的旅游企业进行绿色旅游创新。当补贴大于 $-\Delta\bar{L}$ 时，即使游客的环境偏好较低或适中，政府补贴也可以促使两类旅游运营商同时采用策略 G。简而言之，只有制定足够高的绿色旅游补贴水平，政府才能成功地促进旅游业的可持续发展。另外，当政府补贴适度时[图 10.4（a）下灰线和图 10.4（b）灰线]，该旅游系统的演变轨迹不是单调增加的。这意味着每个旅游运营商选择策略 G 的不同初始意愿状态和政府补贴都可能会促使旅游运营商在短期内采用不同的策略，但从长远来看，该动态旅游服务系统最终会演变到稳定状态。

10.6 本章小结

本章着重研究了两类不对称旅游运营商之间的价格竞争和绿色旅游策略互动。借助经典的 Hotelling 竞争模型和演化博弈论，通过考虑关键的潜在因素（如游客环境偏好）得出不同竞争环境下的市场需求函数，并建立了一次性的双寡头垄断博弈模型和考虑有或没有政府绿色旅游补贴下的动态演化博弈模型。

本章研究表明，只要游客的环境偏好足够高，绿色旅游创新先驱者有可能垄断蓬勃发展的绿色旅游新兴市场。本章研究还表明，当旅游运营商同时实施策略 G 时，由于游客环境偏好的存在，其利益可能会受到损害。此外，当游客的环境偏好适中时，竞争将极大地影响旅游运营商的决定。当其足够高时，较强的旅游运营商将考虑其竞争对手的决策，而较弱的旅游运营商从长远来看可能不会采用策略 G。具体而言，对于较弱的旅游运营商，当游客的环境偏好适中时，若较强旅游运营商采用绿色旅游创新策略的意愿越高，他也将更有意愿采取策略 G。相反，当游客环境偏好足够高时，两类旅游运营商采用策略 G 的概率呈负相关。

本章研究主要有理论和实践两方面的贡献。首先，本章构建了一种包含旅游企业绿色创新的 Hotelling 模型来刻画游客环境偏好对需求的影响，而之前的许多研究都是基于经验或案例分析，他们大体指出环保意识会影响游客的购买行为。本章的发现更加具体，即详细阐明了旅客环境偏好对旅游运营商的产品运营和定价决策的影响。其次，基于有限理性假设理论，本章构建了两种演化博弈模型，研究了旅游企业间的绿色创新策略演化互动。这是一个重要的理论贡献，因为先前的研究大多数是从短期视角对具有完全理性旅游企业的定价问题进行研究。本章从长期视角，研究了绿色或非绿色旅游产品的定价，并提出了可以促进绿色旅游发展的政府补贴政策制定建议。

本章的研究结论为负责旅游可持续发展管理的政府部门提供了实用的管理见解。研究表明为了提高政策效率，政府应该选择一些竞争相对激烈的旅游地或绿色创新能力较强的旅游企业进行补贴。本章的研究结论还可以帮助政府监管部门理解为什么某些政策比其他政策更加有效。例如，大家直观上认为向更多的旅游企业提供补贴会更快地促进可持续旅游业的发展，但本章的研究表明，当游客的环境偏好相对较低时，政府应将其努力从关注数量转移到关注更具有绿色旅游创新能力的旅游企业。相反，则应该更加关注那些绿色旅游创新能力较弱的旅游企业。

10.7 本章附录

10.7.1 旅游企业间的一次性博弈求解证明

1. 策略集 TT 的证明

根据最优化问题，本章可以证明各利润函数对价格的二阶条件为 $\frac{\mathrm{d}^2\pi_1^{\mathrm{TT}}}{\mathrm{d}p_1^{\mathrm{TT}}}=\frac{\mathrm{d}^2\pi_2^{\mathrm{TT}}}{\mathrm{d}p_2^{\mathrm{TT}}}=-\frac{1}{t}<0$，这说明最优化问题式（10.2）存在唯一最优解。通过令一阶条件等于 0，可以得到式（A.10.1），求解该式以得到相应的最优解。

$$\begin{cases}\dfrac{p_2^{\mathrm{TT}*}+t-2p_1^{\mathrm{TT}*}}{2t}=0\\[2ex]\dfrac{p_1^{\mathrm{TT}*}+t-2p_2^{\mathrm{TT}*}}{2t}=0\end{cases}\tag{A.10.1}$$

2. 策略集 GT 的证明

对 π_1^{GT} 求二阶导数，显然有 $\frac{\partial^2\pi_1^{\mathrm{GT}}}{\partial^2 p_1^{\mathrm{GT}}}=\frac{\partial^2\pi_2^{\mathrm{GT}}}{\partial^2 p_2^{\mathrm{GT}}}=-\frac{1}{t}<0$。因此，可以得到相应的最佳反应方程组，即式（A.10.2）。通过求解该方程组，可以找出相应的最优解。

$$\begin{cases}\dfrac{ek+t-2p_1^{\mathrm{GT}}+p_2^{\mathrm{GT}}+e^2\mu_1}{2t}=0\\[2ex]\dfrac{-ek+t+p_1^{\mathrm{GT}}-2p_2^{\mathrm{GT}}}{2t}=0\end{cases}\tag{A.10.2}$$

3. 策略集 TG 的证明

同样地，对利润函数 π_1^{TG} 和 π_2^{TG} 求二阶导数，可以发现 $\frac{\partial^2\pi_1^{\mathrm{TG}}}{\partial^2 p_1^{\mathrm{TG}}}=\frac{\partial^2\pi_2^{\mathrm{TG}}}{\partial^2 p_2^{\mathrm{TG}}}=-\frac{1}{t}<0$。通过求解以下最优反应方程式，可以获得相应的最优解。

$$\begin{cases}\dfrac{-ek+t-2p_1^{\mathrm{TG}}+p_2^{\mathrm{TG}}}{2t}=0\\[2ex]\dfrac{ek+t+p_1^{\mathrm{TG}}-2p_2^{\mathrm{TG}}+e^2\mu_2}{2t}=0\end{cases}\tag{A.10.3}$$

4. 策略集 GG 的证明

从利润函数 π_1^{GG} 和 π_2^{GG} 可以得到 $\frac{\partial^2 \pi_1^{\mathrm{GG}}}{\partial^2 p_1^{\mathrm{GG}}} = \frac{\partial^2 \pi_2^{\mathrm{GG}}}{\partial^2 p_2^{\mathrm{GG}}} = -\frac{1}{t} < 0$。因此，可以通过求解反应方程组式（A.10.4）来找出相应的均衡解。

$$\begin{cases} \dfrac{t + p_1^{\mathrm{GG}} - 2p_2^{\mathrm{GG}} + e^2\mu_2}{2t} = 0 \\ \dfrac{t - 2p_1^{\mathrm{GG}} + p_2^{\mathrm{GG}} + e^2\mu_1}{2t} = 0 \end{cases} \tag{A.10.4}$$

至此，所有最优解的求解证明已完成。

10.7.2 旅游企业间的演化博弈分析证明

1. $F(x)$ 的简化过程

从表 10.2 中，可以得到 $\mathrm{TO_1}$ 采用策略 G 或策略 T 的期望收益及 $\mathrm{TO_1}$ 的平均收益如式（A.10.5）所示：

$$\begin{cases} E_1^x = y\pi_1^{\mathrm{GG}} + (1-y)\pi_1^{\mathrm{GT}} \\ E_1^{1-x} = y\pi_1^{\mathrm{TG}} + (1-y)\pi^{\mathrm{TT}} \\ \overline{E}_1 = xE_1^x + (1-x)E_1^{1-x} \end{cases} \tag{A.10.5}$$

根据式（10.3）和式（A.10.5），得到如式（A.10.6）所示的 $\mathrm{TO_1}$ 的复制动态方程式。

$$\begin{aligned} F(x) &= \frac{\mathrm{d}x}{\mathrm{d}t} = x\left(E_1^x - \overline{E}_1\right) \\ &= x\left[E_1^x - xE_1^x - (1-x)E_1^{1-x}\right] = x(1-x)\left(E_1^x - E_1^{1-x}\right) \\ &= x(1-x)\left[y\pi_1^{\mathrm{GG}} + (1-y)\pi_1^{\mathrm{GT}} - y\pi_1^{\mathrm{TG}} - (1-y)\pi^{\mathrm{TT}}\right] \\ &= x(1-x)\left\{\left(\pi_1^{\mathrm{GG}} + \pi^{\mathrm{TT}} - \pi_1^{\mathrm{GT}} - \pi_1^{\mathrm{TG}}\right)y + \pi_1^{\mathrm{GT}} - \pi^{\mathrm{TT}}\right\} \end{aligned} \tag{A.10.6}$$

$F(y)$ 的简化过程与 $F(x)$ 类似，在此省略。

2. 命题 10.4 下相应演化稳定策略的条件

根据式（10.7），得到表 A.10.1 和表 A.10.2，它们表明了在不同条件下 TO 的局部均衡点的演化稳定性。

表 A.10.1 局部均衡点在 $e\mu_1 < k < e\mu_2$ 下的稳定性及其条件

均衡点	det$J$	符号	tr$J$	符号	局部稳定性
(0,0)	$\Delta n \times \Delta \bar{n}$	−	$\Delta n + \Delta \bar{n}$	±	鞍点
(0,1)	$-\Delta L \times \Delta \bar{n}$	+	$\Delta L - \Delta \bar{n}$	+	不稳定
(1,0)	$-\Delta \bar{L} \times \Delta n$	+	$\Delta \bar{L} - \Delta n$	−	ESS
(1,1)	$\Delta L \times \Delta \bar{L}$	−	$-(\Delta L + \Delta \bar{L})$	−	鞍点

表 A.10.2 在 $e\mu_2 < k < \dfrac{e^2\mu_1 + 3t}{e}$ 下每个局部均衡点的演化稳定性及其条件

均衡点	det$J$	符号	tr$J$	符号	局部稳定性
(0,0)	$\Delta n \times \Delta \bar{n}$	+	$\Delta n + \Delta \bar{n}$	+	不稳定
(0,1)	$-\Delta L \times \Delta \bar{n}$	−	$\Delta L - \Delta \bar{n}$	±	鞍点
(1,0)	$-\Delta \bar{L} \times \Delta n$	−	$\Delta \bar{L} - \Delta n$	±	鞍点
(1,1)	$\Delta L \times \Delta \bar{L}$	+	$-(\Delta L + \Delta \bar{L})$	−	ESS

10.7.3 有政府补贴的 TO_s 的 ESS 证明

1. $F(x)_s$ 的简化过程

根据表 10.4，得到在政府补贴下，TO_1 采用不同策略的期望收益及 TO_1 的平均收益如式（A.10.7）所示：

$$\begin{cases} E_{s_1}^{x} = y\left(\pi_1^{\mathrm{GG}} + s\right) + (1-y)\left(\pi_1^{\mathrm{GT}} + s\right) \\ E_{s_1}^{1-x} = y\pi_1^{\mathrm{TG}} + (1-y)\pi^{\mathrm{TT}} \\ \overline{E}_{s_1} = xE_{s_1}^{x} + (1-x)E_{s_1}^{1-x} \end{cases} \tag{A.10.7}$$

根据式（10.3）和式（A.10.7），可以推导出具有政府补贴下的 TO_1 的复制动态方程，如式（A.10.8）所示：

$$\begin{aligned} F(x)_s &= \frac{\mathrm{d}x}{\mathrm{d}t} = x\left(E_1^{x} - \overline{E}_1\right) \\ &= x\left[E_1^{x} - xE_1^{x} - (1-x)E_1^{1-x}\right] = x(1-x)\left(E_1^{x} - E_1^{1-x}\right) \\ &= x(1-x)\left[y\left(\pi_1^{\mathrm{GG}} + s\right) + (1-y)\left(\pi_1^{\mathrm{GT}} + s\right) - y\pi_1^{\mathrm{TG}} - (1-y)\pi^{\mathrm{TT}}\right] \\ &= x(1-x)\left\{\left(\pi_1^{\mathrm{GG}} + \pi^{\mathrm{TT}} - \pi_1^{\mathrm{GT}} - \pi_1^{\mathrm{TG}}\right)x + \pi_1^{\mathrm{GT}} + s - \pi^{\mathrm{TT}}\right\} \end{aligned} \tag{A.10.8}$$

$F(y)_s$ 的简化过程与 $F(x)_s$ 相似，具体过程在此省略。

式（A.10.9）和式（A.10.10）给出了雅可比矩阵 J_s 及相应的 trJ_s 和 detJ_s。

$$J_s=\begin{bmatrix}\dfrac{\partial F(x)_s}{\partial x} & \dfrac{\partial F(x)_s}{\partial y}\\ \dfrac{\partial F(y)_s}{\partial x} & \dfrac{\partial F(y)_s}{\partial y}\end{bmatrix}=\begin{bmatrix}(1-2x)(\Delta my+\Delta n+s) & x(1-x)\Delta m\\ y(1-y)\Delta\overline{m} & (1-2y)(\Delta\overline{m}x+\Delta\overline{n}+s)\end{bmatrix}$$

（A.10.9）

$$\begin{cases}\mathrm{tr}J_s=(1-2x)(\Delta my+\Delta n+s)+(1-2y)(\Delta\overline{m}x+\Delta\overline{n}+s)\\ \det J_s=(1-2x)(\Delta my+\Delta n+s)(1-2y)(\Delta\overline{m}x+\Delta\overline{n}+s)-x(1-x)\Delta my(1-y)\Delta\overline{m}\end{cases}$$

（A.10.10）

2. 命题 10.5 下相应演化稳定策略的条件

在 $\dfrac{e^2\mu_2-3t}{e}<k<e\mu_1$ 和 $e\mu_1<k<e\mu_2$ 的前提下，可以从式（A.10.10）获得表A.10.3 和表 A.10.4，这两个表显示了不同政府补贴下 TO_s 的局部均衡点的稳定性及其相应的条件。

表 A.10.3 在 $s>-\Delta\overline{L}$ 和 $\dfrac{e^2\mu_2-3t}{e}<k<e\mu_1$ 下局部均衡点的稳定性及其相应的条件

均衡点	det$J$	符号	tr$J$	符号	局部稳定性
（0,0）	$(\Delta n+s)\times(\Delta\overline{n}+s)$	+	$\Delta n+\Delta\overline{n}+2s$	+	不稳定
（0,1）	$-(\Delta L+s)\times(\Delta\overline{n}+s)$	−	$\Delta L-\Delta\overline{n}$	±	鞍点
（1,0）	$-(\Delta\overline{L}+s)\times(\Delta n+s)$	−	$\Delta\overline{L}-\Delta n$	±	鞍点
（1,1）	$(\Delta L+s)\times(\Delta\overline{L}+s)$	+	$-(\Delta L+\Delta\overline{L}+2s)$	−	ESS

表 A.10.4 在 $s>-\Delta\overline{L}$ 和 $e\mu_1<k<e\mu_2$ 下局部均衡点的稳定性及其相应的条件

均衡点	det$J$	符号	tr$J$	符号	局部稳定性
（0,0）	$(\Delta n+s)\times(\Delta\overline{n}+s)$	+	$\Delta n+\Delta\overline{n}+2s$	+	不稳定
（0,1）	$-(\Delta L+s)\times(\Delta\overline{n}+s)$	−	$\Delta L-\Delta\overline{n}$	±	鞍点
（1,0）	$-(\Delta\overline{L}+s)\times(\Delta n+s)$	−	$\Delta\overline{L}-\Delta n$	±	鞍点
（1,1）	$(\Delta L+s)\times(\Delta\overline{L}+s)$	+	$-(\Delta L+\Delta\overline{L}+2s)$	−	ESS

参 考 文 献

陈阁芝，刘静艳，王雅君. 2017. 旅游供应链协同创新的治理困境：契约还是关系?[J]. 旅游学刊，32（8）：48-58.

陈剑，肖勇波，刘晓玲. 2004. 航空公司与旅行社的协作机制研究[J]. 中国管理科学，（3）：108-115.

陈武华，孙燕红，华中生. 2013. 基于顾客选择的酒店多房间类型联合定价研究[J]. 管理科学学报，16（7）：23-33.

陈悦悦，严艳，王盼盼. 2018. 社区归属感对乡村旅游小企业社会责任感知影响研究——以袁家村为例[J]. 重庆理工大学学报（自然科学），32（3）：279-287.

陈喆芝，赵黎明，许静. 2016. 基于微分博弈的旅游供应链低碳合作研究[J]. 旅游学刊，31（6）：38-49.

程贵孙. 2017. 旅游电子商务平台兼并对双边定价策略的影响[J]. 旅游学刊，32（3）：20-28.

丁娟. 2014. 基于 WebQual 体系的旅行社在线服务质量评估研究[J]. 旅游科学，28（6）：51-61.

范建昌，倪得兵，唐小我，等. 2019. 产品责任、企业社会责任偏好与供应链中的质量-数量协调[J]. 中国管理科学，27（1）：85-98.

官振中，宋燕歌. 2016. 可召回机制下的航空公司定价问题研究[J]. 运筹与管理，25（5）：188-195.

郭华. 2007. 旅游企业供应链集成管理的系统思考[J]. 商场现代化，（3）：172-174.

何莉莎，孟冲，盖轶静，等. 2019. 我国绿色公共建筑技术选用情况分析[J]. 暖通空调，49（8）：23-30.

何勇，杨德礼，吴清烈. 2006. 基于努力因素的供应链利益共享契约模型研究[J]. 计算机集成制造系统，（11）：1865-1868.

胡北明，黄俊. 2019. 中国旅游发展 70 年的政策演进与展望——基于 1949—2018 年政策文本的量化分析[J]. 四川师范大学学报（社会科学版），46（6）：63-72.

胡兵，李婷，文彤. 2018. 上市旅游企业社会责任的结构维度与模型构建——基于扎根理论的探索性研究[J]. 旅游学刊，33（10）：31-40.

胡静，江梓铭，刘海朦. 2021. 在线旅游消费情境下隐私关注对顾客价值共创行为的影响——基于自我损耗的中介机制[J]. 华侨大学学报（哲学社会科学版），（5）：57-69.

黄和平，乔学忠，张瑾，等. 2019. 绿色发展背景下区域旅游业碳排放时空分异与影响因素研究——以长江经济带为例[J]. 经济地理，39（11）：214-224.

黄晓杏，胡振鹏，傅春，等. 2015. 生态旅游主要利益相关者演化博弈分析[J]. 生态经济，31（1）：142-146.

蒋梦惟，武媛媛. 2018-11-28. 文旅局首次约谈 10 家 OTA 巨头[EB/OL]. http://www.bbtnews.com.cn/2018/1128/276348.shtml.

黎耀奇. 2016. 公众对旅游企业停止慈善性社会责任的响应研究[J]. 旅游学刊，31（7）：106-116.

李玲. 2020. 旅游企业社会责任履行与系统风险应对——基于经济水平的调节作用[J]. 企业经济，39（7）：108-115.

李晓琴，银元. 2012. 低碳旅游景区概念模型及评价指标体系构建[J]. 旅游学刊，27（3）：228-230.

李新军，廉吉全. 2020. 考虑企业社会责任的双渠道旅游供应链优化决策研究[J]. 旅游科学，34（2）：1-22.

李祉佑，钱本华，张瑞友，等. 2022. 考虑政府补贴的绿色旅游供应链博弈模型[J]. 控制工程，（5）：895-902.

廉吉全. 2021. 旅游供应链企业社会责任传导效应与决策优化——基于权力结构的博弈分析框架[J]. 旅游导刊，5（5）：52-86.

梁逸更. 2018. 旅游服务供应链企业间合作策略的演化博弈分析[J]. 内蒙古师范大学学报（自然科学汉文版），（3）：29-33.

林强. 2021. 考虑决策主体社会偏好的旅游供应链定价策略研究[J]. 旅游导刊，5（3）：64-89.

林强，陈林，甯清万，等. 2020. 不同主导力量下考虑公平偏好的旅游供应链定价策略[J]. 工业工程，23（1）：87-95.

林强，魏光兴. 2018. 基于公平偏好的旅游服务供应链定价决策与契约协调[J]. 旅游学刊，33（4）：59-69.

林雅琴，郭强，张志文，等. 2018. 淡季中酒店与 OTA 合作模式选择研究[J]. 中国管理科学，26（5）：187-196.

刘佳，安珂珂. 2020. 环渤海城市旅游产业绿色创新效率的空间格局[J]. 华东经济管理，34（6）：27-37.

刘佳，陈兴鹏，张子龙. 2017. 中国旅游业碳排放特征及其因素分解[J]. 资源与产业，19（3）：67-75.

刘嘉毅，夏鑫. 2012. 国外旅游质量研究进展与启示[J]. 经济问题探索，（10）：100-106.

刘俊，王胜宏，余云云. 2021. 科技创新：生态旅游发展关键问题的思考[J]. 旅游学刊，36（9）：

5-7.
刘淑芹. 2011. 基于收益管理的酒店客房超额预定决策模型[J]. 系统科学与数学，31（10）：1338-1344.
刘孝娟，王彩妮. 2020. 生命周期评估下的河南绿色酒店供应链管理研究[J]. 四川旅游学院学报，（3）：44-47.
刘益，张旭梅，官子力. 2021. 在线旅游平台混合销售模式下的需求信息共享策略研究[J]. 管理工程学报，35（3）：77-88.
卢小丽，付帼. 2018. 红色旅游质量、满意度与游客忠诚研究——以井冈山景区为例[J]. 管理评论，30（2）：127-135.
罗美玲，李刚，孙林岩. 2011. 具有服务溢出效应的双渠道供应链竞争[J]. 系统管理学报，20（6）：648-657.
罗玉杰，叶欣梁，孙瑞红. 2018. 我国邮轮旅游业低碳供应链的构建研究[J]. 物流科技，41（10）：119-123.
慕晓峰，赵洁. 2010. 基于供应链思想的旅游产品质量管理[J]. 内蒙古科技与经济，（12）：26-27.
牛文举，罗定提，鲁芳. 2013. 双重非对称信息下旅游服务供应链中的激励机制设计[J]. 运筹与管理，22（3）：222-229.
秦星红，苏强，李贵萍. 2016. 考虑双边服务水平的网购服务供应链质量控制与协调机制[J]. 运筹与管理，25（1）：15-24.
覃方铭，马月伟，贾子薇，等. 2019. 夹金山脉大熊猫栖息地遗产旅游绿色发展评价[J]. 地域研究与开发，（3）：89-94.
苏志平，顾平. 2010. 基于供应链的旅游企业社会责任研究[J]. 江苏科技大学学报（社会科学版），10（3）：41-46.
孙盼盼，夏杰长. 2017. 中国省际旅游产业效率的空间格局与空间效应——基于质量产出的视角[J]. 经济与管理研究，38（10）：61-70.
谭春桥，吴欣，崔春生. 2021. 促销模式下基于纳什谈判的线上旅行商与线下旅行社定价策略研究[J]. 中国管理科学，29（3）：143-152.
谭美容. 2018. 短视和策略乘客并存的航空机票定价研究[J]. 工业工程与管理，23（3）：107-115.
谭颖，李丽娜，陈娅玲. 2014. 旅游服务供应链中成员环节关系的协调[J]. 物流技术，33（9）：352-354.
陶莹. 2020. 旅游企业社会责任与企业竞争力的交互跨期关系研究[J]. 西南交通大学学报（社会科学版），21（2）：119-127.
滕达. 2011. 旅游服务供应链发展中存在的问题与对策研究[J]. 环渤海经济瞭望，（6）：94-95.
汪宇明. 2010. 倡导低碳旅游，推进发展方式转型[J]. 旅游学刊，25（2）：11-12.

王彩萍，白斌耀，徐红罡. 2015. 遗产地旅游小企业社会责任对可持续经营的影响[J]. 旅游学刊，30（9）：25-33.
王广全. 2015. 循环经济视角下的绿色酒店发展策略研究[J]. 旅游纵览，（12）：84.
王晖. 2015. 所有制、社会责任与旅游企业财务绩效[J]. 统计与决策，（20）：179-181.
王晶晶，郭强. 2013. 景区与旅行社的合作广告协调契约研究[J]. 管理学报，10（2）：260-265.
王欣，朱扬光，吴遵. 2020. 双渠道下考虑消费者偏好的酒店与 OTA 合作模式选择和定价[J]. 中国科学技术大学学报，50（7）：985-992.
王玉洁，颜琪，刘承良. 2010. 旅游电子商务网站服务质量的感知实证分析：基于大学生视角——以携程旅行网（www. ctrip. com）为例[J]. 旅游论坛，3（1）：28-33.
魏敏. 2011. 基于低碳经济视角的绿色旅游发展模式研究[J]. 经济管理，33（2）：102-108.
吴春尚，邓文博，刘艳. 2009. 旅游服务供应链企业协作问题研究[J]. 旅游市场，（5）：72-73.
吴普，田密. 2014. 海口市旅游业直接能源需求与 CO_2 排放的定量测算[J]. 资源科学，36（12）：2508-2516.
武少腾，付而康，李西. 2019. 四川省乡村旅游绿色发展水平测度[J]. 中国农业资源与区划，40（7）：233-239.
向宝惠，曾瑜皙. 2017. 三江源国家公园体制试点区生态旅游系统构建与运行机制探讨[J]. 资源科学，39（1）：50-60.
谢婷. 2016. 顾客选择入住绿色酒店的行为意向研究——基于计划行为理论角度[J]. 旅游学刊，31（6）：94-103.
谢园方，赵媛. 2010. 国内外低碳旅游研究进展及启示[J]. 人文地理，（5）：27-31.
熊浩，鄢慧丽. 2019. 考虑旅客跨区间流转的机票多预定区间折扣优化模型研究[J]. 中国管理科学，27（8）：172-180.
熊浩，鄢慧丽. 2020. 基于旅游生产线的景区景点闲置、过载和不确定条件下容量决策分析[J]. 华中师范大学学报（自然科学版），54（1）：114-118.
徐菲菲，何云梦. 2016. 环境伦理观与可持续旅游行为研究进展[J]. 地理科学进展，35（6）：724-736.
鄢章华，刘蕾. 2019. 具有销量限制的双价格 NYOP 在旅游服务供应链中的应用研究[J]. 管理工程学报，33（2）：131-139.
杨丽，李帮义，兰卫国. 2009. 基于旅游产品定价的旅游服务供应链利润分配协调研究[J]. 生态经济，（2）：108-126.
杨世旭，段万春，经有国，等. 2013. 基于服务成本共担契约的电信业务代理商激励机制[J]. 系统工程，31（1）：92-97.
杨树. 2008. 旅游供应链竞争与协调[D]. 中国科学技术大学博士学位论文.
杨树，杜少甫，梁樑，等. 2009. 旅游供应链最优服务质量决策[J]. 管理科学学报，12（3）：37-43.

杨子江，谢兵，何雄. 2020. 社会—生态系统视角下的中国国家公园可持续旅游新范式探索[J]. 四川师范大学学报（社会科学版），47（4）：65-71.

易文桃，谭春桥，陈晓红，等. 2020. 考虑谈判能力的旅游O2O供应链定价与服务策略[J]. 控制与决策，35（11）：2626-2636.

应松宝，梅哲曦，王文怡. 2017. 基于需求动态性的旅行社和酒店的供应链契约协调研究[J]. 物流技术，36（1）：151-157.

尤阳，罗利，罗太波. 2013. 基于收益管理的旅游景点动态定价和票源控制研究[J]. 软科学，27（1）：137-140，144.

袁国宏，郭强. 2015. 旅游价值链系统管理与旅游可持续发展关系的实证研究[J]. 管理学报，12（6）：888-895.

张辰，田琼. 2019. 考虑旅客忠诚度的航空机票在线定价策略研究[J]. 管理科学学报，22（12）：31-39，55.

张广宇，张梦. 2012. 基于 OTA 的在线旅行预订服务质量研究[J]. 旅游研究，4（4）：66-71.

张杰. 2013. 基于旅行社的绿色旅游供应链构建[J]. 物流技术，32（9）：397-399.

张俊，程励. 2019. 旅游发展与居民幸福：基于系统动力学视角[J]. 旅游学刊，34（8）：12-24.

张书云，张廷龙. 2013. 国内外旅游服务供应链研究综述[J]. 石家庄学院学报，（6）：58-65.

张廷龙，房进军. 2017. 收益共享契约下旅游供应链竞争与协调[J]. 系统工程，35（1）：124-129.

张伟. 2013. 旅行社战略联盟问题研究[J]. 旅游科学，（2）：9-12.

张晓明，张辉，毛接炳. 2008. 旅游服务供应链中若干环节的协调[J]. 城市发展研究，（5）：144-148.

张智勇，黄晓林，石园，等. 2015. 旅行社与线上旅游代理商渠道融合研究[J]. 物流技术，34（5）：91-94，140.

赵黎明，陈喆芝. 2018. 考虑消费偏好的旅游供应链纵向合作广告[J]. 系统管理学报，27（4）：753-760，768.

赵黎明，陈喆芝，刘嘉玥. 2015. 低碳经济下地方政府和旅游企业的演化博弈[J]. 旅游学刊，30（1）：72-82.

郑时. 2011. 旅游在线评论有用性影响因素分析[D]. 哈尔滨工业大学硕士学位论文.

钟林生，马向远，曾瑜皙. 2016. 中国生态旅游研究进展与展望[J]. 地理科学进展，35（6）：679-690.

周世平，周永务，彭碧涛. 2015. 旅游服务供应链相关问题的研究综述[J]. 华南理工大学学报（社会科学版），17（2）：22-26.

朱学同，张蓓蓓，刘锐，等. 2020. 生态文明视阈下乡村旅游者环境责任行为研究[J]. 中国农业资源与区划，（2）：305-312.

邹光勇，刘明宇，刘鹏，等. 2021. 公共景区门票价格管理理论述评——基于国际比较视角[J].

旅游学刊，36（6）：60-73.

Abrate G，Fraquelli G，Viglia G. 2012. Dynamic pricing strategies：evidence from European hotels[J]. International Journal of Hospitality Management，31（1）：160-168.

Achtnicht M. 2012. German car buyers' willingness to pay to reduce CO_2 emissions[J]. Climatic Change，113（3/4）：679-697.

Adriana B. 2009. Environmental supply chain management in tourism：the case of large tour operators[J]. Journal of Cleaner Production，17（16）：1385-1392.

Agrawal V，Bellos I. 2016. The potential of servicizing as a green business model[J]. Management Science，63（5）：1545-1562.

Ahn J. 2019. Corporate social responsibility signaling，evaluation，identification，and revisit intention among cruise customers[J]. Journal of Sustainable Tourism，27（11）：1634-1647.

Amaro S，Duarte P. 2015. An integrative model of consumers intentions to purchase travel online[J]. Tourism Management，46：64-79.

Andersen M，Skjoett-Larsen T. 2009. Corporate social responsibility in global supply chains[J]. Supply Chain Management：An International Journal，14（2）：75-86.

Arya A，Mittendorf B. 2015. Supply chain consequences of subsidies for corporate social responsibility[J]. Production & Operations Management，24（8）：1346-1357.

Bagozzi R P，Dholakia U M. 2006. Antecedents and purchase consequences of customer participation in small group brand communities[J]. International Journal of Research in Marketing，23（1）：45-61.

Bai J，Chen Y. 2021. An analysis of the triadic relationship between airline，destination，and travel agency：applying nucleolus theory to assess power loss and the profit allocation approach[J]. Soft Computing，25（8）：5881-5893.

Balachandran K R，Radhakrishnan S. 2005. Quality implications of warranties in a supply chain[J]. Management Science，51（8）：1266-1277.

Barreda A A，Zubieta S，Chen H. 2017. Evaluating the impact of mega-sporting events on hotel pricing strategies：the case of the 2014 FiFA World Cup[J]. Tourism Review，72（2）：184-208.

Candela G，Cellini R. 2006. Investment in tourism market：a dynamic model of differentiated oligopoly[J]. Environmental and Resource Economics，35（1）：41-58.

Casaló L V，Flavian C，Guinaliu M，et al. 2015. Do online hotel rating schemes influence booking behaviors?[J]. International Journal of Hospitality Management，49：28-36.

Cellini R，Lambertini L. 2004. Dynamic oligopoly with sticky prices：closed-loop，feedback，and open-loop solutions[J]. Journal of Dynamical and Control Systems，10（3）：303-314.

Chan E S W，Hon A H Y，Chan W，et al. 2014. What drives employees' intentions to implement green practices in hotels? The role of knowledge，awareness，concern and ecological behavior[J]. International Journal of Hospitality Management，40：20-28.

Chen L，Fan Y. 2018. Research on low-carbon strategies in supply chain with environmental regulations based on differential game[J]. Journal of Cleaner Production，177：527-546.

Chen M F，Tung P J. 2014. Developing an extended theory of planned behavior model to predict consumers' intention to visit green hotels[J]. International Journal of Hospitality Management，36（1）：221-230.

Chen M H，Wei H，Wei M，et al. 2021. Modeling a green supply chain in the hotel industry：an evolutionary game theory approach[J]. International Journal of Hospitality Management，92：102716.

Chen T B，Chai L T. 2010. Attitude towards the environment and green products：consumers' perspective[J]. Management Science & Engineering，4（2）：27-39.

Choi C，Choi S，Mattila A S. 2019. The role of reference prices in the lodging industry：the moderating effect of an individual's psychological state[J]. Journal of Travel & Tourism Marketing，36（4）：511-520.

Chu C P，Chung K C. 2016. A framework model for assessing sustainability strategies for tourism green supply chain management[J]. Journal of Testing & Evaluation，44（3）：1390-1399.

Chung K Y. 2000. Hotel room rate pricing strategy for market share in oligopolistic competition-eight-year longitudinal study of super deluxe hotels in Seoul[J]. Tourism Management，21（2）：135-145.

Chutani A，Sethi S P. 2012. Optimal advertising and pricing in a dynamic durable goods supply chain[J]. Journal of Optimization Theory & Applications，154（2）：615-643.

Chutani A，Sethi S P. 2018. Dynamic cooperative advertising under manufacturer and retailer level competition[J]. European Journal of Operational Research，268（2）：635-652.

Coles T，Fenclova E，Dinan C. 2013. Tourism and corporate social responsibility：a critical review and research agenda[J]. Tourism Management Perspectives，6：122-141.

Cowper-Smith A，de-Grosbois D. 2011. The adoption of corporate social responsibility practices in the airline industry[J]. Journal of Sustainable Tourism，19（1）：59-78.

Davcik N S，Vinhas R，Hair J F. 2015. Towards a unified theory of brand equity：conceptualizations，taxonomy and avenues for future research[J]. Journal of Product & Brand Management，24（1）：3-17.

de Giovanni P. 2011. Quality improvement vs. advertising support：which strategy works better for a manufacturer? [J]. European Journal of Operational Research，208（2）：119-130.

de Vita G，Katircioglu S，Altinay L，et al. 2015. Revisiting the environmental Kuznets curve hypothesis in a tourism development context[J]. Environmental Science and Pollution

Research，22（21）：16652-16663.

de Vos J，Schwanen T，van Acker V，et al. 2019. Do satisfying walking and cycling trips result in more future trips with active travel modes? An exploratory study[J]. International Journal of Sustainable Transportation，13（3）：180-196.

Dong J F，Shi Y，Liang L，et al. 2012. Comparative analysis of underdeveloped tourism destinations choice of cooperation modes：a tourism supply chain model[J]. Tourism Economics，18（6）：1377-1399.

Dong Y F，Ling L Y. 2015. Hotel overbooking and cooperation with third-party websites[J]. Sustainability，7（9）：11696-11712.

Dong Y F，Ling L Y，Guo X L. 2014. Travel package modeling：optimal bidding strategy of tour operator to cooperative hotels[J]. Asia Pacific Journal of Tourism Research，19（12）：1417-1440.

EI Ouardighi F. 2014. Supply quality management with optimal wholesale price and revenue sharing contracts：a two-stage game approach[J]. International Journal of Production Economics，156：260-268.

EI Ouardighi F，Kogan K. 2013. Dynamic conformance and design quality in a supply chain：an assessment of contracts' coordinating power[J]. Annals of Operations Research，211（1）：137-166.

EI Ouardighi F，Sim J E，Kim B. 2016. Pollution accumulation and abatement policy in a supply chain[J]. European Journal of Operational Research，248（3）：982-996.

Eid R. 2015. Integrating Muslim customer perceived value，satisfaction，loyalty and retention in the tourism industry：an empirical study[J]. International Journal of Tourism Research，17（3）：249-260.

Eisingerich A B，Rubera G，Seifert M，et al. 2011. Doing good and doing better despite negative information：the role of corporate social responsibility in consumer resistance to negative information[J]. Journal of Service Research，14（1）：60-75.

Fassnacht M，Koese I. 2006. Quality of electronic services[J]. Journal of Service Research，9：19-37.

Fatma M，Rahman Z，Khan I. 2016. Measuring consumer perception of CSR in tourism industry：scale development and validation[J]. Journal of Hospitality and Tourism Management，27：39-48.

Fong V H I，Hong J F L，Wong I A. 2021. The evolution of triadic relationships in a tourism supply chain through coopetition[J]. Tourism Management，84：104274.

Font X，Walmsley A，Cogotti S，et al. 2012. Corporate social responsibility：the disclosure-performance gap[J]. Tourism Management，33（6）：1544-1553.

Friedman D. 1991. Evolutionary games in economics[J]. Econometrica：Journal of the Econometric Society，59（3）：637-666.

García D，Tugores M. 2006. Optimal choice of quality in hotel services[J]. Annals of Tourism Research，33（2）：456-469.

Glaveli N，Manolitzas P，Palamas S，et al. 2022. Developing effective strategic decision-making in the areas of hotel quality management and customer satisfaction from online ratings[EB/OL]. Current Issues in Tourism，DOI：10. 1080/13683500. 2022. 2048805.

Gómez V B，Sinclair M T. 1991. Integration in the tourism industry：a case study approach[C]// Sinclair M T，Stabler M J. The Tourism Industry：An International Analysis. New York：CAB International：185-204.

Grosset L，Roberti P，Viscolani B. 2011. A goodwill model with predatory advertising[J]. Operations Research Letters，39（6）：419-422.

Gummesson E. 1997. In search of marketing equilibrium：relationship marketing versus hyper competition[J]. Journal of Marketing Management，13（5）：421-430.

Guo Q，Shi Y，Dong J F，et al. 2014. Pricing competition and channel coordination in the tourism supply chain with optional tours[J]. Tourism Economics，20（5）：939-960.

Guo X，He L. 2012. Tourism supply chain coordination：the cooperation between tourism hotel and tour operator[J]. Tourism Economics，18（6）：1361-1376.

Guo X，Ling L，Dong Y，et al. 2013. Cooperation contract in tourism supply chains：the optimal pricing strategy of hotels for cooperative third-party strategic websites[J]. Annals of Tourism Research，41（1）：20-41.

Guo X，Ling L，Gao Z. 2016. Optimal pricing strategy for hotels when online travel agencies use customer cash backs：a game-theoretic approach[J]. Journal of Revenue & Pricing Management，15（1）：66-77.

Hahn S E，Sparks B，Wilkins H，et al. 2017. E-service quality management of a hotel website：a scale and implications for management[J]. Journal of Hospitality Marketing & Management，26（7）：694-716.

Han H，Yoon H J. 2015. Hotel customers' environmentally responsible behavioral intention：impact of key constructs on decision in green consumerism[J]. International Journal of Hospitality Management，45：22-33.

Harris F H D，Emrich R M. 2007. Optimal price-cost margin，service quality，and capacity choice in city-pair airline markets：theory and empirical tests[J]. Journal of Revenue and Pricing Management，6（2）：100-117.

He P，He Y，Shi C V，et al. 2020. Cost-sharing contract design in a low-carbon service supply chain[J]. Computers & Industrial Engineering，139：106160.

He Y，He P，Xu F F，et al. 2019a. Sustainable tourism modeling：pricing decisions and evolutionarily stable strategies for competitive tour operators[J]. Tourism Economics，25（5）：779-799.

He Y，Wang H，Guo Q，et al. 2019b. Coordination through cooperative advertising in a two-period consumer electronics supply chain[J]. Journal of Retailing and Consumer Services，50：179-188.

He Y，Zhang J，Guo Q，et al. 2018. Supply chain decisions with reference quality effect under the O2O environment[J]. Annals of Operations Research，268（1/2）：273-292.

Hong S. 2016. A study of residents' perception toward tourism development and corporate social responsibility in Jeju[J]. Journal of Mice & Tourism Research，16（4）：121-135.

Hosseini S M，Paydar M M. 2021. Discount and advertisement in ecotourism supply chain[J]. Asia Pacific Journal of Tourism Research，26（6）：668-684.

Hotelling H. 1929. Stability in competition[J]. Economic Journal，39（153）：41-57.

Huang G Q，Song H，Zhang X. 2010. A comparative analysis of quantity and price competitions in tourism supply chain networks for package holidays[J]. The Service Industries Journal，30（10）：1593-1606.

Huang H，He Y，Chen J. 2019. Competitive strategies and quality to counter parallel importation in global market[J]. Omega-International Journal of Management Science，86：173-197.

Huang J H，Chen X Q. 2005. Analyzing the tragedy of common pool tourism resources in China through game theory[J]. Resources Science，27（5）：180-186.

Huang L，Zhang M. 2020. Conformance quality of the dual-channel tourism supply chain under tourists' quality preference[J]. Journal of China Tourism Research，18（1）：20-45.

Huang Y，Deng J，Li J，et al. 2008. Visitor's attitudes towards China's national park policy，roles and functions and appropriate use[J]. Journal of Sustainable Tourism，16（1）：63-84.

Huang Z S，Bai P J. 2021. Dynamic cooperative promotion in the presence of consumer reference effect with competing retailers[J]. Journal of Retailing and Consumer Services，60：102441.

Inoue Y，Lee S. 2011. Effects of different dimensions of corporate social responsibility on corporate financial performance in tourism-related industries[J]. Tourism Management，32（4）：790-804.

Isa S M，Hamid M A，Kiumarsi S，et al. 2021. Integrating innovation and sustainability into tour operator business[J]. International Journal of Innovation and Sustainable Development，15（4）：458-474.

Jeaheng Y，Al-Ansi A，Han H. 2020. Impacts of halal-friendly services，facilities and food and beverages on muslim travelers' perceptions of service quality attributes，perceived price，satisfaction，trust and loyalty[J]. Journal of Hospitality Marketing & Management，29（7）：787-811.

Jena S K，Behera C. 2022. Mathematical modelling for tourism supply chain considering sustainable effort[J]. Infor，60（1）：20-51.

Jena S K，Jog D. 2017. Price competition in a tourism supply chain[J]. Tourism Economics，23（6）：1235-1254.

Jena S K，Meena P L. 2019. Price and service competition in a tourism supply chain[J]. Service Science，11（4）：279-291.

Jinsoo L，Hsu L T，Han H S，et al. 2010. Understanding how consumers view green hotels：how a hotel's green image can influence behavioral intentions[J]. Journal of Sustainable Tourism，18（7）：901-914.

Jorgensen S，Taboubi S，Zaccour G. 2001. Cooperative advertising in a marketing channel[J]. Journal of Optimization Theory & Applications，110（1）：145-158.

Junaydulloevich A A，Mukhammedrizaevna T M S，Bakhritdinovna A N. 2020. Environmentally friendly and sustainable supply chain management in the platform economy[J]. Economics，（3）：23-25.

Kang K H，Lee S K，Huh C. 2010. Impacts of positive and negative corporate social responsibility activities on company performance in the hospitality industry[J]. International Journal of Hospitality Management，29（1）：72-82.

Kasim A. 2004. BESR in the hotel sector：a look at tourists' propensity towards environmentally and socially friendly hotel attributes in Pulau Pinang，Malaysia[J]. International Journal of Hospitality & Tourism Administration，5（2）：61-83.

Katircioglu S T，Feridun M，Kilinc C. 2014. Estimating tourism-induced energy consumption and CO_2 emissions：the case of Cyprus[J]. Renewable & Sustainable Energy Reviews，29：634-640.

Kaukal M，Höpken W，Werthner H. 2000. An approach to enable interoperability in electronic tourism markets[C]. Proceedings of the 8th European Conference on Information System（ECIS）. European：1104-1111.

Kaynama S A，Black C I. 2000. A proposal to assess the service quality of online travel agencies：an exploratory study[J]. Journal of Professional Services Marketing，21（1）：63-88.

Keskin K，Ucal M. 2021. A dynamic game theory model for tourism supply chains[J]. Journal of Hospitality & Tourism Research，45（2）：304-324.

Kim J Y，Hlee S，Joun Y. 2016. Green practices of the hotel industry：analysis through the windows of smart tourism system[J]. International Journal of Information Management，36（6）：1340-1349.

Knobloch U，Robertson K，Aitken R. 2017. Experience，emotion，and eudaimonia：a consideration of tourist experiences and well-being[J]. Journal of Travel Research，56（5）：651-662.

Koc I, Arslan E. 2021. Dynamic ticket pricing of airlines using variant batch size interpretable multi-variable long short-term memory[J]. Expert Systems with Applications, 175: 114794.

Kopalle P K, Winer R S. 1996. A dynamic model of reference price and expected quality[J]. Marketing Letters, 7（1）: 41-52.

Ku E C, Chen C D. 2015. Cultivating travelers' revisit intention to e-tourism service: the moderating effect of website interactivity[J]. Behavior & Information Technology, 34（5）: 465-478.

Kulözü-Uzunboy N, Sipahi S. 2022. Sustainability motivation factors and their impacts: the case of Palandöken winter tourism center, Erzurum[J]. Environmental Science and Pollution Research, 29: 44678-44692.

Lafferty G, van Fossen A. 2001. Integrating the tourism industry: problems and strategies[J]. Tourism Management, 22: 11-19.

Lee H L, Tang C S. 2017. Socially and environmentally responsible value chain innovations: new operations management research opportunities[J]. Management Science, 64（3）: 983-996.

Lee T H. 2013. Influence analysis of community resident support for green tourism development[J]. Tourism Management, 34（2）: 37-46.

Levy S E, Park S Y. 2011. An analysis of CSR activities in the lodging industry[J]. Journal of Hospitality and Tourism Management, 18（1）: 147-154.

Lin P C, Huang Y H. 2012. The influence factors on choice behavior regarding green products based on the theory of consumption values[J]. Journal of Cleaner Production, 22（1）: 11-18.

Ling L Y, Guo X L, Liang L. 2011. Optimal pricing strategy of a small or medium-sized hotel in cooperation with a web site[J]. Journal of China Tourism Research, 7（1）: 20-41.

Ling L Y, Guo X L, Yang C C. 2014. Opening the online marketplace: an examination of hotel pricing and travel agency on-line distribution of rooms[J]. Tourism Management, 45: 234-243.

Liu G W, Sethi S P, Zhang J X, et al. 2016. Far-sighted behaviours in a revenue-sharing supply chain with reference quality effects[J]. International Journal of Production Research, 54（5）: 1334-1357.

Liu K, Song H. 2017. Contract and incentive mechanism in low-carbon R&D cooperation[J]. Supply Chain Management: An International Journal, 22（3）: 270-283.

Liu S Q, Mattila A S. 2017. Airbnb: online targeted advertising, sense of power, and consumer decisions[J]. International Journal of Hospitality Management, 60: 33-41.

Liu Y, Xiao T, Fan Z, et al. 2019. Pricing, environmental governance efficiency, and channel coordination in a socially responsible tourism supply chain[J]. International Transactions in Operational Research, 26（3）: 1025-1051.

Liu Y, Zhang X, Zhang H, et al. 2021. Competing tourism service provider introduction strategy for an online travel platform with demand information sharing[J]. Electronic Commerce Research and Applications，49：101084.

Lockyer T. 2005. The perceived importance of price as one hotel selection dimension[J]. Tourism Management，26（4）：529-537.

Long Y，Shi P. 2017. Pricing strategies of tour operator and online travel agency based on cooperation to achieve O2O model[J]. Tourism Management，62：302-311.

Lozano J，Arbulu I，Rey M J. 2016. The greening role of tour operators[J]. Environmental Management，57（1）：49-61.

Lu J，Nepal S K. 2009. Sustainable tourism research：an analysis of papers published in the Journal of Sustainable Tourism[J]. Journal of Sustainable Tourism，17（1）：5-16.

Luo Z，Chen X，Wang X. 2016. The role of co-opetition in low carbon manufacturing[J]. European Journal of Operational Research，253（2）：392-403.

Ma D，Hu J，Yao F. 2021a. Big data empowering low-carbon smart tourism study on low-carbon tourism O2O supply chain considering consumer behaviors and corporate altruistic preferences[J]. Computers & Industrial Engineering，153：107061.

Ma S，He Y，Gu R. 2021b. Joint service，pricing and advertising strategies with tourists' green tourism experience in a tourism supply chain[J]. Journal of Retailing and Consumer Services，61：102563.

Magno F，Cassia F. 2021. Effects of agritourism businesses' strategies to cope with the covid-19 crisis：the key role of corporate social responsibility（CSR）behaviors[J]. Journal of Cleaner Production，325：129292.

Miller G，Rathouse K，Scarles C，et al. 2010. Public understanding of sustainable tourism[J]. Annals of Tourism Research，37（3）：627-645.

Mills J E，Morrison A M，Frew A J，et al. 2003. Measuring customer satisfaction with online travel[C]. Information & Communication Technologies in Tourism：International Conference in Helsinki.

Moneva J M，Bonilla-Priego M J，Ortas E. 2020. Corporate social responsibility and organisational performance in the tourism sector[J]. Journal of Sustainable Tourism，28（6）：853-872.

Nerlove M，Arrow K J. 1962. Optimal advertising policy under dynamic conditions[J]. Economica，29（114）：129-142.

Panda S，Modak N M. 2016. Exploring the effects of social responsibility on coordination and profit division in a supply chain[J]. Journal of Cleaner Production，139：25-40.

Panda S，Modak N M，Basu M，et al. 2015. Channel coordination and profit distribution in a social responsible three-layer supply chain[J]. International Journal of Production Economics，168：224-233.

Panda S，Modak N M，Cardenas-Barron L E. 2017. Coordinating a socially responsible closed-loop supply chain with product recycling[J]. International Journal of Production Economics，188：11-21.

Parasuraman A，Zeithaml V A，Berry L L. 1985. A conceptual model of service quality and its implications for future research[J]. Journal of Marketing，49：41-50.

Parasuraman A，Zeithaml V A，Malhotra A. 2005. ES-QUAL：a multiple-item scale for assessing electronic service quality[J]. Journal of Service Research，7（3）：213-233.

Peattie K. 2010. Green consumption：behavior and norms[J]. Annual Review of Environment & Resources，35（1）：195-228.

Piga C A G. 2000. Competition in a duopoly with sticky price and advertising[J]. International Journal of Industrial Organization，18（4）：595-614.

Piga C A G. 2003. Pigouvian taxation in tourism[J]. Environmental and Resource Economics，26：343-359.

Rahman F，Soesilo P K M. 2018. The effect of information exposure of contract manufacturing practice on consumers' perceived risk，perceived quality，and intention to purchase private label brand[J]. Journal of Retailing and Consumer Services，42：37-46.

Rahman I，Reynolds D. 2016. Predicting green hotel behavioral intentions using a theory of environmental commitment and sacrifice for the environment[J]. International Journal of Hospitality Management，52（1）：107-116.

Roberts S，Tribe J. 2008. Sustainability indicators for small tourism enterprises-an exploratory perspective[J]. Journal of Sustainable Tourism，16（5）：575-594.

Saarinen J. 2014. Understanding and governing sustainable tourism mobility：psychological and behavioral approaches[J]. Anatolia An International Journal of Tourism & Hospitality Research，26（1）：119-121.

Santos J. 2003. E-service quality：a model of virtual service quality dimensions[J]. Journal of Service Theory & Practice，13（3）：233-246.

Sayed M，Hendry L C，Bell M Z. 2017. Institutional complexity and sustainable supply chain management practices[J]. Supply Chain Management：An International Journal，22（6）：542-563.

Shi Y，Ji J N，Zhang Z Y，et al. 2016. Tourism supply chain coordination with price discount and quantity flexibility contracts[C]. Proceedings of the 22nd International Conference on Industrial Engineering and Engineering Management. Paris：Atlantis Press：229-240.

Song H J，Kang K H. 2019. Implementing corporate social responsibility strategies in the hospitality and tourism firms：a culture-based approach[J]. Tourism Economics，25（4）：520-538.

Su L，Pan Y，Chen X. 2017. Corporate social responsibility：findings from the Chinese hospitality industry[J]. Journal of Retailing and Consumer Services，34：240-247.

Su L，Swanson S R. 2017. The effect of destination social responsibility on tourist environmentally responsible behavior：compared analysis of first-time and repeat tourists[J]. Tourism Management，60：308-321.

Taheri B，Chalmers D，Wilson J，et al. 2021. Would you really recommend it? Antecedents of word-of-mouth in medical tourism[J]. Tourism Management，83：104209.

Tang C C，Zhong L S，Cheng S K. 2011. Study on the connotations and sustainable development strategies on low-carbon tourism in China[J]. Economic Geography，31（5）：862-867.

Tapper R，Font X. 2004. Tourism supply chains：report of a desk research project for the travel foundation[Z]. Leeds Metropolitan University，Environment Business & Development Group.

Theuvsen L. 2004. Vertical integration in the European package tour business[J]. Annals of Tourism Research，31（2）：475-478.

Tsai C Y，Horng J S，Liu C H，et al. 2015. Work environment and atmosphere：the role of organizational support in the creativity performance of tourism and hospitality organizations[J]. International Journal of Hospitality Management，46：26-35.

Tseane-Gumbi L. 2019. Assessing the economic implications of business social responsibility and sustainability in South Africa's tourism industry[J]. African Journal of Business and Economic Research，14（4）：27-51.

Uduji J I，Okolo-Obasi E N，Asongu S A. 2020. Sustaining cultural tourism through higher female participation in Nigeria：the role of corporate social responsibility in oil host communities[J]. International Journal of Tourism Research，22（1）：120-143.

Vermeir I，Verbeke W. 2006. Sustainable food consumption：exploring the consumer "attitude-behavioral intention" gap[J]. Journal of Agricultural and Environmental Ethics，19（2）：169-194.

Wang C，Nie P Y，Peng D H，et al. 2017. Green insurance subsidy for promoting clean production innovation[J]. Journal of Cleaner Production，148：111-117.

Wells V K，Smith D G，Taheri B，et al. 2016. An exploration of CSR development in heritage tourism[J]. Annals of Tourism Research，58：1-17.

Wen T，Zhang Q F，Li Y. 2021. Why small tourism enterprises behave responsibly：using job embeddedness and place attachment to predict corporate social responsibility activities[J]. Current Issues in Tourism，24（10）：1435-1450.

Westerberg V，Jette B J，Robert L. 2013. The case for offshore wind farms，artificial reefs and sustainable tourism in the French mediterranean[J]. Tourism Management，34（2）：172-183.

Wilkins H，Merrilees B，Herington C. 2007. Towards an understanding of total service quality in hotels[J]. International Journal of Hospitality Management，26（4）：840-853.

Wondirad A，Tolkach D，King B. 2020. Stakeholder collaboration as a major factor for sustainable ecotourism development in developing countries[J]. Tourism Management，78：104024.

Wu K，Zhu Y，Chen Q，et al. 2019. Building sustainable tourism hierarchical framework：coordinated triple bottom line approach in linguistic preferences[J]. Journal of Cleaner Production，229：157-168.

Xia L，Guo T，Qin J，et al. 2018. Carbon emission reduction and pricing policies of a supply chain considering reciprocal preferences in cap-and-trade system[J]. Annals of Operations Research，268：149-175.

Xie Y，He W H，Ching W K，et al. 2020. Optimal advertising outsourcing strategy with different effort levels and uncertain demand[J]. International Journal of Production Research，58（7）：2016-2035.

Xu F，Fox D. 2014. Modelling attitudes to nature，tourism and sustainable development in national parks：a survey of visitors in China and the UK[J]. Tourism Management，45（1）：142-158.

Xu J B，Chan A. 2010. A conceptual framework of hotel experience and customer-based brand equity：some research questions and implications[J]. International Journal of Contemporary Hospitality Management，22（2）：174-193.

Yang F，Shan F，Jin M. 2017. Capacity investment under cost sharing contracts[J]. International Journal of Production Economics，191：278-285.

Yang H，Chen W. 2018. Retailer-driven carbon emission abatement with consumer environmental awareness and carbon tax：revenue-sharing versus cost-sharing[J]. Omega，78：179-191.

Yang L，Ji J N，Chen K B. 2016. Game models on optimal strategies in a tourism dual-channel supply chain[J]. Discrete Dynamics in Nature and Society，（1）：1-15.

Yang L，Ji J N，Wang M，et al. 2018. The manufacturer's joint decisions of channel selections and carbon emission reductions under the cap-and-trade regulation[J]. Journal of Cleaner Production，193：506-523.

Yi Y，Yang H. 2017. Wholesale pricing and evolutionary stable strategies of retailers under network externality[J]. European Journal of Operational Research，259（1）：37-47.

Yilmaz Y，Bititci U S. 2006. Performance measurement in tourism：a value chain model[J]. International Journal of Contemporary Hospitality Management，18（4）：341-349.

Yin S Y，Huang K K，Shieh J I，et al. 2016. Telehealth services evaluation：a combination of SERVQUAL model and importance-performance analysis[J]. Quality & Quantity，50（2）：1-16.

Yu H. 2013. Study on collaborative pricing mechanism in benefit distribution across tourism supply chain[J]. Logistics Technology，32（5）：369-371.

Zeithaml V A，Parasuraman A，Malhotra A. 2002. Service quality delivery through web sites：a critical review of extant knowledge[J]. Journal of the Academy of Marketing Science，30（4）：

362.

Zha Y, Zhang J, Yue X, et al. 2015. Service supply chain coordination with platform effort-induced demand[J]. Annals of Operations Research, 235（1）: 785-806.

Zhang J, Gou Q, Liang L, et al. 2013. Supply chain coordination through cooperative advertising with reference price effect[J]. Omega, 41（2）: 345-353.

Zhang J, Lei L, Zhang S, et al. 2017. Dynamic vs. static pricing in a supply chain with advertising[J]. Computers & Industrial Engineering, 109: 266-279.

Zhang L, Ma D, Hu J. 2021. Research on the sustainable operation of low-carbon tourism supply chain under sudden crisis prediction[Z].

Zhang X, Song H, Huang G Q. 2009. Tourism supply chain management: a new research agenda[J]. Tourism Management, 30（3）: 345-358.

Zhao L M, Chen Z Z, Liu J Y. 2015. Evolutionary game theory between local government and tourism enterprises in the context of a low-carbon economy[J]. Tourism Tribune, 30（1）: 72-82.

Zhao X, Hou J. 2021. Applying the theory of constraints principles to tourism supply chain management[J]. Journal of Hospitality & Tourism Research, 46（2）: 400-411.

Zhao X, Li N, Song L. 2019. Coordination of a socially responsible two-stage supply chain under random demand[J]. Asia-Pacific Journal of Operational Research, 36（5）: 1950029.

Zheng X, Guo X. 2016. E-retailing of restaurant services: pricing strategies in a competing online environment[J]. Journal of the Operational Research Society, 67（11）: 1408-1418.

Zhou Y, Bao M, Chen X, et al. 2016. Co-op advertising and emission reduction cost sharing contract and coordination in low-carbon supply chain based on fairness concerns[J]. Journal of Cleaner Production, 133: 402-413.

Zhu W, He Y. 2016. Green product design in supply chains under competition[J]. European Journal of Operational Research, 258（1）: 165-180.

Zu Y, Chen L, He S. 2019. Inter-organizational control of low-carbon production in a supply chain[J]. IEEE Access, （99）: 1.